危機時代的政治領導

俄國革命的警示

The Russian Revolution：A New History

SEAN McMEEKIN
西恩・麥克米金——著
吳乃德——策畫
賴盈滿——譯

俄羅斯帝國末代沙皇尼古拉二世的全家合照，攝於 1904 年。革命第二年，列寧下令屠殺沙皇全家，包括婦女和小孩。屍骨於 1979 年在森林野地中挖掘覓得，確認後於 1998 年移葬聖彼得堡的彼得保羅主教座堂。

「妖僧」拉斯普丁（Grigori Rasputin，1869-1916）

柯尼洛夫（Lavr Kornilov，1870-1918）

克倫斯基（Alexander Kerensky，1881-1970）

1917 年 7 月 4 日，彼得格勒街頭動亂。（攝影／ Viktor Bulla）

1917 年俄羅斯國家杜馬成員，前排右一為主席羅江科（Mikhail Rozianko）。

1920 年 5 月，列寧於莫斯科街頭演說。

1921 年，紅軍攻擊喀瑯施塔得。

圖片來源：維基百科 Public Domain

目錄

第二部　一九一七年：虛幻的曙光

第三部　巧取豪奪

第四部　布爾什維克掌權

（導讀）
危機時代的政治領導
俄國革命的警惕

吳乃德

一九一七年俄國革命是人類史上最大的政治災難之一。因革命而產生的共產黨政權讓至少兩千萬人民死於非命，遠遠超越希特勒的納粹政權的危害。光是史達林在一九三六年發動的「大恐怖」，將近三年間有七十五萬人被槍斃，其中不乏革命元老、黨高層，以及軍事將領。另外一百多萬人流放到「古拉格」集中營，其中百分之十五死於飢餓和疾病。這項人類史上少有的政治大災難是如何造成的？

如本書所示，自私的政治領袖以及精明又長於論述的惡棍，共同創造了這項災難。革命的過程顯示，歷史變動固然受到諸多不可控因素的影響，政治領導仍有關鍵作用。處於危機的社會，最不幸的將是國家領袖缺乏政治領導力。

俄國革命導致共產黨掌權，隨後以暴力推動共產主義，這個事實長久以來讓人對革命的性質產生誤解：共產黨領導無產階級、在馬克斯主義的思想領導下，起而推翻帝制和資本主義。正如俄國歷史權威派普斯所強調的，俄國革命其實是一場政變：論述能力高強的革命家，以堅強的意志，接受敵國的資助，利用時機推翻占多數的自由派和溫和派。而他們之能成功，得感謝政治領袖的自私和無能。如今我們以後見之明回顧政變的進展，無法不興嘆，同時也心生警惕。

俄國革命所經歷的三個關鍵性歷程，都和政治領導高度相關。第一是沙皇退位、帝制崩潰。十九世紀的歐洲在經濟、社會、和思想上都經歷激烈的變動，俄國社會也充斥各種革命思想和革命組織。沙皇政權卻始終僵化不思改革。一九〇五年日俄戰爭竟然敗給亞洲小國，沙皇政權的無能徹底暴露，也徹底失去人民的信任，動亂和革命接踵而至。沙皇政權於是頒布了有限度的改革；保守派因為讓步而不滿，進步派則認為改革不夠而不滿。雖然勉強穩住政權，可是並沒有從中學到教訓。後來出現的治世能臣史托里賓被暗殺之後，沙皇缺乏足夠的智慧堅持其不參戰的外交政策。沙皇甚至御駕親征到前線和德國打仗，將政府留給皇后管理，皇后不只因為德裔而不受人民信任，更因為對「妖僧」拉斯普丁的言聽計從和親近而成為醜聞。

沙皇另一個後果更為嚴重的愚行是，在沒有群眾壓力的情況下退位。退位的壓力主要來自他政府中的軍人和文官。他們認為，沙皇退位可以讓戰爭更為順利。沙皇於是在強烈愛國心的驅動下退位。然而他的退位卻讓整個國家陷於混亂。沒有任何一個政治勢力足以單獨統治國家；所有的政治勢力都互相撻伐，毫無合作的空間。他們唯一的共識是繼續參戰。革命爆發之前不久，列寧曾經悲觀地認為革命毫無希望，除非俄國繼續參加戰爭。沙皇退位後幾乎所有的政治勢力，都一致慷慨地給了列寧這樣的機會。

在政局的混亂中，德國政府以專用火車將反戰的列寧送回離開十多年的俄國，並且附帶一筆龐大的資金讓列寧得以從事顛覆行動：五千萬金馬克，相當於現在的十億美元。列寧用這筆鉅款買下印刷廠印製反政府傳單、收買工人罷工、收買軍人離開軍隊，更重要的是成立了他的私人武裝部隊。

列寧除了具備高強的論述能力，更是一個堅定的革命家。他認為「歷史上從來沒有一個階級能夠勝利，除非它能產生有能力組織運動、並且領導運動的政治領導人。」在成功顛覆政府前不久，他寫道：「在革命期間，光是瞭解『多數人的意志』是不夠的。不，在決定性的時刻、決定性的地點，我們必須更強大。……我們看到無數的例子：組織更嚴密、意識更清晰、武裝更完備的少數人，如何將它的意志強加在多數人之上，並且征服了多數人。」

列寧不是優秀的政治家，對所有重大的社會議題都沒有任何主張。不過他卻是一個優秀的革命家。一般人將政治視為競爭，列寧卻將政治視同戰爭；戰爭的目標不只是打敗敵人，也在消滅敵人，包括消滅敵人的身體。此時的他正興奮地準備參戰，手中握有國家的敵人所贈送的龐大軍費。戰爭的成敗不只決定於己方的兵力，也決定於對手的錯誤判斷。正如本書所描述，研究俄國革命的學者也多同意，主導臨時政府的自由派領袖克倫斯基，對大局確實做了幾項致命的錯誤判斷。

當時三十六歲的克倫斯基是臨時政府的主導人物，獲得社會狂熱的崇拜。他的肖像出現在許多家庭的牆壁、手帕、海報、馬克杯、胸章上。他成為總理之後立即忘了自我：搬進皇宮、睡在沙皇的寢室、以沙皇的豪華馬車代步。不過，更為嚴重的是他所做的錯誤判斷。第一，他認為臨時政府的主要威脅來自保守派，而非布爾什維克激進派。這項誤判來自他對當時諸政治勢力領導人的理念和個性，缺乏基本的認識。畢竟他還年輕，而且在君王的威權統治下，很少人有足夠的政治歷練應付複雜的局面。第二個誤判是，他認為當時最有能力、社會聲望最高的將軍柯尼洛夫，企圖奪取他的權力以取代他。這項誤判來自克倫斯基的自私，以及對權力的執迷。

因為這兩個錯誤判斷，導致政府的最高領導人和戰場總指揮之間，一連串的誤解、緊張、和衝突。結果是克倫斯基通告媒體：解除柯尼洛夫總指揮的職務，因為他企圖政變。柯尼洛夫則在憤怒和迷惑中，發出公開信給所有的將軍：

> 總理的電報全是謊言……俄國同胞們，我們偉大的祖國正瀕臨死亡！死亡的時刻近了！我，柯尼洛夫將軍，被迫公開宣告：臨時政府在蘇維埃裡布爾什維克分子的壓力下，正配合著德國軍方的計畫。……我，柯尼洛夫將軍，哥薩克農民之子向所有人宣告，我別無所求，除了拯救偉大的俄國。我宣誓將帶領人民戰勝敵人朝向制憲會議，由它來決定自己的命運、選出它的新政府。

雙方顯然存有巨大的誤會。民主憲政黨的黨魁願意充當調人、化解誤會，卻遭克倫斯基拒絕。

和柯尼洛夫決裂後，克倫斯基只好和最危險的敵人布爾什維克言和。沒有政治野心、一心只想拯救祖國的柯尼洛夫將軍，則毫無抵抗地束手就擒。他後來逃出監獄，協助組成「志願軍」，在戰爭中為炮彈擊中身亡。布爾什維克的軍隊占領他埋身的村莊後，挖出他的屍體將之摧毀丟棄在垃圾坑中。克倫斯基則逃到美國，在紐約過世。紐約的東正教教堂拒絕提供墓地，因為他必須為俄國革命負責。確實，歷史學者認為，以柯尼洛夫的軍事才幹和社會支持，他是有可能消滅布爾什維克，阻止人類史上最大政治災難的發生。

正如本書作者在結論中所言，這個政治大災難其實可以不用發生。俄國革命所提供的啟示就是：「政治領導人的責任重大，尤其在戰爭時期；而當一個國家處於存亡的臨界點，它必須祈禱其政治領袖能展現比一九一七年的沙皇、羅江科、克倫斯基更好的判斷力。」

讓我們一起祈禱。

關於姓名、日期、翻譯及音譯

就如同二十世紀的兩場世界大戰一樣，俄國革命造成了地名大亂。許多城鎮地區或由甲帝國過渡到乙帝國，或成為民族國家的領土，或重回帝國手中。莫斯科神奇地逃過了這場命名革命，但比起其他無數的頭疼案例，這僅是少有的安慰。聖彼得堡於一九一四年至一九二四年間仍然稱作彼得格勒，尚未改名列寧格勒，因此本書中大多以彼得格勒稱之。至於其他城鎮，筆者一律沿用當時地名，再於括號內附上現今地名，例如日瓦爾（塔林）和塔爾圖（多爾帕特）。政治上比較敏感的地名，書中第一次提及時會註明三個名稱，如倫貝格（利沃夫／利維夫）。現今的伊斯坦堡於本書論及的時期稱為君士坦丁堡，連鄂圖曼帝國官員也如此稱之，因此本書照樣沿用。儘管土耳其共和國直到一九二三年才正式建立，本書仍然將土耳其和鄂圖曼帝國視為同一個名詞，可以互換使用，因為當時許多土耳其人、大多俄羅斯人及歐洲人也是如此。

標示日期在俄國現代史中特別傷腦筋，因為帝俄使用的是儒略曆，布爾什維克卻於俄國革命正熾時，在一九一八年元月改用格里曆，即西方公曆。兩者先是相差十二天（儒略曆後於格里曆），後來逢閏差距增為十三天，因此對於這時期之前的俄國和歐洲歷史大事，本書以斜線同時註明兩個曆日，如一九一六年十一月一日／十四日，其中一日為儒略曆，十四日為格里曆。但在一九一七年，由於重大日期激增，而且幾乎以俄國發生的事件為主，因此本書只寫出儒略曆日期，以符合革命用語中提到的關鍵月份，例如**二月**革命、**四月**提綱、**七月**危機和**十月**革命。直到一九一八年元月中旬布爾什維克改用格里曆，本書才開始使用格里曆日期。但凡轉換曆法處都會特別註明。

書中的俄文詞彙一律採用美國國會圖書館的音譯法，並對人名拼法稍做更動。只有在知名人物時破例沿用通俗的拼法（雖然這樣似乎對其他人不公平），如 Trotsky（托洛茨基）而非 Trotskii，Yusupov（尤蘇波夫）而非 Iusopov，Milyukov（米留科夫）而非 Miliukov，Yakov（亞科夫）而非 Iakov，Felix（費利克斯）而非 Feliks 等等。在此也先對俄國語文研究者說聲抱歉，本書的俄國人名以 Yu 取代 Iu，Ya 取代 Ia（這樣做將抹除了俄國人本名和父名中的「連字」，例如 Iu 和 Ia 在拉丁文是兩個字母，在西里爾文只有一個字母），字尾用 -y 不用 -ii，用 -x 不用 -ks。軟音及硬音符號也都省去，以減輕讀者負擔。所有這些做法都是為了讓俄國人名好讀易記。雖然無法盡臻完美，至少希望讀者讀來不至詰屈聱牙。

本書所有法文、德語、俄文和土耳其翻譯，除非另外註明出處，均出自本人之手。

引言：俄國革命百年後

如同發生法國大革命的一七八九年，一九一七年也是世界史大事記裡必然會提及的年份，所有上過學的人都該知道，並且記得。然而，一九一七年的歷史意義至今仍然眾說紛紜，箇中原因不是單靠俄國在那翻天覆地的一年裡接連發生兩次革命就能解釋的。

二月革命推翻了俄羅斯帝國（帝俄、沙俄），迎來了短暫的自由主義者與社會主義者共治政權，隨即被更激進的十月革命所取代。列寧率領的布爾什維克黨建立了共黨專制政權，並宣布推動無限期的全球革命，為打倒「資本主義」與「帝國主義」而戰。這些事件每一樁都影響深遠，值得歷史學家認真研究。這一連串革命綜合起來更構成了現代歷史的轉捩點，不僅將共產主義引入世界，也為其後數十年的全球意識型態對抗鋪下道路，於冷戰（一九四五～九一）達到高峰。

由於布爾什維克自稱馬克思主義者，後人對俄國革命的理解也一直帶著強烈的馬克思主義色彩，從「無產階級」和「資產主義」統治者的階級鬥爭，到「資產階級」社會發生社會主義革命的辯證演進過程，無不充斥著馬克思主義的語彙。就連冷戰時期的許多非馬克思主義史學家，在討論俄國革命時也傾向接受馬克思主義的討論框架，將焦點擺在奄奄一息的俄國經濟與西方資本主義國家的蒸蒸日上、俄國擺脫封建社會的歷史進程、「落後的」工業發展及社會結構不平等與偏斜等等。甚至一直到一九八二年，席拉·費茲派垂克（Sheila Fitzpatrick）在其影響深遠的大學教科書《俄國革命》裡，仍清楚地指出列寧十月革命的目標是「無產階級推翻資產階級統治」。[1]

出人意料的是，這種對俄國革命的研究取向竟然沿襲數十年乏人反省。原因之一在於冷戰時期的偉大反共作家，從喬治·歐威爾到索忍尼辛再到康奎斯特（Robert Conquest），無不鎖定一九三〇至四〇年代史達林時期的共產主義「成熟期」，而非俄國革命時的共產主義的「誕生期」。的確有學者針對二月革命認真進行了新的研究，包括卡特科夫（George Katkov）一九六七年的《俄羅斯一九一七》及長谷川毅（Tsuyoshi Hasegawa）一九八一年的《二月革命》，但直到一九九〇年，派普斯（Richard Pipes）出版了《俄國革命》，學界才首次有人重新嚴肅地全面評價一九一七年的兩次革命。派普斯認為，「紅色十月」非屬革命，不是由下而上的群眾運動，而是上至下發動的政變，是「少數分子奪取政權的行動」。俄國革命遠非社會演化、階級鬥爭、經濟發展或其他馬克思主義預言的歷史必然性力量之產物，而是「特定人士圖謀私利」的結果，俄國革命「理當接受價值評斷」，派普斯本人更是對這群發動政變者大加批判。[2]

派普斯出版該書時，正值蘇聯解體，這本徹底翻案之作更是有如巨大的鐵球，粉碎了俄國共產黨在民主、民眾及道德上的最後一絲正當性。一九九二年，俄羅斯總統葉爾欽的後共黨政府試圖模仿紐倫堡大審，對共產黨的罪行進行審判（但隨即取消了），甚至邀派普斯擔任專家證人。儘管許多研究蘇維埃的專家嘲弄派普斯，認為他的翻案文章偏頗、無可救藥（派普斯於一九八一年至八二年曾擔任雷根政府的國家安全顧問），卻沒有人敢忽略他的研究。

共產主義同情者及「冷戰戰士」爭論多年之後，同情者的觀點就算沒有徹底落敗，也明顯居於劣勢，只能頻頻挨打。

二十五年後的今天，政治風潮似乎再度反轉。皮凱提的《二十一世紀資本論》二〇一三年出版後暢銷全球，其他同類著作也是如此；桑德斯（Bernie Sanders）等公開標榜社會主義的政治人物在向來不怎麼喜好社會主義的美國獲得大批年輕選民支持，在在顯示馬克思似乎正準備驚人再起。

美國《國家》雜誌稱這群因「不平等之苦」而崛起的年輕人為「新千禧馬克思主義者（millennial Marxists）」。比起一九八九年柏林圍牆倒塌、東歐共產黨垮台和一九九一年蘇聯瓦解，二〇〇八年的金融海嘯更讓這群年輕志士有感。從諸多政經數據看來（例如吉尼係數），西方國家的社會不平等現象確實正急遽惡化，使得前科累累的資本主義更加罪無可逭。顯而易見的，隨著新一代歷史學者重新喚醒社會革命的舊夢，研究共產主義歷史的反翻案作品將陸續出現。[3]

正由於俄國革命影響深遠，它永遠免不了為政治辯論利用、濫用，依據個人政治傾向不同，將這個劃時代事件視為對俄國受壓迫工人與農民的解放（「和平、土地和麵包」）或奴役。這些「寓言」或許很有教化意味，但和一九一七年實際發生的事件只有些許相似。而歷史學家在蘇聯垮台，俄國檔案開放之後，總算得以接觸到原始文獻資料，努力重建事件的真貌至今。

感謝冷戰結束，讓我們得以稍微冷靜看待俄國革命，將之視為具體的歷史事件。儘管對全球政治產生充滿爭議、長遠而巨大的影響，卻也值得我們拋下既有偏見，中肯地瞭解它。過去數十年來，講到俄國革命時，真假參半的故事與祕聞取代了記憶中蜿蜒曲折的事件，真相隨著史學家焦點不斷改變而被重述，抹去了事實的稜角。對於一九一七年所發生的事件，我們現在應該走下意識型態的雲端，回到講求事實證據的堅實地面。藉由回歸原始資料，按照事發經過，從主要人物的視角（亦即他當下無從知曉未來）來重新認識俄國革命。

從俄國檔案得到的首要發現其實很簡單。綜觀當時所有文獻資料，幾乎都指向一個明顯事實，那就是一九一七年的俄羅斯正處於戰時。在史學家所有關於俄國精英統治傳統、「俄國經濟倒退」、農民土地問題、工業生產、罷工、勞動、馬克思主義、布爾什維克、孟什維克、社會主義革命分子及其路線之爭的爭辯中，這個簡單的事實竟然完全被忽略，深埋在背景之中，以至於必須重新發現。4

幸運的是，對研究俄國革命的史學家而言，一九九一年以來，有關俄國在一次世界大戰期間（一九一四～一七年）軍事表現的研究大幅增加。由於列寧和德國有關聯，並於一九一七年十一月做出具爭議的決定，和柏林片面談和，使得這個主題在蘇維埃時期幾乎成為禁忌。事實顯示，俄國軍隊並不如我們從前所聽聞的，在東方戰線完全沒有贏過德國部隊的希望。過去幾乎所有講述俄國革命的歷史著作，都會提到俄國士兵於一九一六至一七年冬季軍心浮動，但根據最近才重新起出的軍事審查官報告，那並非事實：當時俄軍士氣正在上揚，而原因可不只是俄國農民兵比德國部隊伙食充足而已。

經濟數據也呈現類似的徵兆。證據顯示當時俄國經濟遠非全面崩盤，反而是出現驚人的戰時增長（即使是通膨泡沫）並於二月革命時達到最高峰。一九一五年俄軍「大撤退」遭遇危機，眼看彈藥短缺就要瓦解俄羅斯的軍事行動，卻於隔年出色地化解了。該年所有戰時工業生產指數都大幅攀升，俄軍在所有戰線也都往前推進。同樣的，仔細檢視史料之後，全球知名的一九一七年彼得格勒麵包大短缺也只是傳言多於事實。

就連誰是革命要角也有所變化。有些政治人物黯然退下，有些人則重新站上歷史舞台的中央。過去許多史學家貶抑「傳奇妖僧」拉斯普丁（Grigori Rasputin）的重要性，但現在看來那些駭人傳言終究並非空穴來風。這位農奴出身的靈療者對沙皇極具影響力，而圖謀罷黜或暗殺他的人除了有俄國親貴、自由派政治人物，還有協約國的間諜和資深官員。

國家杜馬主席米哈伊爾・羅江科（Mikhail Rodzianko）是一九一七年初俄國的頭號政治人物，過去數十年來他在二月革命裡的地位極小，大多數歷史課本頂多帶到他的大名。如今看來他才是這場大戲的要角。托洛茨基和史達林確實參與了一九〇五年和一九一七年兩次革命，算是實至名歸。反倒是遭到流放的布爾什維克創始人列寧，他在一九〇五年時還只是個局外人，幾乎不值得帝俄祕密警察關切，直到一九一七年四月，他在離開將近二十年後重返俄國，這才站上了舞台。即便如此，若非德國私下資助，又將戰線從波羅的海一路燒到裏海，提供七百萬被推上戰場的俄國官兵讓他蠱惑，和俄國脫節已久的他也不會對俄國政局造成多大影響。

列寧和布爾什維克黨人對沙皇倒台根本毫無貢獻，這完全是命運送給他們的意外大禮。對高舉歷史決定論的馬克思主義者來說，實在諷刺，不過他們卻是最終的受益者。當時一群流亡瑞士的社會主義者舉行戰時大會，列寧在會上提出「齊美爾瓦德左派（Zimmerwald Left）」計畫，提議派遣偏激分子滲透軍隊，「將部隊染紅」。這個少數意見備受歐洲主流社會主義領袖的嘲諷，大家都寧願投入拒絕徵召和反戰示威中。等到二月革命之後，列寧得到實現這個計畫的機會，這下沒幾個人笑得出來了。正是由於列寧利用俄國一九一七年戰略地位搖搖欲墜，大力煽動軍隊叛變，鼓動士兵拋盔棄甲，「化帝國主義戰爭為內戰」，布爾什維克才得以趁機坐大，於十月革命獲勝，在俄國實行共產統治。

布爾什維克黨人一九一七年強行接管軍隊的舉動既魯莽又驚險，更在好幾個關鍵時刻差點失敗。比如被二月革命推翻的政治家，尤其是社會主義革命鼓吹者兼準強人克倫斯基（Alexander Kerensky）只要他再更有能力與魄力地壓制住列寧，布爾什維克現在在世人記憶中只會是歐洲另一個社會主義小黨，列寧本人充其量也不過是俄國和社會主義歷史裡的一個註腳。

這不是要否認列寧令人驚嘆的成就，只不過其成就遠非傳統說法告訴我們的，列寧帶領「無產階級推翻了資產階級」。德國政府的資助加上他個人對權力欲望的野心，使得列寧一九一七年成功瓦解了帝俄軍隊，並於隔年在托洛茨基協助下重整部隊，成立了令人生畏的紅軍。一九一八至二〇年，俄國陷入內戰，布爾什維克同時對抗境內與境外勢力，真敵人和假想敵皆有，結果亦如列寧在「齊美爾瓦德左派」宣告裡所預言的，內戰比對抗同盟國的「帝國主義戰爭」還血腥，必須不斷擴大軍事動員，加強政府控制、祕密警察監控與鎮壓才能成功。

一九二〇年，最後一批外國軍隊及外援武力撤出俄國之後，俄國內戰便成為對抗國內頑固「階級敵人」的戰場。由於共產黨政權全面執行馬克思主義計畫，廢除私有財產，強行徵收糧食、禁止市場及現金交易，這些出身農家的階級敵人在飢寒交迫之下憤而起身反抗。在一九二一至二二年，列寧放棄了這項過於嚴苛的「戰時共產主義」（日後對當時禁止民間經濟活動的稱呼）措施，恢復糧食交易，重啟市場機制讓店家繼續做生意，等於默認共產主義世界不如他期待地那麼快到來。不過，他收回「新經濟政策」自始至終都只是戰術性撤退。一九二二年，布爾什維克擊退東正教，成功征服了帝俄領土上的所有反抗力量，成立了名為「蘇維埃社會主義共和國聯邦」的新帝國，列寧及其繼任者便開始放眼世界革命，將共產主義輸出到全球各個角落。

二十五年過去，隨著檔案開放，許多令人興奮的發現一一問世，是時候回顧我們究竟從中學到了什麼。帝國末期的俄羅斯是塊矛盾之地，巨富與赤貧共存，廣袤的帝國領土當然有眾多族裔，繼而衍生大量社會與族群衝突，但沒有一件事導致帝國必然於一九一七年覆亡。日俄戰爭落敗的奇恥大辱引發了一九〇五年革命，差點讓帝俄四分五裂。但其後的十年由於沙皇讓步，允許杜馬（國會）和工會成立，加上彼得．史托里賓（Peter Stolypin）極富遠見的土地改革，帝國居然起死回生。而俄國自由派的悲劇在於，國內最積極的改革者與立憲派擁抱了當時流行的泛斯拉夫主義，共同竭力說服沙皇尼古拉二世必須參戰才能安撫民心，卻又在沙皇誤信他們的建言之後，回頭以出兵為由推翻他。儘管有拉斯普丁和君主派保守分子再三警告，而且比起自由派，尼古拉二世明明更信任保守派，他還是決定投入戰爭，促使當時蓬勃的經濟和社會躍進戛然而止，最終更讓他賠上了王位。就這樣，一個專制帝國氣數盡散，只因其末代君王意志軟弱，沒有勇氣堅守信念。列寧上台之後，自然不願重蹈他的覆轍。

序曲：聖僧之血

沙皇尼古拉二世於一九一五年重拾軍隊的指揮權。但和德國與同盟國的惡戰進行到了第三年，反對沙皇專制統治的力量開始在彼得格勒擴散，嗅到了血腥味的議會領袖蠢蠢欲動，企圖擴張自己的政壇影響力。一九一六年十一月一日／十四日，知名史學家兼立憲民主黨創辦人帕維爾．米留科夫（Pavel Milyukov）在杜馬掀起波濤，痛斥沙皇新任的大臣會議主席鮑里斯．施帝默（Boris Stürmer，可憐他偏偏有一個德國姓），尖酸質問其無能究竟是出於「愚蠢或叛國」？

米留科夫雖然沒有明說，而是暗示出身德國黑森邦、暱稱亞歷克絲的皇后亞歷珊德拉及圍繞在靈療者拉斯普丁周圍的「黑暗力量」，才是真正的叛國賊。拉斯普丁靠著奇門祕術讓皇后嫡子、小皇儲艾列克謝的血友病病情穩定了下來，從而贏得皇后的信任。如此聳動言論出自米留科夫這樣備受敬重的權臣之口，無形之中讓民間對拉斯普丁的傳言顯得更加可信，同時坐實了彼得格勒朝野的看法，「皇后和首相正聯手將俄國出賣給威廉二世」，一位俄羅斯要人如是說。1

米留科夫沒有把話講明，其他人可就毫無保留了。反動派議員弗拉基米爾．普利希克維奇（Vladimir Purishkevich）將米留科夫的話傳到了前線士兵耳中。不僅如此，他還在一九一六年十一月六日／十九日於杜馬起立發言，怒批沙皇的大臣們「是一群傀儡，線被拉斯普丁和亞歷珊德拉皇后牢牢抓在手上……皇后貴為沙皇之妻，卻始終是個德國人，疏遠我國與他的子民。」普利希克維奇真正的發怒對象是拉斯普丁。「只要拉斯普丁還活著一天，」他指控道：「我們就打不贏這場仗。」普利希克維奇號召俄國政治領袖動用私刑，並且用莊嚴的口吻預言：「再也別讓俄羅斯受一個卑賤的穆齊克（muzhik，帝俄時代的農奴）統治！」[2]

他不只是說說而已。當月底，普利希克維奇加入以費利克斯．尤蘇波夫親王（Prince Felix Yusupov）為首的精英社團，密謀刺殺拉斯普丁。尤蘇波夫親王曾在牛津求學，貌比潘安，獨自繼承的龐大家業據信更勝沙皇的羅曼諾夫家族。他不僅迎娶沙皇的外甥女伊琳娜公主（Princess Irina）為妻，母親齊奈達郡主（Zinaida Yusupova）也與沙皇一家和羅曼諾夫諸位大公交好，更是杜馬主席羅江科妻子的密友。一九一五年，齊奈達擔任莫斯科總督的丈夫遭到沙皇罷黜，她將這份恥辱怪在拉斯普丁和亞歷珊德拉皇后身上，四處散播惡毒的流言。彼得格勒上流社會之所以瘋傳有「黑暗力量」意圖叛國，主要便是受她閒言影響。她還授意兒子費利克斯「教誨」羅江科與杜馬議員，瞭解拉斯普丁的可怕。被她說服的還有狄米特里．巴甫洛維奇．羅曼諾夫大公（Dmitri Pavlovich Romanov）。他是沙皇堂弟，後來刺殺拉斯普丁的主謀之一。[3]

暗殺計畫很簡單。尤蘇波夫親王以他美麗的妻子伊琳娜想見拉斯普丁為由，邀請對方到莫伊卡河畔金碧輝煌的尤蘇波夫宮來。伊琳娜王妃雖然知道計畫，但不願參與其中，因此不會在宮中。他們打算讓不知情的拉斯普丁在樓下等待，趁機給他吃摻了氰化鉀的蛋糕和酒。

萬一毒不管用就開槍，最後再用幾通電話隨便捏造不在場證據。為了保險起見，狄米特里大公將會在場，因為身為羅曼諾夫皇室成員，他擁有絕對的刑事豁免權。計畫雖然矯揉卑鄙，卻有一點非常有利，那就是利用拉斯普丁征服女性的無窮欲望。這位法國大使口中「來自波克羅夫斯科耶的情愛妄想者」從來不曾拒絕公主或王妃的邀約。[4]

普尤兩人的毒殺計畫並非創舉。一九一五年九月，艾列克謝・赫沃斯托夫（Alexei Khvostov）受拉斯普丁推薦出任內政大臣，但不出幾個月就恩將仇報，出資二十萬盧布收買被派來保護拉斯普丁的祕密警察米哈爾・科米薩羅夫中校（Mikhail Komissarov），要他殺害拉斯普丁。雖然聽來很離譜，而且赫沃斯托夫更希望拉斯普丁被勒死，但科米薩羅夫中校為了試毒，竟然抓了拉斯普丁的貓來實驗，結果這個莫名其妙的詭計遭到報紙披露，沙皇得知之後，赫沃斯托夫因而下台。

到了一九一六年，暗殺拉斯普丁的熱潮愈燒愈旺，不僅有人去信威脅取他性命，妖僧本人也數次遭到攻擊。這股熱潮甚至延燒到了國外。赫沃斯托夫計畫敗露之後，轉而試圖收買拉斯普丁之前的東正教贊助人，被免去修道院長之職的謝爾蓋・特魯法諾夫神父（Sergei Trufanov/ Bishop Iliodor，西方人稱他為「伊利奧多爾主教」）。一九一四年七月，拉斯普丁在故鄉波克羅夫斯科耶險遭暗殺，一名婦人高喊「我殺了假基督！」拿刀刺中他腹部，沒想到他竟活了下來。據信那次暗殺便出自神父之手。後來神父拒絕了赫沃斯托夫，不想弄髒自己的手，但卻遠赴美國，以二萬五千美元的代價賣了一個加油添醋的故事〈俄國神魔——拉斯普丁〉給《大都會》雜誌，將詆毀拉斯普丁的浪潮推上了新的高度。報導預定擺在頭版，刊登整個夏天。俄國領事館在雜誌送到報攤之前將報導壓了下來，於是特魯法諾夫狀告俄國政府，要求損害賠償。一九一六年十一月，當米留科夫和普利希克維奇在杜馬挑起反拉斯普丁之火，神父則是在紐約市法院作證，指稱拉斯普丁「一心向著德國，不僅左右俄國皇后，讓她反對協約國……現在更密謀私下談和。」[5]

派駐紐約的英國特務極為關切特魯法諾夫的發言，在他作證之後立刻將他請去領事館正式簡報。當時（一九一六年）由於凡爾登和索姆河兩場血戰都徒勞無功，西方戰線突破機會渺茫，使得倫敦當局益發擔心俄國會放棄協約國盟友，私下跟德國議和。該年六月，深陷困局的英國自由黨首相賀伯特．艾司奎斯（Hebert Henry Asquith）才應沙皇尼古拉二世公開要求，指派聲譽崇隆的陸軍元帥霍雷修．基奇納（Horatio Hebert Kitchener）出使俄羅斯，以鞏固邦誼，沒想到船艦被德國水雷擊沉，將軍因而喪命。因此到了一九一六年秋天，英國外交官、間諜及內閣個個都像驚弓之鳥，一有風吹草動都能解讀成俄國戰線即將不保。

一九一六年九月十八日，沙皇任命亞歷山大．普羅托波波夫（Alexander Protopopov）為內政大臣，此舉在英國眼中不啻為壓倒駱駝的最後一根稻草。倫敦內閣之前才從駐俄大使喬治．布坎南爵士的報告中得知兩件事：一是普羅托波波夫七月才在斯德哥爾摩和人脈甚廣的德國使館官員費利茲．沃伯格（Fritz Warburg，沃伯格銀行家族成員）會面，顯然是為了討論私下談和的可能；二是他是拉斯普丁的門生。

讀完布坎南慷慨陳詞的報告，英國戰爭大臣勞合．喬治（David Lloyd George）於一九一六年九月十三日／二十六日遞交一份「機密備忘錄」給首相艾司奎斯，警告首相「最近的發展大幅強化了親德勢力。我方盟友不斷消失，目前俄國官僚體系裡已經沒有要人……偏向我國了。」[6]

儘管當時對拉斯普丁最大的指控（德國間諜）並非事實，但他政治影響力過大的傳言倒是不假，這也使得他的仇敵決心致他於死。是他和皇后說服了尼古拉二世於一九一五年八月親自掌軍；也是他倆促成了年近七十，已經淡出政壇的施帝默於一九一六年二月成為大臣會議主席。是拉斯普丁說服沙皇於同年七月罷黜了任職多年的外交大臣謝爾蓋・薩佐諾夫（Sergei Sazonov）；也是他無視普羅托波波夫性格飄忽，甚至瘋了（從軍時感染的梅毒正逐漸腐蝕他的心靈）的傳言，說服沙皇於九月任用他為內政大臣。這些危害政局的「官員大風吹」不能全歸咎於拉斯普丁的建言，因為沙皇仍是最終的決策者，而且數次罔顧其言。但拉斯普丁對皇后的影響力不容否認。尤其第一次世界大戰來到關鍵時刻，遠在前線督軍的沙皇必須仰賴皇后做他京城的耳目，拉斯普丁可以說是「俄羅斯第三有權力的人」。[7]

拉斯普丁的仇敵還看對了一點，那就是（即便他並非親德的叛國賊）他對戰爭「態度消極」。諷刺的是，拉斯普丁正是在戰爭這件事上和皇后意見不同。雖然亞歷珊德拉出身德國，但應該這麼說，由於她來自黑森—達姆斯塔特，德國西部一個自視甚高的小城邦，後來被俾斯麥主政的普魯士併吞，所以她痛恨德皇威廉二世，巴望著德國被消滅。相較之下，拉斯普丁一九一四年七月得知俄軍動員後，曾經發特電給沙皇，因而轟動一時。他認為戰爭一無是處，只是浪費生命，愈快結束愈好。

到了一九一六年十一月，刺殺拉斯普丁的計畫在彼得格勒已經是公開的祕密。英國祕密情報局（SIS，又稱軍情局）駐彼得格勒主任山謬・霍爾（Samuel Hoare）日後回憶，普利希克維奇告訴自己，「他會除掉拉斯普丁」。普利希克維奇和尤蘇波夫都毫不掩飾地公然和家人朋友談論刺殺計畫，可能是想說服自己的所作所為是正確的。就我們所知，確實沒有人真的反對，頂多只有親王的妻子伊琳娜。但她在克里米亞度假時得知丈夫的計畫也只是勸他不該「蹚這灘渾水」。有證據顯示，尤蘇波夫在牛津求學時的舊識，英國祕情局幹員奧斯華·雷納（Oswald Rayner）也參與其中，至少是密切留意暗殺計畫的進行。就如尤蘇波夫親王本人所解釋的，策劃刺殺者的想法是：亞歷珊德拉皇后「完全仰賴拉斯普丁維持心靈平衡。只要他一消失，她就會崩潰。而沙皇一旦擺脫皇后和拉斯普丁的影響，一切都會改觀，他將成為出色的立憲君主，」而且應該就會重新全力參戰，贏得戰役。[8]

一九一六年十二月十六—十七日／二十九—三十日深夜，天氣清朗凜冽。過去幾天，尤蘇波夫和他的同謀四處勘查找尋可能的棄屍地點。他們已經買了粗鐵鍊，好讓屍體沉入水底，然而大雪覆蓋整座城市，幾乎所有河道都已結凍，只有城郊「老涅瓦河」的一座橋邊最合適。拉斯普丁經常過橋登島去「造訪吉普賽人」，到時可以用做不在場證明。那個地點還有一個好處，就是暗殺者不希望屍體在離刺殺地點太近的地方被發現。不過他們還是需要屍體被發現，以遏止拉斯普丁不死的傳言。[9]

他們選定的刺殺地點是莫伊卡河畔金碧輝煌的尤蘇波夫宮。但這個地方也有問題，因為對岸就是內政部及警察局，距離不到五十公尺，任何槍聲都會引來不必要的警方注意。尤蘇波夫宮是全俄國最富麗堂皇的宮殿之一，至今依然吸引無數遊客前往欣賞宮中保存的璀璨珍寶。當時宮裡到處是身穿制服的僕役，個個都是可能的目擊者。尤蘇波夫親王和狄米特里大公身為貴族，或許不怕目擊證詞，但普利希克維奇可不想冒險，堅持要親王遣走所有僕役，只留下兩名值勤衛兵。此外，尤蘇波夫還選了宮殿底層一間牆壁厚實的圓頂儲藏室，不讓槍響傳出。當然，要是拉斯普丁喝下夠多摻毒的馬德拉酒，壓根不會有人聽見任何聲響。[10]

在那個決定命運的午夜時分，尤蘇波夫開始安排犯罪現場。僕役送上蛋糕和酒之後便被遣出宮殿。普利希克維奇雇來的醫師拉札維特灑了氰化鉀在蛋糕上，並等到最後一刻才在酒裡投毒。子夜零時過半，醫師駕車送尤蘇波夫親王來到拉斯普丁位於果洛戈維亞街的住處後門，發現他已經穿著講究地等在那裡，身上飄著廉價肥皂的香氣。伊琳娜王妃的邀約顯然成功迷倒拉斯普丁，尤蘇波夫從來沒見過他如此「整潔乾淨」。截至目前，計謀進行得非常順利。[11]

到了莫伊卡河畔的宮殿，尤蘇波夫領著客人從後門走下圓頂儲藏室，雖然樓上留聲機隱約傳來《洋基傻小子》的樂音，但拉斯普丁似乎毫不起疑，也沒有拒絕尤蘇波夫的邀請，在等待時喝杯小酒——他對馬德拉酒的喜好，僅次於對社交名媛的貪戀。但他拒絕品嘗蛋糕，而酒裡的毒大多蒸發了。除了幾聲呻吟，幾乎看不出氰化鉀有起作用。深夜兩點左右，暗殺終於發生了。然而與事者後來各說各話，使得各種流言四起。唯一能確定的是拉斯普丁於兩點到六點之間身中兩槍，軀幹也被刺了一刀，上半身和臉上的傷痕顯示曾經遭到毆打，第三槍則是正對額頭，讓他當場斃命。（有個歷久不衰的傳言，說拉斯普丁被扔進冰冷河中時還活著。但解剖只顯示他肺部有積水，如此而已。我們幾乎可以肯定，是頭部那一槍要了他的命。）[12]

不論刺殺者究竟做了什麼，拉斯普丁遇害顯然是出於預謀，並且有俄國貴族涉入其中，包括尤蘇波夫親王和狄米特里大公。由於俄國當時為君主專制，儘管警方展開全面調查，最後卻只有尤蘇波夫被逐出彼得格勒，狄米特里遭流放波斯，沒有人遭到起訴。這些殺人犯不僅沒有遭到判刑或吊死，反而被彼得格勒朝野視為英雄。是他們扳倒了那位意圖玷汙王朝聲名的臭色鬼穆齊克。俄國自由派人士確信，這下沙皇尼古拉二世肯定會恢復神智，傾聽他們的開明建議，而非拉斯普丁的墮落讒言。

但他們高興得太早，沙皇非但沒有被點醒，反而嚇壞了。無情殺害沙皇親信，謀害沙皇夫婦賴以治癒愛子絕症的虔誠靈療者（儘管有缺陷）讓尼古拉二世在彼得格勒朝野一片錯愕中宣布，「吾等親人竟然沾染此農奴之血，令朕羞對國人。」[13]

就這樣，一個由俄國皇族（尤蘇波夫）策劃，意在弭平沙皇與俄國自由派隔閡的計謀，反倒弄巧成拙拉大了雙方的距離。被親人背叛的尼古拉二世不知所措，獨自待在莫吉廖夫（Mogilev）的最高司令部，只想遠離政客和他們的詭計勾結與無窮紛擾。但一場風暴即將席捲他的避風港。

第一部

日落西山的羅曼諾夫王朝

多虧專制，俄羅斯才能如此富強。

——康士坦丁・彼得洛維奇・波貝多納斯徹夫，
神聖宗教會議庶務員、沙皇亞歷山大三世及尼古拉二世資政

革命者進入國家、貴族社會和所謂的開化階層，並在其間生活，只是為了能夠盡快消滅這個世界。

——謝爾蓋・涅恰耶夫，《革命者教義》

第一章　舊政權及其敵人

十九世紀末、二十世紀初，帝俄幅員遼闊。就面積而言，大英帝國更廣博，但其領土分散全球，沙皇領地則是統整為一，既長且寬，從波蘭到太平洋、北極冰洋到中亞的炙熱乾草原，綿延一萬公里。如同一名記者說的，「把美國塞進俄國之後，還裝得下中國及印度。」[1]

鄰國光是翻開地圖就會害怕。從十七世紀以來，俄羅斯帝國彷彿受到不可撼動的擴張定律驅使，每天擴張一百四十二平方公里，每年增加五萬一千八百平方公里。的確，疆界擴張讓沙皇軍隊需要捍衛的領土愈來愈多，卻也帶來戰略深度，讓拿破崙一八一二年吃足了苦頭。照這趨勢推算下去，不難想像俄羅斯版圖吞噬掉一部分中國、阿富汗、波斯、鄂圖曼帝國、加利西亞及東普魯士。不僅如此，十九世紀帝俄人口成長了四倍，來到一億五千萬人（一九〇〇年後再次暴增，到了一九一四年已經將近一億七千五百萬人），更是讓鄰國備感威脅。而俄國雖然已是全球第五大經濟體，僅次於英法德美，但在二十世紀頭十年還是每年增長將近一成，和二十一世紀初的中國一樣快得引人注目。[2]

不少歷史學家由果推因，依據沙皇後來的結局推斷俄羅斯這個巨人肯定有著不為人知的缺陷。但這顯然是後見之明。儘管苦難加劇、經濟發展不均、各地騷動不斷，一九〇〇年的帝俄仍然大有可為，不論其幅員和國力都讓大多數、甚至全體沙俄人民引以為傲。這樣一個帝國外令敵人恐懼，內有龐大（雖然經費不足）的警察機器，於一八八一年亞歷山大二世遇刺後大幅擴充，足以震懾各式反對勢力。學者唯有事後觀之，才看出其致命弱點。要衡量一個國家的活力，最好的指標或許莫過於移民與投資者的數目。二十世紀初的俄羅斯是人口與資本的淨入口大國。這個事實充分說明了一切，但在革命之後就再也不是如此。

一九〇〇年左右造訪俄國的西方訪客，肯定會驚豔於首都聖彼得堡的歐洲風情：上流社會講法語，不講俄語，其財力和雍容華貴的裝扮更令人瞠目結舌。河岸旁，義大利建築師興建的文藝復興式宮殿林立，給人「北方威尼斯」的感受。聖彼得堡位於北緯六十度，和阿拉斯加一樣位於北極圈外圍。漫長冬夜為該城增添了獨特的韻味，形成歐洲最盛大的「旺季」之一，派對和音樂會從除夕一直到四旬期接連不斷，而初夏的「白夜」更是萬人空巷。西方訪客可以在馬林斯基劇院欣賞帝國芭蕾，聆聽樂團演奏葛令卡、穆索斯基、林姆斯基・高沙可夫或柴可夫斯基的作品，甚至參加舞會。借用一位替俄國末代皇室作傳的作家的話，舞會上的「每一顆頭顱、每一根頸項、每一隻手腕、手指和纖腰，都充分顯露了俄國女人對珠寶的熱情。」[3]

這位西方訪客要是轉往莫斯科，就會發現這座城市沒那麼墮落，同時更具有俄國風情。一七〇三年，彼得大帝為了建立對西方的窗口，將京城移往聖彼得堡。雖然官署跟著搬了過去，但莫斯科仍是帝國的精神中心，歷任沙皇仍在克里姆林紅磚牆內的烏斯佩斯基大教堂加冕，戴上沙皇亞歷西斯的鑽石頭冠。莫斯科號稱「四十乘四十座教堂」之城，是「第三羅馬」（古羅馬和拜占庭帝國君士坦丁堡的繼承者，東正教的中樞），充滿儀式與傳統的聖城。無數農奴與王公貴族為了精緻感人的東正教儀禮而來，手持蠟燭聆聽迷人的聖歌，呼吸縹渺的焚香。莫斯科還是商業之城，俄羅斯傳統商路和不斷擴張的鐵路網均輻輳於此。莫斯科匯聚了各種極端，夏天濕熱悶人，冬天酷寒不輸其他地方。城裡的實業家與商賈在乎金錢與買賣，更勝於聖彼得堡的往來交際。他們個個能喝善飲，我們的西方訪客在教堂滌淨靈魂之後，可以到城裡酒吧或客棧舉杯暢飲伏特加，飽食醃黃瓜、鯡魚、煙燻鱘魚和魚子醬。這些食物至今依然是俄國人的下酒菜。

要是這位遊客膽識夠，願意離開大城探險，他或許會造訪莫斯科東北「金環」的中世紀古城，如科斯特洛馬、蘇茲達爾、弗拉基米爾和雅羅斯拉夫，或是搭乘火車北訪特維爾和諾夫哥羅德，往東造訪西伯利亞的新興城鎮伊爾庫茨克，往南參觀克里米亞、北高加索的溫泉與礦泉浴場或喬治亞的山區酒莊，甚至搭汽船遊歷窩瓦河。這些火車走在廉價鐵軌上，軌道的品質不若西方（大多只有美國標準的一半重量），因此依然速度緩慢，正好讓我們這位西方訪客悠閒享受窗外風光。出了大城市和烏克蘭與西伯利亞西部的幾處工業區，他會看見樺木林間偶爾冒出農村，村子裡幾間樸素的木造伊斯巴。若是較大的城鎮，鎮中央還有如皇冠一樣的洋蔥頂教堂。夏天他會見到男男女女在田裡辛勤工作，趁著短暫的生長季節播種及收割麥穀，冬天則有機會駕著**托伊卡**（馬拉的雪橇）在白雪覆蓋的大地旅行，比春秋的泥濘或夏季的塵土飛揚（俄羅斯境內還沒有多少四季皆宜的碎石路）還要輕鬆愜意。雖然凜冽寒風或許會令人顫抖，但俄羅斯冬天那夢幻般的雪白之美依然會讓他滿心讚嘆。

當然，我們這位西方訪客還有許多未能目睹，因為他的活動範圍可能侷限在大城鎮的高級地段、交通要道與各州首都。就算走得更遠，頂多也只會去好一點的農莊客棧。儘管旅遊書上或許會提到「農奴問題」，但只有喜歡打破砂鍋問到底的人，才會試著深入表面之下，窺探這個農奴仍占全國八成人口的農村生活。在西方人眼中，這裡的農產效率低得可憐，每畝產量不及歐洲的一半，更只有英國的七分之一，剩餘邊際小到只要歉收就會造成饑荒。例如一八九二年就有將近五十萬農奴喪生，大多數死於霍亂。

收成欠佳一部分源自俄國生長季短，土壤貧瘠，只有歐俄南部和烏克蘭的「黑土」帶稍微肥沃。農奴雖然一八六一年就已解放，至少名義上如此，但許多「解放」都有名無實。雖然悲慘的往日已去，他們不再被迫為地主勞作，卻得分期付款買回「賜予」他們的土地，也就是付貸款。這對幾乎不使用現金交易的農奴並不容易。他們連靴子和農具都還是自己製作。更麻煩的是，分期付款不是個別支付，而是以**農村公社**（mir）為單位集體償還，搞得所有人都頭痛不已，不曉得誰欠誰什麼。結果解放非但沒有讓農奴成為自耕農，反而弔詭地強化了俄國的傳統村社組織，使得一九〇〇年時絕大多數買回的土地都落入了村社之手。據說全俄國只有一個人真正瞭解農奴問題，那就是經濟學家恰亞諾夫（A.V.Chayanov）。恰亞諾夫研究了一輩子，最後結論俄國的農奴農業完全不受改革左右，建議政府當局乾脆放手。這可不是什麼順耳的建議。[4]

我們這位訪客若是在十九世紀的最後十年造訪俄國，看見歐俄、烏拉及烏克蘭地區的大城市所透露的工業化繁景，肯定會印象深刻。和美國一樣，俄羅斯的工業化動能主要來自鐵路。鐵路征服了廣袤的土地，大幅刺激了鐵礦、鋼鐵與能源的需求。謝爾蓋·維特（Sergei Witte，中俄密約中稱其為微德）是這個時期的主導人物。他在一八八九～九一年擔任鐵道事務局長，開始興建西伯利亞大鐵路，後來先任籌款大臣（Minister of Ways and Means），再晉升為財政大臣，並執掌此要職直到一九〇三年卸任。在他英明領導下，俄國不僅採用金本位制，更率先施行現今許多新興市場採納的國家資本主義，由國家引導資本流向基礎建設和重工業，鼓勵外商投資科技，並努力調和貿易政策與國內需求。雖然大多數銀行都歸國有或國營，部分商品（如伏特加）也由政府專賣，但保障私有財產。不論維特用了什麼祕方，總之似乎管用。到了一九〇〇年，俄國經濟年成長率為百分之八，採礦、金屬加工和能源都大幅發展。波羅的海的里加港與黑海的敖德薩等港口，在維特主政下規模增長近五倍，新興城市更是如雨後春筍，從西伯利亞西部到裏海遍地開花。盛產石油的巴庫原本骯髒汙濁，幾乎一夜之間變為全球最富有的城市，也讓許多家族一夕致富，包括諾貝爾家族。直到今日，諾貝爾獎金仍然出自這筆財富。

維特時期的興盛不僅促成了俄國石油大王和實業家的驚人財富，還孕育了一大批不斷增加的勞工。根據政府估計，維特時期末，俄國有兩百五十萬工廠受雇勞工，到了一九一四年更逼近三百萬。不過，這個數字有可能被低估，因為工廠督察的人力不足，沒能普查所有製造業，尤其是規模較小的工廠。

非技術工人薪水極低，尤其是婦女（她們薪水低於男性，因為男人被視為家計負擔者），但他們很快便轉為技術工人，負責紡紗、冶金或操作機器。工廠環境通常欠佳。大多數勞工住在市區廉價旅社裡，房間狹小擁擠，用餐的地方也好不到哪裡。不過，俄國傳統文化的某些成分緩和了工業化的極度惡劣，例如東正教節日極多，每年將近九十天，再加上週日休息，週六工時減少。俄國不像德國，沒有俾斯麥一八八〇年代創立的意外保險與老人年金，但有宗教慈善機構為工傷者提供醫療，而俄國社會的父權性格也不會讓婦女和孩童無限制從事所有工作。相較之下，更強調平等精神的北歐文化卻非如此——最惡名昭彰的就是英國剝削清潔煙囪的童工和奴役紡織工廠的女工。俄國勞工非常辛苦，但不必然比同期歐洲其他國家的勞工更加悲慘。

俄國實業家或許不比歐洲同行更剝削，但俄國的政治異議者卻激進許多。專制政權的優點（也是缺點）就是沙皇和人民之間的中介者很少，沒有擋箭牌來吸收或緩和人民的不滿。當時工會並不合法，也沒有國會導引政府專注於社會問題。一八五三至五六年克里米亞戰爭慘敗後，俄國曾經出現短暫的自由窗口。沙皇亞歷山大二世允許地方設立參政機關，即**地方自治會**（zemstvo, 1864）。然而，繼任的亞歷山大三世轉趨保守，於一八九〇年規定地方議會必須臣屬於沙皇任命的地方首長，大幅削弱了地方議會的實權。掌管國事的官僚聚集在華麗的圓桌前，按照出身、部會及年紀（而非才能功績）論資排輩而坐，直接聽命於沙皇，且所有大臣和政府高官都由沙皇任命。專制政權下的政治土壤是如此貧瘠，工人與農奴運動分子得不到法律資源和其他救濟管道，難怪時常訴諸暴力。

俄國早在出現大批工人無產階級之前，就已經誕生過聞名全球的革命分子，像是亞歷山大・赫爾岑（Alexander Herzen, 1812-1870，社會主義重量期刊《警鐘》編輯）和米哈伊爾・巴枯寧（Mikhail Bakunin, 1814-1876），後者幾乎隻手催生出了「無政府工團主義」，提倡勞工直接集體行動，後來成為法國和義大利工運的主導力量。巴枯寧和歐洲革命運動者的不同點，就在於他的俄國氣質給予他一種獨特的風采，使得歐洲左派望塵莫及，連馬克思本人都瞠乎其後（一八七二年海牙代表大會上兩人不歡而散，巴枯寧脫離馬克思創立的第一國際工人協會導致了該會於四年後解散）。

俄國激進主義自成一家，在許多方面獨樹一幟。就像世上只有一個巴枯寧，整個西方世界也沒有誰稱得上是歐洲的謝爾蓋・涅恰耶夫（Sergei Nechaev），比得上他的民意黨民粹派運動（Narodniki）。涅恰耶夫提倡的這套虛無民粹主義堪稱現代政治恐怖主義的先聲。涅恰耶夫在其重量級著作《革命者教義》寫道：「革命者是注定犧牲之人。他應當沒有個人利益、個人私事、個人情感眷戀、個人財產甚至姓名，所有一切皆當奉獻給唯一的信念、唯一的熱情——革命。」[5]一八八一年，民粹派刺殺了「解放者沙皇」亞歷山大二世，在歐洲和北美掀起一波仿效的暗殺風潮，二十年內造成六位國家領袖和數十名達官貴人喪生。

為了剷除民粹派，沙皇亞歷山大三世（一八八一～一八九四）的極端保守政權建構了一套複雜的警方線民與雙面間諜網絡——**奧克瑞納**（Okhrana），同樣在歐洲沒有相應的機關。那段時期，奧克瑞納和地下革命分子齊頭並進，互相研究、彼此學習，導致所有人疑神疑鬼，陰謀論大行其道。通常奧克瑞納道高一尺，但有時也會落後一步。例如一八八〇年代的德加耶夫事件，這位奧克瑞納聖彼得堡支部中校滲透到民粹派的核心，不料卻被自己人殺害（刺客消失了數十年後才被人發現他在美國北達科他大學教數學）。至於惡名昭彰的雙面間諜伊凡諾・阿契夫（Evano Azef），則是於一九〇二年至〇五年間提供了許多情報給奧克瑞納。但這些情報再如何珍貴，或許仍比不上他為了證明自己的革命情操而刺殺的兩位內政大臣與羅曼諾夫大大公。[6]

不過，撇開偶爾失策，沙皇政權多半時間似乎都將對手控制得不錯。除非我們的西方訪客運氣欠佳，親眼目睹少見的恐怖炸彈攻擊，否則他只會對沙皇警察的儀表堂堂、藍白制服和黑長靴印象深刻，而非留意地下革命分子的邋遢不羈。事實上，奧克瑞納和沙皇其他部門一樣經費不足，人力欠缺，一九〇〇年時只有六千八百七十四名警察和一千八百五十二名警官，或許再加上一千多名政治組人員，卻要負責橫跨兩大洲、人口一億五千萬。比起蘇維埃時期自命不凡的契卡（CHEKA）擁有數十萬祕密警察，奧克瑞納人力之單薄，其效率可想而知。就連民粹派也在十九世紀末、二十世紀初放軟手段，其領導者幾乎都加入了一九〇一年成立的社會革命黨（SR），依循法律途徑推動土地改革。SR在許多方面都是典型的俄國政黨，透過民粹運動為占帝俄人口絕大多數的農奴爭取權益。[7]

與此同時，俄國出現了一個歐洲式的新馬克思主義政黨，其特色主要在於反對民粹派那種較缺乏紀律的浪漫主義。這個政黨就是俄羅斯社會民主工黨（RSDRP），原身早在馬克思過世時（一八八三年）成立，目的在建立正統馬克思主義。一八九八年RSDRP正式成立，為第二國際工人協會即第二國際（一八八九～一九一四）的俄國「側翼」。由於RSDRP的革命性質太過明顯，因此旋即受到奧克瑞納的監控。事實上，社會民主工黨之所以成立，就是因為組織更鬆散的俄國馬克思主義同盟頻頻遭到打壓所致。因此，RSDRP幾乎從創黨之初就是一個流亡政黨，兩位領袖列寧（Lenin, Vladimir Ulyanov）和馬爾托夫（Martov, Julius Tsederbaum）在創黨大會時還被流放西伯利亞，第三位格奧爾基·普列漢諾夫（Georgy Plekhanov）則是自一八八〇年就住在瑞士。第二次黨代表大會已經是五年後，而且地點在比利時，不在俄國。

俄國警方執法之兇狠源自尼古拉一世時，但其鎮壓手法卻不失巧妙。只有惡行最重者，例如因政治暗殺而自首或被定罪，才會判處死刑。一般政治犯的刑罰是**卡托加**（katorga），也就是苦役。但即便如此，除非犯行令人髮指，否則連苦役也極少見。標準懲罰是俄國知名的「行政流放」，最高五年，地點通常是西伯利亞。西伯利亞雖然天氣惡劣（尤其冬天），但國內流亡的條件往往相當寬裕，比起後來蘇維埃時期的古拉格制度簡直好得驚人。沙皇甚至每年發放零用金給流放者，讓他們支付衣服、食物與房租。有些出身高貴的流放者，例如列寧（其父為世襲貴族，四等官州參事）就搭乘頭等車到西伯利亞。他不但帶著母親和妻子同行，甚至還雇了一位女傭做家事。流放者完全不受監禁，可以自由活動，只要不離開西伯利亞即可。警察雖然會在火車站巡邏，搜捕脫逃者，但效果不大，脫逃者成千上萬，因為從黑市很容易買到假證件。從神學院學生轉為活躍革命分子的喬治亞人史達林（Stalin, Yosif Djugashvili），因為一九〇二年三月組織巴統暴力示威造成十三人喪生、五十四人受傷而被判流放，後來自誇他從西伯利亞逃脫了六次——實際上可能是八次。8

上千名流放者逃回歐俄以後，繼續往西遁入歐洲，成為歐洲激進主義的熟面孔。德國社會民主黨（SPD）成為俄國社會主義者的第二個家，圖謀推翻那個傻到放他們脫逃的政權。從一八二五年十二月黨人起義，帝俄精英圈首次出現嚴重的政治動盪，到一九一七年這近一百年間，據稱施行恐怖統治的沙皇政權共只處決了六千三百二十一名犯人（包括犯下一級謀殺的刑事犯），平均每年不到七十人。一八九七至一九〇〇年流放到西伯利亞的列寧吃飽睡飽，有如度假過得輕鬆愜意，不在被處決者的行列。

研究俄國革命的史學家常強調一九一七年之前的某些明顯前因，例如特別著墨於一九〇三年七月RSDRP在比利時的黨大會上撕裂成「多數派」布爾什維克和「少數派」孟什維克。但在當時，除了領薪水監視他們的警察之外，極少有俄國人對這群流放者的政治活動感興趣，就連警察們也時常倦勤。奧克瑞納的報告裡對列寧外表的描述（「身高兩俄尺五又二分之一俄寸（相當於一六六公分）……容貌算是好看，淺褐色眼眸，額高臉圓，圓下巴，淡紅鬍鬚……」）比他的政治信仰還多，更幾乎不曾提到孟什維克和布爾什維克決裂。要到多年後，列寧聲名鵲起，這些隱晦的發展才被冠上撼動全球的歷史重要性。[9]

沙皇政權和國內批評者（尤其學生示威者）的衝突，在當時比流放者的政治活動重要得多。十九世紀末、二十世紀初，激進主義在聖彼得堡、莫斯科、華沙和基輔等大學如野火燎原，因為一八九九年沙皇政府頒布命令，學生凡有不當政治行為者一律取消緩徵。不難想見，許多示威反對該命令的學生因而被迫入伍。一九〇一年二月，一名聖彼得堡大學學生殺害了教育大臣伯格列波夫（N.P. Bogolepov），衝突陡然加劇。雖然尼古拉二世任命年過八旬的溫和派戰爭大臣凡諾夫斯基將軍接替伯格列波夫，但凡諾夫斯基的安撫行動反而火上加油，讓學生更為激進。隔年四月，另一名學生刺殺內政部長，宛如公然拒絕沙皇遞出來的橄欖枝。尼古拉二世看明白了，任命強人維亞切斯拉夫．普勒韋（Viacheslav Plehve）為內政部長，展開大力掃蕩。[10]

普勒韋實行兩手策略，一手高壓鎮壓，一手懷柔較有用的反對勢力。這位新部長對學生激進運動毫不寬宥，但對俄國勞工運動手段卻相當巧妙。他認為只要讓工人群眾遠離學生煽動，再賞一些經濟大餅，就能贏得人心，至少讓工人消極認可沙皇政權。於是普勒韋和莫斯科的奧克瑞納局長祖巴托夫（S.P. Zubatov）密切合作，滲透了俄國非法地下勞工組織，並成立新的工人組織，由警察控制。他還策劃直接吸收地方自治會成員進內政部，藉此削弱地方自治會，但這項強力手段不算成功，反倒惹惱了視地方自治會為成立國會前一步的俄國自由派。普勒韋還有一項措施下手更重，就是俄化（Russification）政策，尤其針對芬蘭和波蘭。因為這兩地一直以來都是民族分離運動的溫床。

普勒韋的各項改革，雖然引來反對勢力不少抱怨，但執行之初似乎為沙皇政權帶來了一股新氣象，在官員人人自危之際提振了官府士氣。要是給他足夠多的時間解決地方自治會、工人及學生示威者，或許真能重振帝俄王朝在人民心中的威望。然而，一九〇三年復活節週日爆發基希訥烏反猶騷亂（Kishinev pogrom），造成了三十八名猶太人和四名非猶太人死亡，一千三百五十戶人家（大多為猶太家庭）被洗劫，使得他的改革很快就被爭議所淹沒。

過去史料都將基希訥烏騷亂描繪為轉捩點，自此帝俄及其猶太人民再難共處。這場騷亂促成了偽書《錫安長老會紀要》出現，引發俄國猶太人自柵欄區（隔離屯墾帶）大批出走，移民美國。柵欄區位於西俄，猶太人獲准在該區定居，但通常不得離開。這些都是事實，但用俄國人的話來說，這些並非事實的全貌。在西方世界眼中，這是猶太人和反猶太基督徒的對抗，非黑即白，但在普勒韋和數百萬俄國人眼中卻遠非如此。一九〇三年俄國多處發生大爆炸，各大工業城市罷工不斷遭到軍隊鎮壓（光是茲拉托烏斯就有四十五人死亡，八十三人受傷）。到了夏天，農奴**暴亂**（bunt）橫掃俄國鄉村，五十四個封邑慘遭焚毀。四月的基希訥烏騷亂只是全俄動盪的一部分。這波動盪造成一百七十四位平民和一百六十二位軍人死傷。及至七月，就連奧克瑞納都有大批警察轉向罷工方，氣得普勒韋當場罷黜祖巴托夫，認為他難辭其咎。帝俄政權和政敵纏鬥數月之久，基希訥烏騷亂只是其中一段插曲。[11]

不過，這場大屠殺仍然是俄國政治史上的分水嶺，而且結局並不歡喜。在俄國保守派眼中，猶太人和激進主義密不可分。普勒韋估計俄國革命分子有四成是猶太人出身，雖然可能過於高估，但不可否認有大批猶太知識分子加入社會主義運動。這些猶太人主要經由他們自己成立的猶太馬克思主義組織參與運動，例如一八九五年成立，簡稱「崩得（Bund）」的立陶宛、波蘭和俄羅斯猶太工人總聯盟。其實，崩得比RSDRP成立更早，而且會員將近三萬五千人，是後者的四倍。一八九八年三月奧克瑞納掃蕩崩得，羈押了五百名猶太革命分子，其中光基輔就有一百七十五人，更成為「非猶太人」馬克思主義政黨於該月下旬成立的主要推手。這些事件對一九〇三年四月發生在基希訥烏的騷亂影響甚微，但騷亂後續廣受報導，使得許多溫和派猶太人立場轉趨強硬，放棄以政治手段進行革命，進一步激化了反猶太情緒。教育水準較低的猶太人則是紛紛加入武裝自衛組織。[12]

基希訥烏騷亂將猶太人問題推上檯面，成為俄國社會主義史上無可抹滅的要角。多數歷史書上都是同一個見解：一九〇三年七月布爾什維克和孟什維克之所以徹底決裂，是因為列寧主張精英幹部領導（有時又稱為「先鋒主義」），也就是他在一九〇二年《怎麼辦》小冊裡的構想，但孟什維克則主張讓所有工人參與黨務。但事實並非如此。

布魯塞爾黨大會上真正砲火四射的是猶太人問題，黨組織問題直到第十四次全體會議才得到討論。列寧在黨大會上的主要目標是否定崩得（也就是猶太人）的黨內自主權，並以猶太人沒有共同語言，也沒有自己的土地，因此不算民族為論點，贏得了支持。崩得創立者馬爾托夫憤而離席，另組孟什維克以示抗議。幾乎所有猶太社會主義者都隨他而去，尤其是托洛茨基（Trotsky, Lev Bronstein）。這位年輕的知識分子出身南烏克蘭的赫爾松市，曾在敖德薩（Odessa）一所德國學校就讀。當地人文薈萃，居民來自世界各地，使得這位年輕人日後一接觸歐洲馬克思主義就受其吸引。由於列寧完全照搬俄國反猶太分子的主張，不難想見馬爾托夫、托洛茨基和其他猶太人會加入反對陣營。弔詭的是，崩得和RSDRP孟什維克的合併雖然坐實了奧克瑞納幹員的看法，俄國猶太人都是社會主義者，實際上卻可能削弱了俄國馬克思主義的猶太人成分，因為現在黨內最有利的位置落到了列寧和非猶太人主導的布爾什維克（多數派）手中——即使他們的人數其實遠少於孟什維克和崩得。事實上，列寧完全否定俄國本土革命傳統中的猶太社會主義國際主義（也就是托洛茨基等知識分子的國際化理念），轉而將自己那種好勇鬥狠的民粹主義移植到了馬克思主義中。布爾什維克主義一如其創立者，俄國的非常徹底。[13]

儘管如此，我們還是應該謹慎一點，不要過度放大布魯塞爾的黨大會衝突。猶太人和馬克思主義者在帝俄始終是少數中的少數，除了激進知識分子之外，兩者在俄國境內都得不到什麼支持。一九〇三年八月底，戈梅利（Gomel）爆發了基督徒與猶太人的衝突。這是基希訥烏騷亂後雙方僅有的一次衝突，報紙報導極少，傷亡只有個位數。由於猶太人組成了自衛組織，因此這回死亡的基督徒（五人）比猶太人（四人）多。不過，損失最大的還是猶太人，有兩百五十戶猶太家庭遭到洗劫。不論基希訥烏和戈梅利事件的起因為何，這兩起暴力衝突有一個有趣的共同點，可以說一反外國報紙逢沙皇必反的論調，替帝俄政權（至少部分官員）挽回了一點顏面，那就是這兩座古柵欄區城市的警察雖然無能避免屠殺發生，但正規軍一來很快就平定了局面。[14]

只要軍隊紀律仍在，就沒有理由擔心俄羅斯帝國熬不過零星發生的罷工與騷亂。革命分子和奧克瑞納之間的你追我藏，對普通百姓而言就和貴族千金參加的聖彼得堡名媛舞會一樣遠在天邊。不論那些泛稱反對派的勢力有多大，所有社會主義者、民粹主義者、民族分離主義者、猶太激進分子和自衛組織統統加起來，也遠遠比不上幾乎全由農奴組成的俄國軍隊。這支皇家大軍就算在二十世紀初的承平時期，人數也超過百萬，而且絕大多數效忠沙皇。維持社會秩序一直是他們的核心信仰。依據一八七七至一九〇六年實行的〈動員軍隊維持治安條例〉，俄國政府機關動員軍隊的理由五花八門：「教會禮拜、節慶和人民聚會時維持秩序」、「保護公家財物」、「防止走私」、戒護或協助執行司法判決、「緝捕強盜土匪」，甚至還有「撲滅森林大火」及「水災救助」。俄國軍隊四處奔波，隨時都在協助地方父母官或市府官員「防止或制止人民失序」。可想而知，許多官士兵都很討厭被叫去鎮壓國內異議。但他們還是聽命行事，而且根據國內事務記載的傷亡數字極低來看，他們做得很成功，直到一九〇三年才急轉直下。[15]

雖然對治安勤務有所抱怨，但帝俄軍隊在二十世紀初時整體算是相當強盛。怎麼能不強盛呢？一八九〇年代維特時期的興旺讓俄羅斯稅收加倍，雖然軍費開銷沒有增長得那麼快，但從一八九〇年至一九〇〇年的年度軍費預算還是增加了六成，使得部隊武器得以躍升一代，採用新推出的莫辛三線步槍，並首次引進三吋速射野戰砲。總之，軍隊的武力值遠在革命分子和盜匪之上，白痴才會去挑戰；就算道德上不無瑕疵，對內卻從無敗績。[16]

對外作戰也相去不遠。雖然俄軍於一八五〇年代的克里米亞戰爭表現欠佳，但畢竟是和當時全球兩大強權（法國和英國）對壘，外加鄂圖曼帝國及薩丁尼亞王國從旁助陣。最近一場戰爭是一八七七至七八年，而且打贏了鄂圖曼帝國。俄國的高加索軍拿下土耳其東部的卡爾斯、阿爾達罕和巴統三州，主力部隊則是長驅直入，穿越巴爾幹半島攻到聖斯特凡諾（今伊斯坦堡阿塔圖克機場）。確實，英國派出艦隊之後，俄國在一八七八年的柏林和談會議上拿到的成果一夕縮水。但部隊的士氣通常取決於最近這一場戰爭，而俄國軍隊在一九〇〇年還是贏家。[17]

軍隊向心力一直是個問題。因為俄羅斯帝國幅員遼闊，國內近百個民族，甚至比奧匈帝國這個知名的多種族國家還多。一八九七年，俄國進行了人口普查，這是沙皇時代首次也是僅有的一次普查，共記錄到一億兩千五百萬人（幾乎可以確定低估），其中只有五千五百六十六萬又七千四百六十九人，亦即百分之四十四的人口是大俄羅斯人。其餘的八千七百萬人雖然以東斯拉夫東正教徒為絕對多數，包括二千二百萬「小俄羅斯人」（即今日烏克蘭人）及六百萬「白俄羅斯人」，但仍包括大批非俄羅斯、非東正教基督徒的少數族群，例如主要信仰天主教的波蘭人（近八百萬）和主要信仰新教的芬蘭人（三百五十萬），以及人數不可小覷的突厥人（一千三百七十萬）。猶太人按信仰計算大約五百二十萬，按種族（說意第緒語）計算則為五百萬出頭。其餘種族多半不及兩百萬人，如亞美尼亞、日耳曼、喬治亞、拉脫維亞、立陶宛和羅馬尼亞，但由於同種族都聚居在一起，使得他們很容易受到民族分離主義的煽動。[18]

不過，帝俄軍隊組成一如人口分布仍是令人印象深刻的多族共存，只不過有幾個明顯例外。軍隊核心組成是「東斯拉夫人」，占了百分之七十五，包括大俄羅斯人、烏克蘭人和白俄羅斯人。雖然波蘭人的忠誠度在這個以俄羅斯人為主的帝國裡確實不無疑問，但他們在軍隊裡所占的比例和實際人口比差不多，只是被刻意分派到境內各地，好讓他們在各單位裡的比例都不超過百分之二十。基本上，所有波蘭官士兵都不准駐紮在俄屬波蘭，這個有如凸角位於德國東普魯士及奧匈帝國加利西亞之間的邊境要塞。其餘的少數族裔也比照辦理，原則上不准在自己族裔所在的地區服役，以防他們組成民兵。只有芬蘭人例外。依據一八〇九年芬蘭同意併入俄國時簽署的協定，芬蘭士兵得自行編隊，而且他們在俄國人眼中也不像波蘭日耳曼人和穆斯林的情況比較複雜。一方面，波羅的海日耳曼人大量出任軍官，在海軍尤其如此，特別是波羅的海艦隊。另一方面，居住在伏爾加地區的日耳曼門諾人當初基於凱薩琳大帝的鼓勵而移民至俄羅斯，獲准永遠不須從軍。同樣的，中亞的土耳其游牧民族通常不受徵召，而定居在高加索及克里米亞的穆斯林則以驍勇善戰著稱，和英屬印度陸軍裡的旁遮普穆斯林齊名。[19]

哥薩克人自成一類。雖然他們多屬東斯拉夫東正教，但其實更像出於族群認同，而非種族宗教群體。十七世紀以來，頓河、庫班和捷列克的哥薩克自治「軍團」便臣屬於羅曼諾夫王朝，替俄國捍衛南疆，並時常拓展疆土，同時在俄國對抗列強時擔任騎兵支援作戰。到了十九世紀末，沙皇政權開始極度仰仗哥薩克人維持國內治安，而他們用來鎮壓群眾的**生皮鞭**（knut，但常被誤植成 knout）也成了俄國壓迫的著名象徵。再加上他們偶爾參與反猶太屠殺，使得哥薩克人在西方至今依然臭名昭彰。因此我們有必要提醒自己，至少在一九〇五年之前，哥薩克人備受軍隊重視，也普遍為俄羅斯愛國分子景仰，因為他們對國家忠心耿耿。托爾斯泰還為此撰寫了一本中篇小說《哥薩克人》，讚揚他們的無私勇氣與幹勁，跟名義上是上級的俄羅斯軍官毫無生氣形成強烈對比。哥薩克人在蘇維埃時期被抹煞為舊政權的走狗，直到一九九一年才重拾聲望，在各種通俗史出現他們的英雄行徑。[20]

沙皇的軍隊不若德軍精良，入伍者的識字率遊走在三、四成之間，遠低於德意志帝國的近九成。俄羅斯農奴是頑強的步兵，但面對現代戰爭的基礎技能就顯得左支右絀，從火炮瞄準、機槍射擊到無線電通訊莫不如此。不論是俄國於一八九四年簽署共同防禦協定之後成為盟友的法國或因此成為潛在敵人的德國，受教程度和識字率高都有助於形成民族認同、共同記憶與使命感，但這在帝俄軍隊卻往往付之闕如。俄羅斯人口太多，很難像歐陸國家一樣大比例動員人力，被徵召入伍的識字青年只有百分之二十出頭。因此，俄羅斯的軍力雖然潛能無窮，卻受到社會和政治的局限而難以完全發揮。[21]

即便如此，二十世紀初的帝俄軍隊仍然不容小覷。農奴士兵或許語言不同又目不識丁，但訓練相當紮實，武器也很充足精良，更重要的是吃得很好。入伍士兵每週可以吃到將近一公斤的肉，高出一般農奴四倍。對大多數俄國人來說，徵召服役意味著生活改善，因此大多樂於從命。軍官團更是社會流動的跳板，相較於帝俄時期惡名昭彰的階級分明與社會極度不公是醒目的例外。中校以下的軍官有五分之二出身農奴或更低的階級，就連貴族出身的軍官（占軍校畢業生的百分之四十，雖然不少但不算壓倒性多數）也大多沒有封邑——這些貴族之所以從軍正是為了收入。絕大多數軍官原本都搭三等車廂調動，後來政府為了面子才讓他們以三等車廂的車資搭乘二等車廂，帝俄軍隊的階級平等可見一斑。雖然（在衛隊裡）過往的精英主義壁壘仍在，但軍隊裡基本上只看功績，使得有些出身卑微的人只花了一代就從農奴變成將軍甚至更高。因此，俄軍不論官階高低普遍士氣高昂，軍官士兵之間的關係也遠比地主與農奴、城市大實業家與勞工之間和諧。[22]

只要部隊忠心不二，革命分子推翻沙皇的計畫就近乎痴人說夢。不論民粹派刺客、學生激進分子、社會主義者、猶太人、波蘭人、芬蘭人或其他心懷不滿的少數民族，基本上都無法撼動帝俄政權的銅牆鐵壁。亞歷山大二世會解放農奴，允許設立地方自治會，終結尼古拉一世以來的政治穩定，也只是因為帝俄在克里米亞戰爭面子掃地。外交上的錯誤，才是動搖沙皇政權的真正威脅。不幸的是，尼古拉二世於一八九四年即位後，俄國享受了十年的和平，卻由於大臣的貪婪無能，一場外交災難逐漸在亞洲成形。

第二章　一九〇五年：岌岌可危的政權

沙皇尼古拉二世是背負著不祥之兆即位的。法理上，他會登基是因為一八九四年十月二十日／十一月一日父親亞歷山大三世突然駕崩。此事誠屬遺憾，因為亞歷山大三世才剛開始教導兒子專制君主的重責大任。不過，尼古拉二世其實要到一八九六年五月十四日／二十六日在莫斯科克里姆林宮加冕後，才算正式繼承王位。根據傳統，加冕次日屬於莫斯科百姓，新任沙皇會邀請民眾到霍登卡草地享用露天大餐。尼古拉二世毫不手軟，供應了「數百桶免費啤酒」和「好幾車的琺瑯酒杯」給百姓留念，每只杯子上都印有羅曼諾夫皇室家徽。將近十萬名莫斯科人在草地上過夜。天將亮時，因傳言啤酒快沒了，結果引發推擠，數百人（包括婦女孩童）被推踩在地，場面怵目驚心。在俄羅斯這樣一個迷信之國，百姓對惡兆深信不疑，尼古拉二世的統治就這樣蒙上了一層陰影。[1]

儘管起步不順，尼古拉二世的頭十年表現得還不壞。雖然學生和工人抗議增加，基希訥烏騷亂損害了俄國的國際名聲，但經濟持續活躍。因此即使發生騷亂，沙皇非但沒有被排除在歐洲事務之外，甚至主持了該年馬其頓危機的調停，於一九〇三年十月在**米爾茨施泰格**（Mürzteg）和奧匈帝國皇帝約瑟夫一世簽署了鄂圖曼帝國改革方案。俄奧兩國自克里米亞戰爭以來的外交嫌隙，就此告一段落，而俄國在歐洲的地位更一舉攀到了高峰。[2]

俄國在遠東地區的戰略前景就沒那麼光明了。一八八二年成立的「三國同盟」有奧匈帝國和德國兩個核心國加上半疏離的義大利掣肘，使得沙皇面對歐洲勢力必須步步為營，不敢隨意造次。但在亞洲，從一八五〇年代征服高加索穆斯林戰士到一八六〇至七〇年代力壓中亞的埃米爾（Emirs，阿拉伯首領）和可汗，再到一九〇〇年（偕同歐洲列強、美國和日本）鎮壓義和團，羞辱中國，俄國向來對比他弱小的鄰國為所欲為。

雖然直至今日，講起「八國聯軍」所有人都記得德皇飽含歐洲種族偏見的那句狂言：「未來一千年再也不會有支那人敢斜眼看德國人」，但派軍最多的其實是日本（二萬零八百四十人）和俄國（一萬二千四百人）。這兩個國家離中國最近，也對中國最感興趣。一八九六年，財政大臣維特說服重兵駐守北疆的中國退讓，同意西伯利亞鐵路穿越滿州北部，直抵太平洋岸的不凍港海參威。儘管他口頭上保證會尊重中國主權，如此一來卻將滿州變成了俄國的實質殖民地。當時正是帝國主義的盛世期，而維特就是某位崇拜者口中的「俄國的塞西爾・羅茲（Cecil Rhodes）」，以沙皇之名將俄羅斯打造成亞洲帝國。[3]

鄰國日本對俄國就沒那麼崇拜了。一八九四至九五年的甲午戰爭（主要在朝鮮半島上進行，為爭奪朝鮮而戰）讓日本拿下了遼東半島南端的關東州，後來迫於德國、法國和俄國施壓才歸還中國。俄國海軍出於輕慢，竟於一八九七年投資遼東半島緊臨日本海的最重要港口旅順港，而俄國企業也開始收購朝鮮鴨綠江和圖們江沿岸的採礦與伐木權，進一步逼近日本。由於此地向來被日本視為其勢力範圍，再加上當時歐洲的種族偏見，種種作為激怒了日本帝國高層。

雖然日俄兩國於八國聯軍時是戰友，但這場危機徹底暴露了聖彼得堡和東京的利益衝突。義和團之亂平息之後，俄國非但沒有撤軍，反而增派部隊駐守滿州，人數超過十萬。由於日本強烈抗議，並拉攏一九〇二年二月和日本簽署盟約的英國背書，俄國這才承認中國對滿州的主權，承諾分批逐步撤軍。要是撤軍如期完成，這場危機或許就不會以戰爭作收。然而俄國卻反其道而行，背棄了撤軍承諾。除了受德皇威廉二世慫恿（他戲稱尼古拉二世為「太平洋司令」），尼古拉二世還聽信朝臣煽動。這些官員堅稱對日本等非歐強權退讓是可恥之舉，刻意挑起沙皇內心的傷痛。一八九一年，當時還是王儲的尼古拉二世赴日進行國是訪問，差點被派來保護自己的日本警察刺殺。那名警察拿著軍刀朝他揮來，在他額頭留下一道九公分的疤，讓他日後經常想起這起事件。於是，尼古拉二世不聽維特勸阻，於一九〇三年五月宣布俄國遠東政策「轉向」，推翻滿州撤軍協定。察覺大勢不妙的維特八月辭去財政大臣一職，實際上完全退出公職。俄國創立「伐木夥伴計畫」，確保自己在朝鮮的特許權。對日本高層來說，俄國此舉無異於宣戰。

這會是虛張聲勢嗎？按照尼古拉二世朝令夕改的性格，很難判斷他是否故弄玄虛挑釁日本。一九〇三年六月，他甚至發急電到旅順港，通知當地總督他決定讓日本「完全擁有朝鮮」，但最後又不了了之。同年十一月，戰爭大臣艾列克謝・庫羅帕特金（Alexei Kuropatkin）警告他「對日本開戰將大失民心」，並讓革命分子趁機在軍隊裡「煽動叛亂」。當時「各種失序行為」正在「不斷增加」，遠東地區任何作戰失利都可能動搖政權。然而，內政大臣普勒韋不以為然，他告訴尼古拉二世想平息國內動亂，就需要「打一場小勝仗」。同年十二月，尼古拉二世在會議上講起對日本宣戰的疑慮，但接著又說「不過，日本就是個蠻夷之邦。」最後沙皇的個人偏見占了上風。他認為日本要求俄國退讓「太過放肆」，透過外交使節警告日本「俄國是泱泱大國」，並且「耐性有限」。[4]

日本聽出沙皇話中的含意，便於一九〇四年元月向聖彼得堡發出最後通牒，要求沙皇放棄在朝鮮的所有權益，交換日本承認滿州是俄國的勢力範圍，並警告若再拖延，後果將「不堪設想」。眼看沙皇不打算回應，日本便於一九〇四年一月二十五—二十六日／二月七—八日派出十艘魚雷快艇潛入旅順港，偷襲停泊在港內的俄國太平洋艦隊。突襲三小時後，日本正式向俄國宣戰，氣得沙皇尼古拉二世向侍從說他會戰到「至死方休」。[5]

這句話一語成讖。一九〇四年四月十八日／五月一日，旅順口之戰開打，日本陸軍在鴨綠江擊敗俄國的先鋒部隊殺入滿州，逼近奉天的俄軍要塞；日本海軍則是登陸遼東半島，對旅順港的俄國駐軍展開圍攻。俄軍由安東尼・斯特塞爾（Antony Stessel）將軍指揮，人數只有圍攻者的一半（四萬對八萬），海上增援也因為日軍封鎖而進不來。儘管如此，俄國士兵依然奮勇作戰，重創敵軍。十一月底，日本為奪下關東一處地勢較高的據點（二〇三高地）而損失了一萬人，但攻下高地之後立刻架設攻城炮，「粉碎了」旅順港的碉堡和港口內殘餘的俄國船艦。[6]

俄國士兵在旅順港負隅頑抗的英勇精神讓尼古拉二世深受感動，想盡辦法要替弟兄們解圍。由於陸路被日軍封鎖，因此唯有派波羅的海艦隊從三萬公里外前往太平洋才有可能。黑海艦隊雖然距離較近，但是倫敦才剛提醒聖彼得堡，根據一八七八年的柏林條約，俄羅斯戰艦無權通過鄂圖曼海峽。由於英日同盟，俄國若是膽敢違反倫敦海峽公約，英國可能對俄宣戰。因此，一九〇四年十月，沙皇命波羅的海艦隊司令齊諾威・羅傑思特文斯基（Zinovy Rozhdestvensky）前往旅順港解圍。這一路必須經過北海、大西洋、地中海、蘇伊士運河、紅海、印度洋和南中國海，估計需時半年，結果花了將近八個月，不僅引發全球關切，也使得為了解救旅順港而賭上政治資本的尼古拉二世壓力更重。

航程並不順利。這支「俄國太平洋第二分艦隊」才剛進入北海，就遇上了英國的拖網漁船。其中一名俄國艦長以為對方是日本戰艦，便下令開火。雖然只有三名英國漁民喪生，但英國大可拿這起「多格灘事件」做為開戰的理由。幸好沙皇沒沖昏頭，同意向英國道歉，並提供六萬六千英鎊的賠償，才沒有釀成衝突。但後果依然嚴重：英國禁止艦隊通過蘇伊士運河，使得俄國艦隊被迫繞行非洲，讓這趟本已累人的航程又多費了一個多月。

還沒抵達好望角，這趟遠征就白費了。因為一九〇四年十二月二十日／一九〇五年元月二日，斯特塞爾將軍兵敗旅順港，被迫向日本第三軍團軍長乃木希典投降。同年二月七日／二十日，日俄戰爭達到最高峰，雙方於奉天進行滿州爭奪戰，馳援的羅傑思特文斯基將軍的太平洋第二艦隊卻還在印度洋上。俄國在這場拿破崙戰爭之後最大的地面戰折損八萬八千多人。戰爭至此，俄國已經投入了二十萬官兵，耗費十億盧布，卻連一場戰役也沒有獲勝。沙皇為自己的傲慢與偏見付出了慘痛的代價。

更糟的還在後頭。雖然歐俄和戰場相隔遙遠，消息只會一點一滴傳回京城，不過累積而來的效應還是難以抵擋。一九〇四年七月，備受抨擊的內政大臣普勒韋被恐怖分子用炸彈炸死。同年秋天，自由派和地方自治會議員舉行了一連串「政治集會」，替首屆全俄「地方自治會大會」鋪路。十一月，一百零三位代表齊聚聖彼得堡要求召開制憲會議，成員由全國男性投票選出。沙皇得知之後，發誓他「絕不接受代議制政府」，因為此舉有違他的即位宣誓。不過，十二月十二日／二十五日，俄軍於旅順港投降前一週，尼古拉二世做出讓步，下令擴張地方自治會權限、加強法治，並放寬審查制度，但拒絕了民間呼籲成立國會的要求。7

這兩起事件對聖彼得堡民意的衝擊有如驚濤駭浪。旅順港降日讓帝俄政權顏面掃地，煽動派革命分子則是對沙皇拒絕改革火冒三丈。一九〇五年元月初，普提洛夫兵工廠因為四名員工遭到解雇而發動罷工，其他工廠隨之跟進。當時一名由神父轉職為警察的喬治．加邦（George Gapon）神父，因為同情而接觸工人。在這位極具魅力的前神父號召之下，數以萬計的罷工者走上街頭，不久便引來數千名支持者。元月九日／二十二日週日，加邦神父率領將近十五萬人遊行至冬宮，向沙皇遞交請願書，要求召開制憲會議、八小時工時、生活工資和釋放政治犯。許多罷工者高舉聖像或沙皇肖像，加邦神父則是高舉十字架，使得遊行瀰漫著宗教氣氛（這不是什麼吉兆，因為許多人都寫好「訣別書」準備犧牲）。當遊行隊伍走過涅瓦大街，來到冬宮廣場前，示威者突然朝哥薩克騎兵衝去。騎兵隊後方的衛隊立刻上刺刀，並對空鳴槍警告，但加邦神父毫不退縮，示威群眾也沒有聽命解散。一時雙方陷入對峙，沙皇政權面臨關鍵考驗。

結果政權的守護者先動搖了。沒有人曉得究竟是誰開了第一槍，也不清楚開槍是出於驚慌、憤怒、意外或失誤，但槍聲一響，現場立刻起了可怕的連鎖反應。示威者尖叫奔逃，衛隊和哥薩克人朝群眾掃射。城裡其他地方也相去不遠，數十人被哥薩克騎兵用馬刀砍倒或被步槍掃射。這場日後被革命分子稱為「血腥週日」的屠殺最終造成兩百多人死亡，八百多人受傷，而加邦神父則是躲到小說家高爾基的公寓裡暫避風頭。這位全球知名的俄國作家同情罷工群眾，親筆撰寫一封「公開信」痛批尼古拉二世「扼殺了俄羅斯帝國的靈魂」，並且呼籲「俄國所有社會主義政黨」發動「武裝起義」。自此沙皇政權和其政敵全面開戰。8

血腥鎮壓的消息，讓原本就因為遠東戰爭節節敗退而不滿的百姓更加激進。拉脫維亞首府里加有一萬五千人上街和警察對峙，挑釁警方，結果警察果真開槍，造成七十人死亡，兩百人受傷。同年二月，尼古拉二世的叔叔，莫斯科總督謝爾蓋·亞歷山德羅維奇大公（Sergei Alexandrovich）在克里姆林宮外被恐怖分子炸成碎片。各地鄉村都有農奴揭竿而起，有些接受官員建議遞交申訴書給沙皇（總數六萬份），其餘則是焚燒和洗劫領主邸宅。柵欄區再次出現屠殺潮。巴庫二月發生示威，過程中一名韃靼（亞塞拜然突厥）穆斯林遭到亞美尼亞人槍殺，情況急轉直下。亞美尼亞基督徒開始受到報復，有些攻擊甚至得到哥薩克人和警察的支持或縱容，因為他們認為亞美尼亞人和猶太人一樣，都是危險的革命分子。巴庫的衝突雖然不如「血腥星期日」廣為人知，傷亡卻更慘重，至少兩千人喪生。「數千人陳屍街頭，」一名震驚的目擊者寫道：「屍體的氣味令人掩鼻。到處有婦人眼神慌亂地尋找子女，丈夫搬動發臭的死屍。」這場暴動讓年輕的史達林大感振奮，他趁亂成立「布爾什維克戰鬥隊」，成員主要是穆斯林，向亞美尼亞店家勒索保護費。[9]

雖然俄國陷入無政府狀態，但沙皇政權也不是手無寸鐵。早在一九〇五年二月，奉天會戰剛剛開打，內政大臣就調派部隊在鄉村成立「快打分遣隊」。自一月到六月中，俄國各州官員總共向軍方求援一千三百九十次，大多是在鄉鎮執行「預防性」維安，其中正規軍參與了二百四十次警戒任務，約占示威活動的百分之二十。雖然不少軍官開始不滿部屬被倒楣的政治家使喚及濫用，但軍心大致團結，帝俄政權也得以安然度過這場政治風暴。[10]

然而，軍隊不是萬能。最高司令部由於亟欲增援滿州，抽調走鎮守俄國西疆對抗同盟國的兩成步兵與砲兵，以及疲於鎮壓國內動亂的大部分軍力。此時經濟前景一片慘澹。俄國政府又多發放了五億盧布公債，旅順港淪陷後，公債購買人紛紛要求壓低溢價。即使奉天會戰血戰方酣，俄國內政部依然指出歐俄五十州有三十二州局勢動盪，無法再調軍隊至滿州。一九〇五年二月二十二日／三月七日，尼古拉二世告訴外交大臣，只要俄國贏下一場戰役保住顏面，他就準備跟日本談和。[11]

可惜沙皇不走運，因為兩天後奉天就失守了。雖然日本面對俄軍浴血頑抗，傷亡之慘重（七萬五千人）不下俄國，有如預先展示了一次大戰西方戰線的消耗戰，但奉天會戰對日本而言仍然是戰略勝利，一舉將遼東半島、朝鮮和大部分滿州納入了勢力範圍。陸戰失敗後，羅傑思特文斯基司令官的浩蕩長征也就幾乎失去了意義，只剩滿足沙皇提振軍心民意的急切需求。一九〇五年五月十四日／二十七日，俄國「太平洋第二分艦隊」經過八個月遠航，終於在對馬海峽遭遇海軍大將東鄉平八郎的艦隊。東鄉手下的士兵吃飽睡足，船堅炮利，戰艦速度又快（大約十五節）。反觀俄國的巡洋艦和驅逐艦卻被遠行「拖累」，船速最高只達九節，士兵也精疲力竭，還不到傍晚就有三艘戰艦退出戰局，指揮艦的指揮塔則是遭遇炮擊，指揮官羅傑思特文斯基本人身受重傷。黃昏前，東鄉指揮行動敏捷的驅逐艦和魚雷快艇，將疲於奔命的俄國殘餘艦隊全數擊潰。五月十五日／二十八日，俄軍舉白旗投降，艦隊裡十二艘戰艦只剩一艘，十二艘巡洋艦剩五艘，九艘驅逐艦剩三艘，官士兵死亡超過五千人，還有六千一百零六人被俘，而日本只有七百人死傷。沙皇尼古拉二世徹底絕望，只能向日本求和。[12]

俄羅斯一敗塗地還敗在一個亞洲國家手上，對比聖彼得堡先前的妄自尊大，不僅讓這場敗仗更顯羞辱，也使得效忠沙皇政權者倒大楣。「恐怖攻擊開始野火燎原，」一名布爾什維克日後津津有味回憶道：「幾乎每天都有『政治暗殺』或舊政權的大官被攻擊。」根據官方估計，一九〇五年就有三千六百名帝國官員遇害或受傷。[13]

同年六月，連俄國軍隊也起了二心。隨著太平洋和波羅的海艦隊不是沉入海底，就是落入敵手，俄國黑海艦隊的士氣開始低落潰散。支持社會民主黨的士兵（有些是孟什維克，有些是布爾什維克）成立了革命中央委員會「增特拉爾卡（tsentralka）」，預備全面兵變。六月十四日／二十七日，波坦金戰艦出海，士兵們拿到平常吃的牛肉羅宋湯，竟發現肉裡有蛆。儘管隨艦軍醫保證沒問題，士兵們卻不買帳。士兵推派格里高利．瓦庫連丘克（Grigory Vakilinchuk）代表抱怨，結果引發互毆。混亂中副艦長為了保護艦長葉夫根尼．戈利科夫（Evgeny Glikov），殺死了瓦庫連丘克。士兵們群情激憤，處決了艦上十八名軍官中的七位，包括艦長戈利科夫，接著成立委員會「蘇維埃」，決議掛上紅旗，並將戰艦駛回黑海艦隊總部敖德薩，以尋求岸上革命分子的支援。

叛變軍艦入港，讓剛發生大罷工的敖德薩燃起了危機之火。六月十五日／二十八日，沙皇尼古拉二世簽署**上諭**，在敖德薩實施戒嚴，並指示當地指揮官塞米昂．卡哈諾夫（Semion Kakhanov）「採取最嚴厲果斷的措施，鎮壓波坦金號及港區民眾的造反」，同時召集「整支艦隊和所有魚雷快艇」到敖德薩馳援。然而，要擊沉波坦金號並不容易，因為其火力遠勝其他俄國軍艦。[14]

對峙雙方陷入緊張僵持。雖然波坦金號有幾名兵變者上岸為瓦庫連丘克送葬，但大多士兵都待在艦上。六月十六日／二十九日中午，送葬隊伍變成了「暴力騷動」，有上萬人湧入港區。當天晚上，港口倉庫遭到洗劫與縱火。蔓延的火勢逼得示威者驚慌潰散，闖進哥薩克人的封鎖線。到了午夜，卡哈諾夫將軍下令部隊開槍驅離群眾，以便消防隊進入搶救大火。

波坦金號上的兵變者驚慌看見夥伴在岸上慘遭槍殺，連忙將戰艦駛離港口。由於俄國各大港口拒絕提供食物，兵變者只好將波坦金號開進羅馬尼亞的康斯坦薩港，並協議交出戰艦以換取羅馬尼亞的政治庇護。[15]*

眼見政權危在旦夕，沙皇尼古拉二世迫不及待展開和談，不敢稍有耽擱。幸好不只俄國坐困愁城，日本也精疲力竭。做為新近崛起的太平洋強權，美國決定出面協調，由總統羅斯福邀請雙方到新罕普夏州樸資茅斯會面。沙皇召集國內最出色的政治家，並請出退休的財務大臣維特代表協商。靠著維特盡力挽回局面，俄國雖然必須退出滿州，不將朝鮮納入勢力範圍，但日本也只得到遼東半島南部（關東和旅順港），並且拿不到任何戰後賠款。

和談既成，沙皇和諸位大臣總算能專心撲滅國內的動亂之火。一九〇五年七月，新任內政大臣布里金於內閣會議上提議成立諮議性質的「帝國議會」（即杜馬），由全民選出代表（但嚴格限制擁有資產者才能投票）。同年八月，沙皇允准提議，並指示一九〇六年元月以前成立杜馬。杜馬名義上獲得的權力不小，除了監督預算和「立法創制」，還包括「新法的獨立考量權」。八月底，俄國內政部宣布大學生將可以公開集會，且警察不得進入大學校區。[16]

然而，沙皇政權到一九〇五年八月才做出這些讓步，時機並不理想。在血腥星期日、奉天會戰和對馬海峽大敗之後推出這些政策，只讓人覺得迫於無奈與不真誠。自由派抨擊投票權的限制，認為這可能讓許多城市只有不到百分之一的男性有資格投票，其他人則指出這些法令再次表明了「專制君權的不可侵犯」。同月，數名溫和反對派只是婉言批評了布爾金的杜馬計畫就遭到逮捕，包括歷史學家兼自由派立憲民主黨創辦人米留科夫也鋃鐺入獄，此舉對政權的信用毫無幫助。社會民主黨不分布爾什維克和孟什維克，都誓言抵制這場「資產階級」議會選舉，因為絕大多數工人都無權投票。[17]

沙皇遲來的改革努力不僅沒有平息民怨，反而惹惱了激進的反對派。布爾什維克順勢成立「軍事組織」，加強煽動俄國陸海軍士兵叛變，包括定期出版名叫《士兵生活》的單張報紙。一九〇五年九月十七日／三十日，莫斯科的印刷工人發動罷工。警察鎮壓引來了大批同情者（尤其是學生），結果演變成大規模示威。罷工很快蔓延到莫斯科之外，聖彼得堡的印刷工人也罷工以示團結。十月六日／十九日，莫斯科鐵路工人工會加入罷工，各地鐵路工起而效尤，導致俄國鐵路癱瘓，西伯利亞鐵路也無法運作。十月底時，感覺全俄羅斯都在罷工，包括電報和電話接線員，通訊因此中斷。雖然十月罷工不是由任何政黨發起，傳到歐洲政治圈卻成了「大罷工」，進而被第二國際（1889-1914）各政黨視為革命榜樣，因為第二國際當時正開始討論如何組織跨國大罷工，好阻止列強開戰。[18]

說來湊巧，一九〇五年初革命爆發時，革命派政治家竟然幾乎都不在俄國。漂泊海外將近十年的俄國自由派領袖米留科夫四月才回到俄國，社會革命黨（SR）機關報《革命的俄國》編輯維克多．切爾諾夫（Viktor Chernov）秋天返國，一九〇三年社會民主工黨（RSDRP）分裂之後領導孟什維克的崩得創辦人馬爾托夫則是十一月才回到俄羅斯，布

＊注：上岸前，波坦金號上的叛變士兵展現了最後一絲革命精神，偷偷打開海水閥讓戰艦下沉，但還是被管輪及時脫淺救了回來。戰艦後來改名潘特萊蒙號，以洗去叛變汙名，並於一次世界大戰對抗土耳其，多次在博斯普魯斯海峽發動突襲。一九一八年五月，潘特萊蒙號被德國擄獲，停戰後又被英國接收。英國後來將該船引擎破壞，以防落入布爾什維克黨人手中。一九二五年十一月，波坦金號終於自俄國海軍除籍。幾天後，俄國導演愛森斯坦的《波坦金戰艦》上映，讓這艘軍艦從此永垂不朽。

爾什維克旗手列寧也是——他那年幾乎都在倫敦。兩人都回國太晚，無法對局勢產生真正的影響。至於流亡海外的RSDRP創辦人普列漢諾夫則是根本沒有在一九〇五年回國，徹底終結了自己的政治影響力。

由於沒有前輩領導，更活躍的俄國社會主義者得以出頭。切爾諾夫不在，年輕的SR辯護律師克倫斯基脫穎而出，在法院裡為遭到誘捕的革命分子辯護，一舉成名。十月十三日／二十六日，廿六歲的孟什維克成員托洛茨基和一群革命分子在聖彼得堡技術學院集會，創立了「工人代表蘇維埃」。那年還有一位不算有名的社會主義者竄起，那就是亞歷山大·以色列·「帕爾烏斯」·海爾芬特（Alexander Israel "Parvus" Helphand），他在托洛茨基被捕後接任蘇維埃主席。這三人在老馬克思主義者和SR領袖缺席時站了出來，在俄國革命運動中留下了永久的聲名與影響力。史達林也是。一九〇五年社會民主黨從頭到尾只有他一位領袖帶頭製造動亂，讓他從此得到出生入死的美名，連托洛茨基和帕爾烏斯都望塵莫及。另外一位年輕的布爾什維克活躍分子「加米涅夫」，列夫·羅森菲爾德（Kamenev, Lev Rozenfeld）則是介於中間。他協助史達林在喬治亞躲避警察追捕，抵達聖彼得堡的時間也恰到好處，正巧趕上加入蘇維埃，但此外就沒有什麼特殊表現——除非娶托洛茨基的妹妹歐爾嘉為妻也能當成一項成就。不過，這倒是讓他和孟什維克有了非比尋常的姻親關係。[19]

革命和政權的關鍵時刻出現在一九〇五年十月。十月九日／二十二日，維特在沙皇資政們的要求下挺身而出，遞交一份「直言不諱」的備忘錄給皇上，警告尼古拉二世如不快點行動，「愚蠢無情的暴亂就會摧毀一切，讓一切化為塵土。」維特接著說，而「實現理論社會主義理想」的企圖，「雖然不會成功，但絕對會有人嘗試，」最後將「摧毀家庭、宗教信仰與財產，以及法律的一切根基。」為了防止大難發生，維特建議尼古拉二世要不任命軍事強人鎮壓革命，要不就是接受立憲制，成立真正的代議制杜馬，讓自由派和革命派社會主義者分家。維特警告，任何折衷的做法都可能讓政權覆亡。[20]

對一個從不認為自己預備好當王，卻又視之為天命的迷信君主而言，這真是個痛苦的兩難。儘管鎮壓暴動或許能保住王位，卻必然引發另一波民意反彈。「如此一來，」沙皇寫信給太后：「注定血流成河。」於是他同意維特研擬開放改革計畫。「我只能安慰自己，」尼古拉二世對母親說：「這是神的旨意，這個重大決定將帶領我摯愛的俄羅斯走出這場持續將近一年、不可忍受的混亂。」[21]

一九〇五年十月十七日／三十日，俄國以尼古拉二世的名義頒布了《十月詔書》，即使不算真正的「憲法」（裡面從頭到尾都沒有出現「憲法」這個詞），也象徵著專制君權的退讓。沙皇在宣言中保證，俄國人民將擁有「基本的公民自由」，包括「真正的人身不得侵犯權，以及良知、言論和集會結社的自由。」而國會也將「由目前沒有投票權的那些階級的人民」盡快選出，並擁有立法權——「所有法律必須先經過國家杜馬同意才會生效。」最後沙皇對最近「爆發的各種失序與暴力」表達「無比沉重的遺憾」，並呼籲「所有真正的俄羅斯兒女莫忘自己的家國，協助終止這場史無前例的動亂，全力讓祖國恢復和平。」[22]

這是維特放出的甜頭，接下來就是棍子了。為了說服他盡責的主子吞下自尊頒布這份詔書，維特私下向沙皇保證他已有腹案，能鎮住革命暴力。一九〇五年十一月，維特受命為帝國大臣會議主席，正式得到執行計畫的機會。他將問題歸咎於軍隊太過「優柔寡斷」，因此提議全國戒嚴。軍方不該等到暴動失控，而是下令部隊一遇到暴力威脅就開火，而且不能退讓。就如沙皇在批閱烏克蘭戰略港口尼古拉耶夫（帝俄海軍造船廠所在地）的衝突事件報告時寫的：「部隊應該開火還擊，就算再小的武裝反抗也要徹底鎮壓。」有了維特和尼古拉二世的支持，俄國戰爭部立刻通令各單位，強調「只要群眾使用武器一律開火還擊，毋須手下留情。」[23]

當時革命氣勢正達到最高潮。十月詔書頒布後，托洛茨基和帕爾烏斯就像照著維特的劇本走似的，號召發動大罷工，爭取每日八小時工時。有了維特當靠山，聖彼得堡的實業家直接將十萬多名工人鎖在廠內。一九〇五年十二月初，內政部在內政大臣杜爾諾沃（P.N. Durnovo）的一聲令下，開始逮捕蘇維埃的執行委員會成員。杜爾諾沃和維特聲氣相通，作風獨裁強硬。為了反擊，托洛茨基和帕爾烏斯也發表了一份宣言，要求俄國人民停止納稅，從國家銀行領回存款，以摧毀對盧布的信心。隔天，杜爾諾沃和維特就下令逮捕了二百六十名蘇維埃成員，托洛茨基和帕爾烏斯也在被捕之列。巧的是，聖彼得堡的蘇維埃遭到掃蕩時，列寧和四十名布爾什維克首要成員正在芬蘭祕密舉行黨代表大會，這對列寧等人的名聲可沒有幫助。史達林雖然也在會上，但他至少已經證明過自己的忠貞。

於是，革命的焦點轉移到了莫斯科。一九〇五年十二月六日／十九日，莫斯科的蘇維埃號召工人武裝起義，成立共和。在維特和沙皇支持下，莫斯科召來正規軍，由西門諾夫斯基（Semenovsky）禁衛軍做先鋒，衝入暴動發生的普列斯尼亞工廠區。普列斯尼亞平定之後，莫斯科蘇維埃遭到血腥鎮壓，約有一千名革命人士和罷工者喪生。[24]

革命暴亂延燒了一整年的特比利西是下一個目標。高加索軍團司令費奧多・格里亞薩諾夫（Fyodor Griazanov）將軍禁止政治集會，並下令部屬見到反抗者就殺。一九〇六年元月五日／十八日，格里亞薩諾夫派哥薩克人進入工人暴動的區域。哥薩克人沒有放過機會，殺死了大約六十名反抗者，二百五十人受傷，逮捕二百八十人，終於平息了革命的浪潮。史達林不愧其本色，從芬蘭趕回來加入戰鬥，但只成功策劃了暗殺行動，於一九〇六年二月三日／十六日刺殺了格里亞薩諾夫將軍，但局勢已經無法挽回了。[25]

一切都照計畫進行，大受鼓舞的維特於是召開特別會議，找來內政部和軍方將領希望協調出一套全國策略。杜爾諾沃提出一個大膽的調遣計畫，要求邊疆部隊回到國內平息動亂，其中波蘭華沙地區的一百九十四個營就要調派一百七十九個營回來支援。儘管將領們都對不再設防同盟國的想法「驚駭不已」，維特卻堅持調遣計畫勢在必行，並保證德國和奧匈帝國不會趁機占便宜。一九〇六年三月十二日／二十五日，沙皇尼古拉二世批准了維杜兩人的計畫，調派正規部隊到全國各地。為了支付長期清剿的開銷，維特又發放了八億四千萬盧布的外債，以支持國家財政。雖然軍官團嘴裡抱怨，部隊還是聽命行事，並且在其後數月及數年成功抑制了（只是沒能瓦解）最嚴重的革命暴行。達成這最後一項任務後，維特便於該年四月辭去大臣會議主席，因為他覺得自己失去了沙皇的信任。[26]

法治與秩序稍稍恢復，使得帝俄政權有餘裕整頓新創的准憲政體制，只可惜維特無法親身參與。一九〇六年四月二十六日／五月九日頒布的「基本法」再次強調沙皇的「絕對專制」，只有他有大臣任命權，而四月選出的「國家杜馬」（即下議院）的權力也受到縮限，沙皇和沙皇任命（換句話說，非選舉產生）的**國務院**（即上議院）成員擁有立法否決權。人民可以集會結社，包括籌組工會，但必須事先告知官署，且官署有兩星期時間來決定是否核准。杜馬代表有權質詢大臣的政策，但沒有任命權。最令俄國自由派失望的是，沙皇稍有不滿隨時能解散杜馬。最後，基本法第八十七條還允許沙皇於杜馬休會期間以「緊急命令」執政。總而言之，雖然「全俄羅斯的沙皇」專制獨裁不再，卻也沒有成為君主立憲制。[27]

戰爭失利後，一九〇五年的革命接踵而來，重創了俄羅斯帝國的根基。幸好沙皇手下出現了一位勇敢的政治家，將國家導向正軌。在維特二度辭職之際，尼古拉二世只能冀望繼任者擁有同樣的才幹，足以填補維特留下的空缺。

第三章　虛弱的巨人：大戰前的沙俄

經歷了一九〇五年的驚濤駭浪後，因為日俄戰爭慘敗而奄奄一息的沙皇政權在國內聲望竟然逆勢反彈，這讓支持者與反對者都嚇了一跳。不過，反彈並非一蹴而就。雖然政治危機得到控制，但恐怖攻擊就另當別論了。莫斯科和聖彼得堡蘇維埃遭到掃蕩之後，孟什維克和布爾什維克黯然退場，但繼承民粹派傳統的社會主義革命分子於一九〇六年發動刺殺行動，對內政部官員進行了八百餘次武裝攻擊，造成二八八名警察和憲兵死亡，三百八十三人輕重傷。自一九〇四年日俄戰爭爆發到一九〇七年，沙俄共有四千五百名官員喪生，平民死傷也約在此數（包括恐怖攻擊者和普通百姓）。面對如此可怕的數字，維特提前下台免得自己同樣被炸死，也就情有可原了。[1]

不過，天佑沙皇，革命浪潮逼出了一位比維特更強硬的政治人物——彼得．史托里賓（Peter Stolypin, 1862-1911）。史托里賓是出身奔薩和薩拉托夫州的鄉村貴族後裔，他的家族自羅曼諾夫家族一六〇三年成為王室以來就一直效力朝廷。不過，關鍵還是在於他一九〇三年接任薩拉托夫州總督後，在這個社會主義革命分子的活動重鎮幾次親身投入戰鬥，並躲過數次暗殺。他和維特一樣，面對革命分子的猛攻時展現了真正的勇氣。

史托里賓在政治上也極具新意。早在波蘭—立陶宛地區的科弗諾和格洛德諾擔任公職期間，他就留意到歐洲土地私有制的好處：將農奴變成擁護王朝的守法人民，而非易受革命分子煽動吸收的老百姓。然而，俄國中南部大部分地區依然村社盛行。史托里賓曾經在科弗諾嘗試將村社耕地整併為農奴私有地，結果頗為成功。因此一九〇六年四月他升為內政大臣，七月又晉升大臣會議主席後，終於有機會將個人想法在全俄羅斯付諸實踐。[2]

對史托里賓來說，土地改革固然重要，但法律與秩序更為優先。尤其一九〇六年八月十二日／二十五日他在一個公開場合遭遇炸彈攻擊險些喪命，並目睹三十死、三十二人傷，包括他的子女。於是他啟動基本法第八十七條，不經由杜馬同意逕自頒布安全措施，擴大戒嚴，並授權軍方高層在軍事法庭審訊恐怖分子，就地判決不准上訴。這項「現地法庭」措施執行到一九〇七年四月，共有一千人遭到絞刑處決。[3]

史托里賓的鐵腕政策受到自由派和社會主義者的強烈抨擊，還替絞刑台的套索取了個綽號叫「史托里賓的領結」。但這套政策很管用。暴動開始一點一滴平息下來。馬克思主義和社會主義革命分子士氣大受打擊，帕爾烏斯和托洛茨基（和幾乎沒什麼出場的列寧）等一九〇五年的要角再次流亡海外，連官署士氣也回升了。史托里賓的甜頭與棍子策略甚至降服了許多批評沙皇政權的知識分子。俄國重量級自由派思想家斯特魯維（P.B. Struve）就說：「感謝主賜沙皇，讓我們免受人民危害。」尼古拉二世也對史托里賓感佩有加，私下寫信告訴他母親：「我無法向您描述我有多喜愛和尊敬這人。」一九〇七年五月十日／二十三日，史托里賓反駁社會主義者代表的那句名言，一語道盡了這個務實新時代的目標：「你們想要大動亂，我們想要偉大的俄羅斯！」[4]

史托里賓說到做到。一九〇七年春天，他強勢運作第二屆杜馬，立法保護人民免遭任意逮捕，施行累進稅制，並提高國營事業工人的保險權益。接著他又檢視新的選舉資格限制，以確保六月結束第二屆杜馬之後，於秋天選出的第三屆杜馬能更聽話。為了保險起見，史托里賓讓幾位重量級記者和保守派代表進入新杜馬，由國家負擔薪餉。他的手段大致管用，但也非次次如願。他尚有一項較具遠見的政策，也就是廢除柵欄區並給予俄國猶太人及少數族裔同等的公民權，便因為沙皇尼古拉二世本人反對而作罷。[5]

史托里賓最重要的施政項目就是土地改革。新法讓俄國農奴不需對地方農村公社負有義務，並允許積極進取的農奴將村社耕地轉為私有，向農民土地銀行請求增加貸款也變得相對容易。雖然不是所有農奴都樂於自立，但接下來十年有兩百五十萬人轉為自耕農，足足占歐俄鄉村人口的五分之一。限制農奴遷徙的最後幾條法令也解除，並提供獎勵給願意到西伯利亞和中亞國有農地開墾的農民。有三百萬農奴響應了史托里賓的獎賞措施，大多數人都隨著一九〇八至〇九年的大遷徙浪潮移往俄國東部定居。他的土地改革創造了數百萬名新地主，也大大擴展了耕地面積與農業生產力。一九一一年時，俄國麥穀出超一千三百五十萬噸，一九一三年更是有驚人的兩千萬噸麥穀經由船運銷往海外。糧食出口利潤則用來進口資源與機械設備，以滿足俄國蓬勃發展的工廠需求。

史托里賓還重振了國家資本主義，創造了比維特時期更強勁的經濟榮景。主要動力同樣來自興建鐵路。一九〇八年四月，順從上意的第三屆杜馬同意撥款二億四千萬盧布，完成最後一段西伯利亞大鐵路。這段通過貝加爾湖區的鐵道途經最艱難的工程障礙，包括全球最大的淡水湖貝加爾湖和阿穆爾河（黑龍江），工程人員在哈巴羅夫斯克（伯力）興建了一座二千五百九十公尺長的大橋才得以橫越河面，而這座橋也成了俄國第一長橋。史托里賓向持懷疑態度的杜馬代表們解釋，等西伯利亞的資源（黃金、木材、毛皮和漁獲）開始運往歐洲市場，這條鐵路就會回本。而這段後來名為「貝阿鐵路」的鐵道工程更是創造了廣大的工作機會，五萬四千名技術工全是俄羅斯人，因為史托里賓嚴格禁止雇用外國工人。一九一〇年時，俄國的經濟如日中天，年成長率將近百分之十。和二十一世紀初的中國一樣，史托里賓治下的二十世紀初俄國是當時的經濟傳奇，成長中的巨人。[6]

如此榮景能長久嗎？俄國的經濟潛力極大，而史托里賓相信，只要經濟愈發達，社會緊張就會愈和緩。鄉村的農奴變成自耕農之後，因為有了恆產，就會守護法律與秩序。城裡的實業家賺大錢可能會拉大不平等，但是工人的薪資可能提高，生活條件也可能有緩慢但明顯的改善。此外，基於東正教的傳統，史托里賓甚至動用官方經費興建教堂，在他任內（一九〇六～一一）興建了五千五百多座教堂，雇用了十萬名神父。因為比起西方的天主教和新教，東正教的政府與教會關係向來更為緊密。於是，史托里賓治下的俄國融合了沙皇與教會的家長式領導，以王權和神權為保守力量，抗衡「沒有心肝」的自由派實業家。因為這些實業家貪圖利潤，幾乎不會做任何事來改善平民的處境。[7]

史托里賓的改革有賴於對外的和平，因此在沙皇及其他內閣大臣的配合下，他極力避免和他國牽連，以防一九〇五年的憾事重演。一九〇八年二月，鄂圖曼馬其頓的穆斯林與基督徒對立升高，俄國外交大臣亞歷山大·伊茲沃斯基（Alexander Izvolsky）提議一旦巴爾幹半島情勢危急，俄國應比照一八七七年再次介入土耳其。史托里賓「斷然」拒絕，指出一九〇五年革命造成的社會動盪依然餘波盪漾，「俄國現階段無論如何都不能出兵」。[8]

這場一九〇八年的外交危機嚴重考驗了他的和平政策。七月土耳其爆發「青年土耳其黨人革命」，差點推翻蘇丹哈米德二世，周邊國家都想趁著動亂占便宜。同年九月，奧匈帝國外長阿洛伊斯・馮・埃倫塔伯爵（Alois Lexa von Aehrenthal）向伊茲沃斯基提出一個看似交換條件的提議。為了換取俄國默許奧匈帝國併吞塞爾維亞人眾多的波士尼亞與赫塞哥維納，埃倫塔「提議」修訂柏林條約，允許俄羅斯自由航行鄂圖曼海峽（但其實他根本無權送出這份外交大禮）。一九〇八年十月，埃倫塔宣布奧匈帝國併吞波、赫兩地，並宣稱伊茲沃斯基已代表俄國給予祝福。

措手不及的伊茲沃斯基遭到俄國社會及報紙的嚴厲批評。當時泛斯拉夫主義正逐漸興起，認為所有斯拉夫民族（波蘭人、捷克人、羅塞尼亞人〔哈布斯堡烏克蘭人〕、保加利亞人，尤其是所有塞爾維亞人）都受俄國保護，應由俄國一統。聖彼得堡發行量最大的自由派報紙《俄國世界》抨擊伊茲沃斯基：「徹底葬送俄國在巴爾幹半島的威望」。地位相當於《紐約時報》的權威大報《新時代》的資深記者告訴俄國外交人員，「我們現在的目標就是『摧毀』伊茲沃斯基」。史托里賓的氣憤幾乎不下於泛斯拉夫主義者，但理由不同：他擔心伊茲沃斯基的無能會害俄國沒準備好就捲入戰爭。由於批評者揚言見血，史托里賓只能訴諸嚴格的言論審查，徹底禁止泛斯拉夫主義者公開演講。但他也不想讓伊茲沃斯基辭職下台，唯恐被歐洲解讀成「俄國打算參戰」。[9]尼古拉二世和主戰派大臣只好嚥下這口氣。

一九〇九年三月九日／二十二日，德國駐俄大使弗利德里希・普塔列斯（Friedrich Pourtales）嚴詞警告，表示柏林站在維也納這一邊。沙皇聽從史托里賓的建議，接受了併吞的事實。波士尼亞危機就這樣不動干戈解決了，只是在俄國人（和塞爾維亞人）心裡烙下強烈的屈辱感。誠如沙皇尼古拉二世在給母親的信裡寫道：「德國人……如此粗野對待，我們將謹記在心[10]。」

和平暫時保住了。史托里賓指派他信任的姊夫謝爾蓋・薩佐諾夫（Sergei Sazonov）接替蒙羞的伊茲沃斯基出任外長。薩佐諾夫是性格溫和的保皇派，隱約帶有幾分自由派色彩。一九〇九年六月，德皇威廉二世和沙皇尼古拉二世舉行和會。據在場的奧匈帝國外交人員觀察，史托里賓極力討好威廉二世。雖然俄國在巴爾幹半島受辱可能讓他自尊受損，但史托里賓依然堅持戰爭在可見的未來絕對不是選項。同年十月，自由派報紙的大肆抨擊令他備感喪氣，便找來《伏爾加報》一名地方記者受訪。面對聖彼得堡的輿論執著於外交挫敗，史托里賓卻彷彿俄國上下正經歷一股向上的能量。他提到農業和工業的生產量提升，並以樂觀的口吻結論：「只要再給俄羅斯二十年和平，這國家就會脫胎換骨，讓你認不出來。」[11]

史托里賓如願了一小段時間。一九一〇年十月，為了表示親善，他派薩佐諾夫赴柏林交涉，提議雙方各退一步，俄國不再反對德皇心心念念的柏林—巴格達鐵路，而德國不得再支持奧匈帝國在巴爾幹半島的「侵略意圖」。沒想到德國總理貝特曼・霍爾韋格（Theobald von Bethmann-Hollweg）一口答應，讓薩佐諾夫喜出望外。一九一一年八月，德俄簽署協議，雖然不具約束力，但原則上除非俄國自身重大利益受威脅——不是盟友法國，更不是英國（英國於一九〇七年曾就殖民地問題和俄國簽訂條約，但遠非有約束力的軍事同盟）的利益——否則俄國絕不出兵對抗德國。[12]

史托里賓的二十年和平起頭不錯，度過了平順的兩年。但一九一一年九月接連發生了幾起可怕的事件，導致光明前景戛然而止。八月底時，史托里賓前往基輔參加亞歷山大二世追思典禮。對這位戮力延續「沙皇解放者」未竟志業的改革者來說，這應該是個備感光榮的時刻。然而，宮廷上下已經對史托里賓由敬佩轉為不滿。沙皇夫婦在基輔對他完全不理不睬，不過他們很快就要後悔自己的怠慢。九月一日／十四日，史托里賓在基輔歌劇院欣賞林姆斯基．高沙可夫的〈蘇丹沙皇的故事〉時，被一名叫博格羅夫的年輕革命者（他還是奧克瑞納的線人，但這件事是他個人行為）近距離開了兩槍。四天後，史托里賓死於槍傷。[13]

這宗暗殺為俄國政局帶來了空前災難。在聖彼得堡，史托里賓的才幹氣度唯有維特能夠匹敵，但維特和沙皇此時仍然交惡中。史托里賓的繼任者弗拉基米爾．科科夫佐夫（Vladimir Kokovtsov）自一九〇四年以來便擔任財政大臣，在政壇以吝嗇聞名，而不是行動派。他身高中等，個性沉默恭順，從身材到能力都矮上前任一截（尼古拉二世也是如此，他身高一六八公分，體型纖瘦，站在父親亞歷山大三世身旁宛如侏儒。亞歷山大三世身高一米九，虎背熊腰，力大無窮，經常徒手扳彎銀盤逗子女開心）。薩佐諾夫在政治上更有新意，也更認同自由派理念，但同樣其貌不揚（禿頭，髮線後退），舉止怯懦。由於這兩人高度不夠，使得聖彼得堡的外國使節紛紛轉移目光，將主掌史托里賓土地改革的農業大臣亞歷山大．克里沃申（Alexander Krivoshein）視為俄國政壇的新領袖。

史托里賓的「二十年和平」若能成真，就算沙皇的大臣們一任不如一任，影響或許還不會那麼大。他推行的土地改革在能幹的克里沃申執掌下，到了一九一一年已經上軌道，而他促成的俄國經濟繁榮更沒有因他辭世而停止，進入一九一二年依然暢旺。外交大臣薩佐諾夫是沒經驗，但能邊做邊學。史托里賓遇刺前留下的最後貢獻，就是立下一條連小孩都做得來的基本外交政策：「接下來幾年只要俄國參戰，尤其是為了百姓無法理解的原因而開戰，就只會毀了國家和皇上。」[14]

可惜事與願違。史托里賓死後沒幾天，俄國再次陷入外交危機。一九一一年九月十六日／二十九日，義大利向鄂圖曼帝國宣戰，並入侵利比亞。隔年四月，土耳其艦隊在東地中海寡不敵眾，鄂圖曼帝國海軍將領們為了保衛君士坦丁堡，便在達達尼爾海峽施放水雷，布設鐵鍊。然而，俄國增長中的出口貿易半數以上必須經由該處，經濟旋即受到重創，一九一二年的出口量下滑了三分之一，收入銳減，國際收支順差大幅縮水，烏克蘭也無法經由該海峽進口所需物資，重工業近乎停擺。更不幸的是，一九一二年四月俄國爆發了一九〇五至〇六年以來最嚴重的工人抗爭。西伯利亞東北部的勒拿有煉金廠罷工，結果以悲劇收場。軍隊朝群眾開槍，造成二百七十人死，二百五十人傷。[15]

農業大臣克里沃申原本就為了德國小麥商狂打價格戰而苦惱，眼見對俄國至關重大的麥穀出口受到鄂圖曼帝國牽連，而德意志帝國又是鄂圖曼帝國在歐洲的主要靠山，更是憂心如焚。於是他一改先前立場，不再追隨維特與史托里賓的外交保守策略，轉而和許多俄國精英一樣投向「自由主義帝國主義」，認同親法「主戰派」對德國的敵意。到了一九一四年，克里沃申在法國外交人員眼中，已經是俄國內閣裡最可靠、最主戰的反德國分子。[16]

同一時間，俄東的危機也在加劇。由保加利亞、希臘、蒙特內哥羅和塞爾維亞組成的巴爾幹同盟趁虛而入，於一九一二年十月入侵鄂圖曼帝國，逼使鄂圖曼政府向義大利求和，並且開放達達尼爾海峽。對俄國來說，此舉無異火上加油。巴爾幹聯軍進攻色雷斯，雖然土耳其這回沒有封鎖達達尼爾海峽，以免俄國加入敵營，卻讓附近海域再次淪為戰區。十一月下旬，塞爾維亞占據馬其頓和阿爾巴尼亞大部分地區後，奧匈帝國派出三個軍團馳援，讓維也納和聖彼得堡當局陷入開戰恐慌。外交大臣薩佐諾夫站在立場謹慎的大臣會議主席科科夫佐夫這邊，反對克里沃申和主戰派，成功說服了尼古拉二世不要動員軍隊。面對巴爾幹危機而興起的泛斯拉夫主義狂熱，薩佐諾夫溫和的作風讓他在許多宴會場合及一九一二年十月選出的第四屆杜馬面前大受抨擊。

第四屆杜馬由中間偏右的「十月黨」主導，從黨名就能看出他們矢志實現沙皇一九〇五年頒布的十月詔書。十月黨創立人亞歷山大·古契科夫（Alexander Guchkov）出身莫斯科舊禮儀派商人家庭，這個教派始終維持一六六六年東正教教會改革前的古禮，從而得名。古契科夫非常愛國，第二次波耳戰爭時（一八九九～一九〇二）甚至自願從軍，對抗當時在大多數俄國人眼中仍屬世仇的大英帝國。如今面對巴爾幹危機，古契科夫不改其性，整個冬天大敲戰鼓呼籲政府對抗奧匈帝國。十月黨另一位黨魁羅江科體重將近一百三十公斤，身材壯碩如熊，讓人想起維特，政策上卻和維特不同，更偏向盲目愛國的泛斯拉夫主義。

一九一三年四月，羅江科告訴沙皇尼古拉二世時機正好，俄國應該「趁著這股熱潮」一占領鄂圖曼海峽。他建議沙皇陛下（什麼時間不選，偏偏挑了復活節週末）：「開戰只會受到熱烈擁護，提高帝國威望。」十月黨希望駐貝爾格勒公使尼古拉·哈特維格（Nikolai Hartwig）能接替薩佐諾夫出任外交大臣。哈特維格是知名鷹派，幾乎所有歐洲使節都認為親斯拉夫的巴爾幹同盟能夠成立並發動第一次巴爾幹戰爭對抗土耳其，歸功於他在背後一手策劃（如果這能算功勞的話）。然而，尼古拉二世信任現任外交大臣的謹慎直覺，下令禁止人民示威，並頒布敕命支持薩佐諾夫的巴爾幹政策。[17]

薩佐諾夫的戒急用忍又為俄國掙到了兩年和平，史托里賓預言的二十年和平有了四年的好開頭。然而，報紙的攻擊卻讓薩佐諾夫相當委屈。一九一三年十一月，兩次巴爾幹戰爭剛結束不久，歐洲各國元首還來不及喘息，德國又弄出新的危機，任命了奧圖・利曼・馮・桑德斯將軍（Otto Liman von Sanders）為第一鄂圖曼軍團司令，負責捍衛鄂圖曼海峽。對薩佐諾夫而言，德國這個任命等於賞了他一記耳光。他覺得自己百般退讓以討好維也納和柏林，卻換來德國威脅俄國的切身利益，而德國宣布任命的時間更像是刻意羞辱，因為他十月才造訪柏林，德國總理卻對此事隻字未提。一怒之下，薩佐諾夫決定提出抗議，告訴英國代辦這事「對於三國協約將構成挑戰」——他指的是英國、法國和俄國之間依然模糊的準同盟關係。[18]

雖然英國始終與法國（一九〇四年兩國針對殖民地問題簽署了摯誠協定）和俄國若即若離，但歐洲兩大軍事同盟正在成形，一邊是德意志帝國和奧匈帝國，另一邊是法國與俄國。法國於一九一三年八月頒布「三年兵役法」，延長了原本只有兩年的役期，使得法國承平時期的軍力一口氣增加十七萬人，來到八十二萬七千人，足以和德國的八十九萬大軍相互抗衡。俄國的「大計畫」於一九一三年十月定案，預計將承平時期軍力擴充至二百二十萬人，將近德軍的三倍。雖然這項計畫要到一九一七年或一八年才會完全實現，但報紙大幅報導俄國軍事改革，使得德國戰略家備感壓力，其中包括德國參謀總長「小毛奇」赫爾穆特・馮・毛奇（Helmuth von Moltke），他就公開主張在俄羅斯變得太過強大之前出兵以先發制人（Präventivkrieg）。[19]

與此同時，薩佐諾夫也變得好戰起來。一九一四年元月六日，薩佐諾夫向沙皇尼古拉二世提議，協約三國可以在鄂圖曼帝國境內駐軍，由英國駐紮士每拿（伊茲米爾），法國駐紮貝魯特，俄國駐紮黑海商港特拉布松，以對抗德國任命利曼擔任軍團司令。一週後在大臣會議上，薩佐諾夫的強硬立場得到了農業大臣克里沃申、戰爭大臣弗拉迪米爾・蘇霍姆里諾夫（Vladimir Sukhomlinov）、陸軍參謀長雅科夫・芝林斯基（Yakov Zhilinsky）和海軍大臣格里戈里耶維奇（I.K. Grigorevich）支持。大臣會議主席科科夫佐夫沒想到大臣們都追求開戰，便問：「值得向德國開戰嗎？俄國能做到嗎？」蘇霍姆里諾夫和芝林斯基回答：「俄國完全準備好和德國決鬥，更別說向奧地利開戰了。」薩佐諾夫說法國大使向他保證「法國會全力配合俄國需要」，但無法保證英國會支持俄國，因此科科夫佐夫還是說服大臣們放棄出兵。薩佐諾夫最後妥協接受利曼晉升的事實，還稱對方負責防衛海峽是「大材小用」。[20]

和平再一次千鈞一髮地保住了，但俄國主戰派愈來愈強勢。一九一四年二月，科科夫佐夫不堪克里沃申和蘇霍姆里諾夫的攻擊被迫下台。蘇霍姆里諾夫認為科科夫佐夫不重視軍隊，克里沃申則反對科科夫佐夫倚賴伏特加專賣來充實國庫，他認為這是農奴酗酒嚴重的主因。雖然克里沃申和蘇霍姆里諾夫各有其理由憎惡這位儉省的主席，但科科夫佐夫兩次反對出兵顯然是原因之一。繼任的主席伊凡・戈利梅金（Ivan Goremykin）是保守派，但高齡七十有四，克里沃申自信有辦法操控他。不過更重要的新任財政大臣彼得・巴克（Peter Bark）。他是自由派，克里沃申的門生，和主戰派友好，不大可能反對新的軍費支出。科科夫佐夫下台後，薩佐諾夫於一九一四年二月八日／二十一日邀集政界領袖召開了「極機密」的軍事計畫會議，會中決定對土耳其採取更侵略性的態度，包括延長高加索鐵路至鄂圖曼帝國的邊界、建造四艘黑海無畏戰艦和擬定更大膽的兩棲作戰計畫，以對付君士坦丁堡。[21]

不是所有官員都和薩佐諾夫、克里沃申及軍方將領一樣好戰。鎮壓一九〇五至〇六年革命動亂有功的前內政大臣杜爾諾沃得知作戰計畫正悄悄進行，便於一九一四年二月十四日長篇上書沙皇，警告俄國在巴爾幹半島和近東正走向好鬥的泛斯拉夫主義，並且跟英國與法國愈走愈近，這樣的外交政策相當危險。對杜爾諾沃來說，科科夫佐夫的辭職是最後一根稻草，移去了大臣會議決定開戰的最後一道路障。

杜爾諾沃堅持「俄德兩國的切身利益並不衝突」，並譴責過去兩年幾乎讓俄國兩度走向武裝衝突的政策。俄國明明是專制王朝，照理應該和保守獨裁的德國交好，結果卻跟民主法國和自由主義英國結盟，對抗德國。杜爾諾沃相信，德俄兩國的社會秩序都會因開戰而瓦解，但俄國受創將更慘重，因為廣大的工人與農奴都因為信奉「社會主義原則（即使只是無意識接受）」而激進起來。杜爾諾沃警告，一旦向德國開戰，戰場失利和鐵路系統不完全所導致的「補給短缺」將會被輿論「過度放大……並且將所有過錯怪在政府頭上。」自由派和中間偏右的政治人物及知識分子會抓住政府弱點趁機奪權，結果發現自己「不得民心」。屆時革命口號將會「響遍大街小巷」，俄國將再次「陷入無政府狀態，重回一九〇五至〇六年那永遠令人難忘的動亂之中」。[22]

杜爾諾沃的警告來得正是時候，但沒有證據顯示這份上書對決策者有任何影響。杜爾諾沃已經不在權力核心，審查杜馬立法的國務院代表是他僅存的官職。他的上書雖然送到大臣會議上傳閱，但大臣面對他的強烈抨擊，不可能張臂歡迎。如同維特之前的境遇，杜爾諾沃已經成了聖彼得堡的棄將，兩人在外交上的親德立場與內政上的保守作風，到了一九一四年都成了昨日黃花。[23]

俄國輿論強烈支持主戰派，至少在京城精英圈內如此。因此當一九一四年六月十五日／二十八日，奧匈帝國皇儲斐迪南大公在塞拉耶佛遇刺身亡，而刺客加夫里洛・普林西普

（Gavrilo Princip）和塞爾維亞關係曖昧（也很容易證實確有關聯）時，奧地利人自然不可能從聖彼得堡那裡得到太多同情。

歐洲是戰是和，此刻就算不是完全落在俄羅斯外交大臣手上，也主要取決於他。薩佐諾夫自認經歷了奧匈帝國和德國的兩次霸凌，一次是一九一二至一三年的第一次巴爾幹戰爭，奧匈帝國出兵對抗塞爾維亞，另一次是一九一三年冬天的利曼危機，害他被迫下台，這一回他可不打算再讓政敵得逞。一九一四年七月二十四日早上十點，他得知維也納向塞爾維亞發出四十八小時最後通牒後，一小時內便指示俄國新任參謀總長尼古拉・亞努科維奇（Nikolai Yanushkevitch）「做好一切準備，讓部隊進入備戰狀態」。外交大臣薩佐諾夫的內閣主任席林（Maurice Schilling）男爵接著指示財政大臣巴克收回俄羅斯國庫存放在柏林的一億盧布資金。當天下午，大臣會議在沙皇村召開。沙皇村位於聖彼得堡南方二十四公里，沙皇多半時間都待在這座夏宮。薩佐諾夫立場強硬，堅持「在此關鍵時刻，若是任由塞爾維亞自生自滅，俄國在巴爾幹半島將徹底聲名掃地。」克里沃申接著發言，他總結了俄國精英的共識，指出「人民和國會將無法理解，在這個攸關俄國切身利益的關鍵點上，帝國政府為何遲遲不採取果決的行動。」由於沒有人出聲反對主戰派，沙皇尼古拉二世只能簽署諭令，採取薩佐諾夫和克里沃申提議的措施，包括宣布俄國進入「戰爭準備階段」，並發文嚴厲警告維也納，塞爾維亞的命運「俄國絕不會坐視不管」。[24]

在輔佐尼古拉二世的人當中，還有誰願意挺身捍衛史托里賓的和平政策？其實還真有這樣一個堅決反戰的人存在，可是他完全沒有頭銜或官階，那就是拉斯普丁，出身塞爾維亞的靈療者。他因為神祕的治病能力而贏得沙皇夫婦的信任。一九〇七年四月，拉斯普丁造訪亞歷山大宮，首次展現了他的神通，在患有血友病的小王儲艾列克謝受傷時，減緩了那可憐男孩的痛苦。艾列克謝最近一次大出血是一九一二年十月，地點是什帕拉，由於情況危急，朝廷被迫首次向人民透露王儲身患重病，只不過病名仍然是國家機密，免得人民得知未來的國君一點擦傷或瘀青都無法凝血，會對他失去信心。「什帕拉的奇蹟」讓聖彼得堡朝野一致反感，卻也讓拉斯普丁重拾了影響力。羅江科之前曾對拉斯普丁展開調查，此事也在杜馬議場上爭辯過。羅江科的十月黨同志古契科夫痛斥這位塞爾維亞靈媒，惹惱了沙皇。當時京城的精英圈正朝主戰派靠攏，拉斯普丁的政治實力回升可能讓局勢產生極大的變化。兩次巴爾幹戰爭期間，拉斯普丁曾強烈批評俄國那些斯拉夫「小兄弟」的侵略行徑。一九一三年秋天，拉斯普丁告訴《聖彼得堡公報》，俄國不該「鼓勵爭執與敵意」，同時告訴另一位記者「只要我還活著，就不允許戰事發生」。[25]

要是一九一四年七月拉斯普丁人在宮中，不難想像他會給沙皇什麼建議，只可惜塞拉耶佛事件消息傳來時，這位靈療者正在老家波克羅夫斯科耶，西伯利亞的窮鄉僻壤。不過，皇后亞歷珊德拉六月二十九日／七月十二日發了緊急電報給他，警告他「目前形勢緊急，大臣們正揚言開戰」。結果當他出門預備回電，卻被殺手在他腹部刺了一刀。拉斯普丁大量失血，但僥倖活了下來，只不過整個七月都被迫待在床上靜養。[26]

俄國最後的和平之聲就這樣沉寂了。面對最後通牒的威脅，沙皇尼古拉二世環顧四周只剩好戰派的齊聲唱和。七月十二至十三日／二十五至二十六日，俄國跨出關鍵一步，要求塞爾維亞拒絕奧匈帝國的最後通牒，同時宣布俄國進入戰備狀態。七月十六日／二十九日週三晚上九點剛過不久，尼古拉二世下令全國總動員對抗同盟國，卻因為收到德皇威廉二世的急電而改變主意。而威廉二世七月初才揚言「無條件」支持奧匈帝國對塞爾維亞採取強硬手段，但現在也猶豫了。

尼古拉二世亟需中肯的建言，這點從他隔天拒絕接見戰爭大臣和參謀長就看得出來，因為他知道他們一定會要他立刻出兵。他也拒絕接見顯然是鷹派的農業大臣克里沃申和主戰派的杜馬主席羅江科。沙皇唯一能諮詢的對象只剩下外交大臣薩佐諾夫，因為他誤以為薩佐諾夫不受主戰派左右。沒想到薩佐諾夫強力主張出兵，於是尼古拉二世便於七月十七日／三十日下午四點宣布全國動員令。俄國參戰進入了倒數階段，問題只剩下德國是否會出兵。兩天後，就在沙皇拒絕德國要求俄國停止動員的最後通牒後，結果正式揭曉。[27]

史托里賓的二十年和平夢想不到五年就夭折了。不過，考慮到那五年間近乎接連不斷的外交危機，塞拉耶佛事件會讓歐洲再也不堪負荷也就不足為奇了。不過，這也讓人想起史托里賓、維特、杜爾諾沃和拉斯普丁的警告。尤其是拉斯普丁，他一得知政府宣布出兵，立刻扯下繃帶口述一則急電給沙皇尼古拉二世，只是已經為時太晚。拉斯普丁警告沙皇夫婦，俄國一旦參戰，「這個國家和兩位就完了。」[28]接下來幾年將會揭曉他的預言是否為真。

第四章　俄國參戰：一九一四至一六年

儘管戰前俄國對自己的後勤缺陷及工人運動提心吊膽，宣戰後的軍事動員卻進行得頗為順利。在聖彼得堡和其他主戰氣氛高漲的城市，開戰的消息掀起了一波愛國遊行熱潮。一九一四年七月二十日／八月二日，沙皇尼古拉二世現身冬宮陽台號召百姓對抗共同敵人，並誓言自己會和亞歷山大一世對抗拿破崙一樣，會戰到「最後一名敵軍」消失在俄國土地上，否則絕不言和。據在場人士指出，群眾「歡聲雷動」向他們的皇上致敬。杜馬代表也放下歧見，於七月二十六日／八月八日通過決議，支持沙皇政府全力應戰。羅曼諾夫家族的尼古拉．尼古拉耶維奇大公（Nicholas Nikolaevich Romanov，下稱尼古拉大公）銜命出任俄軍總司令。他人高馬大，氣宇軒昂，廣受民眾愛戴，雖然歐俄五十州有十七州傳出徵兵動亂，同時發生數起反猶太和反德屠殺，但「收到召集令的俄國人，」大衛．史東（David Stone）在他研究俄國戰爭的最新權威著作裡如此寫道，「都準時到集合地點報到，開溜的人出奇地少。」[1]

德國原本期望俄國動員緩慢，好在法國全力入侵東普魯士之前就退出戰局，沒想到俄國第一軍在帕維爾．連列坎普（Pavel Rennenkampf）率領下，八月四日／十七日就殺入德國領土，並於八月七日／二十日在貢賓嫩贏得了第一次對戰勝利。亞歷山大．薩姆索諾夫將軍（Alexander Samsonov）率領第二軍擔任左翼，從波蘭往北於八月七日／二十日進入德國，並且越過納雷夫河。德國第八軍軍長馬克西米安・馮・普利特維茲將軍（Maximilian von Pritwitz）深怕「騎馬的搶匪」很快就會殺進柏林，這將是德國人的夢魘，於是建議撤退到維斯瓦河後方，但遭到小毛奇否決，並且罷黜了他。由於俄軍攻勢太猛，小毛奇不得不從西方戰線調了兩個軍團過來，削弱了德國進犯巴黎的右翼部隊力量。

俄國在奧匈帝國前線雖然人數占優，卻在那裡吃到了第一場敗仗。奧匈帝國參謀總長康拉德・馮・赫岑多夫（Conrad von Hötzendorf）開戰之初信心滿滿，下令第一軍立刻往北進犯加利西亞。八月十日／二十三日，奧匈帝國第一軍在聖河以東的克拉希尼遭遇俄國第四軍，成功逼使俄軍撤退，卻也付出了慘重的傷亡，因為奧匈帝國部隊的派克灰制服比俄國穆齊克身上的土黃束腰上衣更容易成為目標。不過，俄國第三、第五、第八、第九和第十一軍陸續往東集結，使得康拉德被迫撤退。八月二十日／九月二日，加利西亞首府倫貝格（俄國稱之為利沃夫，即現今烏克蘭的利維夫）落入了俄國人之手，預示了接下來的戰況。俄軍繼續攻城掠地。[2]

東歐戰事照這樣發展下去，奧匈帝國恐怕一九一四至一五年就會瓦解，因此德國被迫尋求協議，免得沙皇大軍全力進逼東普魯士。一九一四年八月下旬時，俄國軍隊動員接近完成，除了承平時期的一百三十萬大軍又增加了三百萬人。就算俄國只派出其中半數前往東普魯士對抗德國，德軍（即使小毛奇調了兩個軍團到東方戰線來）也只有不到二十萬人，結果如何可想而知。

然而，在奧士廷，一個位於現今波蘭的東普魯士小城，命運之神插手了。薩姆索諾夫八月七日／二十日率領俄國第二軍進入德國後，西北戰線司令官芝林斯基將軍告訴他連列坎普已經率領第一軍擊敗德軍，要他趕去「攔截德軍，別讓他們退到維斯瓦河。」於是薩姆索諾夫硬是將士兵逼到極限，要他們頂著八月的酷暑急行軍，穿越被德國人一把火燒光，找不到半點糧草的鄉下地區。接下來五天，一切按計畫進行，俄軍接連贏了幾場小型血戰，逼得德國第二十軍倉皇撤退。[3]

不幸的是，趕路的不是只有薩姆索諾夫和第二軍。普利特維茲被罷黜後，小毛奇便將東普魯士的指揮權交給了陸軍元帥馬歇爾・馮・興登堡（Paul von Hindenburg）和他足智多謀的參謀埃里希・魯登道夫（Erich Ludendorff）。由於空中偵察和攔截到俄國的無線電密報，使得魯登道夫非常清楚敵軍的布署。他利用火車將德國第八軍調派到西南方，這樣一來薩姆索諾夫的軍力就不會有四比一的優勢，而是旗鼓相當，足以讓俄軍措手不及。八月十三日／二十六日，圈套布置完成，薩姆索諾夫果然中計，硬是朝圈套裡挺進，渾然不知自己的右翼第六軍團和左翼第一軍團正在被後方包抄的德軍追殺。到了八月十五日／二十八日，薩姆索諾夫終於發現自己犯了錯，便下令撤退，可惜為時已晚，德軍包夾已經咬住俄軍尾巴，截斷了最後一條活路。八月十七日／三十日午夜時分，羞愧萬分的薩姆索諾夫在禱告之後舉起左輪手槍，結束了自己的性命。[4]

雖然坦能堡戰役（這是德國人取的名字，以紀念一四一〇年發生在附近的條頓騎士團之戰）因為薩姆索諾夫的自殺而名垂不朽，但這場戰役的戰略意義其實很有限。儘管俄國死傷了七萬人，另有九萬兩千人被俘，但第二軍並未全滅。第一和第六軍團雖然戰敗，殘餘部隊仍在波蘭西部的納雷夫河岸建立了頑強的防禦陣線。第二軍遠右翼的第二軍團則是往北撤退，和連列坎普的第一軍會合。除了第二軍團，第一軍還增加了入伍新兵，使得軍力進一步增強，而新成立的第十軍也正好補上第一軍和第二軍殘餘部隊之間的攻守空隙。因此，雖然第一軍退回俄國邊界，但九月十五日／二十八日又再次展開反擊，和德軍重新形成拉鋸戰，史稱「馬祖里亞湖戰役」，造成德國第八軍將近十萬人死傷。

同一時間，俄軍持續無情進犯奧匈帝國的加利西亞地區。一九一四年九月中旬，奧匈帝國部隊全面潰守，康拉德率軍撤退二百四十公里到喀爾巴阡山脈，造成士兵十萬人死亡，二十五萬人受傷，十萬人淪為俄國戰俘。坦能堡戰役讓德國重整旗鼓，算是一場關鍵大勝，但俄國即使在西北戰線死傷二十五萬人，卻守住了對德戰線，同時又在奧匈帝國戰線大獲全勝。

經歷了十一月在羅茲附近的一連串混戰之後，東方戰線於十二月時穩定了下來。俄軍占據的前線從維斯瓦河一路往南到喀爾巴阡山的戈爾利采—塔爾努夫，近乎一直線。這條戰線絕大部分位於德國的原邊界以東，奧匈帝國的原邊界以西，反映出了當時的戰略陣勢。奧匈帝國哈布斯堡王軍死傷慘重，但俄國也不遑多讓，八月到十二月每月平均都有將近四成官兵死傷，並且共有將近一百萬人成為戰俘。有人估計俄軍當時的「損耗率」為每月三十萬人。就算俄國有再多農奴可以徵召，也沒有哪個國家或軍隊承受得了這樣的損耗。[5]

面對如此戰局，不僅彼得格勒（沙皇為了聖彼得堡發音太接近德語而將之改名）開始有人擔心俄國是否真能戰勝，俄軍在巴拉諾維奇（現今白俄羅斯的布列斯特—立陶夫斯克附近）的最高司令部也憂心忡忡。和其他主戰國一樣，俄國朝野大多原以為會速戰速決，一舉致勝，而非持久的消耗戰。關於這點，最好的證據或許來自尼古拉二世一九一四年九月五日頒布了戰時禁止販酒令。而最高司令部的將領們起初愛國心大盛，比沙皇還嚴格，不僅禁酒還禁女色，不准女眷進入營區，並且每天舉行宗教儀式。但到了十二月，理想終究抵不過現實，最高司令部開始出現女人的身影，酒和伏特加也開始供應，而且數量愈來愈多。[6]

撇開酒的問題，帝俄高層還有其他更大的煩惱。沒錯，所有主戰國一九一四年都沒有達成原本的開戰目標。但德國雖然沒能逼使法國退出戰局，卻成功占據了大塊法國和比利時領土，而且即使在最脆弱的時刻依然擋住了俄國在東普魯士的入侵。反觀俄國是靠著德軍全力鎖定法國，才能在和同盟國對抗時討到一點便宜。如今西方戰線相對平穩，誰也擊潰不了誰，德軍要轉調多少兵力到東方戰線都沒問題。俄國的機會之窗已經關閉，而俄軍在所有戰線都被卡住，進退不得。

軍火方面，俄國也不再具有優勢。戰前儲備的彈藥到了一九一四年十二月已經差不多用罄，工廠趕工也很難補上。開戰之前，俄國戰爭部做了極為不智的決定，向英國、美國、法國及德國公司採購各式武器裝備，從輕機槍、重火炮、炮彈、炮架到引信都仰賴國外供應。然而，德國已經封鎖巴爾幹半島，而鄂圖曼帝國一九一四年九月就封閉了土耳其海峽，有效切斷了武器裝備送往俄國的通路。俄羅斯在太平洋的海參崴港雖然正常運作，但離盟國供應商和前線太遠，做為替代口岸並不實際。就算彼得格勒的普提洛夫工廠已經轉為製造軍火，圖拉的兵工廠也馬力全開，增加的國內軍火產量仍然無法補足進口受阻留下的缺口。到了一九一五年，「炮彈短缺」已經是舉國哀嘆的事實，不僅被最高司令部當成戰場失利的藉口，也被國內反對派政治人物當成棍棒，痛打政府無能。[7]

一九一五年二月至三月，俄羅斯陸軍在東普魯士再次落敗，俄國政局開始出現動盪的跡象。法代．席維斯（Faddei Sivers）率領第十軍在貢賓嫩遭遇德軍，最高司令部本以為只是敵方的掩護部隊，沒想到竟是德軍的新銳兵力，悄悄以扇形陣式包圍了馬祖里亞湖。雖然大風雪讓魯登道夫的包圍計畫功虧一簣，席維斯得以僥倖脫身，但俄國第二十軍團還是全數被困在奧古斯托夫森林中。經過一番負隅頑抗，第二十軍團的最後四名師長於二月八至九日／二十一至二十二日向德軍投降。俄國第十軍有十一萬人遭俘，十萬人死傷。但席維斯麾下四個軍團有三個躲過了包圍網，而且德軍也折損了八萬官兵，未能成功圍剿第十軍，因此「馬祖里亞」之役不算大敗，俄國部隊在這片雪白荒原上並未寫下比坦能堡更可歌可泣的故事。[8]

然而，俄軍在馬祖里亞落敗的後果卻比坦能堡失利嚴重百倍。說來有趣，薩姆索諾夫自殺反倒削弱了戰敗引起的政治風暴，因為他自己成了祭品。由於坦能堡戰役發生之際，法國的命運仍然懸而未決，因此那場戰役甚至讓俄羅斯因禍得福，贏得了犧牲自己引開德國以解救高盧盟友的英勇美名。而俄軍同一時間（一九一四年八月）在奧匈帝國前線的勝利也提供了政治上的掩護，讓報紙有勝利可以慶祝。然而，奧古斯托夫之役卻毫無「禍福相倚」可言。俄國征服東普魯士的美夢此刻怎麼看都已經幻滅。

除了戰場失利，當時還發生一起間諜案，使得馬祖里亞戰役引起的政治風暴更加不可收拾。這起間諜案名為「邁阿索多夫事件」，主角邁阿索多夫（S.N. Myasoedov，名字直譯為食肉者）中校是第十軍情報官，雖然官階不高，但他其實是戰爭大臣蘇霍姆里諾夫的愛將，原本在戰爭部一路高升，後來被人指控為奧匈帝國間諜才遭到貶黜。當他發現指控者是十月黨黨魁古契科夫後，便於一九一二年四月邀對方決鬥。這場決鬥非常有名，兩人都沒有喪命。其實古契科夫的目標是蘇霍姆里諾夫，因為他想拉蘇霍姆里諾夫下台，換上他朋友，杜馬自由派議員喜歡的波利瓦諾夫（A.A. Polivanov）接掌戰爭部。後來沙皇沒換掉蘇霍姆里諾夫，只貶黜了邁阿索多夫，於是邁阿索多夫就這樣成了俄國社會和軍隊家喻戶曉的人物，走到哪兒都掛著叛國賊的標籤。

因為這起事件，邁阿索多夫中校被貶到第十軍的情報單位。一九一五年二月馬祖里亞戰役慘敗後，即使軍方調查人員找不到任何證據顯示邁阿索多夫在戰役前和戰役期間曾經接觸敵軍，但他還是順理成章成了最理想的替罪羊。三月十八日／三十一日，在華沙特別軍事法庭一場做做樣子的審判上，檢察官唯一舉得出的罪行還是古契科夫的陳年指控，以及相當輕微的**竊占敵人財物罪**（marodерstvo）——據稱他偷拿了兩座陶俑。這位不幸的情報官就因為這兩樁「罪行」被判絞刑，而且當晚處決。[9]

目前大多數學者都同意，邁阿索多夫的「審判」是一場司法鬧劇，目的在為俄軍馬祖里亞戰役慘敗找一頭替罪羊。一開始更嚴重的指控，也就是戰時從事叛國行為，其實根本沒有成立。軍事檢察長後來坦承法庭上並沒有事實證據。所以，這件事背後是誰指使的？古契科夫是頭號嫌犯。但即使他在軍中人脈甚廣，身為文官卻無權執行軍事審判，因此這個關鍵決定應該是涉及馬祖里亞戰役失敗的將領所為。揮出最後一拳的是參謀總長亞努科維奇。他於審判前不久寫信給戰爭大臣蘇霍姆里諾夫，語帶警告（因為邁阿索多夫是蘇的愛將），表示叛國者應儘快處決，「好在（復活節）假期前平息輿論」。[10]

邁阿索多夫事件嚴重干擾了俄國政局。年輕好煽動的社會革命黨員克倫斯基要求杜馬召開緊急會議。他在寫給杜馬主席羅江科的「私人」信函（但印了副本公開流傳）裡表示，「外交部內有一群組織嚴密的真正叛國者一直在冷靜而自信地圖謀不軌。」羅江科誓言揪出俄國軍工業雇用的德國人，並且宣稱朝廷有支持者在保護這些人。彼得格勒的反德情緒開始高漲，並且於一九一五年五月二十九日／六月十一日達到高峰，有近五百間店家、辦公室和工廠遭到洗劫，德國人被暴徒毆打。蘇霍姆里諾夫也被波及，於六月遭到沙皇尼古拉二世罷黜。前一年十月，亞努科維奇曾寫信給大臣會議主席戈利梅金，語帶預示提到「一場面對猶太教的苦戰正等著我們」。如今少了蘇霍姆里諾夫擋路，亞努科維奇便不再掩飾心裡的排猶主義，以疑似間諜為名將數百名猶太人帶到最高司令部，並說服總司令尼古拉大公簽署驅逐令，趕走居住在前線後方軍事管轄區內的猶太人和德國人，導致超過五十萬名猶太人和二十五萬德國人被迫離開家園。[11]

與此同時，前線戰況不僅沒有好轉，反而每況愈下。雖然俄軍於一九一五年三月九日／二十二日拿下了奧匈帝國在普熱梅希爾的要塞，但這項進展只是讓德軍將領開始對支援奧匈帝國認真起來。小毛奇精神崩潰之後，接任參謀總長的埃里希．馮．法金漢（Erich von Falkenhayn）指派奧古斯特．馮．馬肯森將軍（August von Mackensen）出任新成立的第十一軍軍長，對抗俄國第三軍。馬肯森是軍事天才，在克拉科夫東南方的塔爾努夫和戈爾利采之間找出俄國戰線的一處弱點，集結重兵，形成人數（二比一）和火力（七百挺槍和迫擊炮，加上大量彈藥）的絕對優勢，於四月十八至十九日／五月一至二日深夜以致命的猛烈砲火展開攻擊。到了四月二十一日／五月四日，俄軍因為彈藥不足，防線開始潰散，馬肯森下令士兵趁虛而入。三天後，德軍突破俄國在維斯沃卡河的最後防衛線，不久又有四支奧匈帝國部隊加入馬肯森的右翼，迫使俄軍全面撤退。五月二十一日／六月二日，俄國交出一九一五年唯一一場勝仗拿下的普熱梅希爾，六月九日／二十二日，俄軍一九一四年大勝奪下的倫貝格也落入德國手中。不到兩個月，馬肯森就逼使俄軍撤退了二百四十公里，死傷二十五萬人，被俘虜的士兵也約在此數。這場戰役可以說是大戰開始至今德軍最大的一場勝利，更無庸置疑是最大的一場慘敗[12]。

俄國的大撤退還沒結束。讓部隊稍事喘息後，馬肯森七月再度發動攻勢，從左翼重創俄國的普魯士－波蘭陣線。七月二十三日／八月五日，德軍進入華沙。八月中，德軍越過布格河，俄軍棄守布列斯特－立陶夫斯克和科夫諾，而德軍新成立的「尼曼軍」則在更北方挺進了巴爾幹半島，於九月三日／十六日拿下維爾納（今維爾紐斯）。但接下來德軍攻勢開始疲軟，因為俄國執行焦土政策，讓往東（和往北）推進的馬肯森找不到足夠的糧草餵飽部隊。然而，這對俄國來說不算慰藉，因為俄軍不但丟掉了加利西亞和波蘭，而且整條前線從北到南都回退了一百六十到三百二十公里（不過往好處想，戰線至少縮短到一千二百九十公里）。[13]

大撤退引發的政治紛擾完完全全應驗了前內政大臣杜爾諾沃的預言，輿論將慘敗「完全怪罪在朝廷之上」。一九一五年八月，羅江科聯合自由派杜馬代表，包括米留科夫的立憲民主黨及古契科夫的左派十月黨，在杜馬組成「進步政團」，擁有絕對的表決優勢。進步政團要求數項改革，包括改善少數族群權益、特赦政治犯、宗教寬容及「由受到人民信任之士所組成的」聯合政府。雖然改革要求不包括政府必須向杜馬「負責」，卻仍徹底否定了現在的政府。對此，大臣會議主席戈利梅金立刻召開緊急大臣會議。[14]

這一回，大臣會議首次出現了嚴重的意見不合。農業大臣克里沃申和外交大臣薩佐諾夫跟自由派代表的看法相同，希望跟羅江科和杜馬合作。薩佐諾夫表示，將「國內最活躍的非革命力量」一腳踢開會是「政治上的滔天大錯」，並警告政府「不可能自絕於社會，完全仰賴警察維持」。最後更說「皇上不是神，有可能犯錯。」克里沃申建議沙皇「任命一位公眾擁戴的人物，委派他組成政府。」然而，戈利梅金拒絕讓步。結束這場火爆會議之後，他向助理表示：「只要我活著的一天，就會為沙皇的絕對權力而戰。力量只屬於君主，否則所有事物都會顛倒錯亂，一切都無法留住。我們的首要任務是奮戰到底，而非縱容改革。等我們擊敗德國，改革之機自然到來。」[15]

尼古拉二世也是這樣想，御駕親征就是他回應這些政治算計的方式。八月二十二日／九月四日，沙皇耐著性子聽完眾臣（只有戈利梅金例外）的反對之後，便出發前往最高司令部，接替尼古拉大公出任總司令。這時最高司令部已經往東遷到莫吉廖夫，因為巴拉諾維奇落入了德軍之手。為了安撫尼古拉大公，沙皇派他到高加索擔任司令官，俄軍在那裡對抗土耳其部隊表現出色。西北戰線司令官米哈伊爾・艾列克謝耶夫（Mikhail Alekseev）受命出任沙皇的參謀總長。艾列克謝耶夫是老派的職業軍人，曾經參與土俄戰爭和日俄戰爭。九月三日／十六日，沙皇回絕了進步政團的提議，大臣會議主席戈利梅金宣布杜馬休會直到另行通知，克里沃申憤而辭職抗議。如此一來，不論結果好壞，戰爭輸贏勝敗的政治責任完全落在了尼古拉二世一人身上。

沙皇要是以為杜馬休會就能停止這場政治惡鬥，那他就錯了。俄國政壇開始出現類似平行政府的地下活動，讓人想起一九〇四年血腥星期日前夕的那些「政治集會」。古契科夫的好友，接替蘇霍姆里諾夫擔任戰爭大臣的波利瓦諾夫八月召開了「國防事務協調特別會議」，邀集銀行家、實業家及協助軍事與醫療後勤的「志工組織」共商大計。如果說這場特別會議是影子政府，那麼負責軍需採購的「戰爭工業委員會（WIC）」就是影子首腦，而主席是古契科夫。[16]

自由派影子政府在戰爭大臣蘇霍姆里諾夫下台之後才出現，這點並非偶然。WIC主席古契科夫和特別會議領袖波利瓦諾夫自一九一二年就圖謀拉下蘇霍姆里諾夫。如今這頭獵物終於就範，他們兩人總算掌握了國防政策與軍需採購的實權。只是他們會面必須小心，因為沙皇極討厭古契科夫「野心勃勃」，還曾經特別警告波利瓦諾夫不要和他扯上關係。古契科夫明白沙皇對他抱有疑心，便選擇在莫斯科組織準政府，遠離人在最高司令部的沙皇視線，也讓彼得格勒的大臣會議鞭長莫及。古契科夫在莫斯科人脈豐沛，和產業界、工會（工會也有派代表參加戰爭工業委員會）、全俄地方自治會及市議會聯盟（Zemgor，齊姆戈爾）和紅十字會都關係良好。他的莫斯科「團隊」成員包括齊姆戈爾主席暨立憲民主黨大將李沃夫親王（G.E. Lvov）、自治市聯盟主席暨莫斯科總督契諾科夫和莫斯科富商科諾瓦洛夫（A.I. Konovalov），而集會多半都在科諾瓦洛夫家中舉行。由於奧克瑞納派人監視，政府都知道這些集會，但與會者都是達官顯要包括軍方供應商，這使得他們享有某種豁免權，從未遭到逮捕。

古契科夫的影子政府於一九一五年秋天出現，而沙皇及大臣們卻只是隱忍，此事其實非同小可。九月三日／十六日杜馬休會以後，精英階層的挫折情緒幾乎無處宣洩，政治對話被迫轉往地下，透過祕密會面與集會進行，而這樣的環境正是影射及謠言的溫床。從沙皇解除尼古拉大公（他是俄國自由派欣賞的親法人物）的總司令身分到克里沃申辭職，都被往最壞解讀，是他們想像中朝廷那股親德「黑暗力量」的勝利（這時沙皇還被他們看成受害者，而非罪人）。蘇霍姆里諾夫下台後，大權看來將會落在戈利梅金和反動派內政大臣赫沃斯托夫手上。前者壞了薩佐諾夫和克里沃申跟杜馬合作的努力，後者是出於拉斯普丁和德裔皇后的舉薦。根據警察線人的匯報，自由派人士一九一五年九月六日／十九日在莫斯科總督契諾科夫家中聚會，提到「黑暗力量」的「基本目標」就是和德皇威廉二世「私下談和」，以便「鞏固俄羅斯的專制君權」。從這些莫斯科密會中慢慢傳出一個非常偏激的看法，開始在俄國自由派精英圈裡流傳：一、沙皇政府亟欲終止對德作戰，以保全專制君權；二、唯有剷除隱身高層的「叛徒」，更加投入戰爭，真正的代議制政府才能在俄國實現。[17]

有關古契科夫在第一次世界大戰期間的陰謀，至今仍有許多謎。和他見面及共謀的人絕大多數都隸屬於一個名叫「俄國大東方共濟會」的祕密社團。據德國情報單位一九一五年八月取得的一份文件顯示，這群人計畫成立「獨裁委員會治理俄國，成員包括古契科夫、李沃夫和克倫斯基等人。」雖然文件沒有提到立憲民主黨魁米留科夫也是主要成員，但他後來在回憶錄中隱晦寫道，主導一九一七年臨時政府成立的那**四個人**（包括他自己）共同擁有「一種連結，不全是政治上的牽繫，而是政治道德人格上的連結。」其他共謀者還包括莫斯科富商科諾瓦洛夫、共濟會「尊者」暨左翼立憲民主黨人尼古拉·涅卡索夫（Nikolai Nekrasov），以及劇場行政出身的米哈伊爾·捷列先科（Mikhail Tereshchenko）。捷列先科行事隱晦，晚近才受封為貴族，是基輔的烏克蘭WIC主席。這些人二月革命後都入閣成了部長。[18]

別的不提，這些共謀者個個勤奮又有才幹。他們一接掌軍務，俄國作戰動員就注入了一劑強心針。一九一六年，俄國所有關鍵軍需品，從靴子、制服、冶金、軌道車輛、武器到彈藥的產量統統飆升。轉變最大的是炮彈。俄國一九一五年只生產了一千一百萬枚三吋彈，一九一六年總數增加到二千八百萬枚。從月產量看更驚人：一九一五年一月產量為三十五萬八千枚，一九一六年九月為二百九十萬枚，增加將近九倍。雖然重機槍和特定軍需品仍需從盟國進口，但大部分已經國產。這點充分反映在彼得格勒股市大漲上，超過一千家新公司獲准成立。一九一五年令人扼腕的彈藥不足再也不是問題。[19]

這些精英在人力動員方面也不手軟。一九一四至一五年的死傷幾乎將戰爭部的動員力逼到了極限。但在古契科夫盟友波利瓦諾夫的指揮下，戰爭部徵召了兩百萬名未受訓的帝國民兵，全是之前因為年紀過大或體位不合格而免役的平民。另外，他們還徵召「青年軍」，要求役男提前一兩年入伍。一九一六年夏天，戰爭部決定徵召中亞的游牧穆斯林，結果在許多地區引發暴動和武裝反抗，過程不算順利。不過，俄國部隊一九一六年還是新添了兩百五十多萬生力軍，不僅補回了之前的慘重死傷，而且還有增加。

動員規模如此之大，無可避免會出現社會與政治摩擦。國內武器裝備產量大增，代表少數人大賺一筆國難財，一般百姓卻得面對食物和燃料花費提高，以及嚴重的通貨膨脹（俄國一九一四年脫離金本位制，開始大肆印鈔）。由於氣候欠佳，俄國一九一六年小麥產量低於一九一五年，使得糧食通膨更加劇烈，而農奴預期穀價還會上揚，紛紛囤積小麥。加上沙皇頒布的戰時伏特加禁售令帶來副作用，使得農奴更沒有誘因出售過剩的麥穀換取現金，導致鈔票更不值得持有，流通不斷變少。[20]

儘管如此，俄國的糧食危機**遠沒有**對手國嚴重。德意志帝國、奧匈帝國及鄂圖曼帝國在戰前糧食已無法自足，開戰後因為俄國中止麥穀出口，加上（算是）俄國盟友的英國封鎖，使得這三個國家無法進口糧食。鄂圖曼帝國更慘，一九一五年蝗害橫掃了敘利亞及巴勒斯坦，從麥穀、馬鈴薯、蔬菜到動物飼料統統短缺。一九一六年，中歐地區糧食短缺實在太過嚴重，不僅讓德國經歷了有名的「蕪菁之冬」，也讓德軍將領有理由重啟「**無限制潛艇戰**」，好讓英國也嘗嘗斷糧的滋味（但在一九一五年五月盧西塔尼亞號沉沒，船上有一百一十四名中立國美國的遊客喪生後，這項戰術便遭到廢止）。在巴爾幹半島前線作戰的德國士兵經常冒險闖入三不管地帶，以香菸向俄國人換麵包果腹。俄國士兵戰前每週能吃到九百公克的肉，雖然從一九一四年到一六年逐漸減少，並從鮮肉改為醃肉，但相較於敵軍，俄國士兵仍然營養充足——只是由於沙皇限制伏特加生產，使得前線將士比奧、德士兵難喝到酒而已。[21]

還有一樣慰藉，俄國士兵也不缺乏，那就是女人。在加利西亞占領區，軍官只要有錢就召得到妓女，雛妓也很普遍，讓遠赴前線採訪的俄國記者大感吃驚，在報導中嘖嘖批評「我方將士不比德軍好到哪裡」。有些士兵甚至在家書裡提到性愛派對，但信件被審查員沒收，一百年後才公諸於世。沒錢買春的士兵就靠色情明信片和印刷品滿足欲望。法國基於三國協約之誼，提供了這類刊物。後來由於軍中縱情聲色太過嚴重，最高司令部還於一九一六年五月召開特別會議，討論如何不讓「少女及婦人到塹壕裡辦事」。俄國前線的穆齊克有吃、有性，日子一點也不清苦。[22]

戰事結果不一定取決於物資多寡，但由於下述這些進展，俄國一九一六年在戰場上的表現有所好轉，也就不足為奇了。名義上由尼古拉大公領導，實際上由足智多謀的尼古拉・尤登尼奇（Nikolai Yudenich）指揮的高加索軍，在鄂圖曼戰線連戰皆捷，一月突破土耳其在克普魯可伊的防線，隨即進逼埃爾祖魯姆（Erzurum），並於二月三日／十六日攻下這座要塞城市。而在黑海沿岸，俄國兩棲部隊拿下了里澤與特拉布宗，更南方的部隊則是攻入了比特利斯和穆什。巴拉托夫將軍（N.N. Baratov）率領遠征軍掃除了北波斯（伊朗）殘餘的土德聯軍，掌握了大部分亞美尼亞與庫德斯坦，瓜分鄂圖曼帝國指日可待。英國中東專家馬克．賽克斯（Mark Sykes）和法國外交官斐格威（弗朗索瓦．皮科 Francois-Georges Picot）祕密商討了兩國在中東的勢力範圍如何劃分後，於一九一六年三月抵達彼得格勒，前往俄國外交部和薩佐諾夫共商如何瓜分鄂圖曼帝國，並於同年五月簽訂了惡名昭彰的「賽克斯－皮科協定」，其實應該是薩佐諾夫－賽克斯－皮科協定。根據協定，協約國戰勝後，俄國除了目前拿下的土地，還能取得君士坦丁堡及土耳其海峽，實現凱薩琳大帝以來歷任沙皇的夢想。[23]

在東歐戰線，俄軍儘管不能說大獲全勝，但比起多災多難的一九一五年，一九一六年仍可算是出色的一年。不過，這年起頭並不順遂。俄軍三月下旬進攻得文斯科（Dvinsk，今拉脫維亞的陶格夫皮爾斯）近郊普里佩特沼澤北方的納拉奇湖，結果遇到春雨泥濘，光是將戰線往前推進兩三公里就死傷了七萬八千人（德軍死傷兩萬人）。俄軍在加利西亞的攻勢就順利許多，因為新任西南戰線司令官艾列克謝．布魯西洛夫（Alexei Brusilov）帶兵有方。布魯西洛夫是職業軍人，有一半的波蘭血統，戰功彪炳，是俄國一九一四年加利西亞大勝時的第八軍軍長。布魯西洛夫的部隊人數只是稍占上風（五比四），但他在五月二十二日／六月四日發動的攻勢卻謀略高超，並且果敢執行。他以同等軍力密集砲火同時攻擊奧匈帝國部隊的四個據點，讓敵軍難以判斷該往哪個據點增援。右翼俄國第八軍率先突破，三天內就攻到了敵軍戰線後方三十公里的盧次克。左翼第九軍則是突破得更加徹底，於五月三十一日／六月十三日將德軍防線殺出一道近五十公里深的破口。之後德國援軍趕到，穩住了奧匈帝國戰線，俄軍的攻勢開始放緩，布魯西洛夫取得的進展愈來愈少，死傷愈來愈重，到了九月已經在加利西亞折損一百萬人，敵軍則是有一百五十萬人死傷。不過，比起盟友在西方戰線凡爾登和索姆河戰役的徒勞死傷，俄國在加利西亞的突破算得上是大勝，取得了五十七萬五千平方公里土地，比比利時還大。盟國賀電有如雪片般發往布魯西洛夫的作戰司令部，而前線武官和中立國觀察員也都同意，布魯西洛夫的攻勢「大大激勵了俄軍的士氣」，並重創奧匈帝國的軍心，迫使康拉德吞下自尊，將部隊交由德國指揮。如果問一九一七年時，哪個多種族帝國岌岌可危，答案肯定是搖搖欲墜的奧匈帝國，而非沉浸於勝利中的俄羅斯。[24]

事後想來，布魯西洛夫應該在一九一六年夏初就停止進攻、宣布勝利並鞏固防線，減少傷亡。因為到了九月，俄軍在加利西亞每天都有四千人因為生病或受傷而後撤。而且布魯西洛夫的成功還產生一個副作用，就是讓羅馬尼亞以為勝券在握，於八月二十七日宣布參戰，加入俄軍行列，結果徹底大敗。德國和保加利亞先於十月底拿下黑海商港康斯坦察，接著又在十二月初攻入羅馬尼亞首都布加勒斯特及附近的普洛什特油田，幸好一組英國工程師已經放火燒了大多數油井。不過，俄軍還是穩住了摩爾達維亞的錫雷特河戰線。雖然有羅馬尼亞、納拉奇湖和加利西亞的挫敗，但一九一六年仍是俄國戰果最豐碩的一年，而且感覺來年機會一片大好。[25]

不論從什麼政治角度看，俄國一九一六年戰略局勢改善照理應該能緩和大後方的紛紛擾擾。埃爾祖魯姆大捷讓沙皇龍心大悅，允許杜馬重新開議，並且於二月九日／二十二日親自造訪，受到「熱烈喝采，久久不歇。」但蜜月很快就結束了，因為開始了「官員大風吹」。同年二月，忠心耿耿的大臣會議主席戈利梅金終因年邁退休，由施帝默接任。施帝默不算出色，但除了他的德國姓氏（和他跟拉斯普丁始終維持往來）以外，實在找不到攻擊他的理由。一九一六年三月，赫沃斯托夫刺殺拉斯普丁的計謀敗露，讓施帝默備感壓力，因為他不得不讓赫沃斯托夫辭去內政大臣。到了七月，彷彿讓他當一次替罪羊還不夠似的，沙皇竟然指派他同時接掌外交部，因為另一起涉及拉斯普丁的陰謀案，尼古拉二世罷黜了薩佐諾夫。沙皇九月任命正宗拉斯普丁愛徒的普羅托波波夫為內政大臣，可憐的施帝默肯定如釋重負，因為政治暴民很快就有了新的出氣筒。[26]

一九一六年夏末，彼得格勒陷入了名副其實的狂熱，謀殺拉斯普丁只是其中最醒目的戲碼。主掌WIC和莫斯科影子政府的古契科夫早已做好準備。八月十五日／二十八日，他發信給人在最高司令部的參謀總長艾列克謝耶夫將軍，並事先將信件副本分送盟友傳閱。「大後方，」古契科夫告訴艾列克謝耶夫：「目前四分五裂……政權已經從根腐爛。」接著他以令人倒抽一口氣的魯莽公開點名交通運輸大臣（暨未來的大臣會議主席）特列波夫（A.F. Trepov）、工業大臣沙霍夫斯科伊親王（D.I. Shakhovskoy）和農業大臣博布林斯基伯爵（A.A. Bobrinsky），並強烈抨擊施帝默，說他「就算沒有叛國之名，也有叛國之實。」[27]

古契科夫的信有如轟天雷，立刻被奧克瑞納取得交給尼古拉二世。沙皇召回艾列克謝耶夫將軍要求解釋。雖然古契科夫在信中提到曾經寫信給艾列克謝耶夫，暗示兩人同謀，沙皇夫婦還是姑且相信艾列克謝耶夫的清白，認為全是古契科夫在搞鬼。施帝默也得到沙皇的完全支持，只是這對他在彼得格勒的聲望並沒有幫助。然而，傷害已經造成。艾列克謝耶夫身為參謀總長或許為人無趣，但很有本事。多虧了他的後勤調度，布魯西洛夫將軍才能勢如破竹。但他對政治毫無興趣，遭此算計，十一月他便稱病休假去了。[28]

雖然這起事件戕害了軍中團結，但其政治效應卻不明顯。古契科夫性格魯莽人盡皆知，幹出這種事誰也不覺得奇怪。到了九月，警方與北方軍區高層（因為彼得格勒為其管轄範圍）

已經將焦點轉到糧食不足之類更緊急的問題上。第一次世界大戰有個奇特的後勤現象，而且不只俄國如此，就是前線官兵普遍吃得比城市居民好，有些是因為軍人享有優先權，有些是因為士兵駐紮在糧食生產區附近。彼得格勒的糧食供應特別有問題，因為該城地處北緯六十度，離俄國主要農業產區都遠。短缺最嚴重的是牛奶，「在彼得格勒幾乎絕跡了」，北方前線司令官尼古拉・魯斯基將軍（Nikolai Ruzsky）一九一六年九月十七日／三十日這樣向施帝默報告。肉品也很珍貴，但其實所有物資都很短缺，而商人的投機炒作更讓情形雪上加霜。十月時，奧克瑞納警告「大動盪」迫在眉睫，原因是「飢餓、糧食和民生必需品分配不均，以及物價飆漲。」[29]

隨著大戰進入第三年，俄國內部確實問題叢生，然而卻被有心人渲染得特別嚴重。這些政治人物宣稱只要他們出馬，問題就能迎刃而解，不難想見，一九一六年十一月一日／十四日重新開議的杜馬肯定有好戲可看。而在彼得格勒愈形偏激的氣氛下，開議當天果然轟動。首相施帝默聽完杜馬主席羅江科發言之後就大動作離席，英法兩國大使也沒留下，最後連羅江科也離開了議場。施帝默原本預計發表演講，承諾戰後給予波蘭自治權。俄國自由派對此非常重視，巴黎和倫敦也寄予厚望，不料他卻臨陣退縮了（否則他不會明知自己到杜馬只會討罵挨，卻還是去了那裡）。不論施帝默退席理由為何，協約國大使大失所望，而在存有疑心的反對派議員眼中，此舉無異暗示施帝默受親德「黑暗力量」支使。

朝廷大臣一走，加上羅江科刻意離席以便事後推諉責任，代表們就肆無忌憚了。年輕的SR黨員克倫斯基率先猛烈開火，指著大臣們離開留下的座位痛斥他們是一群「背叛國家利益」的「殺手」，「有叛國之嫌、殘害同胞的懦夫。」接著語帶不祥指控「聖僧拉斯普丁」

是朝廷親德派的幕後主使。由於他的發言太過煽動，還被代理主席當面訓斥，要他立刻坐下。[30]

舞台已經搭好，現在輪到立憲民主黨魁米留科夫發言了。由於他向來以溫和著稱，不像古契科夫和克倫斯基那麼躁進，就連他也開始痛擊政府，震撼自然強烈得多。激進政團已經替他開了話頭，米留科夫表示朝廷裡的可疑分子一直密謀和德國私下求和。但他的批評充滿了誇張的指控。他斥責內政大臣普羅托波波夫在瑞典斯德哥爾摩密會德國商人，接著根據《柏林日報》的一則報導影射施帝默的私人祕書是德國間諜，還說德國各大報都熱烈支持施帝默接替薩佐諾夫。他提到奧地利一家報紙用讚許的語氣討論「據說圍繞在俄國皇后身旁的那群」親德派「朋黨」，甚至違反杜馬禁用外語發言的規定，以德語念出剛才這段暗示有人叛國的報導。雖然他宣稱只是引述別人的指控，卻要在場所有人自己判斷，政府荒腔走板的表現是出於「愚蠢或叛國」？[31]

米留科夫的發言撼動了全俄羅斯，並廣為印行流通了數百萬份，不僅國會，全國各地都因此群情激憤。而他在杜馬議場上提到「叛國與通敵的邪惡傳言」，提到「為德國而戰的神祕力量」，在成千上萬人耳中聽來都成了事實，因為是他親口說的，因為他是俄國頭號自由派政治人物。米留科夫讓聲討叛國賊一事變得正大光明，而羅江科為了不讓這位立憲民主黨魁被起訴，拒絕將他發言的原始副本交給政府。此門一開，杜馬便開始出現更浮誇的中傷，最後甚至出現反動派議員普利希克維奇於十二月初公開鼓吹暗殺拉斯普丁。[32]

彼得格勒陷入歇斯底里有許多原因。糧食和燃料短缺確實是百姓不滿政府的背後因素之一。但讓米留科夫的發言如此煽動人心的不是牛奶和肉短缺；促使普利希克維奇、尤蘇波夫親王和狄米特里大公十二月暗殺拉斯普丁的也不是飢餓。克倫斯基和古契科夫的莫斯科朋黨早就擺明了打算這樣做，而現在米留科夫也加入了惡意解讀政府作為的行列。和克倫斯基與古契科夫兩人一樣，米留科夫攻擊政府表面上是為了剷除腐敗，幫助俄國贏得大戰，實際是為了提高個人權力與影響力。他們在許願前應該多想想會帶來什麼後果。

第二部

一九一七年：虛幻的曙光

我能向（克倫斯基）保證各位會誓死盡忠，
只要我下令進攻，各位必當奮勇殺敵嗎？

一九一七年五月，布魯西洛夫將軍對西南軍官兵講話

第五章　全面開戰

一九一七年元月，寒冬來得異常猛烈，歐俄北部降到攝氏零下二十八度，而且連續幾星期都在零度以下。大風雪讓馬路和鐵道覆滿白雪，阻礙了火車通行，運往北方城市的食物、糧草與燃料都無法送達。那年秋天收成的麥穀只有七千一百萬噸，比起一九一三年少了將近四分之一。雖然不再出口麥穀減緩了產量縮水對農村的衝擊，但由於鐵路不通，加上貨幣供給暴增，從一九一四年的十六億增加到九十億，使得彼得格勒的糧食與燃料價格一飛沖天。

對彼得格勒市民來說，那年隆冬假期除了冷得發抖，最難忘的就是在結凍的運河裡尋找拉斯普丁的屍體。經過漫長的尋找，終於有人在彼得羅夫斯基橋附近瞥見「一隻熊皮大衣的袖子凍在冰裡」。隨後一支警察小隊「用圓鍬、十字鎬和大鎚敲開結冰的河面」，露出拉斯普丁凍僵的遺骸。俄國自由派歡欣鼓舞，但許多百姓都和沙皇一樣，對這起謀殺感到驚惶不安。一名受傷的士兵在彼得格勒軍醫院聽到有人說：「是啊，沙皇身邊就他一個農奴，所以貴族便把他殺了。」[1]

就在暗殺前不久發生的一起幕後政治事件（拉斯普丁的最後詭計），使得暗殺引起的紛擾更加劇烈。一九一六年十月十二日／二十五日，杜馬重新開議前不久，沙皇尼古拉二世突然釋放關押在彼得保羅要塞監獄裡的前戰爭大臣蘇霍姆里諾夫，震撼了彼得格勒的自由派。

朝野普遍認為，是拉斯普丁安排大臣妻子和皇后寵信的女官安娜會面，才讓沙皇做出釋放「叛國賊」的決定。也是因為這個決定，才讓克倫斯基和米留科夫在杜馬議場上提出叛國問題，甚至促成普利希克維奇那番遊走在教唆邊緣的暗殺宣言。如今拉斯普丁已經不在沙皇的小圈子裡頭，於是許多政客開始鎖定蘇霍姆里諾夫的項上人頭，而且毫不避諱。在一九一七年的反親德間諜熱潮下，拉斯普丁遇刺之後，蘇霍姆里諾夫和沙皇的德裔妻子亞歷珊德拉似乎成了下個目標。誠如俄國自由派法學教授皮朗科（A.A. Pilenko）數個月後回憶當時，對一名美國友人說的：「從上層家庭到將領府中，都在談論應該賜死皇后，以絕後患。」[2]

沙皇尼古拉二世與彼得格勒社會的隔閡從間隙變成了深淵。沙皇得知自己的堂弟竟然涉及謀殺拉斯普丁，內心驚駭不已。而議員普利希克維奇、尤蘇波夫親王和齊奈達郡主的往來書信，也同樣令沙皇深感不安。在奧克瑞納交給他的這些信件中，達官顯要公開讚揚行刺者，其中一封更出自杜馬主席羅江科的夫人之手。為了表示不滿（可惜沒有用），沙皇罷黜了接替施帝默出任大臣會議主席的倒楣鬼特列波夫，換上更倒楣的格利岑親王（N.D. Golitsyn）。格利岑年事已高，只是個大花瓶，之前擔任亞歷珊德拉皇后主持的某個慈善委員會的副主席，毫無政治野心的他經常在開會時打瞌睡。他雖然婉拒了這項任命，卻被沙皇否決，硬要他接任大臣會議主席。

寒冬漫漫，沙皇村裡清楚瀰漫著宿命的氣氛。「朕與皇后都明白，」一九一七年元月五日／十八日，偕皇后在沙皇村裡過冬的尼古拉二世告訴格利岑：「一切操之在主，願祂的旨意成就。」兩天後，羅江科造訪沙皇村，他激動懇求沙皇振作，不要「逼百姓在皇上和國家命運之間做選擇」。尼古拉二世「雙手抱頭」，反問羅江科難道他二十二年的統治全是「一場錯誤」？[3]

沙皇的消極軟弱激怒了進取的政治人物，如羅江科及他的十月黨戰友古契科夫，這些人開始密謀推翻沙皇。當中以古契科夫的意圖最明顯。雖然沒有證據顯示他涉及暗殺案，但眾所皆知他在特魯法諾夫（伊利奧多爾主教）的協助下蒐集了大量的反拉斯普丁資料。他寫信給十幾位俄國高階將領，公然討論軍事獨裁和政變的可能。除了一九一六年八月那封寫給參謀總長艾列克謝耶夫將軍的知名書信，這位頭號謀反者還騷擾了第三騎兵團司令官克里莫夫上將（A.M. Krymov）、安東．鄧尼金中將（Anton Denikin）和在艾列克謝耶夫請假時擔任最高司令部臨時參謀總長的古爾科（V.I. Gurko）中將。[4]

雖然目前學界對古契科夫的計謀究竟為何仍然沒有定論，但我們知道他在一九一六年十月初參加了於莫斯科自由派人士費多洛夫（M.M. Fedorov）家中舉行的重要聚會。出席者還包括米留科夫在內的數位重量級杜馬代表，連主席羅江科也應邀前來，不過不是所有人都同意古契科夫的看法，認為自由派應該帶頭推翻沙皇政權，免得讓更激進的極端分子贏得上風。古契科夫認為俄羅斯太無政府，無法依循十九世紀歐洲國家的革命模式，仿照一八四八年法國的先例，建制派政治精英接手之後，街頭抗爭者就功成身退。「我很擔心，」古契科夫日後回憶他當時警告那些自由派盟友：「那些促成革命的人會領導革命。」[5]

雖然古契科夫未能說服米留科夫和羅江科，卻得到了左派立憲民主黨人兼共濟會尊者涅卡索夫和基輔WIC主席捷列先科的堅定支持。「三人幫」共認推翻帝俄最好的方法就是逮捕沙皇，逼他繼位給王儲艾列克謝，由沙皇胞弟米哈爾大公（Michael Pavlovich）攝政，直到王儲成年。他們的最終目標是建立君主立憲制，由他們這群規畫者及自由派接受的前朝老臣（如農業大臣克里沃申和外交大臣薩佐諾夫）組成「人民信賴的政府」。由於最高司令部和沙皇村戒備太過森嚴，三人幫決定攔截往來最高司令部和沙皇村之間的王室火車，以遂行逼宮計畫。古契科夫知道自己受到奧克瑞納監視，因此又籠絡了維亞澤姆斯基（D.L. Vyazemsky）和柯西科夫斯基（D.V. Kossikovsky）加入。前者是地位不高的羅曼諾夫親王兼禁衛軍軍官，後者則是第一騎兵禁衛隊隊長，承諾他會說服駐紮在諾夫哥羅德附近、莫吉廖夫和沙皇村之間的部屬配合行動。捷列先科和維亞澤姆斯基負責到最高司令部吸收軍官。據古契科夫說，克里莫夫將軍和明日之星拉夫爾・柯尼洛夫中將（Lavr Kornilov）都決定轉投他們陣營。元月中旬，十月黨人在莫斯科聚會，古契科夫公開向同黨弟兄透露自己的計畫。只要軍心向著他們，他就打算於一九一七年三月或四月起事。6

就在此時還有另一群人也同步策劃政變，可見政治氣氛有多動盪。這一邊政變主導者為齊姆戈爾主席李沃夫王爵。李沃夫身為雅羅斯拉夫王朝（Yaroslavl）後裔，跟巴枯寧和赫爾岑等激進派貴族一樣，是上流社會的「階級叛徒」。一九一五年秋天政治危機時，李沃夫寫了一封不尋常的信給尼古拉二世，信裡夾雜著過度的阿諛（「沙皇陛下，值此存亡關頭，俄羅斯完全仰望您的指示」）與跋扈，籲請沙皇為了拯救國家免於「墮入深淵」，將俄羅斯主權下放給人民能信賴的政府。結果尼古拉二世相應不理。

說服沙皇失敗，李沃夫決定主動出擊。他的計謀比古契科夫的計畫大膽，只是更仰賴運氣。他和許多自由派貴族一樣，相當欣賞尼古拉大公，將大公一九一五年離開最高司令部視為皇后身邊「德國幫」的負面影響。他認為自己可以說服當時正在提弗里斯（Tiflis/Tbilisi，今喬治亞首都）率領高加索部隊連戰皆捷的尼古拉大公，讓他答應接掌王位。只要軍方將領（從參謀總長艾列克謝耶夫開始，顯然他知道政變計畫）投靠尼古拉大公，沙皇就會主動退位，並將皇后流放到克里米亞，讓她就此封口。仗著提弗里斯總督卡提索夫（A.I. Khatisov）的支持，李沃夫很有自信會成功。一九一七年元月一日／十四日的元旦慶祝儀式上，卡提索夫將尼古拉大公拉到一旁，告訴他李沃夫的不流血政變計畫。尼古拉大公嚴詞拒絕，表示軍隊和人民都不會支持大戰時推翻沙皇。總督失望之餘，只能用事前講好的密語回覆李沃夫：「醫院開不成了。」[7]

與此同時，杜馬主席羅江科雖然不同於古契科夫和李沃夫那般魯莽，但對沙皇政權也從不滿轉為公開反抗。如此轉變其意義卻不下於他們兩人。一九一六年十月在富商費多洛夫家中聚會時，羅江科確實不同意古契科夫的「革命」大計，但有可能是他另有主張。古契科夫和李沃夫都希望參謀總長艾列克謝耶夫將軍能成為沙皇背後的強人，但羅江科則私心偏愛在加利西亞立下汗馬功勞的布魯西洛夫將軍。只不過就像羅江科對艾列克謝耶夫沒有好感，古契科夫也對布魯西洛夫充滿了鄙夷。一九一六年秋末，羅江科一反常態直接寫信給布魯西洛夫，抱怨俄國將帥無能，「無視於……慘敗」，也「不在乎他們應當念茲在茲的士兵福祉。」布魯西洛夫將信轉給了最高司令部，此舉可沒有讓這位杜馬主席在沙皇和艾列克謝耶夫面前贏得多少歡心。儘管布魯西洛夫背叛了他的信任，羅江科依然將他視為自己唯一能「信賴」的前線司令官。[8]

由於羅江科拒絕懲罰米留科夫在杜馬中傷皇后，加上羅江科的妻子竟大膽寫信給預謀暗殺拉斯普丁者表達支持，使得他和沙皇夫婦的關係進一步惡化。第三個引爆點發生在一九一七年元月一日／十四日於彼得格勒冬宮舉行的元旦慶典上。內政大臣普羅托波波夫上前和羅江科握手賀年，（據在場一位目擊者指出）羅江科刻意冷落自己的前副主席，大喊：「走開，別碰我！」對講究宮廷禮節的俄羅斯王室而言，此舉無異向朝廷宣戰，並立刻成為「彼得格勒的熱門話題」。[9]

不僅如此，據羅江科本人回憶，他於一九一七年元月中邀請古契科夫在最高司令部的關鍵合作者克里莫夫將軍前來彼得格勒，和「許多杜馬代表」及其他自由派精英一起到他家中作客時，將軍親口承認自己有革命的打算。「以目前的軍心，」克里莫夫告訴杜馬代表們：「要是傳出政變消息，士兵們肯定歡欣鼓舞……因此你們要是決定鋌而走險，我們必當支持。」雖然羅江科事後堅稱自己強烈反對克里莫夫的計畫，因為他已經「宣誓要效忠」沙皇，卻沒有向內政部舉報克里莫夫這番顯然叛國的談話，正如米留科夫十一月在杜馬發言之後，他也百般維護米留科夫那樣。[10]

羅江科身材魁梧，外表氣勢懾人，實則是個繡花枕頭，看到他就像活生生看到俄國自由派的苦惱在兩邊拉鋸：一邊是對沙皇的忠誠（但他不認為尼古拉二世足以在戰時領導國家），另一邊是對密謀推翻沙皇的煽動者與日俱增的認同。一九一七年五月，二月革命後，羅江科曾接受私人專訪，而這段談話最近才被公開。羅江科在訪談中表示，他於一九一六年冬天已經心有定論，「政變是唯一的出路」（但不論是同年稍後那次較為人知的公開發言，或日後在回憶錄裡，他的說法都完全相反）。令人驚訝的是，面對妻子寫信恭喜拉斯普丁的暗殺者，羅江科告訴訪問者（一位認同他的立場，並承諾保密訪談逐字稿封存五十年的歷史學家）：「拉斯普丁的死讓我們發現宮廷政變能做到什麼程度，只是由於缺乏支柱，所以沒能成功。」言下之意羅江科非但沒有否定古契科夫和李沃夫的謀反，反而責怪他們沒有找前線部隊或布魯西洛夫將軍這樣可靠的指揮官，所以才沒能成事。[11]

絕大多數史學家就算不贊同古契科夫、李沃夫和羅江科的密謀，也不欣賞協約國狂敲邊鼓，卻都同意一九一七年初的沙皇政權確實軟弱無能。然而，沙皇的自滿雖出於迷信宿命論，卻比自由派和一頭熱的協約國更貼近俄國武力與戰略的實際狀況。俄軍春天發動攻擊之際，將帥士氣如虹，而且不是無的放矢。聽到一九一七年二月協約國於彼得格勒會議上分享的情報，三國同盟中的好戰分子肯定心花怒放，因為情報顯示，協約國那一年在所有戰線上的物資優勢都碾壓同盟國。東歐戰場上，彈藥短缺現在成為奧匈帝國的問題了，因為俄國的兵力與槍炮多出百分之六十。在高加索戰線上，俄國的軍力與物資也是鄂圖曼土耳其的兩倍有餘，並鎖定秋天進攻錫瓦斯和安卡拉。君士坦丁堡由於俄國海軍的強力封鎖，使得鄂圖曼艦隊動彈不得，完全無法出海。俄國黑海艦隊新任司令官高爾察克（A.V. Kolchak）在敖德薩編組兩棲部隊，預備一九一七年夏天攻入博斯普魯斯海峽。高爾察克很有軍事長才，曾於亞瑟港擊沉一艘日本巡洋艦，拿下俄羅斯在日俄戰爭中少見的海戰勝利。他下令全線封鎖土耳其其特拉布宗到君士坦丁堡的海岸，並根據得到的鄂圖曼布陣情報推斷，只要由他自號的「沙皇格勒軍團」（大俄羅斯沙文主義者稱呼君士坦丁堡為沙皇格勒）擔任先鋒部隊，僅需五個師就足以拿下這個頭號大獎。而春天俄國又要加入二十四個新成立的師，難怪協約國將領在彼得格勒會議上表示「俄國將領個個鬥志高昂」。[12]

前線官兵的士氣一樣堅強。俄國在最接近彼得格勒的北方戰線與德國正面交鋒，完全感受不到敗戰情緒。俄國軍事審查官檢查第五軍士兵於一九一七年元月頭兩週寄出的家書時發現，相較去年，士兵的「振作氣氛顯著提高」。雖然有士兵抱怨無聊和物價提高，但所有人都吃飽穿暖。前線士兵寄出的十五萬一千九百六十三封家書中，只有十九封不滿口糧配給，二十二封抱怨領到的冬季制服。新年假期士兵們普遍的心情就是俄國這一年（一九一七年）將會和德國一決高下。[13]

對當時的政局發展而言，軍官團的看法更為重要。雖然俄國自由派宣稱朝廷改革刻不容緩，前線將官卻毫不買單，北方戰線大多數軍官都頗滿意當前狀態。在軍事審查官讀過的一萬六千五百一十二封第五軍軍官寄出的家書中，只有十七封嚴厲批評俄國的軍事行動，四封批評高階將領。或許有些軍官懷疑自己的家書會被審查，因而有所隱瞞或避重就輕，但其他時期的家書都公然開罵，直言不諱，而審查官檢視過的這批家書裡也有幾封如此直接。因此，我們沒有理由懷疑前線士氣不僅改善了，而且相當高昂。一九一七年元月，一名審查官在報告中形容北方戰線「士氣和物資狀況都好到極點」。[14]

一九一七年初敗戰氣氛最強烈的，是奧匈帝國和德國的聯合戰線。當時聖誕假期休戰已成為慣例，俄國部隊見到源源不絕冒險前來乞食的德軍士兵，簡直嚇壞了。問那些開小差的德國士兵為何前來，十個有九個都說因為餓肚子。另外，在哈布斯堡戰線，俄國部隊不時就會見到奧匈士兵「從壕溝裡探頭大喊，俄國人，別開槍！我們兩邊很快就會講和了！」雖然有些俄國士兵會用麵包換菸，但大多士兵都反應冷淡。聖誕夜當天，北方戰線一群德國士兵揮舞白旗走進無人區，結果被俄軍用機關槍當場擊斃。俄國第五軍一名穆齊克幸災樂禍說道：「這下風水輪流轉了。去年我們撤退，現在換德國佬準備逃命了。」一九一七年二月，俄國第十七砲兵旅一名砲兵在家書裡告訴妻子：「聽說你們那邊（即後方百姓）都在討論和平，我們這裡卻在討論接下來如何進攻。等我們打贏了，擊敗強大的普魯士人，血洗波蘭，占領克拉科夫和柏林，和平就來了。」[15]

俄國士兵這種躍躍欲戰的態度，在一九一七年初並非瀰漫所有部隊。雖然俄國在加利西亞戰場相對成功，南方戰線卻不如我們想得那麼士氣高昂。可能是布魯西洛夫率軍血戰之後的疲軟，使得南方戰線比北方戰線還要不穩。在加利西亞前線，一九一六年記錄在案的大小士兵抗爭就有三十五起，比前一年增加了五倍，不過隨後就緩和下來，一九一七年頭兩個月只有七起示威。雖然第一軍士兵（派駐在「西方」戰線，同樣面對德軍）的家書和第五軍的差不多樂觀，但駐守普里佩特沼澤的第三軍士兵就比較多抱怨了。一九一六跨一九一七年的這個冬天，他們多次遭遇實戰，包括元月十日／二十三日的敵軍攻擊，雖然攻勢短暫，卻很猛烈。後來他們重整旗鼓，出兵反擊，占領了一整條戰線的德軍壕溝，找到大批啤酒和干邑白蘭地。一名士兵在家書中說，德國佬就算真的沒麵包啃，可還有香腸和一大堆酒。反觀穆齊克的軍糧只有麵包、卡莎（一種燕麥粥）、扁豆和魚湯。雖然營養，但口味平淡。不過，至少是俄國人在德國壕溝吃德國香腸，喝德國啤酒，而不是德國人在俄國壕溝吃卡莎和喝魚湯，算是為他們的春季進攻帶來了好兆頭。[16]

雖然私底下暗潮洶湧，但俄國海軍的士氣仍然相對高昂。海上通常比陸上更容易發生譁變。俄國海軍和他國海軍一樣，「被強徵」的水兵和貴族軍官階級差異非常明顯，而且必須服役五年，比陸軍的三年長。徵召的水兵多半來自城市，工人與小店老闆多過農民，農民幾乎都在陸軍服役。由於水兵家屬的食物都得到店裡採買，使得他們對通貨膨脹比農民兵敏感，因為鄉下人家就算時局不好也能靠自耕自足。此外，水兵識字率也比士兵高，波羅的海艦隊的水兵識字率更高達八成四。雖然這代表他們都讀得懂操作手冊，卻也代表他們看得懂政治宣傳。一九一五年秋天政爭期間，停泊在赫爾辛弗斯港（赫爾辛基）的甘古特號戰艦甚至發生兵變。和波坦金號事件一樣，這場兵變也是從抗議食物難吃演變成暴力衝突。但和一九〇五年那次兵變不同，甘古特號上的兵變者（總數大約九十五人）很快就被包圍，船艦才剛被潛水艇圍堵就棄械投降了。[17]

和一九〇五年不同的還有一件事，就是發生波坦金號兵變的黑海艦隊士氣遠高於波羅的海艦隊。一九〇五年時，黑海艦隊因為倫敦海峽公約而被困在遠東，但一九一四至一七年卻非常活躍，附近海域完全落入俄國手中。一九一六年，俄國擊沉了四艘德國潛艇、三艘土耳其魚雷艦、三艘鄂圖曼炮艇、十六艘汽船與拖船，以及三千艘煤船。由於連戰皆捷，使得一九〇五年的事件很快被人淡忘，成了遙遠的往事。[18]

反觀波羅的海戰區一片平靜，大多數俄國軍艦無所事事，頂多防止德軍穿越，但德國還沒這樣做。從十一月到四月，漫漫長冬加上港口結凍，波羅的海艦隊真的近乎「冬眠」，而讓一大群配有武器的人無事可做，對軍紀只是有害無益，波羅的海艦隊尤其如此。

在所有衝突熱點當中，科特林島的喀瑯施塔得海軍基地是最敏感的一個。喀瑯施塔得位於彼得格勒以西三十二公里，緊扼芬蘭灣口，素以激進聞名。除了因為那裡有工廠還有海軍監獄，還因為它極近彼得格勒，使得政治煽動者有機可乘。海軍上將維倫（R. N. Viren）一九〇九至一七年擔任該市總督，是出了名的嚴刑峻法。他嚴格禁止水兵進入酒吧和餐館，招致許多不滿。此外還有一點值得注意，就是波羅的海艦隊的軍官主要由**波羅的海日耳曼貴族**（**ostzeiskie**）組成，其中許多人擁有德國姓氏，例如科爾伯、凱瑟林、格呂內瓦德、許塔克和葛拉夫等等。由於首都圈的反德情緒高漲，使得這些軍官面對部屬人人自危。這些因素都構成了波羅的海艦隊的「乾柴」，但除了甘古特號發生兵變並迅速平定，其餘地方都還沒擦出火花。[19]

一邊是活躍的黑海艦隊，一邊是蟄伏的波羅的海艦隊，兩邊士氣高低告訴我們，就算會有狀況，也只可能發生在沒事的後防單位，例如有幾千名新兵擠在營區受訓的彼得格勒，而非前線部隊。彼得格勒就好比放大版的喀琅施塔得，同樣擁有數百家工廠，其中維堡和瓦西列夫斯基島上的工人階級區更是成為激進運動的同義詞。

儘管如此，我們從通俗歷史書裡得到的印象和現實並不吻合（工人階級並未被飆漲的麵包價格逼至極限）。一九一七年初的俄國幾乎不見勞工動亂的跡象。一九一六年五至六月，平均罷工六點五的工人有近兩萬人，但到了十一和十二月規模已經縮小許多，只有大約三萬名勞工平均罷工二點五天。從一九〇五年起，彼得格勒幾乎每年都會罷工紀念「血腥星期日」，但一九一七年元月的罷工比起前一年的人數少了十倍。一九一六年的元月罷工，德國外交部資助了一百萬盧布，一九一七年卻沒出錢。彼得格勒的糧食供應遠非完美，但已經有所改善，令人滿意。一九一七年一至二月的麵粉安全庫存也不曾低於十二天。[20]

事實上，當時沒有人料想得到彼得格勒即將發生大事。前線官兵不曉得，沙皇、朝廷資政、自由派團體、協約國大使、資助一九一六年元月罷工的德國破壞分子和人還在瑞士的列寧不曉得，而從價格穩定的債券看來，分散在巴黎、倫敦與紐約的數百萬外國投資者也不曉得。一九一七年冬，絕大多數彼得格勒人談論的不是麵包短缺，也不是民眾示威。天氣那麼冷，幾乎沒有人能長時間外出。所有政治上的蜚短流長幾乎都圍繞著推翻王室的密謀，而奧克瑞納正嚴密監視著陰謀者的一舉一動。

環顧當時氣氛，也看不出政變有可能成功。李沃夫的計畫無疾而終，古契科夫的陰謀則完全在警察掌握中。WIC的工人團體少了流亡海外的布爾什維克與孟什維克領袖，已經被奧克瑞納徹底滲透，並牢牢控制。的確，與WIC關係密切的彼得格勒中央工人團體的孟什維克領袖葛弗茲戴夫（K.A. Gvozdev）曾經於一九一七年元月下旬號召群眾，在杜馬二月開議時前往塔夫利宮外抗議，並鼓吹「連根剷除專制政權」。但他和另外八名中央工人團體領導人（大多為孟什維克）隨即遭到內政大臣普羅托波波夫下令逮捕。儘管許多人認為普羅托波波夫這樣做是犯了關鍵大錯，但也可從他的迅速動作推論出一九一七年二月當時，這個傳言中搖搖欲墜的王朝仍然對反對者瞭若指掌。[21]

一次大戰期間，俄國內政起起伏伏，但此刻感覺又將奮起了。戰場上，俄國部隊與協約國盟友士氣昂揚，蓄勢待發，準備春天發動攻擊碾壓同盟國。而在彼得格勒，帝俄政府也似乎正以出乎意料的態勢重振旗鼓。只可惜這回沙皇的好運用完了。

第六章　風雲變色

一九一七年二月徹底改變俄國政治樣貌的那件事，是世界上再自然不過的事，卻也是最意想不到的，那就是天氣變化。捱過了近兩個月的苦寒之後，沙皇一九一七年二月廿二日／三月七日啟程遠赴前線，渾然不知自己即將王位不保。*隔天溫度計裡的水銀忽然飆破冰點，來到攝氏八度，太陽也露了臉，如此燦爛的晴朗將持續五天。巧的是這天（二月廿三日）也是社會主義者催生的國際婦女節，遊行頓時變成了街頭派對，成千上萬名彼得格勒人走出戶外，享受數週來頭一回漫步的悠閒。[1]

起初遊行氣氛充滿歡樂，並相對平和。儘管有大批警察和哥薩克騎兵巡邏，但幾乎沒有干擾群眾。這些百姓似乎單純為了麵包太貴走上街頭，而且女性占了多數。由於五天前普提洛夫開始罷工，使得這天遊行吸引了九到十萬人參加，市府官員雖然對二月廿三日的示威規模之大及哥薩克騎兵懶於插手感到不可思議，卻不覺得有一絲暴力或危險。剛到彼得格勒的美國史學家法蘭克．高勒德（Frank Golder）當天幾乎都在檔案館查找資料，那晚在日記裡也只寫到由於民眾抗議「沒麵包或麵包太爛」，使得「市區混亂，車輛通行受阻」。[2]

二月廿四日週五，示威者的情緒開始激盪，因為更多工人加入罷工，還有來自維堡和瓦西列夫斯基島（當地由於烘焙坊缺乏燃料，使得麵包短缺）的激進分子也擁向涅瓦大街，使得群眾膨脹到十六萬人。警察和哥薩克騎兵試圖阻斷人潮，在多座橋梁設置路障，但示威者直接穿越結冰的河面繼續擁入。一九〇五年革命期間曾經遭到逮捕的老社會革命黨人（SR）弗拉基米爾・曾齊諾夫（Vladimir Zenzinov）回憶，「許多據點都有成排士兵駐守，他們的任務顯然是阻擋群眾進入，但沒什麼效果。」[3]

雖然示威規模持續擴大，但這時還看不大出它的政治走向。那天下午高勒德在街頭觀察，「示威群眾似乎沒有組織，男男女女、學生、年輕人和工人都有，全部混雜在一起，只有一、兩人手執紅旗。」他發現一件很有意思的事，就是有不少人扮成米留科夫，走在群眾之間「逗弄工人」。因為那場「愚蠢或叛國」的激情演說，使得這位立憲民主黨代表成為舉國知名的人物。當時自由派還沒有加入抗爭。由古契科夫等人主持的十月黨機關報《新時代》週五當天刊登了彼得格勒軍區司令官謝爾蓋・卡巴洛夫中將（Sergei Khabalov）的訓令，向老百姓保證「彼得格勒麵粉供應充足，船運通行順暢。」米留科夫的立憲民主黨機關報《言論報》也指出「彼得格勒的麵粉存量充足，狀況再嚴峻也能安然度過……目前運送麵粉進城的貨車量大幅增加，所有擔憂都是無稽之談。」杜馬主席羅江科則在一九一七年五月的訪談中回憶道，他手上幾個「消息來源」都告訴他，二月下旬「沒有糧食短缺的跡象」。[4]

二月二十六日星期六，情勢突然變得緊繃。幾乎所有彼得格勒工廠工人都站了出來，成

＊注：說巧不巧，沙皇的幾個孩子，包括罹患血友病的王儲艾列克謝，都在父王動身前往前線後的隔日早晨染上麻疹。要是早個二十四小時，沙皇可能就會待在沙皇村，面對其後幾天發生的關鍵巨變時比較容易和大臣聯繫。

由於其後幾天彼得格勒每日發生的事件都很關鍵，俄國之外的事件較不要緊，因此直到俄國一九一八年初換成格里曆前，本書將改回「舊曆」，也就是用儒略曆紀日。

為自發的總罷工。示威群眾人數暴增，內政部估計高達二十萬人。連報社也因為罷工而停刊，無法提供最新消息，導致謠言四起。有人說前一晚城裡有多處發生流血衝突，包括大高爾基百貨有三人死亡、十人受傷。還有人說維堡警察局長被人拖下馬「用棍棒和鐵鉤毆打」，但僥倖生還，送往軍醫院治療。尼古拉夫斯基火車站附近，一名警局督察被哥薩克騎兵砍死，顯然是報復他朝他們開槍，因為他們拒絕聽命驅趕示威者。幾乎所有目擊者，包括高勒德在內，都察覺哥薩克騎兵不大想和示威者衝突。這點和一九〇五年所有人的印象完全不同，原因為何至今仍然無解。不過，值得一提的是，這次被徵召到第一線的哥薩克騎兵都沒有領到皮鞭，而那是他們一貫用來控制群眾的可怕武器。週六傍晚，維堡地區的暴民放火燒了一所警局。雖然種種跡象顯示抗議正在激化，而且哥薩克騎兵出奇被動，但是走在街上仍然沒有政府已經無力掌控京城的感覺。城裡既見不到路障，也沒有鬥毆或屠殺，完全不見血腥星期日的慘烈。[5]

示威者的「真實」動機到底是什麼，我們現在只能全憑猜測。大多數目擊者都表示，當時反戰情緒並不明顯。從米留科夫、古契科夫到羅江科，那年冬天自由派的主要抨擊點都一樣，只有SR領導人克倫斯基批評得稍微尖銳一些，認為宮廷被失敗主義分子和親德叛徒滲透了。這種看法完全不像和平主義的論調。雖然不是所有人都贊同自由派的主戰路線，但很少人公開反對。據參與過一九〇五年革命的曾齊諾夫表示，週六下午遊行隊伍走到茨納門卡廣場時，有人高舉「滾吧戰爭」的標語，結果「引發群眾抗議，標語立刻被收了起來」。由於和平主義在當時毫無市場，因此米留科夫事後不久告訴克倫斯基，他認為反戰標語是德國暗中出錢製作的。這項指控雖然缺乏具體證據，但相當可信，只是克倫斯基為了捍衛革命分子的「尊嚴」，強烈駁斥了這個說法。其實真正反映當時政治氣氛的，是另一個更多人舉的標語：滾吧德國女人！這裡的「德國女人」自然是指出身德國黑森的亞歷珊德拉皇后。6

次日，沙皇反擊了。儘管彼得格勒軍區司令官卡巴洛夫和內政大臣普羅托波波夫發到莫吉廖夫的電報都對京城的動亂輕描淡寫，免得驚動沙皇，尼古拉二世還是從沙皇村的宮廷司令官和皇后處得知了不安的消息，包括不久後引起軒然大波的那封電報——皇后在電報裡斥責示威者是群「流氓」。不論出於這些消息或個人直覺，總之沙皇週六傍晚發電報給卡巴洛夫，「命令」他「明天就開始制止京城裡的所有動亂。國家正處於對抗德奧的艱難時刻，絕不容許這類動亂發生。」司令官聽命照辦，要求部隊拂曉待命，遵守「標準程序」處理暴衝的群眾，包括開火前對空鳴槍三聲示警，小群示威者則靠騎兵突破驅散等等。

二月二十六日週日清晨，卡巴洛夫的部隊全副武裝進駐京城各區，逮捕了上百名最惡名昭彰的政治煽動分子，包括上回躲過普羅托波波夫布線捉拿的工人團體成員，並收起涅瓦橋，阻止來自維堡或瓦西列夫斯基島的激進分子進入城心。只不過這樣還是攔阻不了大膽的示威者渡河進城，因為雖然天氣回暖，但河面上的冰還沒有融。中午左右，涅瓦大街和市區幾處傳出槍響，但開火的不是警察，而是軍隊，主要出自巴甫洛夫斯基禁衛團。最激烈的衝突發生在茲納門卡廣場，沃林斯基禁衛團兩支訓練中隊由於經驗不足而朝群眾開槍，造成約四十人死、四十人傷。黃昏時分，京城重回平靜，心滿意足的尼古拉二世指示大臣會議主席格利岑親王轉告羅江科，解散杜馬。羅江科午夜收到解散令，警察也發布公報表示彼得格勒「已經恢復秩序」。7

然而，這話說得太早了。雖然街頭恢復了平靜，衛戍部隊內部卻餘波盪漾。率先出現兵變情緒的正是週日奉命鎮壓群眾的禁衛軍。部分示威者進入巴甫洛夫斯基營區勸誡未執勤的士兵，告訴他們訓練中隊的暴行，結果引發士兵小規模抗議。雖然沒有軍官被殺，但這些士兵決定不再遵從上級命令朝示威者開火。同樣的耳語隨即傳到了附近的普列奧布拉任斯基和利托夫斯基衛隊，隊裡的士兵也決定抗命。更嚴重的反彈來自沃林斯基中隊，也就是朝茨納門卡廣場群眾開槍的士兵。他們當中許多人被衝突見血嚇壞了，回頭怪罪下令的拉許克維奇少校，將少校臭罵了一頓。隔天二月二十七日週一早上，少校和部屬發生衝突，結果被一名或數名士兵開槍射殺。不論實際狀況為何，只要軍官被殺就代表兵變不遠。原因很簡單，如同一九〇五年波坦金號的私刑事件，士兵們知道就算涉案者只是少數，上級仍會將他們視為同黨。因此他們站在兵變者這邊不只出於團結，也出於自保。[8]

兵變的消息如野火燎原般在部隊間蔓延開，一個又一個單位（但不到全部）心生反叛。農兵可能早就打算起事了，因為其中有許多人才剛入伍，被迫像沙丁魚一般擠進臨時搭建的營房裡。原本只能容納兩萬人的營區一下擠進十六萬人，讓這群農兵大有理由反彈。然而，從事發時間點看來，少校被殺和彼得格勒軍方高層應對無方，才是大多數士兵於二月二十七日軍心背離的導火線。軍區司令官卡巴洛夫不僅沒將最早起事的兵變者送上軍事法庭，反而在緊要關頭心慌意亂，甚至短暫失蹤。副司令官贊克維奇（M.I. Zankevich）召集依然效忠的部隊到冬宮，發表了一場動人的演說，卻沒有下達任何命令，而是放任士兵決定是否返回部隊。一位單車營營長巴卡辛上校挺身而出，召集士兵組成衛隊守住桑普索尼斯基大街的營區，並派人到司令部尋求指示，卻始終沒有得到回應。週二破曉，營區被兵變者包圍。巴卡辛向兵變者喊話，說他的部隊並未對示威者開槍，結果就是自己心臟吃了一記子彈。[9]

兵變繼續蔓延。雖然不是所有部隊同時叛變，起事原因也不盡相同，但週一籠罩彼得格勒全城的消息基本上大同小異。由於同儕壓力，加上遊行隊伍裡有許多年輕貌美的女性，使得愈來愈多士兵放下或賣掉手中武器，綁上紅絲帶，加入萬頭鑽動的群眾。史學家高勒德在日記裡回憶自己在涅瓦大街見到的景象：「女學生們跟士兵說話，送他們食物，還教他們唱馬賽進行曲……一輛汽車駛過，一名手裡拿刀的流氓跨坐在引擎上，女學生和她身旁的二十多名士兵站了起來……所有人都揮舞紅旗，四周迴盪著槍響。」[10]

週日靠著忠心士兵和慘痛人命犧牲換來的脆弱秩序，就這樣在一天之後讓位給激昂的無政府狀態，而且更加血腥。警局遭包圍縱火，員警被私刑處死，店家和市場被搶，軍火庫和中央砲兵事務局遭闖入盜走武器。此外還有數十名革命分子喪命，其中不少死於槍枝走火，因為街上到處是逃兵扔棄的武器。趁亂逃獄的八千多名囚犯更是有害無益，其中大多都是罪有應得的重刑犯。可想而知，這些囚犯特別喜歡趁火打劫和朝警局縱火，還有人到店鋪裡偷酒或闖入有錢人家中行搶，強暴婦女。一位支持激進運動數十年的退休教授上街慶祝革命，結果眼鏡碎了，金表也不翼而飛。在這場血腥衝突中，革命暴徒的頭號勝利就是週一下午攻入莫伊卡運河畔的奧克瑞納總部，焚毀了大批祕密警察檔案——應該是疑似奧克瑞納線民的人幹的。隱士廬博物館館長在日記裡寫道，二月二十七日週一入夜後「城裡迴盪著駭人聲響，玻璃砸碎聲、尖叫和槍響聲不絕於耳。」當紅旗在內政部和奧克瑞納上方飄揚，帝俄政權垮台（至少在彼得格勒）已是指日可待。[11]

京城現在由誰掌控已經分不清了。由於報社罷工，既沒有新聞報導，也讀不到官方公告。帝俄政權上一次行動已經是二月二十六日週日深夜，由格利岑親王交給羅江科的杜馬解散令。但羅江科早就搶先一步，於週日傍晚致電警告沙皇，彼得格勒已陷入「無政府狀態……街上有人開槍掃射」，還有「部隊互相駁火」。不出意料，羅江科建議沙皇立刻任命「人民信賴的政府」，而沙皇也不出意料地回絕了，並告訴身旁的侍從官，「羅江科那個胖子又寫信來胡說八道，我根本懶得回。」及至週一下午，沙皇從其他人那裡得知暴徒已經失控，這時「胖子」羅江科開始像先知了，但他對局勢的掌握和其他人一樣多，也一樣少。二月二十七日週一下午四點，大臣會議終於在馬林斯基宮召開，商討如何應變危機，卻沒有人願意主持。內政大臣普羅托波波夫提議自殺向示威者謝罪，但被拒絕了。主席格利岑親王主動請辭，卻沒有人想接替他的位置。[12]

這時，羅江科站出來了。即使古契科夫和李沃夫等人做出公然叛亂行為，羅江科仍然不受牽連，是沙皇唯一還算信任的反對派人士。他身為「人民殿堂」的門面，壯碩的身材及低沉威嚴的嗓音在杜馬無人不知，無人不曉，地位又比李沃夫、米留科夫和古契科夫都高，因此如果帝俄政權願意成立人民信賴的政府，他會是最理想的執政人選。沙皇在二月二十六日拒絕了這項提議，但到了週一下午，局勢丕變，羅江科更是深信自己的時刻終於到了。於是他又發電報到莫吉廖夫，警告尼古拉二世「明天再行動就太遲了，決定這個國家與王朝命運的最後時刻已經到來。」[13]

就在羅江科等候沙皇回應，彼得格勒街頭被混亂吞噬之際，杜馬的資深黨魁們在塔夫利宮正廳旁的半圓廳召開了**長老會**（Senioren Convent）。由於沙皇前一晚才下令解散杜馬，使得這場聚會像極了一七八九年法國大革命的「網球場宣言」。當時凡爾賽宮會議廳的門被鎖上了，但只有某個程度，因為政府是停止運作，並沒有人下令關門。黨魁們偷偷聚會，不想公開，因為他們大多數人仍然擔心自己會因為違抗皇命而被捕。有幾位左派政黨代表希望「公開」表態，擁抱革命，例如克倫斯基和進步黨黨魁巴巴耶夫（A.A. Bublikov），但被米留科夫、李沃夫和羅江科給勸阻下來。直到二月二十七日週一接近午夜，這群「長老」終於同意組成「臨時杜馬委員會」，希望「重建都城秩序，恢復機構與個人聯繫。」[14]

人在莫吉廖夫的尼古拉二世面臨了可怕的抉擇。二月二十七日週一下午，參謀總長艾列克謝耶夫將軍從羅江科和戰爭大臣米哈伊爾・別利亞耶夫（Mikhail Belyaev）那裡得知彼得格勒的兵變已經失控。週一傍晚，艾列克謝耶夫收到司令官卡巴洛夫的急電，坦承自己已經無法掌控彼得格勒軍區，要求艾列克謝耶夫從前線調派可靠的部隊回防。沙皇收到的最後一封電報來自大臣會議主席格利岑親王，時間是下午兩點，內文表示大臣會議已經接受羅江科的建議總辭，另行成立「人民信賴」的議會機關，並任命人民擁戴的軍事獨裁者接掌彼得格勒，鎮壓街頭動亂。

沙皇雖然不想成立杜馬內閣，但對格利岑親王的第二個提議倒是頗為心動。週一晚間十點至十一點，尼古拉二世和艾列克謝耶夫討論後，決定從西方和北方戰線調派兩支騎兵團和兩支步兵團回防彼得格勒，並派尼古拉・伊凡諾夫將軍（N.I. Ivannov）負責指揮。伊凡諾夫極具領袖魅力，深受士兵愛戴，不僅在加利西亞前線一戰成名，還曾經於一九〇五年革命期間成功鎮壓兵變。他率領配有機關槍的聖喬治營，預計取道沙皇村前往京城，並在沙皇村派駐衛隊以確保王室成員安全。由於沙皇的子女罹患痲疹無法遠行，沙皇提議由他到沙皇村和兒女會合。二月二十八日週二清晨五點，沙皇的王室專車在武裝前導列車的護衛下離開了莫吉廖夫。由於從莫吉廖夫（經由維捷布斯克）直達沙皇村的鐵路已經留給伊凡諾夫的部隊，預計早上十一點出發，因此王室專車改為往東繞道經過斯摩稜斯克前往沙皇村。[15]

彼得格勒狀況接連不斷，情勢混亂，使得尼古拉二世延後抵達沙皇村的決定成了不幸的災難。倘若王室專車直達沙皇村（也就是伊凡諾夫走的路線，他和部隊出發後二十二小時便順利抵達了目的地），尼古拉二世就能在三月一日週三凌晨三點抵達，得到他可愛的兒女和深情固執的皇后熱情擁抱，或將使他的心再次堅強。然而，這位俄國元首卻在曲曲折折的鐵路上浪費了寶貴的一天。儘管沿途靠站休息都有地方官員前來匯報，但沙皇卻無法見到皇后或是莫吉廖夫的將領與彼得格勒的政客們，更不會知道他們背著他暗中商量，決定在王室和革命分子身上兩邊押寶。

國家杜馬主席成了動見觀瞻的人物。週一這天，羅江科從早到晚一方面努力防止杜馬「長老們」做出無可挽回的倒皇舉動，另一方面卻和格利岑親王密謀讓尼古拉二世下台，推舉恰好人在彼得格勒的沙皇胞弟米哈爾大公來主持朝政，直到小王儲艾列克謝成年繼位。週一傍晚，米哈爾大公終於勉強答應，但要求必須先徵得沙皇同意。深夜十點三十分，米哈爾大公打電話到最高司令部給參謀總長艾列克謝耶夫將軍，說明自己攝政的條件，請將軍轉告尼古拉二世。沙皇還在考慮這事時，又收到格利岑親王的電報，再次提到羅江科建議沙皇任命一個「人民信賴」的政府。艾列克謝耶夫整天不斷收到彼得格勒的壞消息，心情非常沮喪。高溫使他無法站立，只能「跪求」沙皇就算不同意米哈爾大公的退位要求，也要答應格利岑親王的建議，籌組杜馬內閣。然而，沙皇在良知與天命之間躊躇不決，最終拒絕了艾列克謝耶夫的請求，決定前往沙皇村主掌大局。[16]

耳聞京城裡宣示效忠王室的人紛紛背離，也難怪沙皇決定親眼求證，並派可靠的部隊前往彼得格勒。二月二十八日週二早上八點，軍區司令卡巴洛夫致電艾列克謝耶夫，表示只剩下五百名步兵和六百名騎兵可堪倚靠。內政大臣普羅托波波夫還是只有自殺謝罪一法，而米哈爾大公對自己接掌王位實在沒有把握，因此結束大臣會議離開馬林斯基宮後，一度想出城前往**達恰**（dacha，農村別墅），只可惜時間太晚錯過了末班車。到了午夜左右，大公沒有去找羅江科（他還待在革命發起總部塔夫利宮），而是轉赴冬宮，找來卡巴洛夫和戰爭大臣別利亞耶夫，但只告訴他們別讓部隊朝任何「出身羅曼諾夫家族」的人開火，以保全王室。這時彼得格勒只剩海軍總部是唯一的安全處所，而效忠卡巴洛夫的部隊就在這裡被命令繳械。如果這便是沙皇政權的結局，那還真是毫不光采。[17]

即使帝俄政權正在凋零，塔夫利宮內的羅江科和其他革命分子還是害怕自己會被效忠王室的部隊捉走，而宮外的兵變者又難以捉摸，不曉得他們究竟效忠何人。部隊要是見到宮內進行的一切，絕對有理由下令逮人。因為除了長老會外，塔夫利宮第十二和十三號房還有一個更激進的團體在聚會，那就是仿效一九〇五年「工人代表蘇維埃」而成立的彼得格勒工人代表蘇維埃臨時執行委員會。委員會的兩位主席齊赫澤（N.S. Chkheidze）和斯科別列夫（M.I. Skobelev）都是孟什維克的杜馬代表。週一下午，孟什維克律師索可洛夫（N.D. Sokolov）、活力充沛的布爾什維克地下組織者亞歷山大·什利亞普尼科夫（Alexander Shliapnikov）和剛從監獄出來的工人團體領袖葛弗茲戴夫來到宮內，使得這個「蘇維埃」更加激進。眾人推舉齊赫澤、斯科別列夫和社會革命黨（SR）杜馬大將克倫斯基成立三人主席團，開始頒布「蘇維埃」政令，其中最重要的是成立軍事委員會，由SR老將姆斯提夫拉夫－馬斯洛夫斯基上校（S. D. Maslovsky-Mstislavsky）擔任主席。馬斯洛夫斯基深受彼得格勒軍區士兵擁戴。

這些士兵之前都是農民，幾乎注定成為ＳＲ的鐵桿支持者。

雖然「委員會」發出通知，呼籲工廠和各部隊「推選」代表加入蘇維埃，但他們其實是自行任命的革命團體，基本上是各自獨立的。這讓羅江科和長老會面臨了極大的壓力。長老會不只在行動上被孟什維克和克倫斯基（怪的是他明明當上了蘇維埃主席，卻還保有長老會的席次）搶走了舞台，到了週一晚上更被排擠到了塔夫利宮尾端的第四十一號和四十二號房間，左派立憲民主黨代表兼共濟會尊者涅卡索夫的辦公室旁邊。羅江科幾乎一整天都在構思電報內容，將近午夜時卻突然出現在四十一號房，宣布成立新的「國家杜馬執行委員會」，顯然位階在稍早宣布成立的那個「重建都城秩序，恢復機構與個人聯繫的委員會」之上。為了從蘇維埃手中搶回彼得格勒軍區的主導權，羅江科宣布由中央黨代表恩格哈特（B.A. Engelhardt）接掌彼得格勒軍區。恩格哈特是退役陸軍上校，也是杜馬首席軍事專家，服務於最高司令部，目前正在休假。這時，被蘇維埃派來四十一號房留意長老會動靜的孟什維克律師索可洛夫忽然打破沉默，宣布蘇維埃已經推舉馬斯洛夫斯基上校為軍區司令，而馬斯洛夫斯基也「已經找好手下開始視事了」。羅江科回答：「各位，真的不能這樣！既然你們把我們捲進這件事，就請你們服從命令。」雖然馬斯洛夫斯基接受恩格哈特任命執掌軍事委員會主席，並同意和雙方合作，但索可洛夫還是憤而出走，彷彿想激羅江科挑戰蘇維埃的權威。[18]

杜馬主席接下了挑戰。二月二十八日深夜兩點，羅江科在《消息報》上（由認同革命的記者於塔夫利宮印行的「革命即時大事記」）頒布了第一道政令，呼籲「彼得格勒居民」保衛「電報、送水站、發電廠、電車及公家建築」。數小時後，塔夫利宮又以羅江科的名義頒布了一道政令，表示「由於舊政府造成的內部動盪，導致情勢艱困」，使得**國家杜馬臨時委員會**（又換了一個名稱）「不得不挺身重建國家與公眾秩序」。雖然兩道政令前後不一，但有一處相同，就是都是由「國家杜馬主席羅江科」署名頒布的。[19]

就如同蘇維埃是自立的，俄國一九〇六年頒布的基本法或一九一二年選出的第四杜馬（並由羅江科擔任主席）的章程裡都沒有授權羅江科可以頒布政令，就算再「臨時」也不行。因此，羅江科和蘇維埃的齊赫澤等人一樣，也是需要什麼就編造什麼。他二月二十八日發給最高司令部艾列克謝耶夫將軍的電報幾乎都沒留下紀錄，不過我們可以從參謀總長艾列克謝耶夫發給聖喬治營營長伊凡諾夫將軍的電報裡窺知一二。週二晚上，艾列克謝耶夫在電報裡要求伊凡諾夫暫緩討伐行動，因為據私人消息（亦即羅江科的電報），彼得格勒二月二十八日已經完全平靜。支持臨時政府的部隊也已重拾秩序。臨時政府由**羅江科領導**，目前正在國家杜馬開會，並邀集軍方將領參與，接受維安指示。[20]

值得一提的是，艾列克謝耶夫告訴伊凡諾夫將軍，羅江科在文告中強調「必須維護俄羅斯的君主政體」，但羅江科在《消息報》發表的公報裡隻字未提這件事。

羅江科可沒就此滿足。儘管他私下向艾列克謝耶夫保證自己依然效忠王室，卻任命了激進的進步黨黨魁巴巴耶夫為交通大臣，負責鐵路運輸及沿鐵道搭設的電報線路。這個職位在戰時很重要，現在又更關鍵，因為沙皇和伊凡諾夫的火車正從不同方向朝沙皇村會合。二月二十八日週二下午四點，尼古拉二世得知鐵路通行令已經改由羅江科簽署，交通大臣巴巴耶夫頒發。這消息很快就得到了證實，因為羅江科下令沙皇專車直接轉往彼得格勒，不再經過沙皇村。同一天，羅江科發電報給莫斯科總督契諾科夫，宣布「舊政府已然不存，內政部長被逮捕。政權現在由隸屬國家杜馬並由我執掌的委員會接管」。他向契諾科夫保證，彼得格勒的部隊都已經承認新政權，秩序已經恢復，並且要他指示莫斯科軍區司令官莫洛佐夫斯基將軍（I.I. Mrozovsky）告知部屬自己效忠羅江科的杜馬委員會，以免「流血」（當然是流莫洛佐夫斯基的血）。為了防止意外發生，羅江科接著又直接致電莫洛佐夫斯基將軍，重申他的警告，並要求將軍向杜馬委員會匯報莫斯科的狀況。[21]

由於沙皇尚未退位，羅江科二月二十八日的這些舉動不免有僭越之嫌。面對莫吉廖夫的各級將領，羅江科將自己塑造成恢復彼得格勒秩序的唯一人選。事實上，他不是宣稱只有自己能做到，而是說他已經做到了。對照蘇維埃崛起和塔夫利宮內的混亂局勢，他的說法很難站得住腳。至於莫斯科總督，羅江科知道他和自由派對手（如李沃夫和古契科夫）及當地將領都有聯繫，因此向總督宣稱自己充分掌握了俄國新成立的杜馬委員會政府，管它名稱為何。但這個新政府其實是羅江科一手成立的，並要求莫斯科首長和軍方將領表態效忠。

沒想到幾乎所有俄國高級將領都立刻倒向了羅江科。這些軍方將領過去都曾宣誓效忠沙皇，其中參謀總長艾列克謝耶夫是最早轉向，也是最顯要的一位。他和羅江科於二月二十八日針對沙皇尼古拉二世的退位宣言達成協議。沙皇將遜位給王儲，由沙皇的胞弟攝政，並指派羅江科籌組政府向杜馬負責。為了協助羅江科收服塔夫利宮的激進分子，艾列克謝耶夫同意指示伊凡諾夫取消討伐行動，由羅江科和其他將領出面遊說沙皇退位。問題是誰去遊說，在哪裡開口。艾列克謝耶夫屬意北方戰線司令官魯斯基，地點則是沙皇專車（按原定路線）預計中途停靠的普斯科夫。因為北方戰線最靠近彼得格勒，而且總部就在普斯科夫。但羅江科擔心沙皇可能說服當地的部隊效忠王室，因此想親自在莫斯科往彼得格勒路上的某個車站晉見沙皇，所以才下令專車改道。[22]

羅江科原本想和這位名存實亡的俄國君王說什麼，我們現在只能全憑猜想，因為兩人未能會面。午夜剛過，沙皇尼古拉二世在伯洛格耶和瑪沙亞維謝拉村之間醒來，得知專車就快通過變節部隊掌控的地區。雖然這個消息並不正確，並且隨即遭到反駁，但沙皇不想冒險，因此立刻下令火車掉頭，改走支線前往普斯科夫，希望魯斯基和北方軍能庇護他，並且能打電話到沙皇村給妻兒。但當他抵達普斯科夫時，那個由「全俄羅斯專制君主沙皇」所統治的帝國已經面目全非了。

第七章　搖擺的軍隊

出了彼得格勒，革命的衝擊起初並未引起多少波瀾，連莫斯科也不例外。這座自由派於一九一五至一六年共商政治陰謀的地下首都，直到二月二十八日才出現首波同情革命的示威。於是，羅江科和新任交通大臣巴巴耶夫那天在交通部的政變，以及參謀總長艾列克謝耶夫的競爭失敗，就成了關鍵一步。拿下交通部不只讓羅江科得以安排和更改火車路線，還能用電報左右全國輿論。當革命的消息傳遍帝俄各地，革命之火也就燃遍全國了。

儘管如此，距離法則仍然適用，至少在軍中。那群身陷世界大戰的七百萬官兵，成了想角逐國家大位者的首要籠絡對象。愈靠近彼得格勒的單位，愈早得知革命的消息。因此，可想而知，京城以外最先發難的部隊就是喀琅施塔得的水師。那裡距離彼得格勒只有三十二公里，島上的水兵和步兵（該基地也駐有陸軍軍團）肉眼就能看見都城的大火。早在二月二十八日週二，軍方高層就得知島上「陷入一團混亂」，碼頭工人罷工，水兵也停止訓練，到了週二晚上更全面兵變，幾乎所有士兵都走上街頭，還有軍樂隊演奏馬賽進行曲。當晚至少一名海軍軍官被士兵私刑處死，數名軍官遭捕，隔天則有如彼得格勒的事件翻版，奧克瑞納的喀琅施塔得總部被人闖入，兵變者於船錨廣場成立了革命法庭，判處二十四名軍官死刑，一六二名軍官監禁。三月一日週三下午，動亂到達最高峰，備受嫌惡的維倫上將遭刺刀刺死。[1]

同一天，喀琅施塔得的兵變傳到波羅的海艦隊，再蔓延到日瓦爾（塔林）和艦隊總部所在地赫爾辛基。波羅的海艦隊司令官亞德里安．涅佩寧上將（Adrian Nepenin）拚命發電報到彼得格勒的海軍總部，懇求羅江科、克倫斯基或其他首長造訪喀琅施塔得，以安定軍心，卻只收到羅江科的回電保證杜馬委員會已經掌權。涅佩寧立刻將電報轉給官兵，等於承認了新政府的正當性。可是兵變依然沒有平息。從喀琅施塔得、日瓦爾到赫爾辛基，數百名軍官（主要是明顯擁有德國姓氏的可憐波羅的海日耳曼貴族）遭到追捕與私刑處死。[2]

陸軍也受距離遠近影響。北方戰線魯斯基司令官率領的北方前線部隊最靠近彼得格勒，首先受到革命影響。審查員才剛回報第五軍士氣「高昂」，但士兵一得知彼得格勒發生革命，軍心立刻急轉直下。軍官「心情鬱悶」，因為部隊不再聽命行事。元月到二月的亢奮士氣不出幾天（精確來說是六天，三月一日至七日）就瓦解了。所有士兵忽然開始厭戰，開口閉口都是和平。[3]

往南一點，位於「西方」戰線普里佩特沼澤下方的第一軍受到的波及較小。士兵得知彼得格勒的政局轉變之後，普遍反應是如釋重負，叛徒被剷除了，部隊終於可以好好打仗。「親德大臣下台之後，」三七工兵團一名工兵在家書裡寫道，「我們部隊士氣大振，在戰場上奮勇向前。希望我們能摧毀敵軍。」這不只是個人感受。一九一七年三月時，第一軍士兵的家書有百分之七十五以上都透露了相同的情緒，因為得知革命發生而湧現了新的戰鬥熱情。[4]

在加利西亞則幾乎感受不到革命的衝擊，因為那裡戰事頻仍，士兵忙得沒有心力注意彼得格勒的政局發展。在盧次克，俄軍更擔心的是奧、德聯軍隨時可能加強攻勢，而且對方還有鄂圖曼遠征軍撐腰，更何況現在「彼得格勒嚴重動亂的消息將會傳到敵軍耳裡，」艾列克謝耶夫三月一日從莫吉廖夫發出的電報這麼寫道。這實在是真知灼見。當晚十點，土耳其第一軍團便對駐守史特河西岸馬拉亞伯斯克的俄軍展開猛烈炮擊。快十一點時，土耳其步兵朝俄軍戰壕投擲手榴彈，造成十五人死亡，四十五人受傷。隔晚，同一支部隊又造成俄軍三十八人死亡，六十人受傷。三月五日，加利西亞大戰正式開始，德軍調派重炮鞏固土耳其部隊，其中包括迫擊炮和毒氣彈。三月七日，雙方激烈交火，俄國第三十九軍擊退了闖入他們戰壕裡的德國人，沒有折損一兵一卒就俘虜了六名德軍。[5]

鄂圖曼前線也相去不遠。俄軍去年（一九一六年）在此連戰皆捷，今年打算贏取更大的勝利。在土耳其黑海沿岸的拉齊斯坦，俄國工兵部隊努力修築巴統往特拉布宗的鐵路。而在敖德薩，不論彼得格勒是否發生革命，艦隊司令官高爾察克上將仍然繼續預備他寶貴的「沙皇格勒軍團」。一九一七年六月，只要天氣許可，他就打算發動兩棲部隊南下進攻博斯普魯斯海峽。[6]

在我們回顧革命初期俄國軍方高層的決策時，必須將戰略全景擺在心裡，來檢視這段左右俄國政治命運的關鍵時刻。參謀總長艾列克謝耶夫的最高原則很清楚，就是不讓政治影響前線部隊。但他想的不是如何捱過這場戰爭，因為他真心相信俄國有機會打贏。我們必須明白這一點，才能理解艾列克謝耶夫二月二十八日為何對羅江科寄予盲目信任。他相信杜馬主席已經掌控了局勢，因此取消回防彼得格勒的鎮壓行動，並且告知伊凡諾夫將軍「協商將平息亂局，避免一場可恥的政權傾軋，不讓敵人稱心如意。」三月一日清晨，正當沙皇列車駛往普斯科夫時，艾列克謝耶夫發電報給北方戰線司令官魯斯基將軍，要他也相信羅江科。「根據目前得到的消息，」他告訴魯斯基，「我們有理由期盼羅江科率領的杜馬代表能制止國家分裂，而我們也能和他們共事。」但只要稍有耽擱，未能迅速穩定局勢，就可能「為極左派分子掌權打開大門」。[7]

事實證明，艾列克謝耶夫的這兩個想法都錯了。羅江科完全沒有知會艾列克謝耶夫和魯斯基，就逕自決定不去普斯科夫。直到三月二日凌晨兩點半，他才打電話給魯斯基將軍，給了他一個自我膨脹的理由，說「百姓的熱情宛如脫韁野馬，不能脫離我本人的掌控，因為目前我仍是唯一受到信任、令出得行的人。」但他隨即自打嘴巴，坦承自己「遠遠未能」馴服「百姓的熱情」，「部隊士氣徹底渙散」，而「調派伊凡諾夫將軍及聖喬治營」的消息「更只是火上加油」。羅江科告訴魯斯基，沙皇必須「停止調派部隊進城，軍人不該對抗百姓。」不過，幾小時後，他又發了一封電報給艾列克謝耶夫，語氣驚惶：「為了拯救京城免於陷入無政府狀態，最好任命一位受人景仰的將軍執掌彼得格勒軍區，好威鎮百姓。」因此，他告訴艾列克謝耶夫，杜馬委員會已經「挑選了一位名震全俄的英雄」擔當此一重任，那就是「英勇的廿五軍團指揮官柯尼洛夫中將。」[8]

對於艾列克謝耶夫擔心的那群「左派分子」，羅江科已經開始控制不住他們了。二月二十七日半夜一場關鍵會議上，羅江科要求杜馬委員會成員聽從他的指令，卻遭到克倫斯基公然反對。克倫斯基在那段時間迅速成為蘇維埃的激進喉舌。所謂蘇維埃，指的是一群在塔夫利宮十二和十三號房集會的激進社會主義者。他們自封為蘇維埃，而克倫斯基這位SR演說家則和宮外士兵關係融洽。他慷慨激昂發表演說，呼籲士兵不要起事叛變，而是成為「捍衛自由、革命與國家杜馬」的真英雄。[9]

不過，克倫斯基遠非蘇維埃裡最激進的角色。他「故意逮捕」許多身在塔夫利宮裡的沙皇朝臣，以免他們被暴徒私刑致死。在塔夫利宮中，除了由公民記者撰寫，刊登過羅江科公報的《消息報》，蘇維埃也開始發行刊物，而且一樣也叫《消息報》。但有違常理的是，這份刊物雖然出自這個由孟什維克和SR黨員把持的組織，卻從發行之初就帶著布爾什維克的色彩，因為主編是列寧的密友邦奇—布魯耶維奇（Vladimir Bonch-Bruevich）。邦奇—布魯耶維奇有個同名的哥哥，是聲望顯赫的大將軍，曾在第六軍擔任參謀長，負責反情報工作，而他本人則是彼得格勒人脈最廣的布爾什維克，不僅熟識軍方情報單位和庫班哥薩克軍團，甚至和拉斯普丁也有交情（直到對方遇害）。邦奇—布魯耶維奇二月二十七日便拿下之前專印小報的一家印刷廠，交由蘇維埃使用，並於三月一日在消息報上刊登蘇維埃發給彼得格勒駐軍的指示。這份主要由孟什維克律師索可洛夫執筆的指令，就是後世知名的「**一號命令**（Order No. 1）」。[10]

雖然這道命令後來有了極多版本，難以判斷原始版本的確切內容，但頭兩條指示倒是相當清楚，明確要求彼得格勒的士兵成立委員會，派代表參加彼得格勒蘇維埃。為了先發制人，防止軍官發動反革命行動鎮壓兵變，一號命令還指示新成立的士兵委員會控制武器與彈藥，並**禁止軍官用你**（tyi）而不是您（vyi）稱呼部屬，同時士兵也不再需要向上級敬禮。就政治而言，最重要的是第三和第四條指示，除了規定軍隊隸屬於蘇維埃，還強調國家杜馬軍事委員會的命令「凡違反蘇維埃工人及軍人代表之命令與決定者，一概不予執行。」這一條款後來改得更激進，規定杜馬軍事委員會頒布的命令「**唯有**不違反蘇維埃之命令與決定者，始得執行。」[11]

一號命令清楚針對彼得格勒軍區，也只針對彼得格勒軍區，而非俄國及全體部隊，更無關前線。但消息立刻經由電報蔓延開來，到了三月二日已經有數千份在全俄國印行流傳。撇開用字與管轄權不論，這道命令還在反覆推敲詞句時，一位人在塔夫利宮裡的激進士兵清楚說出了它的潛在威力：「讀書人會讀出不一樣的意思，但我們當兵的一看就明白，這命令就是要軍官繳械。」[12]

這時，京城的局勢開始以令人目眩的速度發展。二月二十七日週一，蘇維埃和羅江科的臨時杜馬委員會成立。週二清晨，沙皇剛離開莫吉廖夫，彼得格勒的舊政權最後堡壘就瓦解了。羅江科開始以新政府的名義頒布政令，無視克倫斯基公開反對他的權威。蘇維埃繼續接收彼得格勒的軍隊，而喀琅施塔得則爆發了嚴重兵變。駐紮在京城附近的幾個陸軍幹訓單位，如尤拉尼恩包姆的第一、第二機槍團及斯特列利納的第二砲兵師，都離營擁入彼得格勒加入革命。三月一日週三午後，沙皇抵達普斯科夫時，雖然一號命令尚未傳到前線部隊，卻已經廣為流傳，而莫斯科也跟隨京城開始革命，工人發動大罷工，士兵在軍營裡叛變。[13]

在莫吉廖夫最高司令部的艾列克謝耶夫雖然比沙皇尼古拉二世更清楚狀況，但還是難以跟上局勢的進展。三月一日週三下午三點左右，艾列克謝耶夫發訊息給尼古拉二世，但直到將近深夜十一點才傳到人在普斯科夫的沙皇手上。艾列克謝耶夫警告沙皇，「後方的動亂將在武裝部隊造成同樣後果。後方正在發生革命，不可能要求前線部隊沉著應戰。」為了「防止全面崩潰」並「恢復秩序」，艾列克謝耶夫告訴尼古拉二世，最高司令部的沙皇外交侍從官尼古拉·德·巴西利（Nicholas de Basily）已經替他擬好一份文告，宣布為了穩定民心並「團結全國所有力量」，沙皇認為「必須任命一位大臣向人民代表負責，並指派杜馬主席羅江科在俄國德高望重之士的協助下籌組此一人民機構」。[14]

艾列克謝耶夫的這則訊息對沙皇尼古拉二世無疑是晴天霹靂。更嚴重的是，另外三則發到普斯科夫的電報同樣支持艾列克謝耶夫的立場。一則來自擔任砲兵督導長的沙皇堂弟謝爾蓋·米哈爾洛維奇大公（Sergei Mikhailovich），一則來自一九一六年加利西亞大戰英雄布魯西洛夫將軍，第三則來自赫爾辛基的波羅的海艦隊司令官涅佩寧上將，近乎哀求般地懇請沙皇「顧全大局」宣布退位，以挽救岌岌可危的部隊軍紀。根據北方戰線司令官魯斯基將軍日後回憶自己當晚在普斯科夫和尼古拉二世的對話，是參謀總長艾列克謝耶夫的電報瓦解了沙皇的抗拒，讓皇上明白軍方高層已經離他而去。出於國君的倨傲，尼古拉二世起初仍然堅持由羅江科（而不是杜馬）任命內閣成員，好讓內閣權力依舊來自皇帝，由杜馬主席代為授權。然而魯斯基將軍連這點也不讓步。眼見羅江科和軍方高層似乎已經同聲一氣，尼古拉二世屈服了，於午夜前一字未改地簽署了文告，並且於次日零點二十分致電沙皇村，指示聖喬治營指揮官伊凡諾夫將軍「在朕回去之前毋須採取任何行動」。當沙皇叫停伊凡諾夫的討伐行動，也就放棄了在彼得格勒重振王權的最後機會。[15]

在這命運交關的時刻，原本轉圜還大有可能。另一個關鍵的陰錯陽差發生在三月一日半夜到三月二日凌晨。魯斯基和艾列克謝耶夫說服沙皇遜位後幾個小時，才接到羅江科的電話坦承自己連塔夫利宮都控制不了，遑論彼得格勒和俄羅斯。要是魯斯基早一點和羅江科通電話，明白艾列克謝耶夫和巴西利完全誤判了局勢才會草擬文告，或許就會給沙皇完全不同的建議。尼古拉二世對「胖子羅江科」的無能倒是不意外，根據魯斯基回憶，沙皇起初拒絕簽署文告，因為他很瞧不起「那些自稱深受全國人民信賴的傢伙」。[16]

儘管如此，力挽狂瀾並非無望。雖然沙皇尼古拉二世同意讓羅江科籌組政府，但尚未宣布放棄王位。一旦掌握彼得格勒的實際局勢，他或許會改變心意，巴西利代筆的文告沙皇只是署名，還沒公布，何況杜馬主席對自己根本毫無信心。三月七日清晨七點，魯斯基問他軍方高層該不該發布沙皇文告，宣布尼古拉二世任命羅江科成立新的議會制政府，羅江科只是喃喃自語：「我真的不曉得該怎麼說，一切得看事情變化，但是事情進展實在快得太嚇人了。」[17]

眼看沙皇鞠躬下台，羅江科在彼得格勒力有未逮，參謀總長艾列克謝耶夫只好親自出手。三月二日早上十點十五分，他以代理總司令的身分發電報給所有陸海軍前線指揮官：戰爭要能勝利作收，唯有聖上退位由王儲繼承，並請米哈爾大公出任攝政，才有機會實現。環顧眼前，顯然除此一途別無他法……陸軍必須全力對抗外敵，內政事務只會引誘部隊參與政變。除非聖上主動退位，才能減輕其害。[18]

事後證明，艾列克謝耶夫聰明反被聰明誤。這則電報一出非同小可，艾列克謝耶夫私心自用，站在軍方立場大動作插手政治，支持羅江科的逼宮計畫。他知道沙皇一定會讀到這則電報。當他要求「軍隊高層齊心協力」，表面上說逼宮完全出於愛國情操，實際上卻等於公開宣告軍隊永遠凌駕於政治之上。艾列克謝耶夫和羅江科一樣，想用政治解決問題，卻不想承擔政治責任。這則電報等於要求沙皇犧牲自己，免得軍隊涉足政治髒了自己的手。

好巧不巧，艾列克謝耶夫要求尼古拉二世遜位當天，他的政治啟蒙導師十月黨舵手古契科夫，也來謁見沙皇。由於羅江科拒絕前往普斯科夫，這份差事就落到這位老謀反者頭上。他要求一位志願者同行，但杜馬代表們和羅江科一樣興趣缺缺，最後由一位來自基輔，名不見經傳的代表舒爾金（V.V.Shulgin）陪同。三月二日下午三點左右，兩人搭上火車前往普斯科夫，於晚上九點抵達。儘管魯斯基要求兩位代表謁見沙皇前先和他會面，但由於時間實在太晚，所有人都直接進了停在普斯科夫車站的沙皇專車，開始會談。[19]

要說這場會面對哪位政治家是天賜良機，肯定非古契科夫莫屬。他密謀推翻沙皇整整兩年，如今竟然得到親自下手的機會。然而，這位老十月黨人就和他深惡痛絕的皇上一樣，也阻擋不了失控的局勢。他對彼得格勒的街頭動亂幾乎使不上半點力氣，而且就算再反沙皇，他也不會考慮兵變。流血暴力真的嚇壞他了。就在三月二日這天早上，正當他對部隊演講，站在他身旁的摯友，普列奧布拉任斯基衛隊的一名軍官，當場被人開槍射殺，嚇得他不敢接任戰爭大臣。抵達普斯科夫時，古契科夫鬍子未刮，衣冠不整，整個人心神惶惶，用近乎哀傷而非憤怒的口吻懇求沙皇制止無政府狀態繼續擴大。「工人和士兵全造反了，」他向尼古拉二世解釋，「所有人都相信**保皇**（vodvorenie）只會換來秋後算帳，因此我們非得破釜沉舟。」他主張當務之急是「立刻遏止百姓的想像」，不僅沙皇必須退位，還要任命和他同是共濟會員的齊姆戈爾主席李沃夫王爵籌組政府，而非沙皇指任的羅江科。[20]

尼古拉二世怎麼也不想讓政敵稱心如意，嚥不下這口氣的他告訴古契科夫自己原本已經決定遜位給兒子，由米哈爾大公攝政，但現在改變心意了。他決定不讓兒子繼位，而是直接禪讓給米哈爾大公，好陪伴兒子，因為御醫幾小時前才告訴他，艾列克謝的血友病無藥可醫。由於這種做法史無前例，古契科夫指出杜馬委員會不會接受，但沙皇仍然堅持己見，最後古契科夫只好答應。三月二日深夜十一點五十分，尼古拉二世簽字遜位，宣布「與國家杜馬一致同意」將羅曼諾夫王朝交由胞弟米哈爾大公掌政，但文書日期記為下午三點五分，免得顯露逼宮之嫌。值得一提的是，退位文告的對象並非杜馬代表古契科夫或羅江科，而是軍方代表艾列克謝耶夫將軍。沙皇同時另發敕命，指派尼古拉大公為總司令。古契科夫只討到一項讓步，就是讓尼古拉二世任命李沃夫為大臣會議主席，而非羅江科。只不過這項任命有些古怪，因為大臣會議已經不存在了。[21]

儘管普斯科夫事件一點也不驚心動魄，沙皇退位卻是俄國史上的空前大事，只是後果遠非逼宮者所想像。古契科夫告訴沙皇，結束「舊政權」才能讓叛變士兵不怕「秋後算帳」，這話其實話中有話，但他應該想到赦免兵變者無益於重整軍紀才對。艾列克謝耶夫幾乎立刻就明白了這一點。退位不僅無法幫他回復部隊秩序，反而讓這項任務變得近乎不可能完成。全俄國士官兵，從陸地到海上，總數七百萬人的部隊，統統都曾宣示效忠尼古拉二世。現在皇上沒了，他們又該效忠什麼，效忠於誰？

最明顯的答案是米哈爾大公，也就是尼古拉二世託付之人。但沙皇的胞弟幾乎立刻就退縮了。如果問當初是誰將他推上火線，那肯定是羅江科，但羅江科已經無法信任了。三月三日清晨五點，羅江科一得知沙皇退位，便立刻打電話到普斯科夫給魯斯基將軍，要求不要發布遜位文告，表示塔夫利宮內的群眾或許「願意接受大公攝政……但絕不可能接受由他接掌王位。」雖然缺乏說服力，但他再次將自己描繪成革命動亂中的秩序棟梁，向魯斯基提出警告：米哈爾大公稱帝只會火上加油，一切能毀滅的將會被無情毀滅。我們將會失去所有權柄，不再有人能平息民亂。[22]

魯斯基將羅江科的話轉到莫吉廖夫，參謀總長艾列克謝耶夫終於對這位杜馬主席失去了耐性。根據後勤將軍盧孔斯基（A.S. Lukomsky）事後回憶，艾列克謝耶夫告訴他說，「我永遠不會原諒自己竟然真誠相信那些人（羅江科）還追隨他們，將我希望聖上退位的事用電報告訴總司令。」三月七日早上七點，艾列克謝耶夫警告前線指揮官不要再聽命於杜馬主席，指出羅江科從彼得格勒下達的指示「受到來自左派政黨和工人代表……的強大壓力……毫無真誠公正可言。」他還警告彼得格勒軍區「已經完全被蘇維埃洗腦」，將會造成「所有人的危險與傷害」。有鑑於首都局勢危急，艾列克謝耶夫召集陸海軍前線司令到莫吉廖夫開會，希望「不論任何狀況與發展都團結一致」。他之前才因為錯信羅江科而取消伊凡諾夫出兵整頓彼得格勒的命令，此時此刻只能盡一切努力阻止內戰。[23]

米哈爾大公就這樣被捲入了政治漩渦。一個靦腆害羞、未曾動念也不曾企圖掌權之人，突然成為全俄羅斯最重要的人物，在他暫居的彼得格勒米里納亞大街十二號普提雅廷郡主的寓所裡，被一群實習軍官（因為沒有現役軍官敢冒這個險）持槍護衛著。三月三日早上十點，羅江科、李沃夫、米留科夫和克倫斯基率領杜馬代表團來到寓所，古契科夫在火車站耽擱了。米留科夫事後回憶，羅江科「心慌意亂」，其他人也惶惶不安，「恐懼於即將發生的事」。但所有人還是屈服於羅江科的威勢，留下他和大公獨處。說服米哈爾大公放棄繼位一點也不困難。[24]

大公退位文告的落款日期是一九一七年三月三日。他在文告中表示，自己在此「前所未有的戰爭與民亂之際」受託接下「俄羅斯皇帝」這副「重擔」，*他雖然無懼於執掌這份「大權」，但除非得到「偉大人民的意志認可，並透過經由人民在制憲議會的普選代表授權，決定**俄羅斯國**（Russian State）的政府型態與新的根本大法」，他才願意繼位。因此，他呼籲在此之前「俄羅斯全體人民效忠國家杜馬倡議組成之臨時政府，由其全面執政」。[25]

俄國軍隊是否願意聽命於大公口中那個神祕的新「臨時政府」可就難說了。如果不是為了皇帝，他們還能為誰而戰？難道是備受自由派和其他人歡迎的尼古拉大公？但和剛剛放棄王位的那兩位一樣，他不也是羅曼諾夫家族的人嗎？（但單憑這一點就讓他失去了資格，因為彼得格勒蘇維埃於三月三日下令逮捕所有的王室成員。）還有許多將軍，例如參謀總長艾列克謝耶夫、加利西亞大戰英雄布魯西洛夫和彼德格勒軍區司令官柯尼洛夫，也都受到人民擁戴。但艾列克謝耶夫為了防止內戰，已經宣示軍人不會干政（即使他明明要求沙皇退位），並召集前線司令到莫吉廖夫，還在三月三日頒布新的（第一九二五號）命令，警告軍官別讓彼得格勒的「革命之徒」用失敗主義染指部隊。一號命令明顯針對軍官團和最高司令部而來，軍方怎麼可能要士兵對發出一號命令的蘇維埃宣誓效忠？那麼軍隊應該轉而效忠杜馬委員會嗎？若是如此，那該效忠杜馬主席羅江科？還是杜馬議長李沃夫呢？還是應該效忠眾人仍然認為會接掌戰爭大臣（雖然他本人深怕暴民）的古契科夫？[26]

對於置身世界大戰泥淖的俄軍來說，這可不是學術問題。最高司令部三月二日就下達命令給前線將領，要部隊服從新任總司令尼古拉大公，但米哈爾大公三月三日的遜位文告讓事情亂了套。文告於三月四日清晨兩點發到各前線，要求部隊轉而效忠「臨時政府」，但大多數前線士兵直到隔日才得知羅曼諾夫王室又有一人（也是最後一人）退位。與此同時，尼古拉大公，這位被二度終結的王朝選為總司令的大將軍，正搭乘火車前往莫吉廖夫，而彼得格

＊注：米哈爾和羅江科共處一室時，尼古拉二世忽然想起自己忘了告訴弟弟要禪位給他，便寫了一則電報，要弟弟「原諒我讓你苦惱了，而且毫無警告，因為沒時間。」電報發送時間為一九一七年三月三日下午兩點五十六分，但因「地址不明」而被退回。

勒蘇維埃內部則對他的任命爆發了劇烈反彈。[27]

俄國軍隊出現了權力真空。在莫吉廖夫，艾列克謝耶夫仍然是代理總司令（就算彼得格勒軍區已經改投蘇維埃，至少戰場部隊還是聽命於他），直到尼古拉大公前來接替為止，但沒有人知道他在政治上向誰負責。此時古契科夫已經恢復鎮定，接下「臨時政府」的「戰爭大臣兼海軍大臣」一職。三月四日，他下令要求陸海軍團結在新政權之下，共同「瓦解敵人的頑抗」[28]。三月五日，艾列克謝耶夫的參謀長丹尼洛夫將軍根據「戰爭大臣古契科夫」的指示下達了另一道命令，明確要求部隊遵守一號命令裡幾則衝擊較小的條款，包括官兵的稱謂，不再以「你」和「低階」稱呼士兵，一律改稱「士兵」，軍官軍銜不變，但不再以「大人」稱之。[29]三月六日，羅江科下令軍隊服從「國家杜馬臨時委員會」指揮，並要求「陸海軍所有官兵沉著執行勤務」。[30]同日，艾列克謝耶夫和丹尼洛夫簽署了第一九九八號命令，將羅江科的指示傳達給前線司令官，感覺似乎確立了「杜馬主席羅江科」的指揮權。只不過次日他們又收到一份效忠誓辭，由「李沃夫王爵」代表「臨時政府大臣會議」簽字下達。這個頭銜裡不只有已經廢止的大臣會議，還有那個人人都在談論，卻沒人知道到底是什麼的新「臨時政府」。[31]

面對如此三方政治角力，不難想見誰先結成盟友，誰就能壓倒落單的那一方。三月七日，事情發展來到了關鍵點。即使人在莫斯科的克倫斯基公開表示尼古拉大公不會接掌兵權，古契科夫和李沃夫仍然開始以「臨時政府」大臣身分聯合簽署命令下達給軍隊。[32]三月十一日，李沃夫正式剝奪尼古拉大公的指揮權，交給艾列克謝耶夫。三月十三日，他們頒布新的效忠誓詞給各級軍官，要求軍官服從臨時政府，以及同年稍後成立的制憲議會。[33]儘管如此，前線部隊仍然莫衷一是。不少軍官向最高司令部回報，表示士兵「不斷追問他們到底要聽命於羅江科領導的國家杜馬臨時委員會，抑或是李沃夫王爵領導的大臣會議。」三月二十六日，艾列克謝耶夫將軍要求古契科夫說清楚，已經把持了彼得格勒和最高司令部往來的古契科夫的回覆是兩者皆非，所有官兵必須「宣誓效忠臨時政府」，即使沒人知道臨時政府究竟是什麼。[34]

正當政治人物還忙著搞清楚誰能掌權，前線士兵已經開始遵照一號命令自組委員會。雖然代表「臨時政府」的戰爭大臣古契科夫和代表蘇維埃的斯科別列夫緊接著共同簽署了二號命令，並於三月五日以電報下達給最高司令部，強調一號命令只限於後防的彼得格勒軍區，但一號命令已經流傳太廣，以致艾列克謝耶夫很快便抱怨就算下達了二號命令，也像根本沒下達一樣。[35]

對駐守在赫爾辛基的艦隊司令官涅佩寧上將而言，二號命令還是來遲了。三月四日深夜一點三十分，涅佩寧發了最後一則電報給海軍總部，表示又有五名軍官遭私刑處死，包括兩位上將。不到十二小時後，他自己也被士兵以殘忍的手法處決了。官兵關係的新指示也沒能來得及挽救維倫上將，以及赫爾辛基、喀琅施塔得和日瓦爾一百多名軍官的性命。一九一七年三月第二週，波羅的海艦隊的血腥兵變總算平息下來。黑海艦隊運氣好些，擁有德國姓氏的軍官比較少，革命後的頭一個月「只有」二十名軍官遇害。[36]

回到彼得格勒，自立為蘇維埃和自立為臨時政府的兩群人似乎暫時攜手了，因為雙方都視杜馬主席羅江科為敵人。羅江科的公報幾乎已經沒有人在意，克倫斯基現在才是風頭最健的人物。只有他贏得了塔夫利宮裡兩個未成氣候的政府青睞（於三月二日以一篇激昂的演說獲得蘇維埃鼓掌通過），允許他兼任臨時政府的司法大臣及蘇維埃的三人主席團成員。克倫斯基成了全方位的救火隊，一會兒要保護帝俄時期的官員不被暴民處死，一會兒要說服部隊效忠；一會兒要安撫莫斯科和赫爾辛基的譁變士兵，一會兒又在三月十二日簽署廢除死刑命令，以討好蘇維埃。三月十五日，彼得格勒的檔案館重新開放。此舉雖小，但意義重大，象徵日常生活正返回常軌。[37]

前線局勢也逐漸緩和下來。幸好私刑處決在陸軍比海軍少得多，不過還是有許多軍官遭到「逮捕」。受到一九一七年二月和三月動亂牽累喪生的五十多名軍官，絕大多數死於彼得格勒及周邊地區，而非前線。陣前逃脫的人明顯增加。最高司令部估計三月前線各部隊每天都約有五至七名逃兵，總計超過十萬人。雖然數目不少，但對七百萬大軍而言幾乎無關緊要，何況每天都有大批新兵入伍。加利西亞西南戰線的俄軍三月跟奧匈帝國、德國和土耳其部隊發生激戰，逃兵人數甚少，直到四月下旬戰事趨緩才開始增加。至於眼看就要擊敗土耳其部隊贏得歷史大捷的高加索軍，幾乎沒人臨陣脫逃。[38]

雖然從彼得格勒、喀琅施塔得、赫爾辛基到日瓦爾，都有陸軍營區與海軍基地因兵變而喋血。事實上，二月革命造成的死傷（受害者一千三百至一千四百人，其中一百六十九人死亡）絕大多數都發生在波羅的海地區的軍事單位裡。但或許正因如此，俄國軍隊在這場革命中多多少少算是全身而退。[39]這當然是好事一件，畢竟戰爭還在進行，而德軍正要大開殺戒。

第八章　德國出招

二月革命和沙皇退位的消息很快便傳遍了全球，只是許多細節都被過濾掉了。在倫敦和巴黎，由於領事報告裡全是俄國自由派的反沙皇觀點，因此輿論對革命一致叫好。英國《威斯敏斯特公報》（*Westminster Gazette*）讚揚沙皇垮台是「移除巨大障礙」的「驚天一擊」，讓實行帝制的俄國從此「不論思想或行為都和盟友看齊」。法國《晨報》則直呼二月革命是「協約國的勝利」，並預言「俄國的解放將瓦解我方敵人的外交陰謀」。[1]

不過，反應最熱烈的當屬美國華府了。總統威爾遜眼前的任務忽然緊急了起來，必須說服國會和美國大眾出兵對抗德國。一九一六年十一月，威爾遜連任成功，靠著就是自誇他「讓美國遠離戰端」。然而，德國很快就用一連串惡行打了他一耳光。首先是一九一七年二月一日，德國恢復無限制潛艇戰。明知此舉很可能招致美國干涉，柏林政府卻火上加油，發了惡名遠播的「齊默曼電報」給德國駐墨西哥大使，而且還是用美國的外交電報線路。在這則內容勁爆的密電裡，德國承諾墨西哥只要對美宣戰，就會支持墨西哥的**復地運動**（Reconquista），收復美國西南的德州、新墨西哥與亞利桑那。英國密碼員率先破解了電報，隨即小心翼翼地將這個炸彈般的消息轉告華府。二月十五／二十八日，電報內容正式見報，幾天後彼得格勒就爆發了革命。[2]

俄國革命在美國輿論掀起了強烈震撼。雖然德國二月恢復無限制潛艇戰之後，威爾遜政府便和柏林斷絕了外交關係，卻仍沒有宣戰。威爾遜身為自由派學院理想主義者，信奉「美國例外論（American exceptionalism）」，怎麼也難以接受以傳統的國家之名投入戰爭。即使面對齊默曼電報，依然無法動搖他「武裝中立」的立場。直到俄國加入「自由民主」陣營，他才找到了出兵的理由。一九一七年三月二十日／四月二日，威爾遜在美國國會聯席會議上宣布：「為了民主，必須維護世界安全」，而「和平必須建立在政治自由這個千錘百鍊的基礎之上」。[3]

二月革命滿足了威爾遜的想像。他之所以能大唱高調，是因為天高皇帝遠，因為美國除了在公海受到德國U型潛艇攻擊之外，國家生存並未受到任何威脅。英國也一樣，只是美國更安穩一些。但在法國，面對德軍突出部就駐紮在距離巴黎僅僅八十公里的努瓦永，慶賀俄羅斯民主誕生的歡喜很快就被務實的擔憂所掩沒。巴黎政府原本期望俄國的春季攻勢能將德軍的注意力引開法國，因此無法不擔心革命帶來的變化。三月下旬，法國《晨報》對彼得格勒蘇維埃「極端分子」的行為提出警告。由於一號命令太過震撼，協約國記者當時仍然沒有報導，《晨報》只是用影射的方式抱怨，「所有決定都由塔夫利宮內的一千六百名代表做成，只能說一團混亂」。[4]

在德國，愛國記者一面倒報導革命在彼得格勒造成混亂，刻意少提正面消息。《柏林地方萬象報》頭版標題是「社會主義掀波瀾，無政府狀態將至」，《柏林日報》則是讚揚俄國釋放德國戰俘，讓他們取道斯德哥爾摩返家。該報駐哥本哈根記者寫了一篇聳動的報導，指出「血腥革命正在芬蘭蔓延」。對德國人來說，革命愈亂愈好。[5]

相較於協約國的觀察家對革命抱著一廂情願的看法，認為不會影響俄軍戰力，德國的見解負面的多，雖然不無偏見，但是更接近事實。兵變**確實**在俄國陸海軍前線蔓延，只是嚴重程度不一，各地的無政府狀態也持續惡化。除此之外，德國不僅在彼得格勒安排眼線，跟海外的俄國革命團體也有深交，最有能力趁著俄國動亂從中得利，甚至火上添油。此時不打列寧這張牌，更待何時？

列寧身為布爾什維克黨領袖，這段時間雖然也有作為，卻像鴨子划水無人聞問。一九一四年八月，奧匈帝國加利西亞地區克拉科夫市附近的波洛尼諾爆發衝突。當地距離俄國邊界不遠，而列寧的身影就出現在起事的烏克蘭人之間。克拉科夫警方以敵國人名義將他逮捕，直到奧國一名社會主義領袖擔保他不是帝俄派來的間諜，而是「俄國死敵」，事情才出現轉機。此外，警方搜查列寧住處只發現一些枯燥的經濟學研究，頂多證明他是馬克思迷，對他獲釋也有幫助。奧國官員的訊問證實了列寧是革命狂熱分子，公開支持烏克蘭分離主義，而這正是同盟國發動戰爭的主因之一。九月上旬，奧國戰爭部特赦列寧，並派軍方郵車將他、他的妻子和忠心耿耿的副手格里戈里·季諾維也夫（Grigory Zinoviev）送往瑞士，讓他在那裡密謀推翻沙皇。[6]

除了奧匈帝國，德國外交部一九一五年也因為兩個人而注意到了列寧這號人物。首先是本書之前提到過的，一九〇五年在彼得格勒起事的帕爾烏斯。帕爾烏斯躲過流放西伯利亞的厄運之後，先後在德國和土耳其落腳，生活過得豐富又精采。戰爭爆發後，他在博斯普魯斯經營一個政治沙龍，專門接待烏克蘭分離主義者、亞美尼亞和喬治亞的社會主義者，以及其他流亡的俄國人，並於一九一五年元月邀來了德國駐土國大使漢斯·馮·瓦格海姆男爵（Hans von Wangenheim）。「德意志帝國政府的利益」，帕爾烏斯對瓦格海姆說，「和俄國革命分子的利益是一致的」。[7]

第二個人的故事同樣精采，那就是亞歷山大・基斯庫拉（Alexander Keskülа）。他是愛沙尼亞的布爾什維克黨人，和帕爾烏斯一樣是經歷過一九〇五年革命的死硬派，不久前開始徹底擁抱愛沙尼亞民族主義（一位芬蘭朋友曾經問他，愛沙尼亞占領彼得格勒之後他有什麼計畫，基斯庫拉答說那裡的宮殿很適合當成「採石場」）。一九一四年，他開始和德國情報單位合作。據他日後回憶，理由很簡單，就是「我恨俄國」。一九一五年九月，基斯庫拉向德國駐瑞士伯恩領事吉斯伯特・馮・隆伯格（Gisbert von Romberg）提到了列寧的主張和意識型態。隆伯格決定每月支付兩萬馬克給基斯庫拉，讓他分給列寧和其他布爾什維克[8]。

根據列寧兩次在社會主義者流亡議會（一九一五年在齊美爾瓦德和一九一六年在齊恩塔爾）提到自己對大戰的看法，不難理解德國外交部為何會栽培他。雖然會中多數人都支持（當時仍是孟什維克的）托洛茨基等人的決議，反對戰爭並呼籲工人遵照先前的「大罷工」原則拒絕工作或入伍，列寧卻提出了只有極少數成員支持的「革命失敗主義」路線。他主張社會主義者應該努力促成母國的失敗（不是比喻，是真的失敗）以便「化帝國主義戰爭為內戰」。社會主義者非但不該勸阻工人從軍，反而應該鼓勵他們入伍，在軍中發動兵變「赤化」部隊。雖然絕大多數出席會議的馬克思主義者都認為這樣的觀點太過顛覆，但列寧其實比他們都更接近《國際歌》的精神。在這首堪稱社會主義國歌的曲子裡，作者鮑狄埃（Eugène Pottier）公開支持兵變：

國王用硝煙迷惑我們，
我們要用團結討伐他。
讓軍中戰士一齊罷工，
暴力機器亂成一團。
食人魔們若敢再下命令，
將我們送死為他虛榮；
就讓他們看看我們子彈，
全都射向自己將軍。[9]

由於這份「齊美爾瓦德左派」宣言實在太過勁爆，因此在領事隆伯格報告之後，德國外交部決定插手阻止出版列寧的計畫，免得奧克瑞納拿來當藉口，在俄國境內大肆逮捕社會主義者。[10]

二月革命前幾個月，列寧暫時失去了德國的青睞。一方面是帕爾烏斯專心在俄國從事工業破壞，另一方面則是基斯庫拉對列寧的興趣淡了下來，因為列寧對愛沙尼亞問題漠不關心。不過，德國後來也對基斯庫拉失去了興趣，於一九一六年十月和他斷絕了關係。列寧開始和俄國的局勢發展脫節，讓他很沮喪。一九一七年元月九日／二十二日，他在蘇黎世大會堂對一群年輕的社會主義者表示，「我們這些老骨頭可能沒辦法活著見到革命的關鍵之役到來了」。[11]

一九一七年三月一日／十四日，列寧首次從一名奧國同志那裡得知了革命的消息，讓他莫名興奮，只想立刻返回彼得格勒。然而，要從瑞士回到俄國，又要避開西方及東方戰線，最短最安全的路線就是穿越德國，但這樣做很可能讓俄國人起疑。德國駐伯恩領事隆伯格很想幫忙，但他和列寧都必須小心行事，於是兩人找了一位名叫菲利茲．普拉廷（Fritz Platten）的瑞士社會主義者當中間人，負責替列寧跟瑞士和德國政府聯繫，購買車票，並在穿越德國境內的火車上充當「主人」和發言者，好讓列寧一行俄國人全程都無須跟德國官員交談。為了偽裝得更道地，普拉廷還要求列寧和他十九位布爾什維克夥伴（包括他的副手季諾維也夫、妻子克魯普絲卡婭、情婦和猶太裔波蘭記者卡爾．拉狄克〔Karl Radek〕）必須由孟什維克老黨魁馬爾托夫結伴同行，外加六名非布爾什維克的猶太崩得成員。普拉廷原本還想帶上幾名流亡的社會革命黨員，可惜沒能成功，因為那些比較愛國的俄國人都不想跟列寧扯上關係。不過，最重要的條件還是「治外法權」，透過報紙對外宣布列寧的車廂完全「封鎖」，在德國境內都不會開門。一九一七年三月二十三日／四月五日，德國政府撥款五百萬金馬克資助俄國革命。四天後，列寧就上路了。[12]

儘管事前大力強調「密封車廂」，消息還是幾乎立刻就走漏了，使得列寧一行人通過瑞士邊界就被迫換車，**不得不**踏上德國領土。他們在戈特馬丁根換乘德國列車，德國陸軍普朗涅茲上尉（Planetz）和布林格中尉（Buhring）立刻上車陪同。兩人都直接聽命於德國最高司令部的魯登道夫將軍。布林格會被派來，是因為他通曉俄語。另一名也在戈特馬丁根上車的德國人是工會幹部威廉．楊頌（Wilhelm Jansson），他是帕爾烏斯派來的。根據德方檔案，我們還知道這群俄國人「在法蘭克福錯過轉車」，導致中途停留了很長時間。此外，列車經過柏林時又有一名「穿便服」的德國官員上車。另外，列車還在柏林停留二十小時補給食物和鮮奶，導致他們被迫在薩斯尼茨一間德國旅館過夜，等候下一班前往丹麥的渡輪。[13]

二月革命爆發後，德國將一批俄國戰俘遣返回國。根據這些戰俘的證詞，列寧搭乘的火車在德國逗留並非那麼單純。例如，高級准尉齊年科（F. P. Zinenko）便表示，列寧接受德國金援和支持烏克蘭分離主義的事，在戰俘營裡是公開的話題。提許金上尉（E. A. Tishkin）也指出，在他待的波羅的海施特拉爾松德營區，四月時「列寧突然成為所有人的話題。」這點其實並不奇怪，因為列寧一九一七年三月二十九日／四月十一日就是取道施特拉爾松德前往附近的薩斯尼茨過夜的。提許金指證歷歷：施特拉爾松德營區所有人都知道，列寧經過德國期間曾下車發表政治演說。[14]

不論這些證詞是真是假，德國一九一七年開始對俄國出招是錯不了的。德國出錢出力將各式各樣的社會主義流亡者送回俄羅斯（除了支持戰爭的SR黨員之外。這些「保國派」的求助對象是協約國），以拉高蘇維埃和臨時政府的緊張關係。烏克蘭、芬蘭、波蘭和愛沙尼亞的俄國戰俘也被遣返回國，讓他們追求獨立。列寧只是這波不滿分子當中的孑孑一人，但他對戰爭的激進觀點，以及出於投機支持烏克蘭分離主義，卻使他成了混亂的關鍵催化劑，成為瓦解俄國戰場進展的一人破壞大隊。就像帕爾烏斯三月底告訴德國駐哥本哈根公使的，為了防止新成立的臨時政府重振俄軍士氣，德國「必須支持激進革命運動，以助長無政府狀態。」或像他對此刻正訪問哥本哈根的德國社會民主黨領袖菲利普・謝德曼（Philip Scheidemann）說的，列寧比俄國所有其他社會主義者「都要瘋狂得多」。[15]

德國對列寧的投資立即得到了回報。與他同行的好友拉狄克在斯德哥爾摩設立了布爾什維克外國使團，負責和回到彼得格勒後的列寧聯絡，短暫停留後，這群俄國人再度上路，並於一九一七年四月三日深夜十一點抵達彼得格勒的芬蘭車站。列寧乘坐的車廂後來用玻璃罩住，直到現在都還停在原地，以紀念這歷史性的一刻。下車後，列寧隨即被帶往布爾什維克總部，在那裡慷慨激昂地演講了兩個小時，痛斥這場「海盜帝國主義戰爭」，以及黨內支持臨時政府繼續作戰的墮落分子。由於列寧的主張太過偏激，黨報《真理報》起初還拒絕刊登。這份「四月提綱」如今最為人記得的，就是「一切權力歸於蘇維埃」這個口號，但它在外交政策上一樣偏激，不僅徹底否定戰爭，甚至主張廢除軍隊。高勒德在日記裡寫到，幾小時內，列寧的「極端激進及不抵抗」主張就成了彼得格勒的熱門話題，還有傳言德國送他回俄國是「為了讓他和他的黨宣傳反戰思想，打擊民心士氣」。難怪德軍駐斯德哥爾摩的情報單位隔天向最高司令部回報，「列寧回到俄國非常成功，他的作為完全符合我們期望」。[16]

流亡十七年幾乎不曾踏足俄國，列寧提出的政策主張可謂天馬行空，完全不受俄國其他社會主義者或局勢現況的約束。因此，他對戰爭的立場和留在俄國的布爾什維克同志大為不同，包括流放西伯利亞的加米涅夫和史達林，兩人都因為二月革命而剛特赦歸來。大戰爆發時，加米涅夫是《真理報》編輯和布爾什維克的杜馬代表，於一九一五年元月遭到逮捕。史達林一九一三年被判國內流亡四年，大戰爆發時待在西伯利亞東北部的土魯罕斯克附近。他從來沒流放到那麼遠的地方，根本無處可逃。加米涅夫覺得自己是苦過來才贏得領導地位的，因此在列寧發表了爆炸般的演說後，他堅持布爾什維克中央委員會必須堅守黨的現有綱領，有條件支持臨時政府及戰爭，反抗「『革命失敗主義』對士氣的打擊及也反對列寧同志的批評。」史達林就沒那麼客氣，他在《真理報》直斥列寧的「打倒戰爭」的口號「一無是處」。四月八日，布爾什維克中央委員會投票，列寧的四月提綱以兩票對十三票遭到了明確否決。[17]

然而，列寧手上有張王牌，就是德國的資金。一九一七年三月十二日《真理報》推出革命後的首期專刊，之後又陸續發表了幾份社論，由莫卡河畔一家公有印刷廠限量印行。列寧回來後，布爾什維克以二十五萬盧布（相當於當時的十二萬五千美元，現在的一千二百五十萬美元）買下了蘇沃羅夫斯基大街上的一家私人印刷廠，並承諾會以全薪留住資深員工，等於每月支出超過三萬盧布，相當於現在的一百五十萬美元，每年一千八百萬美元。是這個條件說服了原本不情願的廠主，因為他懷疑一個自號「**工人印刷**」團體的組織怎麼會擁有如此豐沛的現金。[18]

買下印刷廠後，布爾什維克總算可以近乎無限制地印行文宣了。《真理報》的發行量很快就達到了八萬五千份。四月十五日，他們又推出新的單張文宣《軍人真理報》，對象是彼得格勒軍區的士兵，起初發行五萬份，後來增至七萬五千份。不久後，針對前線士兵的《戰壕真理報》和波羅的海艦隊水兵的《真理之聲》也相繼發行。布爾什維克每日送往前線的文宣量很快就達到了六位數，外加數十萬份特刊小冊。由於如此驚人的文宣攻勢全靠德國出資才有可能，也就難怪即使加米涅夫和史達林激烈反對，列寧最終還是如願以償，在《真理報》發表他那份依然不受青睞的反戰綱領。[19]

蘇維埃政府後來銷毀了許多檔案，使得史學家很難追查德國政府和彼得格勒的布爾什維克黨之間的金流。列寧本人完全不碰錢，只有少數幾則發給聯絡人拉狄克的電報透露了端倪，例如他在四月二十一日發往斯德哥爾摩的電報中表示自己收到了兩千盧布，並在另一則電報中要求「更多子彈」。[20]曾在臨時政府負責反間諜工作的尼基丁上校（B.V. Nikitin）

在回憶錄中提供了幾則這類有嫌疑的電報，並宣稱布爾什維克線人葉芙珍妮婭・蘇門森（Evgeniya Sumenson）在偵訊時坦承自己利用德國進口生意洗錢，再將錢交給一位名叫米耶齊斯拉夫・科佐洛夫斯基（Miecyslaw Kozlovsky）的波蘭律師，而這位律師是布爾什維克中央委員會成員。克倫斯基一九一七年稍晚離開俄國後，向協約國情報單位報告（後來也寫入回憶錄中）他見過幾份文件，包括那張著名的提款單，蘇門森從西伯利亞銀行帳戶領出了七十五萬盧布。目前絕大多數史學家都認為，這些備受爭議的說法由於缺乏俄國官方檔案佐證，只能繼續懸而未決。[21]

不過，臨時政府調查人員挖出了許多文件，證明布爾什維克和德國人確有勾結，這些文件並沒有全被銷毀。根據我們在俄國共產黨檔案館找到的新證據，雖然很不尋常，但蘇門森確實在彼得格勒納杰日金斯卡亞街三十六號一棟酒店式公寓裡經營進口生意，更令鄰居側目好奇的是，一個未婚、沒有孩子的女性為什麼會住在四房公寓裡，每天還有那麼多男性來訪。蘇門森販賣德國製溫度計、藥物、絲襪、鉛筆和雀巢食品以賺取現金，在西伯利亞銀行、華俄道勝銀行和亞速－頓河銀行都有帳戶，存款數十萬盧布，全部來自販售這些稀有德國奢侈品給俄國的有錢人。不只一位目擊者看見蘇門森親自拿錢給科佐洛夫斯基，幾乎每次都是幾千盧布。[22]

此外，蘇門森還會收到斯德哥爾摩和哥本哈根的銀行直接匯款，匯款人通常是她表哥雅各・弗爾斯騰博格－漢涅齊（Jakob Fürstenberg-Haneck，代號「古巴」），列寧最信任的同黨同志，未來的蘇維埃財政部長。在一則很有嫌疑的電報中，科佐洛夫斯基要求古巴從斯德哥爾摩的尼亞銀行匯款十萬盧布到彼得格勒給蘇門森，幾天後蘇門森的華俄道勝銀行帳戶果然多了一筆匯款，而且正是這個金額。德國政府就這樣藉由直接匯款和利用蘇門森從事進口生意洗錢得到的巨額盧布，將大筆資金挹注給彼得格勒的列寧和他所屬的政黨，總金額高達五千萬金馬克，相當於現在的十億多美元。[23]

布爾什維克黨在俄國苟延殘喘地下活動了這麼些年，如今一夕暴富，花起錢來也果真毫不手軟。列寧一抵達芬蘭車站，就住進了彼得格勒最氣派的豪宅「克謝辛斯卡之家」。這棟一九〇四至〇六年興建的新藝術風格宅邸是瑪蒂妲・克謝辛斯卡（Mathilde Kshesinskaya）的住所。她是俄國最有名的芭蕾女伶，也是尼古拉二世及兩位羅曼諾夫大公的情婦。由於宅邸就位於彼得保羅要塞對岸，戰略位置重要，因此列寧入住以後立刻將這棟優雅的芭蕾女伶寓所變成戒備森嚴的軍事據點，布爾什維克黨的神經中樞。這棟房子後來在蘇聯時代改名為革命博物館，現為政治史博物館。

克謝辛斯卡之家頓時熱鬧無比，不僅是布爾什維克中央委員會開會地點、《真理報》和《士兵真理報》的編輯室，也是布爾什維克「軍事組織」總部，專門派遣政治委員到部隊裡煽動反戰思想。樓下是會計辦公室，後來又加上尼基丁手下找到的「昂貴印刷設備」，替值得信任的間諜和士兵印製身分證及汽車通行證。走廊上堆滿了小冊子與文宣，信差進進出出傳達各項指示。[24]

街上的景象更加壯觀。克謝辛斯卡之家很快就成了全城示威者的集合地點，全因為興奮而來，還有各種抗議標語。布爾什維克的宣傳技巧本來就是真工夫，現在又加上列寧肆無忌憚的政治綱領，更是如虎添翼。相較於蘇維埃中的孟什維克和SR勉為其難同意協助重建部隊秩序（以及二號命令），布爾什維克則是不斷印製「打倒政府」的標語牌。不少證人表示，列寧回國後，布爾什維克的標語就變成了「德國人是兄弟」。[25]

此時正當德軍入侵俄國領土之際，這樣的口號就算不是叛國，也非常勁爆。傳言早就甚囂塵上，說列寧是德國間諜，因此很難想像這種情況下還有人敢舉這樣的標語牌。針對這點，新證據再次給出了線索。根據一位剛從前線回到彼得格勒的俄國紅十字會護士維吉尼亞·謝爾亞科夫斯卡婭（Evgeniya Shelyakhovskaya）的宣誓證詞，一九一七年四月底在克謝辛斯卡之家前有數名衣著講究的男子（她在證詞中詳細描述了他們的長相）分發反戰和親德標語牌，只要有人願意舉牌就送**十盧布現鈔**。在當時可是筆大錢，將近現在的五百美元。根據這名護士的證詞，這些布爾什維克黨人會將公事包裡的鈔票全數發完，然後進到克謝辛斯卡之家，「十五至二十分鐘後」重新出現，包裡再次裝滿十盧布紙鈔。另一名宣誓證人的說詞證實了她的說法大致正確。[26]

更精采的是，根據尼基丁上校的說法，克謝辛斯卡之家前發送的十盧布紙鈔很可能是德國政府印製的假鈔，因為他們在大戰前拿到了模版。尼基丁還表示，那些假鈔上有個明顯的標記，就是「流水號的最後兩個數字有淡淡的底線」。後來在許多被逮捕的布爾什維克煽動者身上都搜到了那些「德國」紙鈔。[27]

列寧和他的德國金主志在必得。臨時政府受到協約國強力施壓，即使正和蘇維埃苦苦爭奪軍隊的控制權，仍必須按照革命前的承諾於春天發動攻勢，現在又多了一群敵人要對付。不久後，布爾什維克就掀起腥風血雨了。

第九章　自由派的黃昏

雖然臨時政府領袖策劃推翻帝俄多年，一旦執政之後卻外行得令人意外。羅江科表現得一團糟，戰爭大臣古契科夫也好不到哪裡。他花了近十天才擠掉羅江科，搞定軍隊的效忠誓詞，並開始清除軍隊裡的貴族「餘黨」，罷黜了六名前線司令和數十位將領。直到三月七日，臨時政府才正式向全國宣告，模稜兩可地宣布臨時政府的任務是「盡快召開制憲會議」，以確定俄國的政治未來。[1]

不得不說，古契科夫和臨時政府「主席」（這個古怪的頭銜很難不讓人想起已經廢除的大臣會議）李沃夫王爵面臨的問題極為艱巨，而吵吵鬧鬧的蘇維埃更是猛幫倒忙，不僅用一號命令掣肘軍隊，還對臨時政府擁有否決權，逼得臨時政府讓出塔夫利宮，退居馬林斯基宮。這個彆腳的安排一般稱作**二元政權**。此外，李沃夫政府還得應付羅江科。儘管國家杜馬已經廢止，羅江科卻依然持續以國家杜馬主席的身分公開發言，發表公報。由於直到召開制憲會議之前，國家杜馬仍是俄國唯一由普選產生的政治機構，使它保有一絲殘存的威望。雖然在彼得格勒被人漠視，但在俄羅斯境內大多數地方，知道羅江科和國家杜馬的百姓還是遠多於聽過李沃夫、臨時政府或**蘇維埃執行委員會**（Ispolkom）的民眾。*

由於上述這種種原因，臨時政府遲遲不敢動手處理真正重要的問題，例如土地改革，打算直接推給制憲會議，反倒一意推行自由派和社會主義者都認可的措施，包括三月七日宣布特赦帝俄時期的政治犯，十二日宣布廢除死刑，十七日宣布獄內禁止鞭刑，四月二十六日廢止帝俄時期備受憎惡的流放西伯利亞。更重要的，臨時政府三月二十日宣布所有民族與信仰一律平等，擁有同等權利與法律地位，並終止猶太人柵欄區，緊接著又宣布人民擁有絕對的言論及集會自由，使得俄羅斯（至少暫時）猶如克倫斯基後來誇稱的成為「全世界最自由的國家」。[2]

外交政策就棘手多了。承平時期或許還好，但現在是一九一七年，戰爭目標絕對高於一切。畢竟戰場上那七百多萬名士兵，從波羅的海、黑海、安那托利亞駐守到波斯，到底是為誰而戰，又為何流血及犧牲呢？

臨時政府和蘇維埃在這個關鍵問題上徹底分裂。俄國自由派就如同一九一六年十一月米留科夫在他那場言詞煽動的杜馬演說裡清楚表達的，他們都是愛國分子，反對帝俄政權不是因為沙皇發動不義之戰，而是沙皇不夠堅決，沒有盡力求勝。可以說，這場戰爭從一九一四年七月起就是俄國自由派的了，是他們和他們在大臣會議裡的同志，包括農業大臣克里沃申和外交大臣薩佐諾夫，逼著尼古拉二世宣戰出兵。就連克倫斯基，即使他在內政事務上比自由派更左傾，也強烈鼓吹參戰，痛斥在高位的叛國者阻礙軍事動員。反觀主導蘇維埃的孟什維克黨人，甚至那些不如克倫斯基愛國的「左翼」SR，即使他們少有人公開認同列寧的極度反戰立場，對於開戰是否正當也仍然抱持懷疑。許多最激進的蘇維埃成員才剛從帝俄監獄特赦出來，對於關押他們的舊政權的一切都厭惡到極點，自然包括沙皇外交官商定的「帝國主義」戰爭目標。

面對如此僵持的局面，自由派率先發難。一九一七年三月五日，米留科夫憑著外交大臣的身分發表聲明，表示臨時政府將「持續關注前政權參與的國際戰事，信守俄國許下的承諾」。這份向英國和法國（美國當時尚未參戰）保證俄國仍然準備春天進攻的聲明，讓蘇維埃察覺到了警訊。代表們激烈爭辯了超過一週才對外交政策聲明達成共識，於三月十四日在《消息報》發表〈彼得格勒蘇維埃告全球人民書〉，徹底拒絕米留科夫的宣示。在這份不尋常的聲明中，蘇維埃保證俄國「工人及軍人」將「拒絕統治階級（即米留科夫）的征服政策」，並呼籲歐洲各參戰國的弟兄「起身堅決對抗政府的貪婪野心」。三月十八日，蘇維埃發表補充聲明，否認「尼古拉大公的祕密外交」，並且要求新政府「在外交政策上必須徹底斷除前外交大臣伊茲沃斯基和大臣會議主席施帝默的傳統」。[3]

俄國外交政策的爭議焦點在於俄國、英國和法國協商的「密約」，尤其是一九一六年決定瓜分鄂圖曼帝國的薩佐諾夫—賽克斯—皮科協定。雖然協定內容從未透露，各種謠言卻是甚囂塵上。一九一六年十二月，時任大臣會議主席的特列波夫為了平息部分杜馬代表的激烈質問，公開透露英國和法國承諾俄國未來可取得君士坦丁堡和土耳其海峽。克倫斯基三月初

*注：雖然常有人說臨時政府的權力來自國家杜馬，但其實遠非如此。臨時政府三月七日成立時，已經和第四杜馬毫無關聯。羅江科被排除在臨時政府之外，其實正代表臨時政府和杜馬斷絕關係，更不用說臨時政府裡有不少大臣（包括財政大臣捷列先科）根本不是杜馬代表。

曾翻閱外交部檔案，試圖尋找這些「密約」，據稱還命令外交官員「藏好它們！」由於懷疑臨時政府確實有所隱瞞，彼得格勒的布爾什維克工廠委員會做出一系列決議，要求公開沙皇簽署的所有戰時條約。蘇維埃執行委員會則是始終表明否認一切「祕密外交」的結果。4

布爾什維克的懷疑是有道理的，因為最高司令部和海軍總部正計畫於一九一七年夏天在博斯普魯斯海峽發動兩棲攻擊。二月下旬，革命正在撕裂彼得格勒，該項攻擊計畫再次獲得確認，就是為了「安撫俄國輿論」。由於這個問題對俄國外交部太過重要，俄國外交人員甚至至百般勸誘，讓法國政府於二月二十七日（帝俄政府就在這一天失去了彼得格勒）鄭重宣示會信守承諾，「於戰後遵照俄國的向來主張，處理君士坦丁堡及土耳其海峽之問題」。整個三月，即使波羅的海和黑海艦隊雙雙爆發兵變（後者規模小得多），海軍總部仍然繼續進行博斯普魯斯海峽的攻擊部署，計畫由高爾察克率領的「沙皇格勒軍團」擔任先鋒部隊。戰爭部方面，古契科夫動用自己過去在WIC的商業人脈，替高爾察克襲擊博斯普魯斯海峽預備煤船與貨船。至於米留科夫則是在談話中透露了自己對孰輕孰重的判斷。他信心滿滿地告訴一位立憲民主黨友人，「為了國際社會主義的人道與普世理想……而放棄戰爭帶來的大獎（亦即君士坦丁堡和土耳其海峽），簡直荒唐又可恥」。5

一九一七年三月二十二日，檯面下的政治衝突終於浮出水面。米留科夫在一場記者會上概述了俄國的戰爭目標，但對盟邦的企圖避而不提。考量到美國即將基於威爾遜原則而參戰，米留科夫先是努力站在自由派民族主義的立場證明俄國的領土主張，接著又指明瓜分奧國領土有其必要，以便「成立獨立的捷克斯洛伐克國家」，並且「讓我國和奧地利境內的烏克蘭人得以統一」。至於「君士坦丁堡及土耳其海峽問題」，米留科夫則是明確（雖然不無可疑）指出：

> 不應將土耳其國的利益納入考量，因為土耳其人雖然稱霸當地五百年，其實扎根不深……至今仍屬異族，完全仗恃征服者與強者之姿行使權利。因此，將土耳其海峽交給我國完全不違背威爾遜總統提倡之原則……[6]

正當米留科夫於彼得格勒召開記者會，俄國一支由六艘驅逐艦、三艘水上飛機母艦與兩艘戰鬥巡洋艦組成的分艦隊抵達了博斯普魯斯峽口，彷彿要替米留科夫背書一般。雖然這次偵察行動在各協約國首都幾乎沒有報導，但俄軍確實有所動作，三方也的確發生了空戰。德國和土耳其匆忙派出水上飛機將俄國軍機逼回艦上，不讓他們有機會偵察博斯普魯斯的防禦布署。儘管米留科夫的發言在彼得格勒掀起了軒然大波，俄國軍事總部的外交聯絡人員卻還是向他回報，五月中旬可以派出兩個海軍支隊前往博斯普魯斯海峽，並且預計夏天能派出第三支隊。不論布爾什維克或其他心裡起疑的社會主義者都沒想到，米留科夫是鐵了心要占領君士坦丁堡。[7]

蘇維埃領袖則是鐵了心要阻止他。執行委員會原本同意支持米留科夫的「自由貸款」計畫，獎勵購買俄國債券的愛國者，現在卻強力威脅要收回支持，逼得米留科夫只好於三月二十七日發表修正過的「戰爭目標宣言」，表示「自由俄國無意宰制其他國家、奪取他國資產或強占外國領土，而是依據人民自決的原則建立穩定和平。」但他仍然承諾俄國會遵守「對盟邦的所有義務」。此外，在《曼徹斯特衛報》的訪談中，米留科夫暗示俄國可以考慮放棄對君士坦丁堡的領土主張，只要俄國保有「封鎖海峽不讓外國軍艦通過的權利」，但這點「唯有占領海峽並設立要塞才能實現」。米留科夫的模稜兩可雖然未能真正說服批評他的社會主義者，但還是讓他們閉口了，至少暫時是。8

面對這場如履薄冰的俄國外交政策精神之爭，四月三日回國的列寧的做法簡直像大錘亂揮。為了實踐「自由派帝國主義」這個不可能的理想，米留科夫於四月十一日造訪莫斯科時宣布，俄國依然支持「亞美尼亞統一」（也就是分割鄂圖曼小亞細亞）及「奧地利斯拉夫人的民族國家夢想」（也就是俄國征服奧布斯堡王朝的加利西亞地區）。列寧立刻在《真理報》刊出這份聲明，並呼籲所有俄國「同志、工人及軍人……在所有聚會上傳閱這份聲明！讓所有人知道你們不想為了尼古拉二世簽署、米留科夫拒不放棄的密約喪命！」9

流亡海外的社會民主黨魁切爾諾夫返國，為列寧的批評添加了生力軍。切爾諾夫四月八日抵達彼得格勒，只比列寧晚了五天。雖然他沒有齊美爾瓦德左派那麼「失敗主義」，卻同樣對帝國主義戰爭目標嗤之以鼻，強烈反對「密約」所顯露的「張狂的掠奪欲」，因此要求米留科夫立刻下台。10

切爾諾夫回國也逼使克倫斯基更強硬反對自由派帝國主義者。儘管克倫斯基以革命的護民官自居，但切爾諾夫仍然是他在SR的前輩，而且就像列寧在布爾什維克黨內那樣，擁有流亡者的「聖潔」光環。四月十三日，克倫斯基施壓米留科夫，要他將三月二十七日的聲明交給協約國使節，這時已經通稱為「和平不併吞」聲明（雖然不大正確），等於否決了三月五日的聲明。不過，他允許米留科夫在聲明中追加說明，重申俄國將繼續參戰，並且會「充分履行對盟國的義務」。很難說克倫斯基的讓步是為瞭解救米留科夫，還是為了打垮他。

一九一七年四月二十日早晨，彼得格勒各大報都刊出了米留科夫的〈致盟國書〉。[11]

這個消息對蘇維埃領袖來說無異於晴天霹靂。雖然是外交辭令，但米留科夫再次確認俄國對盟國的責任，似乎否定了革命派所追求的一切。不過，蘇維埃還沒回應，武裝示威已經走上街頭，彷彿是二月革命的重演，令人毛骨悚然。幸好臨時政府已經撤出塔夫利宮，一群來勢洶洶的士兵由轉為激進分子的禁衛隊軍官提奧多爾．林德（Theodore Linde）率領，直接奔向馬林斯基廣場，讓塔夫利宮裡的蘇維埃執行委員會成員鬆了一口氣。然而，林德運氣不好，臨時政府成員那天不在馬林斯基宮，所有大臣體恤生病的古契科夫，改到了冬宮廣場的戰爭部開會。趁此良機，受到民眾愛戴、最近剛獲古契科夫任命為彼得格勒軍區司令的柯尼洛夫中將主動請纓鎮壓爆發在即的兵變。但克倫斯基（由於米留科夫的致盟國書由他核可，所以街頭動亂有他一份責任）在這個關鍵時刻插手攔阻，拒絕授權動武，其餘大臣也支持他的決定。[12]

由於柯尼洛夫和效忠臨時政府的軍隊手腳被縛，這就給了對手可乘之機。列寧痛批臨時政府是「徹頭徹尾的帝國主義者」，並立刻授權印製標語牌，不只呼籲彈劾米留科夫，更要求推翻臨時政府。標語牌在克謝辛斯卡之家的閱覽室印製，包括「一切權力歸於蘇維埃！」和「打倒臨時政府！」四月二十一日破曉時分，街頭出現更激進的標語，例如「打倒資本主義大臣（米留科夫和古契科夫）」、「布爾喬亞去死」、「揚棄戰爭」和「反對動武」等等。根據美國史學家高勒德的記載，涅瓦大街有許多人高喊「殺死米留科夫」。在克謝辛斯卡之家內的布爾什維克軍事組織則是召集武裝水兵從喀瑯施塔得前往彼得格勒。舞台已經架好，就等布爾什維克發起政變。[13]

儘管布爾什維克日後否認他們一九一七年四月意圖推翻臨時政府，然而證據清楚顯示正好相反。早在四月十八日，米留科夫〈致盟國書〉登報之前，列寧就在《真理報》公開痛斥臨時政府，明白指出布爾什維克希望「全部政權歸於工兵代表蘇維埃手中」。布爾什維克印製的標語牌也公然鼓吹這點。波德沃斯基（N. I. Podvoisky）召集素以喜好爭鬥的喀琅施塔得水兵到彼得格勒來，暴力的意圖更是明顯。目擊男子發錢給克謝辛斯卡之家前的示威者的紅十字會護士詢問其中一名水兵示威者所為何來，對方回答，「我們打算來場聖巴托羅謬日大屠殺（St. Bartholomew's Day Massacre），消滅資產階級和所有大臣。」四月二十一日下午，一群武裝布爾什維克黨人行經涅瓦大道時，遇上了高喊「臨時政府萬歲」的反示威者，結果在接近喀山大教堂時傳出槍響（至今沒有人曉得開槍者是誰），造成三人死亡，效忠臨時政府的反示威者終於擊退了布爾什維克武裝水兵。同一天莫斯科也出現類似場景，直到政府軍重新掌握街頭。[14]

四月二十二日動亂持續。眼看政變（如果真是的話）顯然無望，布爾什維克中央委員會立刻否認街頭行動與他們有關。列寧遠離公眾目光之外，如同他自己事後檢討說的，不曉得「在那焦慮的時刻，民心是否已經大幅歸向我們」。不過，支持政府的反示威群眾顯然知道誰是罪魁禍首，標語清楚寫著「打倒列寧！」[15]

不論究竟意圖何在，列寧都在**四月危機**（the April Days）期間清楚表明了他對戰爭的立場，而這個立場遠不只反對切爾諾夫、蘇維埃和初期上街示威的軍人（例如林德，他就有點算是支持戰爭的愛國分子）所擁護的戰爭目標而已。他在四月二十一或二十二日草擬了一份「戰爭決議文」，裡頭寫道，「當俄國與德國士兵開始稱兄道弟，這兩國身穿軍服的無產階級與農民便向全世界證明了，被資本主義者壓迫的階級直覺把握了終止屠殺人民的正確道路」。這段期間布爾什維克煽動者高舉的標語牌裡，有許多都寫著「德俄一家親」。[16]

不論街頭動亂算是政變或只是「試水溫」，李沃夫政府都遭遇了嚴重挑戰，而且沒能過關。四月二十日，臨時政府未能授權軍區司令官柯尼洛夫，讓他向布爾什維克和蘇維埃表明不再容許街頭暴動，之後也不敢聲援米留科夫，連個氣都不敢吭。四月二十一日，眼見大臣們毫無作為，柯尼洛夫決定自己行動，下令部隊進駐市中心，卻被蘇維埃斷然撤回。蘇維埃執行委員會成員前一天才痛批米留科夫的投書（「革命民主不容許為了侵犯他人……而濺血」），這時也斥責布爾什維克，下令禁止民眾集會四十八小時，所有「號召武裝示威或開火的人，即使只是對空鳴槍，都將被視為革命的叛徒」。

面對俄國自由派與布爾什維克的政治鬥爭，蘇維埃執行委員會除了宣布中立，也透過增修一號命令宣示對柯尼洛夫及彼得格勒軍區的掌控權。「所有關於軍事單位上街的命令，」他們在四月二十一日發布的決議中表示，「都須以執行委員會的名義發出，蓋有執委會印信，並有至少兩位執委會成員簽名」。柯尼洛夫對此感到深惡痛絕，主動辭去彼得格勒軍區司令一職。但為了表示效忠執行委員會，儘管心裡百般不願，他還是勉強接下加利西亞第八軍，執行仍在持續進行的春天作戰計畫。[17]

然而，臨時政府裡的自由派帝國主義者就沒有這種安慰獎了。雖然立憲民主黨和十月黨人聯手推翻了舊政權，卻對行使政權興趣缺缺。米留科夫至少**嘗試**擬出一套能滿足自由派、泛斯拉夫主義原則、俄國國家利益及對盟國義務的外交政策，卻被克倫斯基於四月二十日搞砸了。蘇維埃否定古契科夫和米留科夫的政策，導致兩人都想辭職，卻沒有人肯接任。直到克倫斯基揚言下台走人，蘇維埃執行委員會的社會主義者才於五月一日投票，允許蘇維埃成員進入臨時政府接掌大臣職務。切爾諾夫接掌農業部，支持戰爭但反帝國主義的喬治亞孟什維克領袖伊拉克利．策列鐵里（Irakli Tsereteli）接掌郵政電信部，外交大臣由前財政大臣捷列先科接任，他雖然隸屬於立憲民主黨，但對戰爭的立場更接近克倫斯基，而非米留科夫。而且更重要的，他和克倫斯基一樣是共濟會成員。更為關鍵的是克倫斯基本人的任命案。他接掌戰爭與海軍部，將司法大臣一職轉交給他的SR同志帕維爾．佩洛斐澤夫（Pavel Pereverzev）。李沃夫基本上是無害的看板人物，因此續任臨時政府主席，算是對自由派交差。做為告別演出，米留科夫和古契科夫受邀到塔夫利宮的杜馬會後會上發表演說。羅江科感謝兩人為他所領導的影子政府的付出，所有代表則是向米留科夫起立歡呼。[18]

新任內閣絞盡了腦汁擬定蘇維埃可以接受的戰爭目標，誓言「軍隊民主化」，並批評帝國主義戰爭目標已經不合時宜。克倫斯基和捷列先科小心翼翼處理土耳其海峽的問題，於五月十五日發表聲明，試圖調和薩佐諾夫－賽克斯－皮科協定及蘇維埃執行委員會的「和平不併吞」原則。然而，這份聲明顯示了帝國主義有多陰魂難散，先是提到「因戰爭而被占據的亞細亞土耳其各州」，卻又辯解道，之前屬於鄂圖曼帝國的凡城、比特利斯和埃爾祖魯姆州將「永遠屬於亞美尼亞」，只是由俄國官員監管。聲明裡有太多爭議矛盾之處，讓列寧輕易就能找到抨擊點，更別說切爾諾夫入閣後，只剩列寧是道地的反對派了。[19]

四月危機暴露了俄國自由派對帝國主義戰爭目標的堅持就算曾經廣獲人心，也不再是如此了。現在輪到克倫斯基來挽救俄國對抗同盟國的作戰任務，不管這份任務還剩下什麼。

第十章　克倫斯基的時刻

一九一七年春天，全俄各地都在激烈爭辯、是否應該繼續作戰、戰爭目標與這些目標有何意義，以及列寧和布爾什維克。「蘇維埃」確實在俄國海陸軍中大幅擴張，速度驚人，但我們必須小心不要過度推論，因為各個戰線、軍種與單位都大不相同。三月十四日，總司令艾列克謝耶夫將軍於最高司令部致信臨時政府主席李沃夫，重點報告了這一小段時間以來，「前線部隊、高加索軍、波羅的海和黑海艦隊司令對於部隊士兵面對政權更替及最近局勢的反應有何看法」。艾列克謝耶夫表示，北方前線絕大多數士兵都沒有為了革命歡欣鼓舞，反而對報導表現得「冷靜自持」，許多人「對尼古拉二世退位感到悲傷與遺憾」。艾列克謝耶夫還指出，許多部隊裡的「士兵不瞭解退位文告，還無法理解發生的事情」。[1]

蘇維埃的擴張不一定和兵變情緒有關。據傳有些部隊要求盡快冊立新的沙皇，也有人要求投票決定俄國是否該走向共和，還有些部隊因為民主而讓反猶太情緒浮上檯面，要求猶太人不准再擔任軍官，或說出更惡毒的話。軍官通常也可以在蘇維埃裡發言，不少軍官都對革命的走向感到不滿，尤其一號命令的頒布剝奪了他們許多訓誡士兵的權威。至於在「西方」戰線面對德軍的俄國第一軍，軍官團普遍認為彼得格勒蘇維埃正將「國家帶往無政府狀態」，士兵現在比軍官還好過，因為軍官不斷遭受言語辱罵或私刑處死的威脅。[2]

蘇維埃執行委員會四月決定派遣「政治委員」到軍中，導致官兵關係更加緊張。儘管政治委員的任務是「盡一切力量化解軍官與士兵之間的摩擦」，但可以想見，大多數政治委員在軍紀方面都站在士兵那邊。為了削弱蘇維埃執行委員會的影響，艾列克謝耶夫將軍要求臨時政府也指派「政治委員」前往部隊。於是，國防大臣古契科夫開始派遣政治委員進駐前線。同樣可以想見，這些委員受到軍官們的熱烈歡迎。二元政權那令人不自在的對抗平衡就這樣蔓延到了軍中。[3]

俄國自由派五月失勢，也讓前線的權力平衡出現了危機。克倫斯基就任戰爭大臣後的第一件事，就是於五月八日頒布「八號命令」，再次確立一號命令的原則，包括士兵有權表達意見、軍官必須尊重士兵、水兵休假上岸可自由活動和廢除強制敬禮等等。克倫斯基明白必須讓軍官至少恢復一些權威，因此（雖然到第十四條才）規定「所有服役士兵未經審判不得予以懲罰或懲戒，也不允許實施「令人難堪」的體罰，但俄國軍官依然「按其職責有權採取任何措施，甚至動用武力，以確保下屬執行其命令。」同理，將領保有任免軍官的權力，而非交由蘇維埃投票。克倫斯基希望藉此給予軍官足夠的權威，重建部隊紀律，同時要求他們重視士兵的尊嚴。[4]

結果他反而造成了更多混亂。軍官團人事巨變已經讓部隊搞不清楚指揮鏈了，而克倫斯基連古契科夫拔擢的自由派軍官都無法完全信任，加快了整肅行動，又罷黜了七名陸軍將領、五位前線司令、二十六名團長和六十九位師長，甚至還在五月二十二日撤換了總司令艾列克謝耶夫，改派西南戰線司令官布魯西洛夫將軍接任總司令。清理軍方高層照理應能強化克倫斯基在軍中的威望，只不過布魯西洛夫更常被視為羅江科的人馬，結果導致許多軍官將此舉誤認為是杜馬主席重新得勢。[5]

列寧的失敗主義綱領在前線蔓延，也使得克倫斯基的任務變得更加複雜。四月十八日／五月一日，也就是彼得格勒「政變」發生前兩天（但這只是巧合，選在那天發標語的藉口是因為五月一日是西方勞動節），北方軍首先出現布爾什維克的反戰標語。好巧不巧，這些失敗主義文宣從彼得格勒送達當天，德國戰壕拋擲過來的俄語小冊裡也呼籲俄德兩國「結為兄弟之邦」。不過，布爾什維克在前線的宣傳攻勢就和他們在彼得格勒的政變一樣失敗，只在前線部隊掀起了短暫的「化敵為友」呼求，以及幾場喧鬧的勞動節慶祝。[6]

比較嚴重的問題是前線來了一群神祕「煽動者」，似乎既不是臨時政府也不是蘇維埃派來的。這些「同志」只有極少數人公開表達布爾什維克傾向，但言談間的失敗主義論調還是讓他們露了餡。一九一七年，軍事審查員開始愈來愈常聽見「列寧」被士兵提及，不一定總是讚許，但已經頻繁到不得不重視其政治意義。雖然三、四月那一波逃兵潮後，事情稍微緩和下來，而北方軍「化敵為友」的呼求也在五月一日之後迅速消退，但軍官團裡卻泛起一波更廣泛的偏執疑懼。五月十二日，一名審查員在報告裡指出，「部隊裡有大批德國間諜與內奸」。審查員表示，四月危機促成各方針對米留科夫的戰爭目標表明立場，讓這些煽動者找到新的施力點，詰問士兵政府為什麼要他們「為英國或法國犧牲性命？」[7]

局勢演變讓西南戰線風險變高了。因為根據二月革命前協約國達成的協議，俄國將在加利西亞發動大規模作戰。雖然多數俄國高階將領和退休政治人物更想在博斯普魯斯海峽發動牽制攻擊，提高民心士氣，可是英法兩國（尤其是法國）政府卻堅持唯有在歐洲戰線發動攻勢才有幫助。「依據在尚提伊所達成的決議，」法國陸軍總司令侯貝爾．尼維勒將軍（Robert

Nivelle）三月寫信給艾列克謝耶夫表示，「我要求俄軍全力協助英法聯軍業已進行的作戰行動。」此外，克倫斯基在外交上還面臨另一份壓力，亦即大量來自英國的戰爭物資湧入了摩爾曼斯克。這些物資是用運往英國的俄國金幣買來的。一九一七年四月中，法國西方戰線在尼維勒本人指揮下發動攻擊失敗，隨即發生所謂的「貴婦小徑」兵變（chemin des dames），導致法軍開始潰散，士兵拒絕聽命攻擊德國陣線（但絕大多數仍然堅稱他們會固守戰壕）。慘的是法國兵變四月二十日／五月三日開始，偏偏碰上了布爾什維克在彼得格勒發動政變。眼看法軍對抗德國就快瓦解，克倫斯基面對的兩難之大實在不難理解。他一方面必須處理俄軍本身的士氣問題，一方面又必須顧及俄國的戰略及道德義務，**做點什麼**以減輕西方戰線的壓力。[8]

克倫斯基勇敢接下了挑戰。五月二十二日任命布魯西洛夫為總司令，就是他展現決心的舉動。布魯西洛夫始終支持春天重新發起攻擊，只是遭到艾列克謝耶夫的強烈反對，因為艾列克謝耶夫對俄軍的作戰能量幾乎沒有信心。五月七日，他在最高司令部軍官集會上表示「俄國正在敗亡，走在深淵邊緣，只要輕推一兩下就會墜落谷底。」五月十八日，艾列克謝耶夫寫信給繼任者，朝攻擊計畫潑了冷水。布魯西洛夫和克倫斯基原本想好一個策略，就是派遣「由志願兵組成的突擊部隊」擔任加利西亞作戰的先遣部隊。「我不像你對這個計畫充滿希望，」艾列克謝耶夫如此寫道，並提醒布魯西洛夫，新加入的志願軍「儘管也許熱情高漲，但需要教導和訓練。」總之，他在卸任前做了結論，「全面得救」機會渺茫。[9]

反觀布魯西洛夫卻是鬥志激昂。相較於艾列克謝耶夫勉強接受革命，努力減少革命對前線的衝擊，布魯西洛夫則認為自由派失勢是個機會，可以打造一支充滿革命動能的新軍隊。

因此，他非但沒有反對蘇維埃派遣政治委員，反而張開雙臂歡迎，只要這些委員宣揚愛國思想就好。「成立前線突擊部隊的措施，」他於五月二十日向克倫斯基報告，「目前主要由我執行，並且和前線部隊代表密切磋商。我有理由相信這些措施會成功。」為了實現克倫斯基的期望，布魯西洛夫還承諾將徵召新兵，「於後方組成特別革命突擊部隊」。由於高爾察克指揮的黑海師和其他「黑海艦隊的自願者」即將前來增援，因此布魯西洛夫向克倫斯基保證前線將能增加十二個營的兵力。[10]

布魯西洛夫會將鄂圖曼戰線視為激發愛國心的備選方案非常合理。在提弗里斯，高加索軍司令部所在地，一九一六年幾乎殲滅土耳其軍的地點，絲毫感受不到任何兵變的情緒。「士兵委員會的全體人員」都決心「戰鬥直到勝利，」新任司令尼古拉・尤登尼奇（Nikolai Yudenich）回報道。黑海艦隊同樣士氣高昂。「這裡當然也有偏激分子，」一九一七年四月二十九日，一名英國駐塞瓦斯托波爾聯絡官回報表示，「但部隊裡普遍的想法都是俄國必須奮戰到底，直到摧毀同盟國的軍事力量為止。」五月中旬，塞瓦斯托波爾的水兵蘇維埃辯論是否該邀列寧前來，結果以二十票對三百四十二票遭到駁回。[11]

為了精簡「政治委員」系統，克倫斯基說服蘇維埃執委會，由蘇維埃提出人選戰爭部（其實就是克倫斯基）核可，以增加布爾什維克染指前線部隊的難度。但他仍然必須想出正面信息鼓舞士氣。五月一日，克倫斯基告訴來訪的美國代表團，儘管他能保證「俄國不會片面簽署和約」，但仍會「努力說服協約國修正戰爭目標。」他堅持不論簽署任何和平條約「都須基於人道。我們的新口號是自由與和平。阿爾薩斯─洛林、比利時和亞美尼亞都將視為被占領土，由當地人民自決」。[12]

為了宣揚這個古怪的新教義，克倫斯基親自出馬，於五月十二日巡迴前線。一位在場人士回憶，克倫斯基的激情演說「有如火山，捲起熊熊烈火。」另一位目擊者表示，「士兵追著他的座車跑了好幾公里，想和他握手或親吻他衣服的折邊。」在西南戰線的卡緬涅茲－波多利斯克，克倫斯基詢問出席集會的士兵是否願意為革命奉獻性命，士兵回答「當然可以！我們在所不惜！」克倫斯基轉頭對布魯西洛夫說道，「總司令大人，你可以放心了。只要你下令，他們必當追隨。」布魯西洛夫開始陪同克倫斯基巡視部隊，告訴所有士兵戰爭大臣是「革命的忠實老戰友，為了自由、平等與博愛的理想而戰。」接著他詢問士兵，「我能向戰爭大臣保證各位會誓死盡忠，只要我下令進攻，各位必當奮勇殺敵嗎？」可想而知幾乎沒有士兵敢說不。[13]

然而，幾乎在所有單位，往往克倫斯基前腳一走，受他鼓舞的士氣就煙消雲散了，有時甚至比他還早離開。在卡緬涅茲－波多利斯克，克倫斯基剛走，第十一軍蘇維埃的布爾什維克少尉基里連科（N.V. Krylenko）就上台分享列寧對「帝國主義戰爭」的批判。儘管他反對作戰計畫的提議以三十八票對五百五十四票遭到否決，但公然挑戰克倫斯基的勇氣仍然贏得了敬重，並促使更多人發言。在加利西亞前線，某次克倫斯基演說完後，一名「小兵」舉手問道「要是我死了，土地和自由有什麼用？」[14*]

不是所有前線將領都被克倫斯基所感動。五月十八日，新派往「白俄羅斯」加利西亞北端沃羅賓地區對抗德國的特別軍軍長巴魯列夫將軍（P. N. Baluev）就回報道，克倫斯基當天早上的演說很精采，只是他懷疑能有多大幫助。「要是再不盡速恢復軍中紀律，」巴魯列夫警告布魯西洛夫，「我方就會瓦解，到時全世界不僅會厭棄我們，也會屏棄社會主義理想。」

結果似乎一語成讖。沃羅賓當天下午就出現四名逃兵，隔天又逃了三個。[15]

還有一件事也在扯克倫斯基的後腿，那就是敵軍三、四月在加利西亞斯托霍德河連續發動一波作戰之後，攻勢放緩了下來。經常處於敵軍壓力之下其實有助於維持士氣。四月二十日，布爾什維克在彼得格勒發動政變那天，俄國機槍隊在沃羅賓射下了一架德國戰機，只可惜飛行員已經轟炸完畢，造成一名俄國士兵死亡和兩位平民受傷，兩位平民都是女性。三天後，德國炮擊又造成了五死三十二傷。面對火力攻擊，人往往會更加團結抗敵。[16]

因此，德軍五月決定解除戒備狀態。列寧即將返回俄國前，帕爾烏斯就曾經建議德國駐哥本哈根公使，德國應該停止大規模進攻，以免俄國人「為了捍衛剛贏得的自由」而重拾愛國情操。德國應該放手讓列寧一人去搞破壞，讓俄國的作戰陷入「無政府」狀態。雖然帕爾烏斯的話幾週後才傳到德國最高司令部的魯登道夫將軍耳中，再轉給東方戰線的德軍前線將領，但他的建議確實傳達到了。四月二十日轟炸沃羅賓之後，敵軍在斯托霍德河畔的攻擊行動幾乎停止。結果真如帕爾烏斯所預料的，五月和六月上旬前線一平靜下來，俄軍少了明顯的作戰理由，逃兵立刻再次增加。[17]

對俄軍將領而言，這真是可怕的兩難。只要敵軍攻擊，他們的部隊就會努力作戰捍衛陣地。但和法國的「貴婦小徑」兵變一樣，士兵不是反對防禦戰，而是反對徒勞無功地進犯無人地帶。因此要是敵軍不進攻，而且是連續幾天、幾週或幾個月該怎麼辦呢？加利西亞絕大

＊注：根據克倫斯基本人日後陳述，他以「我們俄國軍隊不需要懦夫」為由將士兵開除，讓對方無地自容，後來更徹底悔悟，「成為了模範士兵」。這個故事非常振奮人心，但不可能百分之百真實。

多數的俄軍部隊每天只有一兩名逃兵，還沒多到影響大局，但這種涓滴效應可能打擊士氣，尤其士兵被來自彼得格勒的失敗主義宣傳所動搖的話。

對此，克倫斯基和布魯西洛夫的解決之道很簡單，就是進攻！畢竟克倫斯基巡迴前線如果只是告訴士兵要死守戰壕，等候敵人進攻，那就沒什麼意義了。布魯西洛夫在被克倫斯基任命為總司令之前，就曾經在巡視西南前線後明白表示，「部隊自有看法，彼得格勒對部隊狀態和士氣的看法無法解決問題……部隊的真正力量在這裡，在戰場之上，而不是後方。」檢視軍官和士兵之後，布魯西洛夫的結論很簡單：「軍隊希望作戰，也有能力作戰。」就算布魯西洛夫曾是羅江科派，現在也轉成克倫斯基派了。此時不是贏得榮耀，就是慷慨捐軀。

布魯西洛夫原本計畫六月十日發動加利西亞大作戰，也就是克倫斯基巡視前線的兩週以後。考量到克倫斯基人一走後士兵的愛國心立刻消散，六月才攻擊似乎晚了幾週，而彼得格勒所舉行的第一次全俄羅斯蘇維埃代表大會又讓攻擊計畫進一步延後。代表大會警告克倫斯基必須等到他們點頭了才發動進攻，就這樣拖到了六月十二日才含糊不清地勉強同意，導致部隊要到六月十六日才能進攻。然而，由於報紙大幅報導克倫斯基的加利西亞之行，等於發電報告訴敵人俄軍預備動手，而且是三週前就通知了對方。[18]

可以說，俄軍的進攻遲了整整兩個月。尼維勒在法國發動的攻擊，原本要和俄軍協同作戰，但四月下旬就因為貴婦小徑兵變（而像俄軍那樣）戛然而止。五月只有英軍在法蘭德斯進行了幾次零星攻擊，根本來不及等到俄軍預備好發動進攻。戰略結果非常明顯。一九一七年五月中旬，俄國最高司令部得到的情報證實了不再有德軍火車派往西方戰線。[19]

俄軍延後攻擊造成更大的後遺症，就是延後的那六天讓彼得格勒的布爾什維克煽動者得以順利抵達了加利西亞前線。這並非巧合，全俄羅斯蘇維埃代表大會對於俄軍進攻行動的討論給了這些煽動者理由。一九一七年六月，四十五個步兵連（共約一萬三千人）抵達沃羅賓，其中三分之二的士兵才剛從彼得格勒的新兵營結訓。而且根據第一衛隊司令官伊爾克維奇中將的說法，同行者還包括「為數不少的布爾什維克煽動者。這些人有時公開、有時私下搞宣傳，主張臨時政府和戰爭大臣（克倫斯基）缺乏正當性，必須停止戰爭召開和會，不能相信軍官等等。」伊爾克維奇中將表示，第二師士氣已經瓦解，第一師也大受影響。六月十四日，部隊裡舉行大型集會，共有一萬二千名衛隊士兵參加，通過對臨時政府的「不信任」案，並譴責作戰計畫「違反革命利益」。六月十五日（就在攻擊行動展開前一天！）伊爾克維奇告訴總司令布魯西洛夫，「我們正在強硬對付這些煽動者，但非常困難。必須趕緊從有能力的相關單位調派有經驗的演說者到前線來，並且待在前線，最好是彼得格勒工人和軍人蘇維埃的代表」。[20]

對最高司令部而言，布爾什維克煽動者抵達加利西亞真是最大的噩耗。原本就有軍官抱怨「戰壕布爾什維克主義」，還有人說話更酸，稱呼這種缺乏鬥志是「皮囊布爾什維克主義」（shkurnyi bol’shevism，意指這些人貪生怕死，空有皮囊）。現在又有基里連科少尉這種現役「前線布爾什維克」在攪局。不過，即使是基里連科批評戰爭也是小心翼翼，表示只要命令正當，出自蘇維埃的民主多數決，他就會告訴士兵聽命進攻。

反觀來自彼得格勒的布爾什維克煽動者，他們在前線毫不掩飾，照本宣揚列寧的反戰主張，完全不需要《士兵真理報》或《戰壕真理報》幫忙。這兩份文宣當時仍然只有距離印刷廠不遠的軍區可以讀到，包括彼得格勒、莫斯科和基輔。駐守里加的十二軍軍長拉德科・狄米特里耶夫將軍（Radko-Dimitriev）就抱怨「布爾什維克加強煽動，將自己組織成堅固的團體」。他並警告所有來自彼得格勒的新兵都必須接受考核，因為「光是一名煽動者就足以靠著宣傳布爾什維克思想顛覆整團士兵。」一旦列寧的反戰口號滲入加利西亞前線，克倫斯基和布魯西洛夫的作戰計畫就注定失敗。[21]

西方戰線停擺對戰略不利，加上布爾什維克煽動者抵達加利西亞，這兩點應該足以讓布魯西洛夫和克倫斯基叫停作戰行動，至少暫緩進攻。巧的是，六月十五日，伊爾克維奇中將從前線發來警告電報那天，克倫斯基正好在莫吉廖夫和布魯西洛夫會面，但我們不曉得他或布魯西洛夫是否當天就讀了電報。雖然我們不清楚這兩人究竟談了什麼，但兩人討論的結果卻很明白：克倫斯基發電報給李沃夫，告訴他部隊已經準備妥當。有了臨時政府、蘇維埃執行委員會和第一次全俄羅斯蘇維埃代表大會的祝福，克倫斯基已經義無反顧，俄國將放手一戰。[22]

第三部

巧取豪奪

我們不可能驅逐部隊裡的（布爾什維克）主要煽動者，因為他們身上都有武器。

一九一七年六月二十三日，巴魯列夫將軍向布魯西洛夫將軍回報

第十一章　列寧攤牌

一九一七年六月十六日拂曉時分，俄國第七和第十一軍在六十五公里長的加利西亞西南戰線展開了猛烈炮擊。憑藉著囤積了整個秋冬的彈藥，總司令布魯西洛夫將軍在東方戰線發動了開戰以來最強大的火力展示。儘管受創的是敵軍（主要是奧匈帝國第九軍團），但正如一名俄國士兵形容的，「所有你想像得到的槍砲齊發，震耳欲聾的咻咻、嗒嗒、轟隆、砰砰與劈啪聲」，就連許多俄國士兵也嘆為觀止。連續炮擊兩天後，俄國第七軍攻破了奧匈帝國的塹壕，幾乎分毫不失地將前線推進了三公里，並擄獲一萬八千名戰俘及二十九挺機槍。從茲羅塔谷地朝利沃夫德國陣線的推進遭遇了比較頑強的抵抗，最後折損了一萬五千人，並造成德軍一萬二千五百萬人死傷。不過，初期的戰果令人振奮，克倫斯基特地向「六月十八日軍團」致敬，還下令印製勝利標語送往前線。[1]

克倫斯基慶賀得太早了。俄國在茲羅塔谷地無法徹底擊敗德軍，使得他們奪下利沃夫機會渺茫。更糟的是，有跡象顯示部隊內部對於作戰目標（拿下奧國稱之為利沃夫的「倫貝格」）出現了分歧，就連成功占據敵人領土的部隊也不例外——事實上，這些部隊分歧得更厲害。例如第三十五師一位名叫米洛許金（Miroshkin）的士兵，在部隊拿下戒備周全的奧國戰壕之後召開了蘇維埃，在會上高喊「同志們！我們現在到底站在誰的土地上？……讓我們將奧國人的土地還給他們，退回我們的國界之內，他們要是膽敢再往前進，我們就誓死反抗！」軍醫隨即從口袋裡掏出一份《戰壕真理報》，向士兵宣讀布爾什維克的「教義」，讓人對士氣感到憂心。最後士兵們熱烈討論達成決議，「我們會堅守自己的疆土，但不想侵占別人的土地」。[2]

這個優雅的說法比克倫斯基對戰爭目標的混亂思考合理多了。畢竟蘇維埃都已經反對併吞，還為此推翻了米留科夫和古契科夫等的自由派帝國主義者，又有什麼理由要求穆齊克為了奧地利的倫貝格而犧牲？加利西亞俄軍發動炮擊之前，克倫斯基號召士兵拿起武器，「戰士們！國難當頭，自由與革命受到了威脅，軍隊效忠使命的時候到了。」但士兵已經效忠使命，守住了戰壕不讓敵軍侵犯。眼前沒有奧德聯軍發動攻擊的跡象。事實上，士兵之所以躁動，正是因為敵軍變得太過消極，讓他們有時間聆聽布爾什維克煽動者發言，爭執戰爭的意義與價值。的確，加利西亞戰線停火並不令人放心。雙方都武裝妥當，距離又近，不時發動零星攻擊確保對方不敢輕舉妄動。但停火就是停火。結果現在俄軍卻率先壞事，為什麼？[3]

克倫斯基可能也不知道答案，因為他畢竟不是軍人。一九一四年，戰爭大臣蘇霍姆里諾夫和參謀總長亞努科維奇計畫征服加利西亞並奪下喀爾巴阡山脈，以便阻絕「波蘭突出部」的南半部，讓戰後俄國擁有易守難攻的邊界。一九一六年，總司令官布魯西洛夫再次進犯加利西亞，企圖瓦解奧匈帝國的抵抗意志，卻因為土德兩國的援兵趕到而功虧一簣。既然現在（一九一七年六月）部隊是由同一位將軍指揮，並且堅持和過去大同小異的作戰計畫，我們或許可以推斷克倫斯基只是聽了布魯西洛夫的話。

倘若如此，那麼出兵的決定只反映了克倫斯基嚴重缺乏創見。就外交戰略而言，出兵協助盟國分散敵軍火力在一九一七年六月根本沒用，因為盟國早就停止了自己在西方戰線的凌亂攻勢。此外，仔細回顧俄羅斯的戰時外交就會發現，他們在盟國真正亟需援手時提供的協助就已經常常莫衷一是，更別說戰火相對平靜的一九一七年六月了。一九一五年，達達尼爾海峽戰役期間，外交大臣薩佐諾夫和最高司令部的將領明確拒絕了英軍的要求，即使英國承諾將君士坦丁堡和土耳其海峽交給俄國，薩佐諾夫等人仍然拒絕在博斯普魯斯進行聲東擊西戰術。俄國直到一九一六年元月十日，英國最後一名士兵撤出加里波利後的**隔天**，才出兵摧毀埃爾祖魯姆。另外，英國印度遠征軍一萬三千人於一九一五年冬天在庫特遭到鄂圖曼大軍包圍了整整五個月，期間英國不斷向尼古拉大公求援，但駐守波斯的巴拉托夫將軍卻始終紋風不動，最後遠征軍全數投降。假設現在仍是薩佐諾夫或尼古拉大公當家，他們肯定會想盡各種理由，例如必須盡速攻擊其他地方（像是博斯普魯斯海峽）、缺乏迫切必要、補給問題、士兵疲憊或士氣低落等等，於一九一七年六月拒絕盟軍的出兵要求。這樣做或許只是藉口推託，但卻符合俄國的利益。

克倫斯基的作戰計畫很難看出對誰有利。如果鎖定一個不再有人視為俄國戰爭目標的地區（奧國加利西亞）是為了提振前線士氣，證明俄羅斯依然能戰，那只需展示一下火力即可，六月十八日攻下奧匈帝國戰壕就夠了。俄國大可吩咐士兵固守陣地，直到夏天結束，更別說有許多士兵早就不待命令自行這樣做了。攻擊發起兩天後，最北端前線的第十一軍乾脆停止推進，因為士兵看不出有何意義。「雖然十八和十九日接連取得了勝利，」艾爾德利將軍向布魯西洛夫回報，「但是（士兵們）普遍認為夠了，沒必要無限制推進」。[4]

布魯西洛夫置若罔聞，也不管戰場上的其他警訊，繼續下令發動一連串攻擊，只是一次比一次無用。六月二十日，六月中就被布爾什維克滲透的第二師第一衛隊榴彈兵發動了兵變。直到被一整個騎兵師、兩個炮陣和兩輛裝甲車包圍，兵變者才棄械投降。值得一提的是，當中只有一百人受到軍法審判，三百人被釋放並調往其他單位，結果造成其他部隊遭滲透。剔除了受布爾什維克影響的兵變者後，效忠政府的第二師衛隊於六月二十三日重新發動攻勢，然而卻被砲兵拖累，沒辦法用炮擊清除掉奧匈帝國部隊戰壕周圍的刺鐵絲網，導致衝鋒的俄國步兵慘遭屠殺，好不容易才因剷除兵變者而稍微恢復的士氣就這樣一筆勾銷。[5]

在白俄羅斯的沃羅賓，五月下旬克倫斯基視察後，特別軍軍長巴魯列夫將軍曾經中肯警告總司令布魯西洛夫部隊士氣有問題，結果六月進攻開始，特別軍就陷入了混亂。原本預定最初幾天按兵不動，伺機南下進攻利沃夫的三十九軍團還沒出兵就垮了。六月二十三日，巴魯列夫將軍向布魯西洛夫回報，有幾個師「完全不願意」作戰，其他則是看單位：二一六團完全效忠政府，二〇九團和二一二團有七成五願意作戰，二一〇師只有五成，而且士兵決議只守不攻。照理說，清除掉被滲透單位裡的布爾什維克搗亂者應該能提振士氣。但就如巴魯列夫將軍向布魯西洛夫解釋的，「我們不可能驅逐部隊裡的主要煽動者，因為他們身上都有武器。」列寧做到了他在瑞士誓言達成的目標，將俄軍染紅了。[6]

不過不是所有部隊都這麼糟。柯尼洛夫辭去彼得格勒軍區司令一職後，請求並獲准轉調到加利西亞前線擔任第八軍軍長，駐守喀爾巴阡山邊的南段前線。六月二十三日，柯尼洛夫的部隊發動攻勢，將前線推進了三十公里左右，並擒獲大批戰俘（七千名士兵及一百三十一名軍官）與五十挺機槍，而且是在他第十一軍團有四個團、第十六軍團有兩個團遭到布爾什維克煽動者滲透的情況下達成的，這就更令人敬佩了。同樣面對一九一七年六月的艱困處境，感覺幾乎只有柯尼洛夫懂得如何激勵士氣。只要有他們尊敬的將領，而且領導有方，那麼就算是進攻而非防守，穆齊克仍然可以奮勇殺敵，表現突出。[7]

至少布魯西洛夫如此希望。於是這會兒他將信心寄託在柯尼洛夫身上，下令第八軍北上解救遭到包圍的第七軍，並且承諾會增加兵員。然而，以一九一七年六月當時的狀況，增員其實不可靠，因為新兵往往受到了布爾什維克主義汙染。六月二十六日，柯尼洛夫的軍官抱怨：士氣……一蹶不振，因為察里津補充兵和自稱布爾什維克的那群「懦夫」搞煽動，第十五團裡的彼得格勒代表都被布爾什維克主義滲透了……到處發放寫著「打倒戰爭和臨時政府！」的標語牌。六月二十九日，三十三軍團第廿三師打算集體逃兵，柯尼洛夫派出「懲戒隊用機關槍和大炮朝逃兵開火，才將他們攔了下來」。柯尼洛夫被迫放棄攻擊，退回洛姆尼察河以東休養生息。[8]

七月初，克倫斯基和總司令布魯西洛夫的進攻計畫陷入停頓。截至七月二日，俄軍共折損了一千二百位軍官和三萬七千五百名士兵，死傷率百分之十四。雖然和之前的駭人死傷數字相去不遠，但如此沉重的代價卻只換來了丁點收穫。柯尼洛夫拿下德涅斯特河南段的一處突出部，最遠曾推進將近四十公里，後來又撤退了。第七軍是六月十八日攻擊行動的主力部隊，但除了人員困頓之外一無所獲。六月三十日，第七軍軍長塞利瓦切夫（V.I. Selivachev）將軍向布魯西洛夫表示，「六月十八到二十日進攻不成後，所有部隊的士氣都低到了谷底。」六月二十二至二十三日從最右翼進攻的特別軍起初稍有突破，但隨即放緩下來，部分原因出在第八軍軍長巴魯列夫不信任士兵。被布爾什維克煽動者滲透的第十一軍表現最糟糕，光是第二十芬蘭步槍兵團就有三百四十六名士兵攜械逃亡。歐布魯切夫將軍回報，第十二連的士兵「拋棄了所有良知與羞恥心，不僅於六月十九日晚上蓄意逃離戰壕，還嘲弄堅守崗位的同袍」。[9]

離譜的是，克倫斯基和布魯西洛夫明明知道彼得格勒的布爾什維克煽動分子加入加利西亞之後前線一步步走向災難，兩人的反應竟然是從彼得格勒再派更多人來！六月二十日，彼得格勒軍區人員最多的軍事單位，擁有一萬一千三百四十名武裝兵的第一機槍團，受命調派五百挺機槍和機槍手馳援加利西亞。第一機槍團駐紮在彼得格勒的維堡地區。當地激進分子相當活躍，而布爾什維克的首要煽動者早就公開鎖定機槍團幾個月了，其中包括列寧最信任的夥伴亞麗珊卓・柯倫泰（Alexandra Kollontai），同時也是反戰分子、離間高手。她和列寧一樣，大戰期間流亡海外，寄居挪威。四月初，早在列寧返國前，柯倫泰就開始向第一機槍團宣傳「帝國主義戰爭」的邪惡，公然鼓動士兵「和德國人結為兄弟」，對部隊造成了強烈的影響。一九一七年六月，機槍團裡已經有幾十名士兵加入了布爾什維克軍事組織。[10]

其中一位受柯倫泰感召的年輕少尉謝馬什科（A. Y.Semashko），後來成為布爾什維克在軍中的頭號資產。一九一七年三月，謝馬什科完成機槍兵訓練，四月奉命隨同十七連調往前線，結果卻中途逃回彼得格勒。照理說，身為逃兵多少會影響他接觸其他不滿的新兵，結果完全沒有。第一機槍團裡另一名少尉回憶道，謝馬什科「三天兩頭來團裡」，出席第九、第十六和第八連的集會，並且組織「布爾什維克集體」。短短幾天內，這位逃兵界的傷寒瑪麗光是在第一機槍團就吸收了五百人加入「布爾什維克集體」。身為不效忠任何單位的逃兵，謝馬什科自在遊走於彼得格勒的大小部隊進行煽動，例如四月中旬他就滲透了莫斯科禁衛預備隊。到了四月底，謝馬什科已經吸收了七百五十名士兵，這些士兵又去鼓動同袍趕走希望戰爭繼續的弟兄，稱呼那些人是「挑釁者」。沒有多久，謝馬什科已經在六個連裡組成了一支地下兵變組織，其中三個連屬於第一機槍團，三個連屬於莫斯科禁衛預備隊，並和克謝辛斯卡之家的布爾什維克軍事組織保持聯繫。[11]

克倫斯基下令第一機槍團調往前線時，到底在想什麼？第一機槍團被布爾什維克思想滲透已經不是祕密，布爾什維克和德國金主的關係也是人盡皆知，彼得格勒街頭巷尾都在談論。六月五日，美國史學家高勒德於俄國結束旅遊回到彼得格勒，在一封家書裡直白表示：

> 荷包滿滿的德國情報員不斷在士兵之間搞鬼，企圖瓦解軍隊，而且做得很成功。他們披著社會主義的外皮，宣揚各種可鄙的思想，教唆違法、劫掠與罷工，直到沒人曉得明天會發生什麼，沒人知道那是軍隊，還是一群暴徒。彼得格勒這裡已經沒有軍隊，只有一大批毫無是處的懶散士兵，光挑自己想聽的命令服從。

克倫斯基心知肚明，卻還是將滲透最嚴重的部隊調往加利西亞，顯然希望藉此讓彼得格勒擺脫麻煩的煽動者，甚至暗中期盼親赴火線能讓這支部隊拋下兵變思想。就如他在七月初發給李沃夫王爵的電報所說，「我堅持採取鐵腕制止這些叛國示威，將叛變部隊解除武裝，並審判所有煽動及兵變者。」換句話說，他刻意挑起兵變之火，好替軍隊驅走布爾什維克主義的心魔。[12]

雖然這樣做聽來有勇無謀，但喚醒布爾什維克巨獸其實有它的政治道理在。從五月到六月，俄國軍方反情報單位一直在蒐集列寧和可疑的德國情報員往來資料，並得到法國情報官皮耶・羅宏上尉（Pierre Laurent）協助，於六月二十一日取得二十九則法國攔截到的彼得格勒和斯德哥爾摩的通聯電報。七月一日，調查負責人尼基丁上校和彼得格勒軍區新任司令波洛夫佐夫（P.A. Polovtsov）會面，波洛夫佐夫告訴他「臨時政府現在很焦急，他們（亦即克倫斯基）一直在問你什麼時候能拆穿布爾什維克的叛國計畫」。尼基丁上校表示他已經掌握了「充足的證據」，但他想等軍方確定「能派出所需的部隊，突襲克謝辛斯卡之家和散布首都裡的三十多個布爾什維克據點」才會採取行動。接著他做出了左右俄國命運的事，透露自己打算哪一天逮捕彼得格勒的二十八名布爾什維克首腦：一九一七年七月七日。[13]

尼基丁就這樣將計畫用電報發了出去。後來他說自己犯了「天大的判斷錯誤」，因為彼得格勒軍區司令固定要跟市府官員、臨時政府和蘇維埃成員聯繫，導致任何人都有可能「走漏」消息。列寧可能因為六月二十九日蘇門森開始遭到監視而有所警覺，也可能是因為尼基丁隔日造訪西伯利亞銀行，發現蘇門森的帳戶裡有十八萬盧布存款，並且從四月起到六月已經提領了八十萬盧布，或是因為「古巴」臨時取消行程留在斯德哥爾摩（應該是蘇門森的警告），免得在彼得格勒被捕，讓列寧察覺政府打算掃蕩他的組織。總之，不論列寧如何得知消息，他跑得很快，六月二十九日就藏匿到了芬蘭，直到七月四日。[14]

布爾什維克現在壓力山大，必須盡速行動。傳言甚囂塵上，第一機槍團據傳就要強行解編，所有士兵調往前線。但對布爾什維克來說，第一機槍團已經是不可或缺的資產。六月三十日和七月一日，團代表和煽動者（包括謝馬什科）一連召開了數場示威會議。七月二日，布爾什維克首腦插手了，以邀請第一機槍團到**人民院**（Narodnyi Dom）聽演奏會做為政治集會的掩護，不過演講完確實有音樂表演。由於列寧人在芬蘭，他忠誠的副手季諾維也夫、加米涅夫和柯倫泰都沒出席（可能擔心自己會因為正在進行的布爾什維克財務調查而被逮捕），托洛茨基反而成了主角。托洛茨基雖然仍是孟什維克，但自從五月初回到俄國之後，就改而支持列寧的反戰訴求。另外一位布爾什維克也有出席，那就是日後成為蘇維埃教育部長的安納托利・盧納察爾斯基（Anatoly Lunacharsky），只不過他激起的迴響比托洛茨基小得多。在這個大戰時的關鍵時刻，面對第一機槍團五千多名焦躁不安的軍人，這是留下深刻印象的最好時機。

托洛茨基沒有錯過機會。儘管沒有留下講稿，但七月二日在人民院聽講的人永遠記得托洛茨基說了什麼。他提出的綱領非常清楚：必須立刻停止進攻加利西亞，一切權力歸於蘇維埃。有些人在回憶錄裡表示托洛茨基提到臨時政府時很小心，沒有公然呼籲推翻政府，但不少士兵七月作證時指出並非如此。根據第一機槍團少尉薩米金（A. E. Zamykin）表示，托洛茨基的「演說充滿激情，措詞嚴厲而激動」，痛批克倫斯基「不比德皇威廉二世好到哪裡」。除了「打倒資本主義大臣」之類的標準布爾什維克口號，托洛茨基甚至近乎廝殺般的吶喊「打倒克倫斯基！」並煽動士兵「**殺了**克倫斯基」。另外一名目擊者也說托洛茨基確實鼓動士兵刺殺克倫斯基，並附和了其他關鍵細節。兩週後，薩米金如此回憶，「托洛茨基整場演說只有一個目的，就是說服我們必須武裝起義反抗政府」。有說法指出起義不是那場演奏會裡的演說激起來的，而是之後的團內集會，但薩米金表示，托洛茨基在演說裡煽動第一機槍團的士兵推翻政府，然而團內委員會當晚在營區討論這個想法時，一開始是否決的。[15]

就在這時，我們的布爾什維克一人大將謝馬什科少尉登場了。七月二、三日參加第一機槍團集會的目擊者一致同意，謝馬什科是鼓動士兵的要角，並且組織了「臨時革命委員會」，由他擔任主席。雖然不是所有人都認同兵變，但約有半數機槍兵，也就是五千人左右（將近去聽托洛茨基演講的人數），參與了七月三日的起事，「奪下所有經過的汽車，並號召工人和軍人走上街頭」。下午五點，莫斯科禁衛預備隊、巴甫洛夫斯克團和榴彈團也加入起事，另外還有第一、第三、第一七六和第一八〇步兵團的部分士兵。高勒德記述道，將近入夜前，街頭已經「擠滿了群眾、裝甲車與水兵，四處硬闖」。深夜十一點三十分左右，高勒德聽見格里博耶多夫運河旁的米哈伊洛夫斯基劇院前傳來槍響：

士兵和民眾倉皇逃命——士兵朝大高爾基百貨跑去，絕大多數民眾趴在地上，嚇得要命。接著士兵開槍了。那槍聲！……槍聲持續了大約五分鐘。四下一片漆黑。走到歐洲大飯店，那裡路燈全熄了。過了一會兒回到涅瓦大街，受驚的士兵成群站著。有些人打破店家櫥窗搶東西……一點回（家），但無法入眠，因為街上又出現示威。[16]

所有人都等著克謝辛斯卡之家做出反應。列寧仍在芬蘭，布爾什維克的指揮鏈一時並不明確。但由於謝馬什科和軍隊的關鍵舉動，因此領導者的角色自然落在波德沃斯基和布爾什維克軍事組織頭上，而他們也真的不負眾望。七月四日清晨，波德沃斯基聯絡他在喀琅施塔得的同謀，恰好在這時間點升為海軍少尉的拉斯柯尼科夫（F. F. Raskolnikov）和羅沙利（S. G. Roshal）。波德沃斯基要他們召集水兵橫越芬蘭灣，在尼古拉耶夫斯基橋下上岸，前往塔夫利宮。但到了碼頭，水兵們卻得知目的地改成克謝辛斯卡之家。七月四日上午十點，所有水兵抵達克謝辛斯卡之家。拉斯柯尼科夫的這批部屬將近六千人，即將成為布爾什維克發動下一波攻擊的關鍵力量。[17]

幾乎同一時間，列寧從芬蘭回來了，在局勢到達高峰前抵達了克謝辛斯卡之家。但說也奇怪，他對街頭起事幾乎沒什麼興致。那天待在克謝辛斯卡之家裡的人都說，列寧看上去很不舒服。他抱怨自己得了怪病，一開始拒絕向群眾說話。托洛茨基七月二日得到了讓民眾認識的機會，這回則是輪到了亞科夫．斯維爾德洛夫（Yakov Sverdlov）。他是死忠的猶太布爾什維克地下組織者，來自下諾夫哥羅德，和史達林一樣，大戰時在西伯利亞流放。兩人於一九一三年被同一名奧克瑞納線民背叛，同時被捕。他一九一七年四月才首次見到列寧。斯維爾德洛夫站上克謝辛斯卡之家的陽台，拉開一面寫著「俄國社會民主黨中央委員會」的紅色大橫幅，發表了一場讓人聽過就忘的簡短演說，讚揚拉斯柯尼科夫為正義奉獻，接著就讓盧納察爾斯基發言。但盧納察爾斯基的演講也很乏味。最後所有人總算說服了列寧講話。不知道是因為生病，還是因為擔心叛國被捕，這位布爾什維克領袖只提到自己「對此刻的發展樂觀其成」，還有「一切權力歸於蘇維埃」能從口號「變成現實」是件好事。這話是否叫大家拿起武器，意思並不清楚，但從他的談話裡幾乎可以確定，布爾什維克支持武裝起事。[18]

布爾什維克中央委員會擬定了一套詳盡的政變計畫。盧納察爾斯基日後回憶，「列寧心裡清楚知道政變該如何進行」，就是讓布爾什維克以蘇維埃之名奪權。只有三位要員同意他的計畫：列寧、盧納察爾斯基，以及孟什維克黨的托洛茨基——這就很有意思了。三人會立即下達「和平令與土地令，以此贏得首都和各州數百萬人民的認同。」接著等到塔夫利宮被包圍，蘇維埃執行委員會成員被捕後，「列寧就會抵達行動現場，宣布成立新政府」。[19]

拉斯柯尼科夫的水兵，連同愈聚愈多的武裝士兵及工廠工人（其中許多來自普提洛夫兵工廠），開始朝塔夫利宮逼進。他們手持寫著「打倒臨時政府」、「打倒資本主義大臣」、「打倒戰爭」和「打垮資產階級」的布爾什維克標語，並且就像四月那樣，克謝辛斯卡之家前有公事包男發放十盧布紙鈔，標語和手持標語的煽動者更是絡繹不絕。根據紅十字會護士謝爾亞科夫斯卡婭指稱，她七月三、四日和不少攜械支持布爾什維克的示威者交談，得知他們每天可以領到四十盧布。由於起事持續了兩天，因此大多數人都拿到了八十盧布。拉斯柯尼科夫到底召集了多少水兵，後人看法差距甚大，但大多同意絕對超過一萬人，也就是布爾什維克中央委員會砸了近百萬盧布推動七月政變，相當於那時的五十萬美元，現在的五千萬美元。[20]

布爾什維克的主力隊伍直奔塔夫利宮，紅衛兵則是包圍其他據點，包括彼得保羅要塞、臨時政府所在地（但幾乎沒有大臣在那裡）的馬林斯基宮、芬蘭車站、尼古拉耶夫斯基車站和涅瓦大街的主要路口。根據一名記者報導，另外還有武裝分子每十到十五人一輛汽車或卡車「在街上耀武揚威」，恣意行搶。數家反布爾什維克報社被迫關門，包括自由派報紙《新時代》旗下的印刷廠。至於華沙車站則是上演了驚心動魄的一幕。由於謠傳克倫斯基正要逃出城外調集前線部隊返回彼得格勒，於是六輛載滿武裝分子的汽車火速趕往華沙車站，結果發現傳言沒有錯，只不過克倫斯基早在一個半小時前就離開了。[21]

最為震撼的場面發生在里特尼大街。當時拉斯柯尼科夫的主力縱隊剛從涅瓦大街轉往里特尼大街，繼續逼近塔夫利宮，豈料街上突然傳出槍響，數百人應聲倒地。這一幕正好被一名業餘攝影家拍下，成了見證一九一七年彼得格勒街頭動亂的唯一影像。根據《消息報》報導，死傷多為臨時政府支持者，包括六名哥薩克士兵被殺，二十五人受傷，二十九匹戰馬「慘死街上」。取得勝利的水兵飽受驚嚇，繼續和陣仗稍微縮小的士兵（主要來自第一機槍團）朝塔夫利宮前進。[22]

塔夫利宮裡滲入了一絲恐懼。始終扮演「革命的激進良心」的彼得格勒蘇維埃，此刻成了活箭靶，而自由派失勢後便完全受制於蘇維埃執委會的臨時政府則是成了雞肋。「已經沒有人在意臨時政府了，」七月四日，高勒德在日記裡寫到，「它顯然失去了所有權力」。孟什維克的齊赫澤這時才忽然明白蘇維埃身處險境，便以執委會的名義要求彼得格勒軍區司令波洛夫佐夫派兵前來護衛。然而，波洛夫佐夫檢視了手下軍官，發現整個軍區只有二千名哥薩克士兵和普列奧布拉任斯基衛隊大約一百名士兵可以信賴，跟布爾什維克支持者有著一比五的懸殊差距。於是他決定留著哥薩克士兵，以確保自己的「行動自由」。[23]

更慘的是，塔夫利宮**內部**還有為數不少的布爾什維克蘇維埃代表，隨時可能化身第五縱隊，跟街頭武裝縱隊及架好機槍的車輛裡應外合。畢竟布爾什維克可是打著蘇維埃的名號奪取政權，表面上是鼓掌通過，實際上是強渡關山。然而，宮裡似乎沒有人當家作主。根據拉斯柯尼科夫的說法，列寧是七月四日傍晚潛入塔夫利宮的，但沒有其他人見到列寧，列寧也沒有公開講話。正當布爾什維克還在摸索誰能作主，執委會主席齊赫澤率先站了出來，勇敢質問群眾：「各位為什麼拿著武器來到這裡？若（蘇維埃）需要各位，我一定會親自相迎，但各位現在為何出現在這裡？」[24]

左翼社會革命黨（SR）農業大臣切爾諾夫接著向群眾講話，卻只遭到兇狠的示威者包圍反嗆，因為他們誤以為他是支持戰爭的溫和派SR司法大臣佩洛斐澤夫。當群眾得知切爾諾夫的身分，立刻有人高喊要他「宣布土地歸於耕作者，權力歸於蘇維埃」。根據米留科夫的說法，一名高大魁梧的武裝工人揚起拳頭，對著切爾諾夫的臉咆哮：「有人給你權力就要用啊，你這個混蛋！」接著幾名水兵抓住切爾諾夫「將他朝一輛車拉去」，並發誓「直到蘇維埃掌權才會放走他」。幸好托洛茨基及時出現，他們才放了切爾諾夫。[25]

現在輪到托洛茨基發言了。他表現得比齊赫澤和切爾諾夫好，但顯然也被眼前的武裝暴徒嚇到了，不再是人民院裡那個充滿自信的滔滔雄辯者，而是小心翼翼指出「工人和軍人蘇維埃已經掌握了所有權力」。既然勝利到手，他希望示威者明白「他們可以解散了」。失去信心加上列寧不見蹤影，托洛茨基趕緊找來季諾維也夫。於是這位當時仍然沒沒無聞的列寧忠心副手得到了曝光的機會。根據之前深受托洛茨基人民院演說打動的少尉薩米金表示，季諾維也夫告訴塔夫利宮前的群眾「不要拿著武器進入蘇維埃」，他們的「武器只能用來對付不義者，而非公義之人」。接著又不無明顯地暗示無產階級可以「用武器奪下資產階級隱藏的食糧」，而非襲擊蘇維埃。說完他就回宮裡了。[26]

雖然武裝群眾來勢洶洶，連送錢給他們的布爾什維克都覺得可怕，卻因為缺乏紀律與領導而力量大減。除了由喀瑯施塔得水兵和第一機槍團少數死硬派士兵組成的主力，其餘的「紅衛兵」其實絕大多數都是布爾什維克雇來的幫手。尼基丁上校觀察指出，其中大多數人都只是「普通農民，連替步槍上膛也不會」。人多反倒礙事，每個人慢慢「和所有人脫節，整個指揮體系就瓦解了」。拉斯柯尼科夫雖然有勇氣，但他不是將軍，也不是政治家。由於列寧（不論出於何種原因）遲遲未能主導大局，發號施令，使得所有布爾什維克武裝群眾到了七月四日傍晚已經成為烏合之眾。驚惶的情緒不只替這群人本身帶來危險，也對塔夫利宮裡的所有人造成威脅。午夜過後，群眾終於開始退散，比托洛茨基請求的晚了幾個小時。拉斯柯尼科夫率領的武裝水兵和大批機槍兵退回克謝辛斯卡之家，其餘的人則是回到部隊或是家裡。[27]

雖然布爾什維克眼看就要拿下塔夫利宮，其他地方的局勢卻正好相反。七月四日下午五點左右，司法大臣佩洛斐澤夫召集尼基丁上校、波洛夫佐夫將軍、多位忠心軍官和數名報紙編輯到軍區司令部來。臨時政府無人在場，讓佩洛斐澤夫稍稍放心，不必害怕被捕。克倫斯基的老同事涅卡索夫和捷列先科也來了。尼基丁保證他已經蒐集到足夠的證據，可以用叛國罪名審判布爾什維克之後，捷列先科便命令尼基丁「逮捕他們」。佩洛斐澤夫向報社編輯和軍官概略說明了尼基丁手上最有力的證據，包括帕爾烏斯、斯德哥爾摩和布爾什維克的關聯、波蘭律師科佐洛夫斯基、白手套蘇門森，以及蘇門森至少存入了兩百萬盧布的西伯利亞銀行，讓他們回到報社和部隊跟同事或同袍分享這些勁爆的消息。[28]

這件事對彼得格勒軍區產生了翻天覆地的影響。在部隊士兵得知列寧和德國人有關聯之前，首都裡的政爭太過混沌複雜，他們就算聽說了也難以理解。然而，叛國與間諜和他們切身相關，而且一聽就懂，徹底動搖了起事的正當性。

七月五日早晨，《現代言論報》頭版標題寫著：**列寧與吉內特斯基間諜幫**，並以全版張貼在城裡的大街小巷。布爾什維克紛紛躲進克謝辛斯卡之家，完全仰賴拉斯柯尼科夫和喀琅施塔得水兵（第一機槍團的士兵已經拋棄他們了）保護。而困守彼得保羅要塞的五百名起事者則是按照史達林談好的條件（除此之外，史達林在這次起事當中幾乎沒什麼作用），親自向司令官波洛夫佐夫將軍投降。「他們現在要槍斃我們了，」列寧剃掉鬍鬚潛逃出克謝辛斯卡之家之前，這樣對托洛茨基說。當天下午，布爾什維克四月才以二十五萬盧布買下的《真理報》蘇沃羅夫斯基大街印刷廠遭到搗毀。[29]

隨著效忠政府的部隊（包括第十四騎兵師、一支裝甲營和一支步兵團）擁入首都彼得格勒，起事群眾繼續潰散。部隊犧牲了十八名弟兄，主要是步兵團士兵，這才攻入了克謝辛斯卡之家的布爾什維克總部，讓尼基丁手下的情報官取得了大量的叛國相關證據，包括其中一名情報官口中「滿坑滿谷的煽動文件」和屋頂上的六挺機關槍。攻堅時的死傷原因主要就是來自這些槍。最後共有兩千名左右的布爾什維克首腦遭到逮捕，包括加米涅夫、蘇門森、科佐洛夫斯基和列寧的妻子。她被捕時高喊：「憲兵！和舊政權一樣！」[30]

七月六日，臨時政府正式起訴十一名布爾什維克，包括不在場的帕爾烏斯和「古巴」，中央委員會的列寧、季諾維也夫、盧納察爾斯基和柯倫泰，科佐洛夫斯基和蘇門森，喀瑯施塔得軍區的拉斯柯尼科夫和羅沙利，以及第一機槍團的謝馬什科少尉，依據俄國刑法第五十一、一〇〇及一〇八條，罪名是「叛國及組織武裝起事」。但不是所有被告都關進牢中，因為有許多主嫌逃到了芬蘭或其他國家。甚至就在成員被捕不久前，布爾什維克中央委員會還發行了兩頁新聞特報，全面撇清「針對列寧的惡意毀謗……說他顯然曾向德國方面拿錢從事宣傳工作，而且現在還在繼續。」托洛茨基明明和起事有關，包括他七月二日在人民院和七月四日在塔夫利宮門前發表煽動演說，但起初竟然沒有遭到起訴，可能跟他是孟什維克，並且跟齊赫澤和蘇維埃關係匪淺有關。托洛茨基認為這是奇恥大辱，甚至提筆寫信給臨時政府主席李沃夫，抱怨自己被「排除在逮捕令之外」。要到托洛茨基七月二十三日正式加入布爾什維克，他才遭到逮捕。[31]

然而，政府起訴的罪名非常重。要是舉行公審，這些布爾什維克肯定就此消失在俄國政壇。藉由獨排眾議下令進攻，並將遭到布爾什維克滲透的部隊派往前線，克倫斯基逼得列寧只好攤牌。現在輪到克倫斯基攤牌了。

第十二章　懸崖邊的軍隊

七月政變者遭到圍捕之後，彼得格勒竄起了一股愛國熱潮。高勒德七月六日於日記裡寫到，「城市歸於平靜，前線調來部隊，滋事分子嚇得不敢吭聲，許多首腦都被捕了。」布爾什維克黨人不是遭到舉發，就是四處潛逃，大批證人前往彼得格勒法院主動作證，方便**公訴檢察官**（prokurator）卡林斯基（N. S. Karinsky）彙整證據，為叛國罪審判做準備。不少證人是第一機槍團的士兵。他們原本參與街頭示威，後來察覺事情不對而反悔。還有些證人是憂心局勢發展的平民，例如護士謝爾亞科夫斯卡婭。她四月時就對克謝辛斯卡之家的動作起疑，結果在七月發現惡夢成真。

來找卡林斯基作證的人還包括前奧克瑞納幹員。二月革命讓他們丟了工作，如今再度行情看俏，因為他們之前苦心追查，對布爾什維克主義瞭解甚多。例如沒有人聽過的前警察賈加林（S. V. Gagarin），雖然警階只到第六級，卻於七月十一日遭到傳喚。另一位比較高階的警察，任職於（反情報）第一總隊的羅巴切夫斯基（B. V. Lobachevsky）則是作證指出，他們確實將帕爾烏斯視為德國間諜進行監視，並建議檢察官調閱奧克瑞納總部的第一總隊檔案（如果尚未銷毀的話）。另一名幹員庫羅奇金（V.V. Kurochkin）於大戰前負責監視布爾什維克首腦，他向卡林斯基說明了列寧的意識型態，但表示列寧和德國人的關係要問第一總隊。幹員瓦西里耶夫（I.P. Vasiliev）則證實布爾什維克曾經鎖定德國戰俘營企圖「煽動反愛國主義」，但因為他在革命爆發後就躲了起來，所以對列寧回國後的事一無所知。[1]

奧克瑞納起死回生，代表叛國調查很有可能改寫俄國政壇的樣貌。就連蘇維埃執委會都被迫於七月六日在《消息報》發表聲明，針對「檢方起訴列寧等政治人物涉嫌收受德國某一不明來源之金錢」發表聲明，並指出執委會已經「任命委員會進行調查」。七月二十二日，公訴檢察官卡林斯基根據證人供詞，於米留科夫創辦的老牌自由派報刊《言論報》發表文章，詳細敘述了「七月三至五日發生的武裝叛亂行動」：

> 暴動發生與繼續都出於社會民主黨（S.D.P.）中央委員會的指示。所有主要指示都來自克謝辛斯卡之家，並有多名證人指出該公館為「列寧的行動總部」。……屋內還發現……中央委員會附隨軍事組織的文件。這些……文件為書面指示，說明如何在軍事單位內散播武裝行動。

此外，卡林斯基提到搜索克謝辛斯卡之家時發現了

> 各類紀錄，包括各地區軍事單位和「武裝工人」布署、武裝團體負責人的部署、偵察行動、外部監視、單位聯繫、彼得保羅要塞、維堡和彼得格勒等地軍事單位……以及建立部隊橫向聯繫。

最後，卡林斯基根據「文件資料」指出了幾項「確鑿」的結論：

武裝叛亂和 S.D.P. 中央委員會的活動確實有關。S.D.P. 附隨軍事組織……的武裝團體參與了叛亂。這些來自彼得格勒軍區和喀琅施塔得的武裝分子前往克謝辛斯卡之家，在那裡接受列寧等人的指示……初步調查得到的資料**直接指出列寧為德國間諜**，並顯示他和德國針對如何協助德國對抗俄國達成協議後，便回到彼得格勒開始利用德國提供的財務援助執行計畫。[2]

有了奧克瑞納專家和大批證人協助卡林斯基調查，加上蘇維埃執委會也不反駁，感覺事情應該是一翻兩瞪眼了。雖然列寧後來指控叛國罪名是「政治對手的下流誹謗」，但拒絕出庭讓他幾乎沒有無罪的可能。列寧相信自己大勢已去，便寫下一份書稿做為政治遺言，書名是《馬克思主義與國家》。他將書稿交給了加米涅夫，囑咐對方如果他遭到逮捕處決就出版。七月九日半夜，列寧和季諾維也夫喬裝易容之後，在他四月才光榮返抵的芬蘭車站搭上火車，躲藏到芬蘭鄉間，不知何時才能重回故土。感覺上布爾什維克就要覆亡了，因為領袖膽小怕死。蘇維埃執委會孟什維克成員，在布爾什維克黨內有許多朋友的尼古拉·蘇哈諾夫（Nikolai Sukhanov）這樣形容：「牧羊人跑了，無啻於給了羊群重重一擊。」[3]

然而，列寧的政敵真是他的幸運星。首都的布爾什維克黨機器還沒掃蕩完畢，照理說勝券在握的臨時政府內部此時卻出現了裂隙。早在司法大臣佩洛斐澤夫七月五日洩漏德國與布爾什維克的關聯給報紙時，摩擦就產生了。雖然這樣做扭轉了彼得格勒軍區的政治風向，卻也危害了臨時政府的法律行動。內閣中僅存的三名立憲民主黨員李沃夫、捷列先科和涅卡索夫提出抗議，認為佩洛斐澤夫不該在證據底定之前公諸於世。孟什維克黨的郵政電信大臣策列鐵里則是持相反理由表示反對，要求報紙別再繼續「誹謗」列寧。成功鎮壓布爾什維克起事的佩洛斐澤夫為了個人政治前途據理力爭，回擊左右兩派的指控。[4]

有個人應該力挺佩洛斐澤夫才對，那就是戰爭大臣克倫斯基。這位腹背受敵的司法大臣和克倫斯基同是社會革命黨員，當上司法大臣也是他任命的；在克倫斯基避走前線時，是這位老友挺身而出，拯救了彼得格勒的臨時政府。若問誰是七月三至五日武裝起事的目標，那肯定是克倫斯基。托洛茨基七月二日在人民院的那場煽動演說裡特地點名克倫斯基，對他百般咒罵，將加利西亞作戰慘敗完全怪罪於他。而七月四日他也真的被暴民追到華沙車站，要不是提早了九十分鐘離開，肯定會被碎屍萬段。不論佩洛斐澤夫「過早」洩漏情報是否妨害了臨時政府的叛國調查，卻無疑扭轉了軍心，讓部隊反抗布爾什維克，救了克倫斯基一命。當他七月六日晚間好不容易返回彼得格勒時，真應該頒給佩洛斐澤夫一面獎牌，表彰他拯救了革命，是愛國者的典範。

然而，克倫斯基卻罷黜了他。七月七日，克倫斯基和其餘大臣晤面時，宣稱自己告訴佩洛斐澤夫唯有「在報紙願意大肆攻擊，而且**被指控者無法脫逃**的情況下」，才能「公布德國間諜的活動資料」。然而，這個說法跟克倫斯基本人七月四日從前線發出的電報內容完全相反。他在電報裡表示「必須加緊公布證據」。捷列先科先是出面緩頰，承認七月四、五兩日時機非常關鍵，使用手段「徹底扭轉某些群體的心境……有其可欲之處」，但仍堅持司法大臣於「犯人在罪難逃」之前公布資料是錯誤之舉。克倫斯基選擇站在立憲民主黨員李沃夫、涅卡索夫和捷列先科這邊，反對同樣是ＳＲ黨員的佩洛斐澤夫，充分顯示了革命前共濟會網絡的深遠影響。[5]

如果說克倫斯基此舉是想跟自由派和解，在政治上調整位置向「右」靠攏，那或許還說得通。因為前任外交大臣米留科夫仍在彼得格勒轉悠，很容易就能找回來協助政府挺起腰桿。然而，這並沒有發生。臨時政府面對七月三到五日的危機束手無策，部分原因出在大臣們已經為了烏克蘭問題而失和了。和土地改革一樣，臨時政府本來想將烏克蘭問題扔給制憲議會。基輔的民族主義者大失所望之餘，自行組成「拉達（Rada）」（即國會），並於六月二十四日發表「宣言」要求自治。二十九日，臨時政府發表《籲烏克蘭同胞書》做為緩兵之計，承諾在戰爭期間採取「暫時措施……允許烏克蘭在學校及法院擁有地方自治權。」然而拉達並不滿意，於是捷列先科親自前往基輔協商，希望各退一步。但對李沃夫和其他立憲民主黨員來說，此舉迎合過頭了，因此除了捷列先科之外，其餘立憲民主黨大臣都於七月三日請辭，但不巧被布爾什維克起事給打斷。於是，一九一七年七月七日，克倫斯基罷黜了他那腹背受敵的ＳＲ同志，用司法大臣下台討好內閣裡的立憲民主黨大臣，同時又接受了這些他想討好的自由派的辭呈。[6]

從政治上看，這次內閣改組毫無意義。極左派起事才被反對布爾什維克叛國而高漲的愛國情緒所擊潰，反情報官員和忠心的部隊才是時下英雄。七月六日，克倫斯基下達指令，規定違背合法軍事命令的士兵「將以叛國者懲處」，並禁止布爾什維克報紙在前線散布，包括《真理報》、《戰壕真理報》和《士兵真理報》。在這個愛國情緒反擊的時刻，克倫斯基為何要除去內閣裡僅存的溫和派？[7]

李沃夫在辭職聲明裡透露了端倪。「我已經卸下了重擔，」這位即將離任的總理在《俄國消息》週刊寫道，「並深信自己完成了對祖國的義務」。他任命克倫斯基為繼任者，同時表示為了「替俄國軍民」掃除布爾什維克的威脅，他主張——

> 強而有力的政府有其必要，因此需要凝聚各派加以統合，而克倫斯基正具體展現了這種精神。他在軍中是公認的領袖，在民間是革命的象徵……而在社會主義者心中可能是唯一的行動派……因此必須賦予他最充分的行動自由……號召所有人團結一致，建立強大的民心士氣，唯有如此才能拯救祖國。

在這份有如俄國自由派臨終遺言的聲明中，李沃夫邀請他的繼任者，以及所有共濟會成員，重新實行獨裁。[8]

克倫斯基毫不避諱自己的野心。為了慶賀自己出任「拯救革命之政府」海軍與戰爭大臣兼總理大臣，受萬民景仰，克倫斯基不僅搬進冬宮，睡在亞歷山大三世的寢宮，沙皇的床上，連出入都換乘富麗堂皇的沙皇專車。他開始褪去凡人裝扮，穿著優雅的軍便服，甚至養起情婦，彷彿想配合自己新得到的顯貴形象。他的情婦正是妻子歐爾佳的表妹，讓歐爾佳倍覺羞辱，結束了兩人的婚姻。即位之初，他先是強制下令將羅曼諾夫王朝的加冕信物從彼得格勒移往莫斯科的克里姆林宮，免得被布爾什維克搶走，接著又出於同一理由，將三月退位後就軟禁在沙皇村的尼古拉二世及其王室成員強制送往西伯利亞的托博爾斯克。[9]

克倫斯基下達給軍隊的首道命令，是宣布任何「部隊單位只要擅離職守」一概「等同叛國」。他不僅授權軍官「使用砲火或機槍對付叛國者」，還向軍官保證「任何死傷完全由他負責」。七月九日，克倫斯基於蘇維埃執委會上提議，要求賦予他「無限制的權力，以重建部隊的秩序與紀律，對抗各種無政府與反革命勢力」。雖然執委會裡碩果僅存的幾名布爾什維克（以及數名孟什維克和左翼員）反對，但提議還是以五比一通過。七月十二日，部隊重新恢復死刑，並於師級單位設置「軍事革命法庭」，以簡單多數決進行裁決與判刑，所有參與七月起事的部隊則是奉命解編。不論俄國是否需要強人，現在都出了一位。[10]

軍隊對此反應不一。在加利西亞，克倫斯基下達新軍紀綱領的時機很微妙，因為俄國的攻勢正遭到逆轉。七月底時，俄軍已經被趕出了加利西亞，將一萬五千平方公里的土地拱手讓給奧德聯軍。不過，根據七月中旬加利西亞北端沃羅賓地區的戰場回報，雖然部隊轉攻為守，特別軍仍然士氣高昂，柯尼洛夫的第八軍撤退時也井然有序。到了八月，俄軍已經挖好新的戰壕，並且守住了陣線。[11]

戰事較不頻繁的前線也有好消息。根據西方戰線第二軍第四十二師師長回報，「恢復死刑和其他軍紀令……對士兵造成了強烈影響，並讓所謂的布爾什維克心驚膽戰。」而「女子敢死隊」的加入則讓第十軍戰力增強。這支由克倫斯基下令成立的部隊很快就成為傳奇，目的在讓那些「皮囊布爾什維克」男兵害怕丟臉而奮勇作戰。克倫斯基本人甚至於七月十七日造訪預備和第十軍聯合進攻維爾紐斯的第五軍，親自率領模擬衝鋒，以提振士氣。[12]

只可惜士氣是提升了，卻捱不過進攻。七月二十二日，俄國於砲火連續轟炸三天後開始攻擊。根據所有回報，女子敢死隊表現出色，即使兩翼的男兵拒絕挺進，她們依然奮勇向前，占領敵軍戰壕並擄獲了近一百名德國戰俘。鄰近部隊的男兵見狀，立刻加入了挺進的行列。

但這天的進展很快就被德軍隔日的反攻給拿了回去。不出幾天，整個作戰攻勢就耗盡了，雙方各自回到原本的位置固守陣地。西方戰線指揮官安東．鄧尼金將軍的檢討報告令人喪氣。雖然砲兵「攻勢驚人」，亞馬遜女戰士勇敢作戰，但鄧尼金發現絕大多數的步兵「只是做做樣子穿越兩三個敵軍戰壕，（然後）就返回自己的陣地了」。[13]

部隊還有救嗎？克倫斯基顯然堅信不移，恢復死刑就代表他是玩真的。這道命令出自柯尼洛夫將軍的請求。加利西亞攻勢失敗後，柯尼洛夫是最有可能接替總司令布魯西洛夫的人選，但於四月危機時遭到蘇維埃冷凍。部隊沒有真正改革，他是不會接掌大任的。柯尼洛夫堅持自己只向「良知與祖國」負責，為了重建軍紀與權威，他要求終止政治介入指揮與作戰命令，其實就是撤回一號命令。七月二十一日，柯尼洛夫開出的條件遭人外洩刊登在《俄國消息》上，逼得克倫斯基只好讓步。三天後，他任命柯尼洛夫為陸軍總司令，並接受他的條件。對蘇維埃執委會裡抱持不同意見的社會主義者來說，此舉就等於這兩人聯手破壞蘇維埃對軍隊的掌控權。[14]

蘇維埃的疑心不無道理。七月十三日，克倫斯基為了拓展自己的政治基礎，宣布將於八月在莫斯科召開「全俄大會」，參加者除了臨時政府、莫斯科和彼得格勒蘇維埃的成員，還邀請（包括羅江科在內的）前杜馬代表、戰爭工業委員會各合作社與工會、各州地方自治會、（包括艾列克謝耶夫將軍在內的）退役將領以及協約國部隊代表，共兩千四百名貴賓。雖然算不上制憲會議，但這場莫斯科大會顯然是克倫斯基和柯尼洛夫的政治動作，用來掩護他們對軍隊的改造。[15]

八月十三日，全俄大會於莫斯科大劇院召開。劇院外站了三排士兵及官校軍官，還有騎警在兩側戒備。考量到莫斯科有多處爆發反大會示威，還有布爾什維克鼓動罷工，派兵防衛實屬必要。據《言論報》特派員報導，劇場內「洋溢著戒慎與緊張期待」的氣氛。[16]

克倫斯基把握良機，發表了一場慷慨激昂的開場演說。他提到四月危機，誓言布爾什維克若再發動政變「反對人民政府……將會遭受鐵血手腕鎮壓。」接著他有點尷尬地提醒與會者，他之前擔任司法大臣曾於三月廢止了死刑，但當上戰爭大臣之後「部分恢復了」這項刑罰，結果話沒說完就贏得了「如雷掌聲」。克倫斯基難掩心中所想，訓斥與會者，反問他們「面對死刑問題，誰敢鼓掌叫好？各位難道不曉得在那時、在那片刻，我們的人性之心也死去了一部分？」[17]

柯尼洛夫的出場一樣精采。這位新任總司令隔日（八月十四日）才抵達會場，受到比克倫斯基更「熱烈的歡迎」，而克倫斯基就在台下目睹這一幕。根據《消息報》的報導，柯尼洛夫早上十一點十五分抵達莫斯科大劇院門口，「鮮花如大雨般落下，直到堆滿了他的座車。」當他走進劇院包廂，全場「掌聲雷動久久不散」。儘管劇院左側的工兵代表蘇維埃「靜靜坐著沒有鼓掌」，但至少坐在劇院右側的軍官、自由派政治家及「工商業代表」都興奮歡呼。克倫斯基和他的社會主義盟友大臣接著上台，受到了劇院左側與會者的鼓掌喝采，高喊「克倫斯基萬歲」，而「右側與會者則是毫無反應」，劇院隨即陷入「鼓譟」。克倫斯基想起自己的身分，發言要支持者安靜，請他們「保持秩序，給軍隊大家長該有的注意，專心聽講。」柯尼洛夫表示「必須不惜一切代價重振軍隊，因為唯有強大的軍隊才有自由的俄國。」他提到自己提出的部隊改革芻議已經得到克倫斯基批准，並由內閣大臣簽署，包括蘇維埃執委會派到司令部去的兩名 SR 政治委員：菲羅年科上尉（M. M. Filonenko）和克倫斯基麾下的代理戰爭大臣鮑里斯・薩溫科夫（Boris Savinkov）。[18]

面對一九一七年的俄國局勢，柯尼洛夫在簡短的演說裡盡量避談政治，只可惜接著上台的講者並沒有照做。在柯尼洛夫之前擔任第八軍軍長的哥薩克頭領（Ataman）卡列金將軍（A. M. Kaledin）上台之後，嚴厲「反駁哥薩克人是反革命分子的指控」，接著又說「必須撤除蘇維埃和軍事委員會」，政權應該交給即將於秋天選出的制憲議會，而非蘇維埃執行委員會。據《消息報》報導，會場「右側」對此歡聲贊同，左側則是高喊「想都別想！」之後卡列金稍微收斂，表示士兵委員會還是能討論「補給問題」，但仍強烈反對一號命令的頒布宗旨，要求「修改士兵權利宣言，加上士兵**義務**宣言」。劇場裡再度傳出稱許與嫌惡的高喊。最後是孟什維克的齊赫澤占了上風。他「不顧講者才剛要求立即廢除蘇維埃」，起身代表蘇維埃慷慨陳言。[19]

卡列金其實不是在為柯尼洛夫說話，但對於坐在劇院左側的許多與會者來說，感覺卻是如此。柯尼洛夫和卡列金同屬哥薩克後裔，只不過他的祖先是「西伯利亞哥薩克人」，比頓河和庫班哥薩克人更為俄化。一八七〇年，柯尼洛夫出生於烏斯季—卡緬諾戈爾斯克（現哈薩克境內），父親是農民兵，母親是波蘭與阿爾泰（即突厥）混血。他是帝俄時期從軍夢的代表，出身寒微，全憑本事一路做到軍官之首。他不僅會說中亞的突厥語，還在一九〇七至一一年於北京擔任駐外武官時學了中文。柯尼洛夫比卡列金更有教養，更戰功彪炳，待人接物也更敏銳，這會兒卻發現自己被人染上了「哥薩克反革命」的色彩。

若只有蘇維埃執委會和布爾什維克這樣誤會，那問題還不嚴重。但眼見柯尼洛夫在莫斯科獲得空前的擁戴，再加上《新時代》這類「右翼」溫和自由派機關報的推波助瀾，讓克倫斯基對自己剛任命的總司令懷疑了起來。「莫斯科大會過後，」他日後回憶，「我就清楚明白接下來的攻擊會來自右翼，而非左翼。」根據檔案資料（以及他本人隨後的行為）可以看出一九一七年八月底時，克倫斯基顯然已經認為有人正在醞釀「反革命」陰謀。[20]

至於柯尼洛夫則是希望全體動員保衛彼得格勒。那年北方戰線幾乎毫無動靜，因為德軍高層聽從帕爾烏斯的建議，讓布爾什維克在後方恣意破壞，避免因為發動進攻而讓俄國部隊的愛國心再次高漲。但列寧出逃之後，情勢就不同了。八月上旬，面對俄國第十二軍的德國第八軍開始在德維納河東岸集結砲火。八月十八日，德軍在北方前線北端的里加西方開火攻擊，其實是佯攻。隔天早上，真正的砲火攻擊在稍微南端展開，讓俄國部隊死傷慘重。八月十九日早晨將近九點，德軍在遠端持續炮擊的掩護之下，架設浮橋並使用小型木船強行渡河，到了中午已經有三個師橫越了德維納河。入夜時，德國第八軍在德維納河以東建立了堅固的灘頭堡，開出一條通往里加的康莊大道。雖然有零星俄軍持續抵抗，但俄國第十二軍於八月二十日至二十一日棄守里加，往東撤退了將近五十公里。德軍距離俄國首都只剩不到五百公里。[21]

不論從哪個政治角度去看，里加淪陷都應讓克倫斯基、柯尼洛夫和所有愛國（其實就是非布爾什維克）的社會主義者及自由派更團結才對。德國大有可能利用里加優越的港口設施朝芬蘭灣發動海上攻擊，因為眾所周知喀瑯施塔得的俄國部隊遭人滲透，防衛並不可靠。除了拉斯柯尼科夫和羅沙利之外，喀瑯施塔得的起事者幾乎都逃過了克倫斯基布下的法網，島上的布爾什維克報紙《無產階級志業報》也持續發行。八月八日，克倫斯基批准計畫，預備廢除喀瑯施塔得軍區，並調走海軍訓練特遣隊。這個計畫若能順利執行，效忠政府的水兵就能專心服役，不受政治煽動，不僅增加德軍的登陸難度，還能斷了布爾什維克未來再次起事的希望。[22]

結果完全不是那麼回事。克倫斯基和他的陸軍總司令非但沒有聯手剷除喀瑯施塔得的布爾什維克主義，保衛彼得格勒不受德軍侵犯，反而兵戎相向，發生了史稱「柯尼洛夫事件」。兩人之前就因為總司令就任條件和莫斯科大會而有嫌隙。柯尼洛夫剛回到莫吉廖夫，就有大批軍官與達官顯要來訪。根據柯尼洛夫的參謀長盧孔斯基將軍（A. S. Lukomsky）表示，這些人向柯尼洛夫提到「布爾什維克打算起事的傳言，並表示時間定在下個月初。」不論傳言是真是假，這些信口胡說都很愚蠢，而且在當時的情況下更是危險。盧孔斯基事後回憶，「不幸的是，柯尼洛夫跟許多來到最高司令部的人說，他有意給布爾什維克致命的一擊，而對（蘇維埃執行委員會）來說……他的想法其實早就不是祕密，甚至他的計畫就算不是全被彼得格勒知道了，也洩漏了一部分。」[23]

克倫斯基很快就嗅到了端倪。八月廿三日，他派同屬SR的代理戰爭大臣薩溫科夫到最高司令部。隔日，薩溫科夫和柯尼洛夫會面，表面討論軍隊改革，實際是想刺探柯尼洛夫的口風。雖然這場在莫吉廖夫的會面沒有留下紀錄，但盧孔斯基和薩溫科夫都留有文字記述。根據盧孔斯基的紀錄，柯尼洛夫和薩溫科夫對於士兵委員會和政治委員在部隊中的角色僵持不下。薩溫科夫之前曾擔任政治委員，因此希望保留，只是限制其活動，但柯尼洛夫堅持廢除。但兩人都同意必須調派「值得信任的騎兵部隊」鞏固彼得格勒軍區，因為只要宣布新的規定，嚴厲執行軍隊去政治化，布爾什維克可能很快就會起事。[24]

反觀薩溫科夫，他幾乎不記得兩人討論過士兵委員會及政治委員，只強烈感覺柯尼洛夫對克倫斯基抱有反感。他發現總司令「情緒激動，不停指謫臨時政府，表示自己已對臨時政府失去信心，國家就要滅亡了，他再也無法跟克倫斯基共事了等等。」薩溫科夫在幾天後的訪談裡表示，直到他向柯尼洛夫保證克倫斯基已經批准了他的部隊改革計畫，對方才冷靜下來。儘管如此，他指出自己離開最高司令部前，柯尼洛夫「要我向克倫斯基表達他的滿意，以及他保證徹底效忠臨時政府」。[25]

由於明白事態嚴重，因此薩溫科夫和柯尼洛夫最終還是放下互相猜疑，達成了暫時協議。遺憾的是，下一位造訪最高司令部的人就沒那麼謹慎了。弗拉基米爾・李洛夫（V. N. Lvov，和前任臨時政府主席沒關係）是貴族出身的業餘藝術愛好者，十月黨前杜馬代表，曾任**神聖宗教議會**（Holy Synod）統領，七月時遭到克倫斯基罷黜。他得知最高司令部正在醞釀政變的傳言，便決定試探克倫斯基（兩人於八月二十二日在彼得格勒會面），並主動請纓擔任中間人。八月二十四日，薩溫科夫剛離開司令部不久，李洛夫就抵達了莫吉廖夫，於晚上十點走進柯尼洛夫的辦公室。

接下來發生的事，若不是因為後果慘重，實在可說是鬧劇一場。柯尼洛夫聽到這位深夜訪客自稱代表克倫斯基，為了一樁「重要使命」而來，竟然傻傻信了這位「說話無比實在的紳士」的說詞。由於兩人都討厭布爾什維克，因此一拍即合。柯尼洛夫告訴他的訪客，布爾什維克正密謀「推翻政府，計畫奪取政權之後立即私下談和……瓦解部隊士氣，將波羅的海艦隊拱手讓給德國。」李洛夫曖昧其詞，告訴柯尼洛夫克倫斯基授權他提出三個選項，以剷除布爾什維克的威脅：一、克倫斯基成立獨裁政府；二、由「三到四人（含克倫斯基和柯尼洛夫）」實行「權力無限」的寡頭統治；三、柯尼洛夫實施軍事獨裁。柯尼洛夫完全沒有查證這名神祕訪客的來歷真假，就接受了對方的提議，並表示只要克倫斯基和薩溫科夫留任大臣，他願意接受第三個選項。就算只是講講，柯尼洛夫竟然會支持推翻臨時政府還是頗令人詫異。[26]

李洛夫回到彼得格勒，向克倫斯基匯報會面結果，不難想見克倫斯基聽完作何感想。八月二十六日傍晚六點，克倫斯基在冬宮接見李洛夫。聽完他和柯尼洛夫的談話之後，克倫斯基震驚不已。李洛夫完全略過兩人交談的背景（柯尼洛夫以為那三個選項是克倫斯基本人的提議），告訴克倫斯基「柯尼洛夫將軍……建請他敦促臨時政府即刻將權力移轉給大元帥」，並要薩溫科夫和克倫斯基前往莫吉廖夫，分別出任戰爭大臣與司法大臣。克倫斯基不敢相信自己的耳朵，便要求李洛夫將柯尼洛夫的提議寫下來。李洛夫立刻照辦，還另外加上「大元帥」堅持「彼得格勒宣布戒嚴」，同時「所有大臣包括總理在內，都須辭職」。柯尼洛夫的叛國意圖就這樣白紙黑字記了下來，即使明明是某個學舌騙子混淆黑白，卻這樣改變了數百萬人的命運。[27]

克倫斯基堅持要先和柯尼洛夫談過再採取行動，但他和李洛夫一樣只是做做樣子。這有部分是李洛夫的錯，因為他離開冬宮去用餐，沒能及時回來阻止克倫斯基晚上八點透過「休士印字電報」和莫吉廖夫進行的例行通話。克倫斯基讓柯尼洛夫等了半小時後，終於發了訊息給最高司令部。他假裝發訊者是李洛夫，以「弗・李」為名發言（其實是打錯字），詢問柯尼洛夫「是否真的要照您託付我私下轉達給克倫斯基的明確決定採取行動，因為克倫斯基需要您親口確認才敢完全相信我。」柯尼洛夫不疑有他，便向「李洛夫」確認他「要求」克倫斯基「必須來莫吉廖夫一趟」。這話坐實了克倫斯基的懷疑，柯尼洛夫打算在最高司令部逮捕自己。

由於擔心右翼即將發動軍事政變，克倫斯基午夜緊急召集內閣開會。這裡必須要稱讚薩溫科夫，因為他努力勸阻克倫斯基，認為柯尼洛夫計畫政變是「天大的誤會」，而非陰謀。但克倫斯基充耳不聞。根據涅卡索夫回憶，克倫斯基情緒激動，大喊「我絕不會讓他們搶走革命！」有意思的是，克倫斯基就像柯尼洛夫的翻版，要求內閣賦予他獨裁權，內閣也同意了。而他拿到權力後的第一件事就是清晨七點發電報給最高司令部，下令解除柯尼洛夫的軍權，同時將他召回彼得格勒。當天（八月二十七日）稍晚，克倫斯基向「全國各地」發送無線電報，指控柯尼洛夫要求「臨時政府投降」，並宣布彼得格勒實施戒嚴。幾小時前的兩點四十分，柯尼洛夫才下達了同樣的指示，那是他以陸軍總司令身分發出的最後一道命令。[28]

柯尼洛夫收到克倫斯基那封充滿指控的電報，整個人氣壞了。於是他也向全國發送無線電報，痛斥總理「說謊」，並指出是克倫斯基派李洛夫來找他，而不是反過來，結果造成「極大的挑釁」。因此，基於克倫斯基的不實指控，以及臨時政府「受制於布爾什維克的壓力……做出完全符合德軍計謀的舉動」，他被迫指控那位指控他的人才是叛國者。「本人柯尼洛夫將軍，」他最後說道，「哥薩克農民之子，在此昭告全國同胞，本人一無所求，但求護衛我大俄羅斯，並誓言戰勝敵人，將人民帶向制憲議會之路。」為了反抗，柯尼洛夫下令逮捕最高司令部的SR政治委員菲羅年科上尉，並指派四個哥薩克騎兵團組成討伐部隊，由克里莫夫將軍率領，進軍彼得格勒。即使柯尼洛夫是因為克倫斯基的無妄指控而出手，但此令一出，已經無異於武裝反抗臨時政府。為了挽回決裂，薩溫科夫最後一搏，找到一條保密線路撥電話到莫吉廖夫，請求柯尼洛夫中止克里莫夫的討伐任務，但遭到了拒絕。[29]

柯尼洛夫事件起於誤會，現在又因猜忌而惡化。讀完柯尼洛夫的回應之後，克倫斯基肯定察覺他們倆都誤信了李洛夫。但他沒有因此軟化，反而立即發出公報，指控柯尼洛夫將前線部隊調回來恐嚇彼得格勒是「叛國罪」，卻忘了自己一週前才要求調派可信賴的前線部隊回防首都軍區。柯尼洛夫則是拿「受人指使的布爾什維克」正在「彼得格勒為虎作倀」為由，想證明克里莫夫師出有名，但心裡其實十分明白，就像克里莫夫隨即會發現的，首都根本沒有布爾什維克起事，克倫斯基也未受任何人指使或操弄。八月三十一日，克里莫夫抵達彼得格勒。他讓部隊停在城外，自己一進城就被克倫斯基拔了兵權。克里莫夫知道大勢已去，便舉槍自盡，成為柯尼洛夫事件的第一位犧牲者。[30]

但他不是最後一位犧牲的。九月一日，艾列克謝耶夫將軍於莫吉廖夫接受柯尼洛夫投降，這場短命的反抗宣告結束。其實事情可以更早收尾，只是克倫斯基起初找不到願意接替柯尼洛夫的人。他心裡的第一人選是北方前線司令克列姆博夫斯基（V. N. Klembovsky），可惜對方拒絕了，不想陷入政治砲火中。他的第二人選是柯尼洛夫的參謀長盧孔斯基，但他同樣拒絕了，只是沒那麼客氣。他在八月二十七日下午一點發出的電報裡警告克倫斯基，「罷黜柯尼洛夫將導致俄國陷入前所未有的可怕遭遇」，並轉發副本給所有前線將領。由於找不到繼任人選，克倫斯基竟然頒布了一道驚人的命令，指出柯尼洛夫將軍雖然犯下叛國重罪，但部隊仍要服從他之前的命令，直到找到合適的總司令人選為止。就連艾列克謝耶夫也是（透過休士打字電報）先和柯尼洛夫長談過後，才出於愛國責任感於八月三十日同意前往莫吉廖夫接掌帥位。兩人的電報交談更像是柯尼洛夫向他親切概述部隊的現況，而非控訴。兩人協議由柯尼洛夫向艾列克謝耶夫無條件投降，然後送往附近的貝科夫要塞監禁。和他一起入獄的還有效忠於他的三十名軍官。[31]

這起事件捲起了巨大的政治海嘯。早在八月二十七日的蘇維埃執委會上，就有孟什維克引述克倫斯基在無線電報裡對柯尼洛夫的激烈指控，提議邀集布爾什維克黨人共同組成「人民對抗反革命勢力委員會……並武裝各工人團體」，以便「必要時……接受軍隊指揮行動」。這項動議後來得到通過。八月三十一日《消息報》報導，蘇維埃執行委員會麾下的新委員會決議釋放「所有因為七月三至五日事件而遭到逮捕、但未證明其行為有犯罪性質之人士」，等於宣告布爾什維克獲得平反。這項決議相當於特赦了所有七月被捕的布爾什維克，只有列寧例外。他還躲在芬蘭，仍然因為需要接受偵訊而遭到通緝。[32]

為了收拾自己惹出來的「柯尼洛夫謀反」，克倫斯基決定和布爾什維克握手言和。如今他只能祈禱布爾什維克要是哪一天占了上風，對他會像現在的自己一樣寬容。

第十三章　紅色十月

對俄軍而言，柯尼洛夫事件來得完全不是時候。七月危機過後，克倫斯基和柯尼洛夫聯手清除布爾什維克煽動者，重建軍官權威，終於讓軍官與士兵的關係開始逐漸好轉。做到這點並不容易，而且士兵仍有許多抱怨，但那年夏天多數時間的發展都很正面。七月二十八日，第五軍的斯維欽少將（M. A. Svechin）回報，布爾什維克遭到鎮壓後，那些「預謀的政治煽動」全停止了，愛國心較強的SR黨員的聲音成為士兵委員會的主流。鎮守加利西亞前線北端的特別軍則在八月十二日的戰場回報裡說，「士兵和軍官並肩作戰，**出色極了**（velikolepno）」。[1]

然而，這年夏天的努力轉眼間就化為烏有，傷口再度撕裂。克倫斯基和柯尼洛夫對立期間，絕大多數（雖然不是全部）軍官都站在了柯尼洛夫這邊，責怪克倫斯基羞辱了他。八月二十八日，先前在特別軍力抗布爾什維克滲透，後來接掌第十軍（就是女子敢死隊加入後振作起來的那支部隊）的巴魯列夫將軍電告所有前線將領（但沒有發給克倫斯基），表示他「完全認同柯尼洛夫……為了挽救部隊作戰能力」所採取的各項措施，柯尼洛夫是「全俄羅斯唯一可以憑藉鋼鐵意志重振部隊秩序的人」，克倫斯基罷黜他就等於「毀了軍隊與國家」。羅馬尼亞前線司令謝爾巴喬夫將軍（D.G. Shcherbachev）也在同一天發了電報，語氣稍為婉轉（婉轉到還發給了克倫斯基），表示柯尼洛夫遭到罷黜「必然會對軍隊和守衛俄國造成災難般的後果」。盧孔斯基將軍則在電報裡告訴克倫斯基，柯尼洛夫下台將導致「部隊士氣徹底瓦解」，甚至引發「內戰」。曾任最高司令部參謀長的西南前線司令鄧尼金將軍對柯尼洛夫崇敬有加，認為他是憑藉己力出人頭地的表率。鄧尼金的父親是薩拉托夫的農奴，在部隊裡熬了二十二年才升到軍官。因此，鄧尼金不認同克倫斯基。「我是軍人，不習慣玩遊戲，」他這樣寫道，並告訴總理大臣如果政府命令他和柯尼洛夫切割，他「恕難從命」。[2]

士兵們的看法就不同了。打從一九一七年九月初開始，北方前線的士兵在家書裡提到柯尼洛夫就沒好話，經常用布爾什維克掛在嘴邊的說詞，批評他是「資產階級」（其實不然）。不少士兵責怪柯尼洛夫調派部分軍隊到彼得格勒，導致對德的壕溝戰兵力不足，這的確有幾分正確。甚至有人指稱柯尼洛夫「從德國那裡收了大錢」。不過，這不盡然表示士兵都站在克倫斯基那邊。「部隊裡大多數人，」九月三日一名士兵寫道，「效忠的是革命民主」，而非某位政治人物。一位見過柯尼洛夫本人的士兵就寫道，他信任柯尼洛夫遠勝於總理大臣。然而這是例外。絕大多數士兵的反應都是認命地聳聳肩，心想「我們為什麼還要戰鬥」？一位莫斯科士兵一語道盡了許多士兵的感受：「這不是戰爭，而是亡國行動。」[3]

加利西亞戰線沒有那麼士氣低迷。作戰是治療絕望最有效的解藥。雖然波羅的海前線因為里加淪陷而暫時平靜，但奧德聯軍從八月底到九月初的進襲卻為西南戰線的俄軍帶來了強心針。九月四日至六日，特別軍在右翼遭遇了一連串攻擊，不僅和敵人發生激烈的肉搏戰，甚至擄獲了幾名德軍戰俘。九月十六日，俄國第三十九軍團竟然重新展開進攻，突襲德軍戰壕，搶到了步槍與彈藥。類似的小規模戰鬥持續了一整個月。只要忙著打仗而無暇煩心政治，穆齊克們就願意為了保衛國家不受敵人攻擊而戰。[4]

然而，柯尼洛夫事件爆發很難讓人不想到政治。在克倫斯基的堅持之下，曾經聲援柯尼洛夫的將領（如鄧尼金）及其部屬都遭到逮捕。其餘將領，例如巴魯列夫和謝爾巴喬夫將軍，則是在柯尼洛夫公開宣告反抗政府後收回他們對柯尼洛夫的支持，因而逃過一劫，巴魯列夫更加謹慎，沒有將支持柯尼洛夫的電報發給克倫斯基。至於最靠近彼得格勒的第五軍軍長尤里．丹尼洛夫將軍（Yuri Danilov）和第十二軍軍長帕斯基將軍（D. P. Parsky），他們則是因為效忠克倫斯基或出於自保而沒有站在柯尼洛夫那一邊。北方戰線由於接近首都，因此是俄國部隊裡政治色彩最重的。[5]

自列寧四月返國以後，除了七月危機過後那一小段時間，北方戰線始終充斥著布爾什維克的政治宣傳。柯尼洛夫事件結束，第五軍的布爾什維克化再度火力全開。克倫斯基發表公報指控柯尼洛夫叛國之後，布爾什維克鼓動的「拯救革命委員會」突然從部隊裡冒了出來。九月一日柯尼洛夫投降被捕當天，斯維欽將軍回報指出「軍隊戰鬥力」嚴重折損，二百五十六名逃兵出走只是原因之一。布爾什維克政治委員趁機把持電報設備，從此莫吉廖夫和彼得格勒之間的往來通訊全都受到他們監控。[6]

第十二軍布爾什維克化得比第五軍慢，但滲透得更深。九月二十八日，帕斯基將軍回報表示「絕大多數士兵完全不想打仗」，而且原因不難想像。「由於布爾什維克的政治宣傳，」帕斯基如此解釋，「軍官全被視為反革命分子」。而「軍官階級」則是戒慎恐懼，因為士兵盯著他們一舉一動，尋找任何同情反革命的蛛絲馬跡，讓他們「感覺自己才是受壓迫的人」。帕斯基認為，想「重建軍紀，讓士兵重新願意作戰……根本是不可能的任務」。[7]

其他前線狀況沒那麼糟，但也樂觀不到哪裡去。一九一七年九月最後一週遞交給最高司令部的一份戰情報告指出，西方戰線士兵「普遍厭戰」，並受到「強烈的失敗主義煽動，不僅拒絕執行命令，威脅指揮人員，還試圖和德國人交好。」西南戰線「失敗主義煽動持續增強，部隊正全面瓦解。由於後方瀰漫的分裂氣氛，使得布爾什維克的浪潮愈滾愈大。」政治上，北方戰線最重要，布爾什維克的影響也達到高峰。「除了布爾什維克，沒有其他政治運動受歡迎。只要閱讀溫和派報紙就會被看成……『資產階級』和『反革命分子』。有心人士正強烈鼓吹，要求立刻停止軍事行動」。[8]

由於布爾什維克主義在波羅的海軍區蔓延時，正好是德軍對彼得格勒加強威脅之際，使得這樣的發展更加危險。九月二十九日半夜，德國發動「海神之子」兩棲作戰行動，攻擊位於里加灣與芬蘭灣交界處的數個小島。這些島上有三個團和海岸砲兵連的俄國守軍。十月十五日，德軍攻下最主要的薩拉馬島，緊接著不到一週戰事就宣告結束。德軍控制了芬蘭灣口，就算無法直接發動兩棲作戰進攻彼得格勒，也能繞到俄軍防線後方從芬蘭或俄國的海岸登陸。俄屬芬蘭的德國間諜興奮地向柏林回報，當地輿論「完全倒向了德國」。隨著喀琅施塔得和波羅的海艦隊相繼遭到布爾什維克滲透，很難想像還有什麼攔得住德軍。十月三日，俄國最高司令部下令部隊撤離日瓦爾，里加和彼得格勒之間的最後一個地面要塞。德軍距離俄國首都只剩四百公里。十月中，波羅的海艦隊的將領們在赫爾辛基開會，結論非常悲觀：「芬蘭和通往首都的要道之命運幾乎全取決於敵軍了。」[9]

波羅的海艦隊和北方軍的潰散讓彼得格勒處境堪憂，不是落入進犯的德軍之手，就是遭布爾什維克掌握。然而，當克倫斯基決定罷黜一心重建軍紀的柯尼洛夫，並跟從不掩飾瓦解軍紀企圖的布爾什維克談和之後，實在很難想像會有其他結果。柯尼洛夫和數十名最愛國的俄國軍官被關入大牢，托洛茨基則是於九月三日交了三千盧布保釋金之後獲釋出獄。九月八日，克倫斯基撤除調查布爾什維克的反情報單位。九月十二日，蘇維埃執行委員會達成決議，要求確保列寧和季諾維也夫可以得到「公平的審判」，只是列寧不敢大意，仍然拒絕從芬蘭的藏身處返回彼得格勒。[10]

克倫斯基一九一七年九月初替布爾什維克平反，然而當時檢察官蒐集「七月三至五日事件」證詞的行動非但尚未結束，證人還持續增加，使得克倫斯基此舉更令人費解。八月十九日，切爾諾夫出庭作證。由於切爾諾夫七月四日在塔夫利宮前遭到暴力相向時，托洛茨基曾經出手相助，因此切爾諾夫無意舉發他，而且對列寧的角色也沒有內幕情報。但他的證詞仍然充滿了殺傷力，因為他擔任大臣期間曾經差點遭到拿錢辦事的政治反動者刺殺。切爾諾夫表示，七月四日事件「讓我幾乎不得不相信，確實有**幕後黑手**事前計畫妥當，派人高喊我的名字讓我被逮」。[11]

列別捷夫（M. N. Lebedev）的證詞更有殺傷力。他是反情報官，七月攻入克謝辛斯卡之家的行動便是由他負責。他於八月二十二日出庭作證，就在柯尼洛夫事件爆發前不久。「七月六日早上十點，我接到波洛夫佐夫將軍親自下令，」列別捷夫開頭表示，「要我進去剛被我軍奪下的克謝辛斯卡之家內搜索文件，並加以保管。」他找到許多抬頭是「俄國社會民主黨中央委員會」的文件，包括標有「第一機槍團獵鷹徽」的行動指令，上頭還蓋著布爾什維克的戳印。此外，他在一個「靠窗的檔案櫃裡」找到了「顯然和起事有關的各式文件」，包括彼得格勒的「武裝行動地圖」、「起事部隊名單及行動指令」、「有權進入參與起事各武裝單位總部的人員名單」和「（布爾什維克）黨中央委員會核發的車輛使用許可證」。樓下還有其他寶藏，包括《真理報》編輯室和編輯室裡的帳冊、印製識別證的「昂貴進口設備」和布爾什維克文宣。列別捷夫還根據自己看過的蘇門森帳冊說明了她如何販賣德國提供的「溫度計、鉛筆、絲襪和藥物」，將賺得的盧布交給她在布爾什維克中央委員會的聯絡人科佐洛夫斯基，藉此洗錢以資助布爾什維克的活動。誰若需要證據將布爾什維克送上叛國法庭，顯然這就是了。[12]

列別捷夫做出震撼證詞的幾天前，克倫斯基決定放過布爾什維克，以便對抗子虛烏有的「柯尼洛夫主義」威脅，並裁撤了挖出布爾什維克叛國證據的反情報部。更令人驚訝的是，他甚至允許布爾什維克重新武裝，名義上是為了協助彼得格勒對抗「柯尼洛夫分子」，他顯然認為布爾什維克軍事組織是唯一有經驗的武裝力量。布爾什維克立刻把握機會，從政府軍火庫裡取走了四萬把步槍。[13]

克倫斯基到底在想什麼？九月十四日，蘇維埃執行委員會在彼得格勒召開「全俄羅斯民主組織代表大會」。這場會議是（克倫斯基和柯尼洛夫在會上針鋒相對的）八月莫斯科大會的古怪延續。由於「柯尼洛夫派」黯然垮台，使得彼得格勒代表大會明顯左傾，甚至左傾到立憲民主黨員拒絕參加。克倫斯基在這場集結了布爾什維克、孟什維克和左翼SR的會上演講，隱約透露了自己忽然左傾背後的混亂想法。他幾乎整場演說都在談論拿破崙（克倫斯基有許多朋友說他很像拿破崙），談論這位強人在法國從革命民主轉為軍事獨裁時的角色，因為他自己也在認真考慮這個可能。我們不曉得克倫斯基是自比為拿破崙，還是自比為將從拿破崙這類人物（例如柯尼洛夫）手中拯救俄國的英雄。克倫斯基表示，巡視前線期間，許多人都覺得他「其實覬覦拿破崙那樣的頭銜」。

然而，布爾什維克用失敗主義政治宣傳大幅滲透了部隊，「摧毀了部隊的團結與力量」，進而「為白馬將軍或拿破崙（即柯尼洛夫）鋪好了道路」。克倫斯基很努力想將粉碎「柯尼洛夫派」的拿破崙大夢這個功勞攬在自己身上，卻只換來台下布爾什維克的嘲弄，譏笑他是「俄國第一將軍」。當他為了前線部隊恢復死刑而辯護，整座會場上「丟臉」聲不斷。克倫斯基惱羞成怒，警告布爾什維克「任何人膽敢……背判俄羅斯軍隊，就會嘗到革命政府的力量。」然而，布爾什維克根本不受威脅。九月二十一日，布爾什維克代表在加米涅夫率領下提出決議，要求前線部隊廢除死刑、「由工人掌握生產與分配」、「工人全面武裝並組織紅衛兵」、解散臨時政府和「立即釋放所有被捕的革命分子」。克倫斯基為了擊退「柯尼洛夫派」選擇不與左翼為敵，結果反而壯大了他的布爾什維克政敵。[14]

評價克倫斯基一九一七年秋天這些弄巧成拙的舉動之前，我們必須記得這位總理大臣雖然頗有聲望，其實年方三十六，在政治上相對青澀。共濟會的人脈讓他在革命之後如彗星般竄起，絕佳的口才則在二月革命和五月巡視前線時幫了他一臂之力。然而，克倫斯基缺乏謀略，加利西亞攻勢失敗就是慘痛的證明。他在七月危機之後接任總理大臣表現得更差，除了罷黜佩洛斐澤夫，在「右翼」立憲民主黨員擊退左翼政變之後恩將仇報，還有柯尼洛夫事件裡的各種矯揉造作。不讓克列姆博夫斯基或盧孔斯基接任總司令不是好預兆，而艾列克謝耶夫將軍一弄清楚柯尼洛夫事件的來龍去脈，也於九月九日請辭，將指揮權交給了當時幾乎名不見經傳的西南戰線後勤司令杜霍寧將軍（N.N. Dukhonin）。克倫斯基顯然是小孩玩大車。[15]

平反布爾什維克是他最錯誤的決定，一舉讓布爾什維克從邊陲回到了政治核心。九月莫斯科市議員選舉，列寧的政黨大獲全勝，囊括近半選票，是六月時（百分之十一點六）的四倍有餘。社會革命黨的得票數則從百分之五十九跌到百分之十五，充分顯示了克倫斯基在政治上的無能。九月十九日，布爾什維克首度在莫斯科蘇維埃取得了過半多數，九月二十五日在彼得格勒又再下一城，於蘇維埃執委會二十二席委員中拿下了十三席。重點是托洛茨基，這個曾有兩名證人指稱是他煽動武裝暴徒刺殺克倫斯基的人，竟然於九月二十六日獲選為蘇維埃執委會主席。八月時，蘇維埃從塔夫利宮遷往附近的斯莫爾尼宮。由於克謝辛斯卡之家內的黨機器被瓦解了，因此布爾什維克趁著剛拿下蘇維埃多數，直接接管了斯莫爾尼宮，並重新設立布爾什維克軍事組織總部，同時更名為彼得格勒蘇維埃**軍事革命委員會**（Milrevkom），名義上不屬於任何一黨一派。[16]

這個情況真是非比尋常。德國兵臨彼得格勒城下之際，俄國「二元政權」較為強大的那個政府卻由布爾什維克所掌握，其中幾名首腦（列寧和季諾維也夫）還因叛國而被起訴。更令人困惑的是，馬林斯基宮十月七日還成立了「俄羅斯共和國臨時議會」，以便監督制憲議會選舉。蘇維埃執行委員會的各項會議不是由剛保釋出獄的托洛茨基主持，就是由他同樣被控叛國的妹夫加米涅夫負責。離開彼得格勒三個月的列寧仍是在逃嫌犯，全國各地都張貼著他的通緝海報，但他的政黨卻已經成為主導彼得格勒和莫斯科政局的主要勢力。[17]

受到布爾什維克起死回生衝擊最大的，莫過於俄國軍隊。布爾什維克把持蘇維埃執行委員會以後，從此得以假借彼得格勒蘇維埃的完全授權，派遣煽惑分子到前線及後衛部隊。他們打著彼得格勒蘇維埃的名號，騷擾堅持士兵需服從命令的軍官。儘管安那托利亞和加利西亞的部隊布爾什維克化的速度依然緩慢，但西方和北方戰線卻被滲透得非常快。九月二十九日，第二軍正式召開布爾什維克黨代表大會，登記的支持者有一萬七千人。而在十月四日召開的第二次地區會議上，西方戰線的布爾什維克黨員超過了二萬一千萬人，比九月中增加了四點五倍。尤其值得一提的是十月十五日在拉脫維亞采西斯鎮（Tsesis/Cesis）舉行的北方戰線布爾什維克代表大會，與會者除了來自迅速布爾什維克化的第五軍和第十二軍，還包括芬蘭第十七軍團的布爾什維克代表。會上，第十二軍的拉脫維亞旅表現出色，成為布爾什維克軍事組織的核心成員，直接和斯莫爾尼宮裡的總部合作。[18]

在最靠近首都的部隊裡，政治戰線已然涇渭分明。一邊是列寧的布爾什維克，其主張既尖銳又鮮明：立刻終止戰爭，一切權力歸於蘇維埃；另一邊則是，呃，不清楚到底有誰，只是一群反對布爾什維克強力侵吞俄國政府與軍隊殘餘勢力的鬆散集合。克倫斯基應該是凝聚這群人的頭號人選，但當他疏遠軍官團和孟什維克裡的所有右翼後，就成了沒有追隨者的領袖。他原本應當喚起全俄羅斯的愛國者共同對抗列寧，但所有人都知道一旦面對威脅他只會說空話。當克倫斯基保證只要布爾什維克再次發動政變，他將集中「革命政府所有力量」對付他們，我們又為什麼要相信他？畢竟布爾什維克明明政變過，他卻讓他們逍遙解脫了，不是嗎？

克倫斯基如此無能，布爾什維克卻拖了那麼久才行動，這才是整件事裡真正令人意外的地方。九月下旬，列寧呼籲布爾什維克中央委員會全面武裝，並宣稱布爾什維克已經擁有足夠力量，可以「同時突襲三個點，聖彼得堡、莫斯科和波羅的海艦隊」，而且「有一百比一的機會能用（比七月）更小的犧牲取得成功」，因為「**部隊不會反抗宣揚和平的政府**」。但由於列寧罔顧中央委員會要求他返回彼得格勒的呼聲，仍然窩藏在芬蘭沒有露面，因此他的懇求並未被採納。[19]

列寧持續缺席，讓托洛茨基成了一時之選。從二月起，彼得格勒蘇維埃就一直是俄國革命的神經中樞，只因部分堅守原則的成員（克倫斯基除外）格外謹慎，才遲遲未能做出艱難的選擇，接掌戰時政權。直到九月之前，蘇維埃執委會都由孟什維克主導，因此也和孟什維克一樣半吊子，理論上效忠革命，實際上卻不急著實現那樣的未來。前孟什維克出身的托洛茨基當上執委會主席，讓局勢有了關鍵的改變。瞻前顧後以致無能的俄國社會民主就此式微，讓位給不擇手段全力奪權的布爾什維克。九月二十一日至二十三日，托洛茨基在斯莫爾尼宮進行了一系列演講，算是競選執委會主席的政見發表會。他在演講中大言不慚地高喊「一切權力歸於蘇維埃！」只要有人鼓譟反駁，指出「一切權力歸於蘇維埃這個口號是德國來的」（亦即布爾什維克是德國間諜），托洛茨基就會痛批這些質問者是「反情報幹員」和「保皇反動派」，引來如雷的掌聲久久不斷。從九月二十六日蘇維埃的投票結果來看，顯然是他的演說贏了。[20]

能夠主持全體會議，讓托洛茨基的攻擊更加肆無忌憚。十月三日，他提議討論九月中於塔什干爆發的起義事件。早在托洛茨基提此動議之前，布爾什維克和地方蘇維埃裡的激進分子便已經趁著柯尼洛夫事件，動員新訓營裡認同革命的士兵，慫恿他們不只逮捕軍中的「柯尼洛夫派」，還包括臨時政府的地方成員。塔什干軍區司令契爾克斯將軍前往蘇維埃抗議，卻遭到瓶子和煎鍋攻擊，其中一個砸到他頭上，當場將他擊昏。克倫斯基怒不可遏，下令薩馬拉調派懲戒部隊前往塔什干，卻被薩馬拉蘇維埃駁回。托洛茨基提出動議，宣布「全體團結」一支持塔什干蘇維埃反抗，以做為「革命民主的表率」。加米涅夫則痛斥克倫斯基這位「前SR黨員」竟然使用「普羅托波波夫的手段」。「不是布爾什維克，號召武裝起事反抗政府……而是政府逼得全國武裝（反抗）。」[21]加米涅夫說。

這幾乎是毫無遮掩的威脅，完全不是虛張聲勢。一週後的十月十日，布爾什維克中央委員會在瓦西里島上的蘇哈諾夫家裡開會。由於這場討論非常重要，列寧特地於十月七日至九日之間偷渡回國。三個月來首度現身，眼看德軍對彼得格勒步步進逼，列寧宣稱「關鍵時刻就要到了」。列寧七月才說「我方的關鍵行動注定失敗」，但「現在大多數人都站在我們這一邊」。他反駁加米涅夫和季諾維也夫的擔憂，認為在十一月制憲議會選舉前奪權不是「自找死路」。他還主張等待「毫無意義」，因為全國選舉和城市的蘇維埃式選舉不同，農民也能投票，因此布爾什維克絕不可能在全國選舉中獲勝。列寧可能是擔心自己的通緝令張貼在全國各地，因此主張布爾什維克應該立刻奪權。為了化解僵局，托洛茨基提議各退一步，不用等到十一月，而是以十月二十五日的第二次蘇維埃代表大會為名義奪權。他的提議以十票對兩票得到通過。[22]

就這樣，一場古怪的等待遊戲正式展開。政變在即的消息流出了斯莫爾尼宮。十月十三日，新推出的布爾什維克全開報刊《工人之路》宣告「一切權力歸於蘇維埃」，導致支持政府的《人民事業報》警告，「布爾什維克正在預備（武裝）行動」。十月十六日，孟什維克黨人費奧多爾・丹恩（Fyodor Dan）在蘇維埃質問托洛茨基「布爾什維克是不是在預備政變？」托洛茨基語帶嘲諷，義憤填膺地說，「孟什維克」竟然想知道「布爾什維克是否在策劃武裝示威。他是以誰的名義這樣問的？克倫斯基？反情報單位？還是祕密警察？」十月十八日，托洛茨基故意宣布「我們還沒決定要起義」。[23]

克倫斯基知道布爾什維克正計劃推翻他，這是全彼得格勒最公開的祕密。他七月鼓動列寧的政黨起事時，深信效忠政府的軍隊會瓦解政變，但這回他沒那麼確定了。他在十月初發給倫敦的一封密電裡提出警告，除非外交上大有斬獲，否則「我想天氣變冷之後，我恐怕無法再讓部隊守在戰壕裡了。」但英國並未回覆，於是他決定不再拐彎抹角，直接告訴英國駐俄大使布坎南爵士，除非協約國出手相助，「修正戰爭目標，並即刻展開停戰協商」，否則「俄國最快十一月就會徹底陷入無政府狀態」。由於不清楚波羅的海艦隊的狀況，克倫斯基下令輪調艦上官兵，只要一結冰就下船。他懷疑軍隊無法保衛彼得格勒，因此於十月五日向內閣提議將政府遷到莫斯科，重要工業設備打包東運。這個爆炸性的政治決定立刻走漏給了報紙。[24]

托洛茨基和列寧緊抓住這個機會，公開指控克倫斯基打算將首都犧牲給德國人。十月十四至十六日，克倫斯基孤注一擲，親自造訪莫吉廖夫和新任總司令杜霍寧將軍討論召集志願兵組成「新模範軍」，以扭轉部隊的布爾什維克化。克倫斯基返回首都時，彼得格勒軍區司令波科夫尼可夫將軍（G. P. Polkovnikov）加強了公家建築的警戒，並要部隊提防布爾什維克發動攻擊。十月十八日，克倫斯基的司法大臣再次發布列寧的通緝令，不過列寧仍然躲過了追緝。十月二十二日，又有新的壞消息傳來。英國大使布坎南爵士告訴克倫斯基，經過「一個多小時激烈辯論」後，「協約國決定繼續作戰」。克倫斯基用期望多過確信的口吻告訴布坎南爵士，「我只希望（布爾什維克）會出手，讓我可以鎮壓他們」。[25]

這話完全是有勇無謀的吹噓。布爾什維克軍事組織在彼得格勒軍區、波羅的海艦隊、喀琅施塔得和第十二軍的拉脫維亞步槍隊已經擁有數千名追隨者。即使如此，雄辯時有多大膽、動用武力時就有多謹慎的列寧依然不滿意。他在十月八日的備忘錄裡堅持必須等到布爾什維克對政府軍擁有「巨大優勢」，能「確保俄國及全世界革命成功」之後才行動，而他擔心政府軍可能高達「一萬五千至兩萬人」。當波羅的海艦隊軍事組織首腦德賓科（P. E. Dybenko）告訴列寧，緊要時能信任的水兵只有五千人，列寧回答「還不夠」。對士兵想法更瞭解的德賓科對列寧說，「柯尼洛夫事件後，前線還有誰敢違抗您呢？」[26]

德賓科說的沒錯。就算彼得格勒軍區的布爾什維克支持者是少數，只占十六萬士兵的百分之四，大約五、六千人，而波羅的海艦隊誓死服從列寧的可靠水兵也只有五千人，還是比支持克倫斯基的官兵高出整整五倍，更別說後者人數還不斷縮水，只剩兩千名軍校生、兩百名忠心的女子敢死隊員、「一些哥薩克人」和百來名軍官。在距離首都行軍可達範圍之內的北方軍同樣有數萬名稍微布爾什維克化的士兵，不僅將軍官踩在腳下，其中大多數人對克倫斯基和對列寧一樣反感。而克倫斯基十月中旬下令駐紮在赫爾辛基附近的第一二八師移防，橫越波羅的海到前線支援，卻遭到公然抗命，由此約莫可以看出當時軍隊裡的實際情況。到了十月二十三日，布爾什維克正式啟動政變計畫時，克倫斯基緊急致電普斯科夫的北方戰線總司令部，要求派部隊回防首都，新任司令切列米索夫將軍（Cheremisov）更直接相應不理，將命令扔給副官說，「這是政治，與我無關」。面對布爾什維克和克倫斯基政府的衝突一觸即發，俄國軍官選擇了隔岸觀火，作壁上觀。[27]

十月二十三日週一，克倫斯基從冬宮搬進了米哈伊洛夫宮的衛戍總部。週二拂曉，效忠政府的軍校生突襲了印製《工人之路》的布爾什維克印刷廠，其餘部隊則是分別駐守冬宮（臨時政府在此開會，除了克倫斯基）和其他檢查站，並切斷斯莫爾尼宮對外的電話線。根據他二月時學到的教訓，克倫斯基還下令豎起涅瓦河上連接瓦西里島和維堡的橋梁，並暫停已知為布爾什維克據點地區的電車。彼得格勒軍區司令波科夫尼可夫將軍下令將「彼得格勒蘇維埃任命的所有政治委員趕出」軍區，同時到斯莫爾尼宮逮捕布爾什維克占多數的軍事革命委員會成員，以及其他策劃反政府的布爾什維克。接近中午時，克倫斯基抵達馬林斯基宮，對主管制憲議會選舉的「俄羅斯共和國臨時議會」發表演說。他揮著剛攔截到的，由布爾什維克軍事組織主席波德沃斯基（N. I. Podvoisky）代表軍事革命委員會簽字下達的命令，指出彼得格勒已經進入「叛亂狀態」，並指控布爾什維克「背叛和出賣了俄國」，提議「立刻展開司法調查」。「我們要讓彼得格勒的百姓知道，」克倫斯基宣告，布爾什維克「將遭到全面鎮壓」。政府機關提前至下午兩點半關閉，好讓雇員平安回家，避開街頭巷戰。克倫斯基出手了。[28]

但這拳打得又輕又弱。所有布爾什維克首腦，從列寧、托洛茨基到加米涅夫，都沒有被捕，布爾什維克軍事組織主席波德沃斯基也不例外。不過，列寧倒是千鈞一髮。傳說他當時假裝喝醉，才沒被塔夫利宮附近的警戒隊逮捕。斯莫爾尼宮雖然電話線被切斷，但沒有被攻占，使得布爾什維克有時間草擬反駁克倫斯基指控的公開回應，並策劃反制行動。當晚，波德沃斯基在軍事革命委員會發出的聲明裡表示，「柯尼洛夫派正動員力量鎮壓全俄羅斯蘇維埃代表大會，打壓制憲議會。」因此，布爾什維克有責任以彼得格勒蘇維埃為名，「捍衛革命秩序，對抗反革命與集體屠殺，」簡單說就是奪取政權，只不過小心掩飾起來。列寧當晚下達給黨的指示就直白得多，「再不起義就是等死」。[29]

有鑒於效忠克倫斯基的部隊士氣低落，托洛茨基和波德沃斯基想到了一個很漂亮的計畫。十月二十五日週三破曉之前，武裝的布爾什維克「紅衛兵」趁著天色昏暗在城裡兵分多路，步行到主要遏制點告訴站崗的軍校生換哨了。幾名布爾什維克甚至臉不紅氣不喘地走進中央電報局，拔掉了連往冬宮的電話線。清晨兩點二十分時，克倫斯基的確從米哈伊洛夫宮發了一則電報到普斯科夫，要求第三騎兵團從前線調派兩支可靠的哥薩克騎兵隊回防首都，但等了好幾小時就是不見援軍出現，因為騎兵團極為效忠柯尼洛夫，憎惡克倫斯基。這下輪到克倫斯基易容偽裝了。十月二十五日早上十一點三十分左右，這位俄羅斯總理大臣口述了一則短信給協約國大使，要求他們不要承認布爾什維克，接著便搭上美國使館借給他的汽車溜出彼得格勒，到前線拉攏支持者去了。[30]

雖然很難想像克倫斯基親赴前線能帶來什麼關鍵影響，然而他離開彼得格勒卻對臨時政府毫無幫助。十月二十五日早上十點十五分，波科夫尼可夫將軍在發給最高司令部的電報裡表示，「彼得格勒的局勢岌岌可危。雖然街頭並未失序，但公家機關及火車站正遭到有計畫地占據。我下達的命令無人服從。軍校生幾乎不加抵抗就棄守崗位，哥薩克騎兵不斷受命出動，卻始終拒絕派兵……我不敢保證叛亂者接下來不會挾持臨時政府。」[31]

可怕的是，和二月革命當時一樣，哥薩克人面對俄國政治內鬥再度宣布中立，讓布爾什維克得以趁隙而入。「感覺起來，」波科夫尼可夫的副官致電最高司令部，告訴杜霍寧將軍「臨時政府就像設在敵人的首都，而敵人剛動員完畢，只差展開軍事行動而已。」克倫斯基離開彼得格勒等於門戶大開，布爾什維克甚至不用硬闖，只要走進去就行。[32]

儘管如此，布爾什維克還是差點就搞砸了。早上十點，列寧發出告「俄國人民」書給各大報，宣布「廢止臨時政府」，「政權已經轉移給彼得格勒蘇維埃所屬之軍事革命委員會」。列寧四月和七月時都還不願意這樣做。但嚴格說來，他的聲明並不正確。雖然紅衛兵已經占據橋梁、馬林斯基宮、彼得保羅要塞和電報局，卻尚未奪下米哈伊洛夫斯基宮裡的軍區司令部。此外，即便列寧已經宣布廢止臨時政府，臨時政府卻依然在冬宮裡安好無恙。下午兩點前，大約五千名名義上支持布爾什維克的喀琅施塔得水兵在聖三一橋附近的涅瓦河畔登岸，但見到冬宮還有軍校生、少數哥薩克騎兵和女子敢死隊員駐守後，便拒絕加入戰鬥。軍事革命委員會只好從波羅的海艦隊調派「極光號」戰巡艦前來，並於傍晚六點三十分向冬宮內的大臣們發出最後通牒：立刻交出政權，否則極光號將從涅瓦河開火，彼得保羅要塞也會接著開砲。[33]

由於留在臨時政府裡的大臣都在等克倫斯基率領部隊回來，因此遲遲沒有回覆。將近九點，極光號開始攻擊，但因為沒有實彈，只能打空包彈。緊接著，彼得保羅要塞的砲兵發射了三十五枚炮彈，造成兩起小損傷。然而，午夜剛過，局勢終於開始轉變了。駐守冬宮正門的軍校生和哥薩克人開始臨陣脫逃。女子敢死隊則是名不虛傳，奮戰到最後一刻，結果付出代價。據傳有數名英勇的女戰士遭到紅衛兵強暴，其餘的紅衛兵則是擁入宮中，到處劫掠破壞。臨時政府的大臣們（除了克倫斯基）束手無策，只能躲在早餐室裡等待救援。才剛簽署列寧通緝令的司法大臣馬里安托維奇（P.N. Maliantovich）日後回顧這段驚恐經歷，表示暴徒不斷擁入，聲響「愈來愈大、愈來愈強，轉眼之間就像一股大浪迎面襲來……難以忍受的恐懼在我們心裡瀰漫，有如毒氣猛襲一般攫住了我們。」十月二十六日清晨兩點十分，一小隊由軍事革命委員會書記安東諾夫—奧夫謝延科（V. A. Antonov-Ovseenko）率領的紅衛兵終於闖入早餐室，逮捕了眾大臣。直到今天，早餐室裡的時鐘依然停在這個時間。[34]

許多歷史學者都特別提到十月革命（現在也有人稱之為「政變」）沒怎麼流血，例如派普斯就寫道，十月革命「總共只死了五個人，還有一些人受傷，幾乎都是流彈造成的，比一九二七年愛森斯坦執導的十月革命十週年紀念電影造成的死傷還少。由於對峙實在太過平淡，首都百姓的生活基本上不受影響，和二月、四月或七月很不同。十月二十六日《人民事業報》淡然報導前一日的事件，指出「電車近乎全數正常營運……街頭幾乎整天都沒有傳出失序的消息。」一九一七年十月時，克倫斯基政府在首都已經無所作為到一個程度，讓布爾什維克幾乎不費吹灰之力就奪下了政權。[35]

十月革命確實沒怎麼流血，但政府如此輕易被推翻，卻掩沒了俄國正經歷一場更大的巨變的事實。沒什麼人支持克倫斯基其實完全可以理解，因為他以總理大臣之姿統治的國家正在瓦解邊緣。一九一七年十月，俄國重要社經指標全都紅燈大作，比二月時嚴重許多。頓巴斯區的煤產量較前一年減少了三成，導致供給短缺，許多工廠被迫縮減營運規模，甚至關閉。十月十二日《言論報》一則報導指出，三月以來光是彼得格勒就有五百六十八間工廠倒閉，共十萬五千人失業，其中九月普提洛夫兵工廠的失業勞工就有一萬人。糧食價格衝破天際，彼得格勒市民清晨四點就到麵包店門口排隊，苦苦等到將近中午。通貨膨脹非常嚴重，一小塊肉就要五百盧布，相當於戰前的二百五十美元，現在的二萬五千美元，奶油更是癡心妄想。一名德國情報官表示，他聽到許多俄國人說他們「希望德國人快點來，至少能帶來法律和秩序」。這份德國情報單位在布爾什維克起事前不久提交的報告指出，「俄國中部和南部正陷入徹底的無政府狀態」，明斯克、普斯科夫、莫斯科、特維爾、彼爾姆、奧倫堡、薩拉托夫、薩馬拉、基輔、赫爾松和哈爾科夫都傳出「失序」，只有「西伯利亞和外高加索」的部分地區相對平靜。德國情報單位對於彼得格勒的消息非但不吃驚，還於十一月二日回報表示，「布爾什維克起事完全在意料之中」，只不過情報人員也同樣信心滿滿預測布爾什維克很快就會被推翻。[36]

首都之外，紅色十月就沒那麼平靜了，這點可以從莫斯科看出一些端倪。十月二十五日晚上十點，莫斯科軍事革命委員會宣布奪權，但由於莫斯科的政府派勢力較強，因此尚足以抵擋。隔日，政府意外失去了克里姆林宮，因為駐守克里姆林宮的第五十六團一名布爾什維克軍官叛變，導致它落入了布爾什維克手中。但效忠政府的軍校生很快包圍了克里姆林宮的入口，並於二十八日清晨突襲奪回了這座要塞。這是反革命勢力的第一場勝利。由於代表臨時政府的莫斯科總督魯德涅夫（V.V. Rudnev）和當地軍區司令里亞布特塞夫（K. I. Riabtsev）躲在宮內，加上市中心絕大部分地區都有官校生巡邏，使得布爾什維克必須真的流血才能拿下俄國第二大城。[37]

而他們真這樣做了，並且毫不遲疑。其後數天，布爾什維克在德勒斯登飯店內設立臨時總部，接著前往市郊工業區招募紅衛兵，再搶劫兵工廠和徵用汽車與卡車，持續為末日之戰而準備。到了十月三十一日時，莫斯科軍事革命委員會已經組成了一支一萬五千人的打擊部隊，包括一整支步兵團（第一九三團）、十挺機槍和兩個縱列的機動重火炮。攻擊克里姆林宮需要縝密的軍事行動計畫，不只必須和在彼得格勒一樣占據遏制點，還得在幾座俄國最知名的建築進行逐戶戰。軍事革命委員會一份十月三十一日繪製的作戰地圖上在**劇院廣場**（Teatralnaya Ploshad）部署了一百五十名紅衛兵，其中五十人突襲莫斯科大劇院、五十人進攻**小劇院**（Malyi）、五十人攻擊中央劇院，另外還派出一百名武裝布爾什維克，攻占了位於紅場和特維斯卡亞大道口的戰略要衝獵人商行地鐵站。五十名紅衛兵攻入先以火炮轟炸過的國家飯店。而在斯拉斯特奈亞廣場（包括「在普希金雕像下」交火）、斯特拉斯托尼大道、盧比揚卡廣場和尼奇茨基門都發生了激烈戰鬥。十月三十一日，莫斯科市中心戰火瀰漫，嚴重傷及無辜，逼得軍事革命委員會發出特別警告，要求布爾什維克砲兵和機槍兵避開瑞典領事館。[38]

不過，克里姆林宮的紅磚牆就沒這等好運了。布爾什維克占據獵人商行地鐵站和國家飯店後，等於在亞歷山大花園對面清出了一塊火力打擊區，而他們也沒放過。三十一日晚上，莫斯科軍事革命委員會總部下令集結「全市所有重機槍」，準備拂曉進行最後進攻。隔日清晨，布爾什維克先是一輪重炮轟炸，再以機槍掩護五百名紅衛兵組成的精英打擊部隊攻破馬內茲門，接著用煙霧彈干擾克里姆林宮牆內的守軍。其餘紅衛兵則是進攻附近建築，對抗堅守屋頂的政府軍狙擊手。十一月一日，克里姆林宮爭奪戰慘烈進行了一整天，官校生奮勇抵抗，可惜寡不敵眾。次日早晨，魯德涅夫總督交出被俘的紅衛兵，並揮舞白旗投降。出乎守軍意料之外，擔任紅軍司令的政治委員大衛朵夫斯基竟然大發慈悲，承諾只要官校生放下武器，並同意不再反對蘇維埃，便既往不咎，於是大多數官校生就這樣安然離開了。一九一七年十一月二日晚上九點，軍事革命委員會頒布命令，宣布「莫斯科作戰行動結束」。[39]

這場仗固然贏得令人印象深刻，但克里姆林宮並非輕鬆拿下才是大事。儘管克倫斯基的支持者已經寥寥無幾，然而克里姆林宮牆上滿目瘡痍，加上莫斯科各處餘火未熄，在在顯示列寧自己也不乏反對者。隨著布爾什維克滲透前線，戰壕裡的士兵幾乎人人厭戰，俄國對抗同盟國的戰爭正逐漸走向尾聲，但爭奪俄國的戰爭才剛開始。

第十四章　大罷工

布爾什維克在彼得格勒的奪權行動非常迅速。第一步是把持以革命為藉口的全俄羅斯蘇維埃代表大會。十月二十五日深夜十點四十分，代表大會在斯莫爾尼宮大廳舉行。儘管布爾什維克已經在代表組成上仔細動了手腳，卻也只稍微過半，在六百五十席中擁有三百三十八席。當晚冬宮淪陷，提高了布爾什維克的優勢，因為絕大多數孟什維克和SR代表都離席了，抗議他們口中列寧的「投機罪行」。二十六日凌晨，托洛茨基向留在會場的代表宣布，「你們這些破產的可憐蟲已經沒戲唱了，快點到你們該去的地方，滾進歷史的垃圾桶」。[1]

反對勢力一走，革命就任由布爾什維克擺布了。十月二十六日，代表大會通過的第一項決議就是「各州將治權移交給蘇維埃」、釋放政治犯，並宣布「當初逮捕這些政治犯的政治委員（亦即逮捕布爾什維克行動者的臨時政府官員）」現在都成了「通緝的對象」。第二項決議是軍隊重新廢除死刑，前線擁有「從事煽動的完全自由」，以及軍方高層釋放目前羈押的布爾什維克士兵。第三項決議則是「談和」令，講白了就是公開呼籲「所有刻正參與戰爭的人民與政府……立即展開談判，藉以達成公正民主之和平」。[2]

布爾什維克深諳民心走向，第四項決議便是慷慨宣布「永遠廢除土地私有權」。這道命令基本上符合馬克思主義教條，但在後來的條款中卻將農地「依照消費－勞動標準分配給耕作者」，等於是過去村社制度的翻版。這項做法不只公然剽竊SR的規畫，而且講老實話，以彼得格勒當時物資短缺的情況，不論土地或作物根本都不是列寧說給就能給的。儘管如此，布爾什維克宣傳機器喊出的新口號「和平、土地和麵包」，確實抓住了人民的胃口。[3]

照他們希望的把持了俄國廣大農民及為農民喉舌的政黨之後，布爾什維克便開始籌組蘇維埃政府，建立國家機器。他們以名存實亡的蘇維埃代表大會為名，成立了「臨時工農政府……又稱為**蘇維埃人民委員會**（Sovnarkom）」。為了加強正當性，列寧邀請數位左翼SR黨員加入人民委員會，但都遭到拒絕，使得新政府裡所有職務都由布爾什維克出任，包括史達林擔任民族人民委員、亞歷山大・施略普尼柯夫（Alexander Shliapnikov）擔任勞動人民委員、盧納察爾斯基擔任教育人民委員、托洛茨基職掌外交部，並由列寧（雖然他本人反對，但在托洛茨基的堅持下）擔任人民委員會主席。最有意思的任命是戰爭委員會成員，包括波羅的海艦隊的布爾什維克軍事組織領導人德賓科接掌海軍部，攻占冬宮的前軍事革命委員會書記奧夫謝延科（V. A. Ovseenko）出任戰爭部長。至於新任戰爭人民委員（即戰時總司令）則是基里連科，五月份克倫斯基巡視前線時大膽發言反嗆的第十一軍蘇維埃少尉。人民委員會只向執行委員會負責，執委會擁有立法和任命案的否決權。為了保險起見，布爾什維克解散現有的執委會，將成員縮減為一百零一人，其中六十一人是布爾什維克，二十九人是左翼SR黨員，孟什維克只有六人。短短一天之內，旋風似的將俄國政府徹底翻轉之後，加米涅夫於十月二十七日清晨五點十五分宣布第二次蘇維埃代表大會結束。[4]

新政府還需要時間才能在俄國生根茁壯。克倫斯基尚未被打敗。這位被迫下台的總理大臣離開彼得格勒後，取道沙皇村繼續往南，於十月二十五日傍晚抵達了首都以南五十公里的加特契納。雖然不受當地部隊支持，不過克倫斯基還是平安抵達了普斯科夫的北方戰線司令部，順利見到彼得・克拉斯諾夫（Peter Krasnov）率領的哥薩克第三騎兵團。儘管克拉斯諾夫的部屬痛恨克倫斯基毀了柯尼洛夫，不過仍有七百名騎兵同意隨克拉斯諾夫和克倫斯基返回加特契納，並於十月二十七日以兵力優勢迫使當地部隊投降。學不會教訓的克倫斯基於加特契納宮任命克拉斯諾夫為彼得格勒軍區司令，並致電普斯科夫要求派兵支援。然而，北方戰線司令官切列米索夫反應冷淡，拒絕協助，並指示第一、第五和第十二軍軍長「避開彼得格勒目前的政治鬥爭」。[5]

列寧得知克倫斯基在加特契納蠢蠢欲動之後，絲毫不敢大意，於二十七日發電報給喀瑯施塔得和赫爾辛基要求增援。已經完全布爾什維克化的波羅的海艦隊再次出手相助，不到十八小時就加派了五千名「刺槍兵」、共和號戰艦和兩艘魚雷艇支援，可惜還是晚了一步。列寧的援軍還在集結時，克倫斯基和克拉斯諾夫手下約四百八十名哥薩克騎兵已經從加特契納攻到了距離彼得格勒只有二十四公里的沙皇村。十月二十八日傍晚，他們「幾乎沒有遇到任何抵抗」就拿下了沙皇村。考慮到當時守軍足足有一萬六千人（雖然只有兩個團有抵抗），能這樣就拿下沙皇村實在不可思議。[6]

與此同時，彼得格勒的布爾什維克反對勢力也在集結，包括主管接下來選舉的「俄羅斯共和國臨時議會」成員、被罷黜的蘇維埃執行委員會孟什維克和「右翼」SR成員，以及主要城市的工會（鐵路、郵政和電信）代表，共同組成了「全俄羅斯拯救國家與革命委員會」。十月二十六日，所有成員聚集在杜馬前，開始自行頒布命令，下令「所有軍事單位（其實主要是受訓中的官校生）」在尼古拉耶夫斯基工程學校集結，等候進一步指令。首都裡有前彼得格勒軍區司令波科夫尼可夫將軍率領忠心部隊，首都外有克拉斯諾夫將軍指揮反布爾什維克行動，感覺真有機會發動協同作戰，打擊赤化的彼得格勒。[7]

要是克拉斯諾夫當機立斷，立即攻向彼得格勒，或許還真有勝算。但布爾什維克提前知道了消息。十月二十九日週日早晨，布爾什維克先派出紅衛兵到尼古拉耶夫斯基工程學校迫使官校生繳械，搶在克拉斯諾夫的哥薩克騎兵逼近首都之前就瓦解了前政府軍起事。喀瑯施塔得的援軍到來後，布爾什維克派出了將近六千名紅衛兵、士兵與水兵往南前往沙皇村。十月三十日，布爾什維克軍在普爾科沃南郊丘陵地帶（今普爾科沃機場所在地）遇上了克拉斯諾夫的哥薩克騎兵。哥薩克人雖然頑強抵抗，但還是寡不敵眾，被迫撤回沙皇村，最後更撤到加特契納。雖然克倫斯基再次發電報到普斯科夫和莫吉廖夫要求增援，卻不再得到回音。十月三十一日，克倫斯基終於放棄，致電彼得格勒的「拯救國家與革命委員會」，表示他已經「終止所有（軍事）行動」，並要求所有委員「採取必要措施阻止無謂流血」。克倫斯基下台鞠躬，加上隔日莫斯科克里姆林宮易主，布爾什維克受到的軍事威脅暫時得到了緩解。[8]

克里姆林宮和普爾科沃之戰讓人嘗到了內戰欲來的滋味。幸好對旁觀者來說，早期的衝突在大多數州城都不劇烈，因為牽涉的人數較少。布爾什維克自稱他們以武力奪取俄國是「蘇維埃勢力降臨」，但在接近前線的明斯克，西方前線司令部所在地，這場勢力降臨大多只發生在士兵委員會裡，而士兵委員會對布爾什維克的認同並不穩定，時常隨著事件起伏。西方戰線司令巴魯列夫將軍先是被捕，然後獲釋。十月二十七日，部隊裡組成了「拯救革命委員會」，但對士兵有多大影響完全仰賴莫斯科和彼得格勒還剩下多少希望。克拉斯諾夫出師不利和克里姆林宮失守後，這個委員會就解散了。「直到新政權在俄國站穩腳步，秩序恢復之前，」十一月五日，巴魯列夫將軍向最高司令部回報表示，「我不會冒險，也不會涉入政治鬥爭」。[9]

離前線較遠的城市，布爾什維克的奪權方式就不同了，但通常還是有士兵參與。例如位於莫斯科東南、伏爾加河畔的薩拉托夫，當地布爾什維克得知彼得格勒的消息後，立刻於十月二十六日清晨三點在蘇維埃發動選舉，並趁孟什維克及SR代表離席抗議時將他們趕出蘇維埃，就像中央委員會在執委會幹的那樣。被罷黜的代表在該市杜馬召集了一支由軍校生、幾名機槍兵和許多婦女孩童組成的「軍隊」。據當地布爾什維克首腦事後回憶，這支愛國軍用「裝滿榲桲的袋子……堆出有點可笑的路障」。和莫斯科的同志一樣，薩拉托夫的布爾什維克找來砲火支援，於十月二十八日早晨靠著炮擊逼降了對手，只是己方也有十多人死傷，大多是機槍所致。雙方談判投降條件時曾數度緊張，但到中午一切都落幕了。[10]

在更偏遠的城市，布爾什維克革命就算發生，也比其他地方遲上許多，因為那些城市的黨委員會幾乎都沒有行動的力量。例如烏拉爾地區的維阿提加州，布爾什維克必須從彼得格勒派一名政治委員去發動政變，而那位委員十一月二十三日才抵達維阿提加。而在彼爾姆州，一位名叫德日阿賓（Deriabin）的密使士兵更是十一月二十七日才抵達，卻發現當地居民幾乎都還不曉得彼得格勒發生了什麼。他將紅色十月的經過告訴歐特拉德諾沃村的農民後，他們說，「我們知道你們這些布爾什維克！你們在我們城裡搶劫了那些最窮的農人」。德日阿賓要他們在制憲議會選舉時投給布爾什維克，但不認為他們會照辦。在西伯利亞更東邊的地區，布爾什維克革命直到一九一八年春天才發生。[11]

革命初期武裝衝突有限，部分原因來自彼得格勒和莫斯科的反革命行動失敗後，絕大多數的反對勢力開始集結到南方的頓河盆地與北高加索，因為那裡有頓河和庫班哥薩克人保護，布爾什維克幾乎一籌莫展。柯尼洛夫、卡列金和艾列克謝耶夫這些將領都曾偏安於頓河區，但要湊出真有反抗實力的部隊還得好幾個月。[12]

武裝反抗勢力暫時消退之後，對抗布爾什維克統治的力量轉移到另一群人身上。儘管歐俄大多數城市的蘇維埃執委會或類似組織都被布爾什維克強力奪下，但他們卻無法取得維持俄國政府運作的官員的效忠，至少那些還留在崗位上的官員依然不受左右。列寧十月二十九日宣布廢除精英色彩濃厚的官階表，此舉雖然得到孟什維克和SR人支持，卻激怒了許多中央官員。這些人奮鬥了一輩子好不容易才爬到如此高位，自然老大不高興。早在十月二十八日，「俄羅斯國家部門雇員工會」就抗議「彼得格勒蘇維埃遭到布爾什維克團體篡奪」，並決議「所有國家行政部門立刻停止運作」。[13]

這可不只是口頭威脅。十月二十九日，俄羅斯全國鐵路工人工會中央委員會（Vikzhel）宣布午夜之前「若彼得格勒與莫斯科的戰鬥仍未停止」，他們將「徹底停止所有鐵路營運」。雖然鐵路工人工會中央委員會不支持克倫斯基政府，但「持續藉由武力解決內部爭端的人將被視為民主之敵與叛國賊」。由於鐵路運輸對軍事後勤實在太重要，逼得列寧只好派加米涅夫去和鐵路工人工會中央委員會協商，替派遣到莫斯科增援的波羅的海艦隊水兵取得類似通行資格的許可。事實證明這只是暫時讓步，因為克里姆林宮失守後，鐵路工人工會中央委員會立刻回復為完全中立。布爾什維克開始在鐵路工人工會中央委員會裡塞自己人，直到一九一八年元月才讓鐵路工人工會中央委員會結束罷工。[14]

鐵路罷工還只是起頭而已。據《人民事業報》報導，十月二十八日托洛茨基首度以新任外交部長身分造訪克里斯多夫橋，「迎接」他的卻是「諷刺笑聲」。托洛茨基硬撐面子，要所有人「繼續工作」，結果卻有六百名員工收拾東西回家去了。接下來換成農業部官員發難，然後是教育部和食糧部。十一月七日，電報和電話工人開始罷工，接著是大眾運輸職員及學校教師，最後是莫斯科市府職員。十一月八日，「工會公會（Union of Unions）」號召政府公務員大罷工，反抗列寧奪權：

布爾什維克憑藉暴力自封行政首長，第一和第二大城因為同胞相殘而見血，百姓生命與自由受到殘酷迫害，許多聖所也遭到破壞。現在，布爾什維克又計劃掌控……整個統治機器……我們無懼（他們）的威脅，拒絕提供經驗與知識。[15]

就這樣，世界上第一個無產階級政府被迫全力阻止罷工。

其中以金融業的反抗最為頑強。對列寧這樣一位致力於「馬克思社會主義」的馬克思主義者而言，銀行是資產國有化的頭號目標。他在一九一七年初就曾寫道，「大銀行是我們實現社會主義必需的『國家機器』」。意識型態上這點對列寧似乎不證自明，因為銀行裡所有「簿記、掌控、登錄、會計和總計工作都是由員工執行，其中大多數員工本身也是無產或半無產階級。」[16]

然而，彼得格勒的銀行職員並不這樣看。十月二十六日，民營銀行停止營業以抗議布爾什維克奪權。國家銀行和財政部為了服務軍人及公務員而繼續開放，但拒絕讓布爾什維克提款。十月三十一日，人民委員會頒布命令警告國家銀行行長希波夫（I. P. Shipov），如果不授權讓布爾什維克提款就會遭到逮捕，但希波夫拒絕了。十一月四日，希波夫公告大眾，政變後的那一週，國家銀行已經准許俄國「正牌」政府的公務員及受款人提領了六億盧布，包括慈善機構和提供窮人膳食的單位。但他什麼都不會給布爾什維克。[17]

然而，列寧可沒那麼容易屈服。十一月七日，他指派新任「財政人民委員」維亞切斯拉夫・緬因斯基（Viacheslav Menzhinsky）前往國家銀行，同行的除了一個營的波羅的海艦隊水兵，還包括幾輛卡車，因為他們認為銀行裡存有大批黃金與貨幣。一位目擊者表示，這群布爾什維克打手「對著對方的臉揮拳咆哮，其中包括（銀行）主管、杜馬代表、農人蘇維埃代表和銀行職員代表。」另外一位英國目擊者則指出當時「情況一度危急，幸好銀行主管找到一位身穿軍服的高大農民，不只拳頭大，吼聲更是勝過十個人」。[18]

十一月十一日，列寧再度指派緬因斯基前往國家銀行。這回他多帶了一些人馬，並附上最後通牒，除非希波夫退讓，否則部隊將朝銀行所有職員開火，取消他們的退休金，達到服役年齡的職員都將強制入伍派往前線。面對如此威脅，希波夫退讓了，但布爾什維克也沒占到多少好處，因為銀行職員集體罷工抗議，沒有人能協助緬因斯基進入金庫。這下只能挾持人質了。於是，據陪同緬因斯基的小隊長瓦列里安・奧辛斯基（Valerian Obolensky-Osinsky）表示，十一月十二日，布爾什維克拘禁了銀行經理、簿記長及金庫守衛，並且逼守衛交出鑰匙。奧辛斯基回憶道，他們滿心驕傲將鑰匙帶回斯莫爾尼宮，「一臉嚴肅將（鑰匙）從特製的羚羊皮袋裡拿出來，放在列寧桌上。」只可惜列寧毫不滿意，「要我們拿錢來，而不是鑰匙」。[19]

為了瓦解國家銀行職員的反抗，列寧下令人民委員到彼得格勒各家銀行抓捕更多職員當人質，包括亞速頓河銀行行長艾普斯坦、伏爾加卡瑪銀行行長索奧加、西伯利亞銀行（就是受到蘇門森洗錢牽連的那家分行）行長桑德柏格和外貿銀行行長克里提利切夫斯基。列寧要求每位行長交出十億盧布，但十一月十五日改為每個「人頭」贖金一百萬盧布。即使如此，銀行主管們仍然要求列寧備妥相關文件，以人民委員會名義提領五百萬盧布，而職員更是慢悠悠地到金庫提錢。奧辛斯基日後回憶，「感覺時間過了好久」，最後他終於見到職員拉著鋼製推車從金庫出來，這才鬆了口氣。他在《真理報》的報導中驕傲表示，自己將那五百萬盧布贖金原封不動地運到了斯莫爾尼宮。[20]

然而，危機還遠未解除。事後證明，十一月十五日的以錢換人行動只是特例。各家銀行仍然持續罷工，沒多久單是彼得格勒就有六千多名銀行職員參與。得不到職員協助，布爾什維克只好指派「政治委員」進駐彼得格勒和莫斯科各家銀行，主管工人的薪水發放。但由於無法進入金庫，現金很快就發罄了。俄英銀行一名經理挫折地告訴英國大使，由於布爾什維克派駐銀行的政治委員幾乎都是因為能力不足或瀆職而被開除的前職員，因此很快就把帳目「搞得一塌糊塗，需要好幾年才能彌補回來」。[21]

銀行罷工事關重大，後來令人聞風喪膽的契卡主要便是為了瓦解銀行罷工而成立的。列寧指派出身波蘭貴族的布爾什維克人菲利克斯・捷爾任斯基（Felix Dzerzhinsky）出掌這個全名為「全俄肅清反革命及怠工非常委員會」的組織，並於十二月七日吩咐捷爾任斯基：

> 資產階級還冥頑不靈地犯著最可恨的罪行……而資產階級的共犯，尤其是**高階公務員及銀行幹部**，他們也參與了**怠工與組織罷工**，破壞政府為了實現社會主義改革社會的各項

措施……我們必須採取非常手段來對抗這些怠工者及反革命分子。[22]

捷爾任斯基和契卡還有一項任務，就是壓制前陣子國會選舉（十一月十二日投票，但直到月底才計票完畢）所引發的政治風暴。儘管局勢動盪，這場於一九一七年十一月舉行的選舉卻相當乾淨，共有四千一百萬人投票，投票率為五成。社會革命黨如同預期取得多數，得票率略高於四成，布爾什維克居次，得票率百分之二十四（不過列寧的政黨在軍隊裡得票率將近五成，在莫斯科和彼得格勒的士兵裡更高達七成）。比起幾個月前，布爾什維克的表現已經夠驚人了。但對一個由奪權者所組成的執政黨而言，俄國有四分之三以上選民反對他們，結果就是讓他們在七百零七個國會席次裡僅僅拿下了一百七十五席。誠如一名觀察家所言，對布爾什維克來說，這個民主之聲簡直「如鯁在喉」。於是，蘇維埃人民委員會拒不認可投票結果，決議擱置俄國人民等待已久、原定十一月二十八日成立的制憲議會，靜候「選舉弊端」調查完成，並指示契卡關閉塔夫利宮，以防反對勢力在宮裡集結。[23]

與此同時，列寧對抗銀行之戰也加大了火力。十二月十四日，蘇維埃財政部下令廢除俄國的民營銀行，並賦予新任「前民營銀行委員會總經理」格里戈里·索科利尼科夫（Grigory Sokolnikov）極大權力。這項任命其實有些異想天開，因為索科利尼科夫只是個年輕激進的布爾什維克，毫無金融資歷，甚至連許多銀行在哪裡都不曉得，而他下達的第一道命令真的就是要部屬列出各家銀行的地址電話。由於銀行職員罷工，使得布爾什維克遲遲無法染指貯存國家儲備金（包含黃金）的金庫。於是，索科利尼科夫下令將所有民營銀行的**存款**收歸國有，只有無產階級的帳戶除外。凡是存款多於五千盧布或月薪高於五百盧布者，一律歸為「富有階級」。如此一來就能「消弭」俄國的私有財產。[24]

索科利尼科夫從銀行得到的第一批報告裡，幾乎都會提到存款「總數驚人」。布爾什維克希望藉由沒入俄國富人的個人存款，可以取得二、三十億盧布，相當於當年的十至十五億美元，現在的一千至一千五百億美元。於是，一九一七年十二月二十一日，彼得格勒各地貼滿告示，宣布為了「打擊銀行投機及資本主義剝削體制……民營銀行已經由武裝部隊接管」。隔日再貼出新的告示，宣布十二月二十三日「將調整下列銀行之保險箱：國際銀行、西伯利亞銀行、俄國工商銀行、莫斯科招商銀行及莫斯科工業銀行（舊容克銀行）」。告示中還說明了何謂「調整」，規定「前述銀行之編號一至一百號保險箱承租人於上午十點攜帶鑰匙至銀行報到。三天內未能出現者，其承租之保險箱將由各銀行調整委員會打開，沒入寄存其中之物品」。而布爾什維克政治委員將記錄保險箱內「**外幣**（valiuta）、金幣、銀幣、金錠、銀錠、鉑錠、金條、銀條與鉑條之數量，沒入後上繳至財政部」。列寧政府趕在聖誕節前送出了這份大禮，頒布新政策大規模武裝搶劫國民，並由剛成立的契卡強力執行。[25]

布爾什維克掌權後的頭兩個月，非但沒有爭取民心，反而侵擾和恫嚇人民，強迫百姓屈服。十一月選舉是一記當頭棒喝，讓列寧不得不暫緩召開制憲議會，免得成為全俄公敵。

然而，列寧手上還有一張王牌。在這個已經厭倦戰爭的國家，誰能帶來和平，誰就能號令一切。是該打德國牌的時候了。

第十五章　停火

一九一七年彼得格勒和莫斯科發生了這些歷史大事，讓人很容易忘記布爾什維克奪權之時，俄國其實還在參戰。由於絕大多數記述十月革命的歷史並不注意當時軍事行動的進展，因此要是有人以為一九一七年六至七月克倫斯基攻勢之後，俄羅斯便退出了戰局，也就情有可原了。[1]

但這樣的看法是錯的。一九一七年夏秋兩季，加利西亞戰線依然戰火頻仍，雙方幾乎天天交火，駐紮在沃羅賓的俄羅斯特別軍直到十月都還頻繁出擊。十月十四日，俄國部隊擒獲敵軍戰俘，甚至到了十八日，特別軍還接獲最高司令部指示，要他們「堅守陣線」以減輕義大利盟軍的壓力，因為最關鍵的第十二次伊松佐河（卡波雷托）戰役正進入高峰。十月二十四日半夜，紅衛兵在彼得格勒預備分散攻擊，俄國的步兵則是在羅夫諾附近擊退了猛攻的德軍。十月二十六日，第二次蘇維埃代表大會在為列寧的政變背書，特別軍軍長魯德斯基則是從沃羅賓回報，「敵軍以步槍及火炮猛烈攻擊，並用偵察機監測我方戰壕，但遭我方砲火擊退」。他接著表示，俄軍機槍「開始構築槍林彈雨攻擊敵軍戰壕，重創了敵軍從第二塹壕線衝至第一塹壕線的步兵縱隊」，瓦解了奧德聯軍的攻勢。俄軍顯然還很耐打。[2]

然而，再耐打也敵不過列寧的奪權。十月二十六日，人民委員會通過「談和令」。儘管這道命令的象徵意義大過實質約束力，卻還是用電報發給了最高司令部和前線部隊，引發了激烈爭論。在戰火密集的加利西亞前線，部隊當下反應極為不滿。特別軍找來士兵進行普查，發現幾乎沒人支持列寧。士兵委員會甚至做出決議，斷然譴責「布爾什維克在彼得格勒的奪權行動」。然而另一方面，士兵也支持「採取緊急行動，盡速達成和平」。鄰近的第十一軍更是早在十月二十八日就傳出數起和德國部隊化敵為友的事例。[3]

其他前線也有類似矛盾，雖然歡迎列寧的「談和令」，但對布爾什維克奪權卻是反應冷淡。有多少決議斥責布爾什維克非法政變，就有多少決議痛批臨時政府繼續參戰。在戰事相對平靜的羅馬尼亞前線，這個矛盾特別明顯。十一月選舉時，布爾什維克於第六軍和第九軍的得票率只有百分之十五和百分之十一，但兩支部隊的士兵委員會卻都通過決議，譴責臨時政府的「半吊子措施和政策搖擺」，並主張「即刻談和，將政權轉移給蘇維埃」。由於俄國前線士兵拒絕戰鬥，要求停火，因此即使大多數人理論上反對布爾什維克，實際上卻是為布爾什維克背書。[4]

直到莫斯科和彼得格勒局勢穩定下來，國會選舉舉行之後，列寧的和平提議才具體了起來，因為沒有人確定他的政府能維持多久。就連列寧本人也在十月二十六日的第二次蘇維埃代表大會上預言，他的談和政策將「遭到帝國主義政府（例如俄羅斯的第一次世界大戰盟國）反對，這點我們不必自欺欺人。」接下來兩週，人民委員會沒有再向軍方下達命令，讓前線不知所措。直到十一月八日清晨四點，列寧才發了一則由托洛茨基和戰爭人民委員基里連科共同署名的無線電報給最高司令部，指示總司令杜霍寧將軍「親自向敵軍高層提議立即停戰」。但杜霍寧選擇不回應，理由是這道指示沒有標注「日期」，也就是未經戰爭部正式核可，因為戰爭部的公務員都罷工了。[5]

同日，托洛茨基在彼得格勒遞交〈所有前線立即停戰正式提案〉給協約國大使，不過由於英國大使布坎南爵士批評列寧政府只是「憑藉武力建立的偽政府，並未得到俄羅斯人民認可」，因此協約國於十一月九日拒絕了這項提案。十一月十二日，布爾什維克將談和令以非密電方式傳給布列斯特－立陶夫斯克的德軍司令部，因為德國在彼得格勒沒有外交人員。德軍將和談令視為俄國要求片面停火，因此反應友善許多。列寧就這樣繞過了俄國的戰時盟國、當天選出的制憲議會代表及俄國軍方將領，親自要求德國無條件停戰。由於列寧的手法實在太過驚人，柏林政府十一月十三日還特別發出通告，指示駐歐外交人員在外交場合「切勿面露喜色」。[6]

而在最高司令部，總司令杜霍寧則要倒大楣了。十一月九日清晨兩點，他在床上被人叫醒，得知一個不妙的消息，列寧、基里連科和史達林正在休斯印字電報機的另一頭等他。他們問他為何還沒聯繫德軍，杜霍寧推託其詞，說他並未得到共同作戰國允許開啟停戰談判。列寧逼他「據實以告」，杜霍寧只好反駁道，「只有獲得軍隊與國家支持的……政府才有足夠分量取信於敵軍。」這正是列寧等著聽到的抗命回答，於是他立刻告訴杜霍寧，「根據（人民委員會）賦予之權力，我們現在以你拒絕執行政府命令為由，解除你的職務」。列寧最後還不忘補上一記羞辱，告訴杜霍寧他的接班人是少尉基里連科，幾乎肯定會是接任軍事大國司令官裡軍階最低的一位。[7]

列寧對杜霍寧的凌遲還沒結束。十一月九日，他以廣播「向所有革命陸軍士兵及革命海軍水兵」宣告，杜霍寧將軍因為「不服從政府命令，其行為將導致所有國家的勞苦大眾蒙受巨大苦難」而遭到解職。他在宣告中還語帶威脅，要求所有俄國士兵「別讓反革命將領阻礙和平大計」，甚至惡毒建議部隊「包圍」這些抗命將領，並用「衛兵保護他們，免得他們遭到私刑處死」。列寧還要求「前線部隊立刻推選代表，和敵軍正式展開休戰談判」，等於授權他們和德軍化敵為友。[8]

但杜霍寧還不肯放棄。雖然在電報裡被解除職務，但他尚未被捕，也依然掌控著最高司令部的通訊設備。彼得格勒的協約國大使確實都在列寧掌中，但派駐在莫吉廖夫的協約國武官可不是，而他們都向杜霍寧保證，巴黎、倫敦和華府當局都尚未承認列寧政權。於是，杜霍寧除了將這項保證廣播給各部隊，還附注說明「列寧及托洛茨基」的「主要目的」就是「鼓動內戰，讓人民自相殘殺」。[9]

此事在外交上非同小可。根據一九一四年八月二十三日／九月五日簽署的倫敦公約，所有協約國均不得私自與同盟國展開停戰談判。布爾什維克這樣做將違反當時仍屬機密的戰時協約，包括承諾俄羅斯將取得君士坦丁堡、土耳其海峽、亞美尼亞及庫德斯坦的薩佐諾夫—賽克斯—皮科協定。有了這些領土承諾，協約國大使自認王牌在手，然而他們小看了托洛茨基的報復能力。十一月二日，俄羅斯外交部一名布爾什維克支持者將「保管密約的檔案櫃鑰匙」交給托洛茨基，托洛茨基自然不會放過。十一月十日，他在報紙上發文強烈譴責「帝國主義強權」進行「祕密外交」，並宣布《消息報》和《真理報》將刊出這些密約，不僅會公布薩佐諾夫—賽克斯—皮科協定，還包括誘使義大利、羅馬尼亞及希臘參戰的各項領土賄賂。協約國軍事代表團立刻警告，若俄國違反倫敦公約「片面停戰或休戰」，將會「導致嚴重後果」，一般認為包括讓日本入侵西伯利亞。對此，托洛茨基致電前線部隊，痛斥協約國的聲明「公然干涉我國的國內事務，目的在引發內戰」，並表示俄國人民「推翻沙皇及克倫斯基政府，可不是為了成為帝國主義盟國的炮灰」。[10]

這下杜霍寧掉進了死胡同。由於站在共同作戰國那邊，對方的一舉一動都算在了他的頭上，包括托洛茨基刊出的那些密約。而《消息報》十一月十二日報導美國政府暫停所有「運往俄國的軍備與糧食」，則是壓垮俄國人民的最後一根稻草。這項消息對布爾什維克而言來得恰到好處。他們立刻表示，「看來北美的財閥們準備用火車頭交換俄國士兵的人頭了」。於是，杜霍寧在許多俄國士兵眼中就成了為了「紐約戰爭工業頭子」而繼續參戰的傢伙（用《真理報》的話來說）。[11]

與此同時，基里連科少尉則是由五十九名紅衛兵陪同，搭乘軍用火車前往莫吉廖夫的最高司令部。十一月十一日，基里連科一行人抵達得文斯科。十一月十二日，杜霍寧派遣第一芬蘭步槍師搭乘幹線鐵路前往莫吉廖夫北方八十公里的奧莎，指示他們勸告基里連科「返回彼得格勒或隻身前往莫吉廖夫」，並允許他們「以武力阻止基里連科的侍衛前往莫吉廖夫」。負責守衛奧莎和莫吉廖夫之間鐵路的是第十七軍團，名義上是為了俄羅斯全國鐵路工人工會而這樣做。由於一時無法前往最高司令部，基里連科便在得文斯科開始調兵遣將，以總司令身分下達第一道命令，要求士兵「堅守崗位」並「守住前線」，但也指示他們「蔑視杜霍寧及其黨羽的謊言與不實控訴」。十一月十五日，基里連科更進一步下令俄軍「所有前線立即停火，展開親善作為」。為了和杜霍寧一決勝負，他更下令彼得格勒派兵支援，集結三千名水兵和軍區士兵組成了打擊部隊，進駐奧莎北郊。[12]

面對列寧、托洛茨基和基里連科宣傳火力全開，周邊部隊對杜霍寧將軍的僅存支持度也瓦解了。芬蘭步槍師宣布「中立」，讓基里連科進入奧莎。鐵路工人工會和第十七軍團原本誓言封鎖通往最高司令部的鐵路，但工會和軍團代表一見到基里連科率領的兵力就反悔了。得知基里連科可以長驅直入莫吉廖夫之後，杜霍寧開始將最高司令部的技術裝備裝上軍用卡車，並致電基輔請求「拉達」核發烏克蘭境內的安全通行證，但遭到拒絕。十月二十日破曉時分，基里連科的火車抵達最高司令部，他的部隊立刻接管了莫吉廖夫。當地蘇維埃告訴他們，柯尼洛夫將軍及其支持者在杜霍寧協助下逃離了貝科夫監獄，基里連科的部隊便決定血刃杜霍寧。必須說，基里連科這人還算厚道，他告訴杜霍寧可以躲在他車廂裡，但還是無法阻止士兵將他推開（但沒傷了他）擁入火車。他們用步槍敲破車窗，闖進可憐的杜霍寧所在的車廂，將他痛揍一頓再用刺槍刺死。據目擊者表示，士兵「扒光他的衣服，朝他的屍體不停咒罵」。13

布爾什維克就這樣拿下了最高司令部，從杜霍寧將軍手中搶下軍隊的指揮權，交到了基里連科少尉手上。反正俄羅斯帝國軍隊也已經瓦解得差不多了，許多士兵乾脆打包走人。家鄉都開始分配土地了，還有哪一個穆齊克想當最後離開前線的人？少數族群尤其如此，例如烏克蘭人，因為他們嗅到了獨立的機會。因此到了一九一七年十一月下旬，東方戰線的烏克蘭士兵幾乎都溜光了。一名德國間諜於基輔回報，烏克蘭再沒多久肯定會「脫離俄羅斯」。北方戰線也好不到哪裡，愛沙尼亞、拉脫維亞和立陶宛士兵統統做起了獨立夢。到了十二月底，得文斯科只剩三名俄羅斯低階軍官駐守整個波羅的海前線，對抗德軍。14

帝國陸軍快沉了，高階軍官紛紛跳船，到新的部隊擔任主幹。率先組織武裝反抗軍的將領是卡列金軍長。十月二十六日，布爾什維克奪權的消息剛透過電報傳來，他就宣布頓河哥薩克獨立。艾列克謝耶夫將軍十一月十二日前往南方，而被杜霍寧從牢裡放出來的柯尼洛夫則是於十一月十九日騎馬前往頓河地區。同時獲釋的還有盧孔斯基將軍和鄧尼金將軍，兩人喬裝易容搭乘火車離開。十一月三十日，卡列金率領的頓河哥薩克部隊拿下頓河畔的羅斯托夫。十二月初，這波迅速增長的反布爾什維克勢力陸續在此集結，甚至開始有人討論和北波斯的英國遠征軍會合。然而，英軍高層警告卡列金和柯尼洛夫最好收手，等到制憲議會召開後再採取行動。[15]

布爾什維克非但沒有阻止帝國陸軍瓦解，反而視之為通往世界革命的必經之路。一九一七年十二月初，基里連科正式開始解編軍隊，部分基於物資因素。根據最高司令部十一月二十八日收到的一份報告顯示，軍隊後勤「慘不忍睹」，糧秣及軍用車輛嚴重短缺，必須立刻裁減「三、四百萬名士兵」。布爾什維克竊據彼得格勒，杜霍寧遭到私刑之後，逃兵人數瞬間暴增，但還增加得不夠快。基里連科的做法非常乾脆，一九〇〇年以後入伍的士兵一律於十二月九日退役，之前入伍的士兵何時復員則交由「解編委員會」決定，而且所有人都獲准攜帶武器離開。他還在一九一七年十二月八日頒布的指示中為這項政策加上了意識型態的色彩，表示因為人民委員會要他「設法將常備兵制轉變為全民皆兵」，所以才擬出這項計畫。下令「三、四百萬」武裝士兵復員歸鄉，再加上停火宣告，這兩項政策完全實現了列寧將帝國主義戰爭轉為內戰的計畫。[16]

德國自然樂於從命。根據戰情回報，德軍最高司令部非常清楚布爾什維克就算想繼續參戰，也力有未逮。根據德國一名情報人員十一月十七日於斯德哥爾摩發出的報告，俄國繼續參戰「每天必須耗費五、六千萬盧布」，顯然「絕無可能」。而德軍高層十一月十三日收到托洛茨基的停火要求之後其實只在意一件事，就是搞清楚托洛茨基和新任總司令（基里連科少尉）究竟是何許人也，兩人能不能信任。由於事關重大，因此東方戰線的實際指揮官馬克斯・霍夫曼少將（Max Hoffmann）特地致電比利時的總司令部（名義上的司令是巴伐利亞親王利奧波德 Prince Leopold of Bavaria），要求和實際領導德軍作戰的魯登道夫將軍（陸軍元帥為年邁的興登堡將軍）通話，並問「我們真的能和這兩個人談判嗎？」魯登道夫為了讓德軍來年春天有足夠兵力在西方戰線發動攻勢，便回答「可以」。[17]

雖然德俄各有停戰的理由，但由於雙方都急著結束東方戰線，因此進展迅速。十一月十四日，基里連科便派了三名代表越過得文斯科附近的戰線，被德軍蒙住頭臉帶到了德軍司令部。德軍聯繫柏林和維也納政府取得許可後，於午夜知會基里連科德國方面願意於十一月十九日在布列斯特—立陶夫斯克與俄國展開和談。十一月十六日，基里連科告知協約國大使，俄國已經達成停火協議，並邀請他們參加在布列斯特—立陶夫斯克舉行的談判。由於東方戰線瓦解影響重大，協約國最高戰爭委員會當天就在巴黎緊急集會，討論托洛茨基的提案。雖然英國和美國可以理解俄國的決定，但遭到刻正陷入領土保衛戰的法國和義大利反對。十一月十八日，協約國告知托洛茨基不會參加和談，布爾什維克將獨自前往布列斯特—立陶夫斯克。[18]

事情發展至此，德軍終於要和自己一手促成的新型政權打交道了。托洛茨基指派多名代表前往談判，包括自己的布爾什維克妹夫加米涅夫、托洛茨基還是孟什維克時就認識的猶太律師越飛（Adolph Joffe）、銀行人民委員索科利尼科夫、左翼 SR 代表姆斯提夫拉夫斯基（S. Mstivlavsky），以及為了籠絡女性主義社會主義者而找來的知名 SR 刺客安娜史塔西婭・畢岑科夫人（Anastasia Bitsenko）。她一九〇五年刺殺一名總督，最近才從西伯利亞出獄。除了這四人之外，他還找了三名「正宗」工人、士兵及水兵代表，讓陣容更加完整。感覺一切都相當完美，直到越飛和加米涅夫乘車前往華沙車站時，才發現他們沒有「農人代表」，便趕緊在街上抓了一位「農人裝扮的老頭」，告訴這位名叫羅曼・斯塔許科夫（Roman Stashkov）的長者「一起去跟德國人談和」。[19]

這群雜牌代表給人一種很難產生敵意的感覺。他們於一九一七年十一月二十日（新制十二月三日）抵達布列斯特－立陶夫斯克，同行的人還包括九名帝俄官員，負責協商技術事務，並充當人質。由於俄國是求和方，感覺籌碼都在同盟國手上，但在布爾什維克最擅長的言論操縱方面可非如此。霍夫曼少將出於輕忽，竟然同意德國士兵進到俄國陣線造訪「窯子」，並答應交換報紙。布爾什維克已經印行兩份德語日報，分別是《火炬報》和《人民和平報》。霍夫曼還同意「立即交換平民俘虜及不適合再服役的戰俘」，讓布爾什維克有機會趁戰俘返鄉前先滲透他們。此外，越飛堅持和談內容必須公諸於世，沒想到德軍竟然答應了。講妥這些條件後，布爾什維克同意於十二月四日起停火二十八天。[20]

托洛茨基的代表團玩的完全是另一套把戲。就如同協約國大使沒想到托洛茨基會洩露密約內容，德國人也沒料到布爾什維克會用俄國軍事力量不及德國來操弄全球輿論。但托洛茨基和列寧正是這樣做的。十一月二十三日，停火談判暫告段落，托洛茨基告誡俄羅斯的盟國「在世人面前說清楚講明白，歐洲各國到底有何理由必須在大戰第四年繼續淌血」。不僅如此，他還在這記巧言恫嚇之上外加一道威脅，於同日《真理報》表示布爾什維克可能拒付英國、法國和美國持有的六百億盧布俄國外債，相當於現在的三兆美元。同時他也警告德國，於十二月四日廣播中宣布「停火只限一個前線」，並語帶威脅指出，「我們的真正談判對象是穿著軍服的德國工人與農人」。[21]

十二月九日，德俄於布列斯特—立陶夫斯克正式展開和談，而托洛茨基施捨給德國的唯一恩惠就是他本人沒有出席。由於他不在場，談判氣氛意外融洽，原因之一是當時正在過節（按照西曆，第一輪談判日期是十二月二十二至二十八日），所有人杯觥交錯，甚至全體同意越飛的提議，和約內容絕不涉及承認「暫時強迫併吞之土地」，只不過保加利亞和土耳其代表未置可否。為表善意，德奧共同於十二月十二日／二十五日發表聖誕節宣言，表示願意接受不併吞原則，前提是俄國的西方盟國也同意遵守。[22]

越飛在第一輪談判的真正目的其實是拖延時間。用托洛茨基的話來講，就是希望布爾什維克能「喚醒德國、奧匈帝國和協約國的工人政黨」，讓他們也展開革命。但能玩拖延遊戲的不只是布爾什維克。德國人很清楚列寧政權有多不穩。十二月八日，德國駐斯德哥爾摩領事找了列寧最親近的密友拉狄克談話。拉狄克公開承認「斯莫爾尼政府」的命令出了彼得格勒就少有人服從，連布爾什維克控制的城市也是如此，這讓他們「相當緊張」。拉狄克解釋，對於鄉村地區，布爾什維克的策略是讓被滲透的士兵攜械歸田，然後聽天由命。彼得格勒隨時可能爆發霍亂。由於銀行罷工，國家已經破產，唯有「德國協助重建俄國（經濟）」才不會滅亡。

對德國而言，最重要的是俄國軍隊瓦解，而根據一名情報人員向拉狄克透露，俄國部隊「士氣徹底渙散」。布爾什維克決定讓士兵攜械復員，代表將有大批武器從前線流入黑市，甚至只要六十馬克就能買到俄國機槍。因此，誠如這份戰情報告的結論，德國大有理由相信布爾什維克願意「不計代價」換取和平。[23]

加在布爾什維克身上的壓力還有俄國邊境愈演愈烈的獨立運動。這是列寧和民族委員史達林一時不察，於一九一七年十一月二日／十五日代表人民委員會共同簽署〈俄羅斯人民自決權〉宣言意外促成的結果。＊喬治亞人、亞美尼亞人和亞塞拜然人率先當真，於提弗里司成立了以孟什維克為主的代表大會，別名「謝伊姆」，並宣布獨立，國號「外高加索聯邦共和國」。高門（即鄂圖曼帝國政府）於之前隸屬鄂圖曼的卡爾斯、阿爾達罕和巴統舉行獨立公投。十一月二十三日，芬蘭宣布獨立。而烏克蘭自由派民族主義者於十一月大選大獲全勝，促使拉達宣布獨立，基輔的布爾什維克紛紛逃往哈爾科夫，另外成立「烏克蘭人民共和國」，名義上獨立，但傾向列寧。加上駐紮在羅斯托夫的卡列金將軍和頓河哥薩克人，烏克蘭眼看就要陷入三方內戰。趁著布爾什維克軟弱無力，基輔拉達決定派遣三名年輕代表參加下一輪的談判。[24]

十二月二十七日，和談再度展開，卻幾乎不見第一輪談判的融洽氣氛。根據己方情報，加上德國竟然允許基輔拉達派代表出席，布爾什維克這下明白德國對烏克蘭另有所圖。而美國總統威爾遜於和談前一天發表的演講，也將意識型態的對抗拉高了一級。從托洛茨基公開密約、布爾什維克發表少數民族自決宣言到德國似乎接受了（雖然有條件），這些發展不僅讓協約國難堪，更搶去了率先主張為民主而戰的威爾遜的風采。十二月二十六日（新制俄曆一九一八年元月八日），威爾遜再度加碼，提出「十四點和平原則」，屏棄「祕密外交」（第一點）並支持少數民族自決（和大多數人印象不同，民族自決一詞並未出現在這十四點內，只隱含在各「民族」應有機會「發展自治」的用語當中）。就這樣各方摩拳擦掌，一場針對烏克蘭的話術大戰即將展開。[25]

由於事關重大，列寧要托洛茨基親自出席，並且明確指示他盡量「拖延」德國。托洛茨基一到布列斯特—立陶夫斯克，就讓德國人嘗到了他的厲害。他和列寧在瑞士結交的密友拉狄克搭乘火車剛進月台，就故意朝車窗外的德國士兵猛撒傳單。根據布爾什維克體例，托洛茨基拒絕向巴伐利亞親王利奧波德鞠躬行禮，並堅持俄國代表用餐和就寢都另外進行，不和主辦方一起。歡樂假期過去了，表面的謙讓不再。由於協約國拒絕接受聖誕節宣言的不併吞原則，因此德國代表團主席國務卿理夏德·馮·庫爾曼（Richard von Kichard）宣布宣言無效。

精采的貓捉老鼠遊戲開始了。庫爾曼和托洛茨基纏鬥數日，爭執「自決」到底是什麼意思，兩人愈吵愈凶，而爭執內容全都上了報。庫爾曼恫嚇托洛茨基，逼他接受拉達代表有權參與談判，托洛茨基則反將一軍，誘使德國坦承他們無意退出占領的土地。為了加速談判進展，霍夫曼將軍終於在元月五日／十八日向托洛茨基提出一張戰後俄國疆界的草圖，其中不包括德軍目前占領的土地，像是波蘭和大部分的波羅的海地區，並允許當地人民「自決」。至於烏克蘭的未來，霍夫曼明白指出「將和拉達代表討論決定」。托洛茨基萬分洩氣，要求休會十天和人在彼得格勒的列寧商量。[26]

雙方都扯下了面具。雖然德國大談民族自決，其實毫不避諱分裂俄國的野心；而布爾

＊注：事後想來，這個決定非常奇怪，因為它導致布爾什維克其後五年必須為了奪回他們原本主張放棄的土地而戰。一般認為原因是意識型態：自決就是屏棄資本主義「帝國主義」，因此到處都值得鼓勵，俄國本身也不例外。拒絕讓少數族群分離出去向來是布爾什維克批評臨時政府的主張之一。意識型態顯然能解釋列寧為何這樣做。不過，比較挑剔的讀者可能還記得，當初列寧正是因為支持烏克蘭分離主義，才得到了德國資助者的青睞。

什維克也不再掩飾，於霍夫曼用既成事實逼迫托洛茨基當天（元月五日／十八日）派出紅衛兵包圍塔夫利宮，強行解散好不容易召開的制憲會議，造成八人死亡，讓經歷過一九〇五年事件的進步派小說家高爾基稱之為第二個「血腥星期日」。三天後，布爾什維克召開「第三次蘇維埃代表大會」，取代人民選出的國會，同時痛批制憲議會代表全是「銀行家、資本家和地主的走狗」。會中承認人民委員會為俄羅斯唯一合法政權代表，並正式成立新的主權實體，取名為俄羅斯蘇維埃聯邦社會主義共和國（Russian Soviet Federative Socialist Republic, RSFSR，簡稱蘇俄）。[27]

解散制憲議會讓布爾什維克從此不用理會民意，在黨內則是削弱了民粹主義者對列寧的批評。例如馬克思主義理論家尼古拉・布哈林（Nikolai Bukharin）就反對與德國談和，希望發動**游擊戰**（partizanstvo）對抗占領軍，同時加強敵後的革命煽動。列寧則認為布爾什維克必須接受德國開出的談和條件，以便贏得「喘息的機會」鞏固國內政權。雖然列寧有加米涅夫、季諾維也夫和史達林支持，但他的提議還是在元月八日／二十一日舉行的黨大會上以十五票對四十八票遭到否決，顯示他的政策在黨內有多不得人心，更遑論全國了。和十月一樣，這回又是托洛茨基出來化圓為方，想出了一個別出心裁的口號「不打仗也不求和」替列寧解了圍。托洛茨基解釋道，他打算直接「宣布戰爭結束士兵復員，但不簽署任何和約」，藉此協助布爾什維克將這次談判塑造成一場「示範教學」，一方面駁斥他們是「霍亨索倫王朝的間諜」，另一方面向「全世界的工人階級」證明「德國人靠著刺槍」逼俄國簽下了不平等條約。托洛茨基這招聰明的權宜之計在中央委員會上以九票對七票獲得通過。[28]

有了這份詭異的背書，托洛茨基在元月二十八日（布爾什維克下令俄羅斯自一九一八年元月十四日／二十七日起改用格里曆）開始的第三輪全體會議展現了絕佳演出。對同盟國而言，頭號大獎是烏克蘭，從君士坦丁堡、維也納到柏林政府都亟需它的天然資源，尤其是麥穀。托洛茨基很清楚，由於俄羅斯帝國陸軍在前線瓦解（他這幾回取道得文斯科前往布列斯特—立陶夫斯克時都親眼見到了這一點），德國想拿下烏克蘭，他其實無力阻止。儘管如此，這場和談仍然是個發聲管道，可以用來達成他的「示範教學」，而他自然不會放過。面對德國人讓拉達代表大談「烏克蘭獨立」，托洛茨基反脣相譏，說拉達所代表的「烏克蘭」只有德國分配給拉達代表的旅館房間那麼大。連霍夫曼都被這話給逗樂了，因為他知道拉達在基輔其實搖搖欲墜，而基輔也真的在二月八日被從哈爾科夫調來的紅衛兵給攻陷了。次日德國使出王牌，和烏克蘭拉達簽署片面和約，並要求托洛茨基二十四小時內簽署，否則就要重啟作戰。現在輪到托洛茨基亮出王牌了。

二月十日，托洛茨基告知德國，雖然他無法「簽署併吞和約，但俄羅斯將自行宣布戰爭狀態……結束」。布爾什維克不會簽署懲罰性和約，只會「下令所有士兵復員」。全場代表都被這個古怪提議驚得說不出話來，只有霍夫曼將軍低呼一聲「從來沒聽過！」參與這場和談的美國聯絡官雷蒙·羅賓斯上校（Raymond Robins）日後形容托洛茨基是「百分百的混蛋，卻是耶穌之後最厲害的猶太人」，心裡想到的或許就是這段往事。[29]

停火就這樣達成了。基本上，托洛茨基吹了個大牛皮，賭德國人不敢在沒有敵軍的情況下重啟戰端。布爾什維克的算盤是，德國人要是上鉤，德國帝國主義就會赤裸裸呈現在全球所有人面前，說不定連德國自己的社會主義者都會發動革命，反對黷武派開戰攻擊一個沒有軍隊的國家（俄國）。然而，就算果真如此，到時俄國還會是完整的俄國嗎？

第十六章　谷底的俄羅斯

曾經強盛的俄羅斯帝國如今完全指望德國放他一馬。從波羅的海到黑海，俄國的戰線幾乎都瓦解了。托洛茨基宣布軍隊大復員不是說說而已，布爾什維克連彼得格勒軍區的常備士兵薪餉都發不出來。這個軍區帳面上還有二十萬士兵，但敢自稱還在服役的寥寥無幾。列寧也快養不起紅衛兵了，當時的日薪是二、三十「克倫斯基盧布」。他們手頭的資源相當有限，因為造幣廠裡有本事印製克倫斯基盧布（或更值錢的沙皇盧布）的資深技師都走了，國家銀行也只替列寧生出了五百萬盧布。布爾什維克確實有在印行質地粗劣的紙鈔，上頭沒有序號或簽名，背面更是一片空白，很快就被民眾戲稱為「蘇維埃盧布」。但即使如此，貨幣仍然不足。根據德國情報人員一九一八年二月取得的預算粗估，政府歲出定為二百八十億蘇維埃盧布，而「歲入」只有五十億盧布。簡單算一下就知道，不論用哪種盧布支付薪餉給保國衛民的軍人，只要銀行繼續罷工，布爾什維克政權的末日就不遠了。[1]

可想而知，結果就是布爾什維克的敵人倍增。前總司令艾列克謝耶夫和柯尼洛夫將軍在頓河地區組織「志願軍」，反對解散制憲議會，並接受卡列金率領的頓河哥薩克部隊保護，只是卡列金並不清楚這些哥薩克人到底效忠何方。幾番摩擦後，艾列克謝耶夫同意將部隊交給柯尼洛夫指揮，他自己則是負責政治、財政與外交事務。到了一九一八年二月，這支志願軍已經達到四千人，足以引起布爾什維克的注意。布爾什維克從為數不多的聽命部隊當中選出了六、七千人，由戰爭部長奧夫謝延科率領，往南鎮壓志願軍，以免太遲。鎮壓軍於二月二十三日抵達羅斯托夫，二十五日抵達哥薩克首府新切爾卡斯克。結果頓河哥薩克人拒絕參戰，寡不敵眾的志願軍只好往南逃竄，這就是後世知名的「冰雪長征」，而遭哥薩克人背叛的卡列金則是羞愧自殺。同年五月，頓河哥薩克人另立克拉索諾夫將軍（P.N. Krasnov）為新的頭領。[2]

對赤黨而言，這是一場慘勝。布爾什維克將最精銳的部隊派到南方掃蕩志願軍，導致俄國北方和西方門戶洞開，錯失了鎮壓烏克蘭反抗勢力的機會。而在芬蘭，雖然赫爾辛基有不少紅衛兵，大多數是波羅的海艦隊的激進水兵，但由前沙皇將領馬達漢（卡爾・古斯塔夫・曼納海姆 Carl Gustav Mannerheim）率領的反布爾什維克軍已經控制了大部分芬蘭，正朝赫爾辛基逼近。烏克蘭首都基輔成為多國的角力場，法國、英國和帝俄將領為了拉達而戰。一名德國駐斯德哥爾摩情報員在和加米涅夫談話後表示，布爾什維克現在「認真覺得烏克蘭和俄國將有一戰」。英國皇家海軍在北極阿爾漢格爾港外海駐有一支分隊，艦上的海軍陸戰隊早在十月革命之前就已經待命上岸，保護運往俄國的軍備物資。[3]

西伯利亞的戰略情勢對莫斯科當局而言更加嚴峻。海參威和阿爾漢格爾一樣貯有大批從美國橫渡太平洋而來的戰爭物資。一九一八年元月十八日，兩艘日本軍艦抵達海參威港，以防止物資落入敵手，不管是布爾什維克或德國。此外，日軍也持續運送武器彈藥給掌控滿州北部大塊地區的「外貝加爾哥薩克軍團」指揮官格里戈里・謝苗諾夫（Grigory Semenov）。至於法國政府則是接獲警訊，布爾什維克武裝分子正在伊爾庫次克掃蕩「英國與法國」商人，並「毀損其財物」，於是提議派遣（法國、英國、美國、日本與中國組成的）多國聯軍「從滿州進入，阻斷西伯利亞鐵路」。由此可見俄國的國力低落到何等程度，連孱弱的中國都成了壓迫者，前前後後已經派遣超過一千支部隊進入西伯利亞，一反「八國」聯軍時的尊卑態勢。[4]

德國也會冒這個險嗎？一九一八年二月十三日，魯登道夫在皇室會議上提出一個大膽的作戰計畫，威脅布爾什維克如果拒絕簽署布列斯特—立陶夫斯克和談的協約草案，就要占領彼得格勒。矛盾的是，他認為只有這樣做才能盡速結束東方戰線，以便春天於西方戰線發起猛攻。接著由國務卿庫爾曼代表外交部發言。由於外交部對自己一手催生的政權仍有幾分好感，因此庫爾曼提出警告，認為德國不該捲入「革命的散播中心」，而該重返一九一七年的政策，減緩東方戰線的攻勢，免得刺激俄國的愛國反革命勢力挺身反抗列寧。雖然庫爾曼言之成理，但德皇威廉二世對於布爾什維克竟然教唆德國士兵譁變非常不滿，因此站到了魯登道夫那邊[5]。

情報單位的回報也讓威廉二世格外關切。報告中提到「彼得格勒陷入瘋狂」，這一點確實引起德軍高層的擔心，因為霍夫曼正考慮占領那座城市。彼得格勒的德國間諜，尤其是反動派海軍軍官瓦爾特．馮．凱澤林克（Walther von Kaiserlingk），提到許多令人憂心的事件，指出波羅的海地區到處有私人財產遭到攻擊。其中愛沙尼亞特別危急，因為當地有很多富裕的波羅的海日耳曼人，他們的財產都被鎖定，恐怕遭到「沒收」。值得注意的是，二月六日同時有兩份德國情報警告「恐慌加劇」，而這天正是列寧在《真理報》發表那篇知名社論的日子。列寧指出馬克思主義要求「沒收那些沒收他人者的財產」，並呼籲俄國無產階級掠奪有錢鄰人的財物。列寧寫道，資產階級……將他們掠奪來的東西收在櫃子裡……廣大民眾必須奪回這些東西，逼他們將掠奪來的一切（亦即藉由剝削無產階級勞動所取得的資本）全數歸還。各位務必到處這樣做，別讓（資產階級）逃脫，否則將前功盡棄……哥薩克人問布爾什維克是不是掠奪者，老人回答：「沒錯，我們掠奪那些掠奪者。」[6]

讀到如此駭人的報告，威廉二世覺得自己聽夠謊言了。「布爾什維克是老虎，」德皇表示：「必須徹底滅絕。」儘管德國是否占領彼得格勒的問題懸而未決，但威廉二世明確表示至少確保波羅的海「日耳曼區」安全，防止布爾什維克繼續製造恐慌。魯登道夫再次強調必須占領烏克蘭，免得被布爾什維克破壞。二月十七日，霍夫曼受命在東方戰線重啟攻勢，代號就叫**拳擊行動**（Operation Faustschlag），其意圖不言可喻。根據《福斯報》一名記者報導，德國各地歡欣鼓舞，「學校放假，街上一片歡騰，還有城鎮鳴鐘慶祝」。[7]

德軍派出飛機概略偵察了已經近乎瓦解的敵軍陣線後，於二月十八日拂曉進攻，先是拿下俄國第五軍司令部所在地得文斯科，接著往北推進到愛沙尼亞。加利西亞戰區的德軍則是第一天就拿下盧次克，並迅速攻入烏克蘭西南，繼續朝克里米亞半島挺進。德國軍方用俄語發表聲明，解釋占領行動的政治理由，痛斥布爾什維克的獨裁「血手不僅染指俄國最好的百姓，也伸向了波蘭、拉脫維亞和愛沙尼亞人」。[8]

德軍幾乎沒有遭到抵抗。進攻頭五天，從波羅的海到喀爾巴阡山脈，德軍推進了兩百四十公里，甚至有六百名哥薩克士兵在某個火車站向七名德國士兵投降。寡不敵眾的俄國陸軍總司令基里連科少尉難過指出，「我們沒有軍隊，士兵毫無士氣，在德軍的刺槍前拋下了砲火、車輛與彈藥落荒而逃。紅衛兵有如蒼蠅不堪一擊。」德國霍夫曼少將在日記裡用極為**幸災樂禍**（Schadenfreude）語氣寫道，我從來沒見過這麼滑稽的戰爭。我們讓五、六名步兵帶著機槍和一挺火炮上火車，只要到站就下車，占領車站，逮捕布爾什維克，再俘虜幾名士兵，然後上火車繼續前進。這種作戰方式還真新奇。[9]

托洛茨基弄巧成拙。為了實現他的「示範教學」，布爾什維克引狼入室，讓敵人進來毀了俄羅斯。基里連科發電報到布列斯特—立陶夫斯克，求霍夫曼停止進攻，霍夫曼拒絕了。「之前的停火協議，」他回覆道，「已經結束了，不可能恢復」，但也表示俄國完全有權再次求和。不過「戰爭不會停止……因為要保護芬蘭、愛沙尼亞、利伏尼亞和烏克蘭。」德國部隊迅速拿下塔爾圖（多爾帕特）、日瓦爾（塔林）、納爾瓦和楚德湖。直到德軍二月二十三日拿下愛沙尼亞之後，霍夫曼才寄出修正過（條件變得嚴苛許多）的和談條件，邀請布爾什維克回到談判桌上簽署和約。[10]

二月二十三日半夜，列寧召集布爾什維克中央委員會討論霍夫曼的和談條件——他本人提議接受。灰心喪氣的托洛茨基軟化了自己的反對立場，但實在無法投票支持和約。布哈林則是始終堅持游擊戰策略，和其他三名「左翼共產黨」反對派投下了反對票。由於托洛茨基和另外三名委員棄權，列寧需要五票才能讓接受德國和談條件的提議過關，而他拿到了七票。接著他又前往塔夫利宮，將提案呈報給蘇維埃代表大會，因為根據元月擬定的蘇俄（RSFSR）法令，和外國簽署條約需經過代表大會核可。面對代表大會的堅決反對，列寧主張俄羅斯別無選擇，必須「簽署這份屈辱的和約，才能拯救世界革命」。他的提案以一百一十六票贊成、八十五票反對和二十六票棄權獲得了多數通過。一九一八年二月二十四日清晨四點三十分，俄國致電柏林政府，表示人民委員會「迫於無奈，不得不簽署條約，接受布列斯特—立陶夫斯克四國和談提出之條件。」現在只剩一個問題，就是誰願意去簽署這份辱國條約？最後這項「殊榮」落在了銀行人民委員索科利尼科夫頭上。[11]

然而，德軍並未停止進攻，而是接連拿下了明斯克與普斯科夫，橫掃白俄羅斯。三月一日，德國部隊開進基輔，讓霍夫曼取得本錢和拉達談妥條件，將各國亟需的烏克蘭麥穀分別運往柏林、維也納及君士坦丁堡。三月二日，德國甚至派出戰機轟炸了彼得格勒。俄國不大可能不曉得這代表什麼。於是在三月三日，索科利尼科夫簽下了喪權辱國的布列斯特—立陶夫斯克和約（簡稱布列斯特和約）。[12]

和約條件非常嚴苛。除了「俄國士兵全面復員」外，德國還堅持「俄國部隊及紅衛兵必須立即撤出」立陶宛、拉脫維亞、愛沙尼亞、芬蘭、波羅的海的奧蘭群島和烏克蘭等地，而在土耳其的堅持之下，俄軍還必須撤出「高加索的阿爾達罕、卡爾斯及巴統地區」。這讓蘇俄一口氣失去了三百三十七萬平方公里土地，相當於帝俄領土的四分之一，連同居住其上的六千二百萬人，也就是百分之四十四的人口。經濟損失據估計包括三分之一的農產量、四分之三的煤與鐵產量、一萬六千家「工業單位」中的九千家，以及八成的糖產量。儘管和約第九條表示不會要求「損害賠償」，但第八條卻暗示需要付款「補償」拘禁戰俘的開銷（德國俘虜的俄國戰俘比俄國俘虜的德國戰俘多出了數百萬人）。德國人在俄羅斯境內享有治外法權、財產國有豁免權及大量經濟特許權。尤其羞辱的是，和約要求布爾什維克承認基輔拉達，黑海艦隊必須回到烏克蘭各港口「接受拘禁，直到全面媾和或被裁撤」。[13]

雖然簽署辱國條約的是索科利尼科夫，政治責任卻在列寧身上。當他二月二十三日半夜走進塔夫利宮時，人民委員會裡的左翼ＳＲ代表不停朝他高喊「叛徒下台！」、「猶大！」

和「德國間諜！」列寧不為所動，反問批評者難道以為「無產階級的革命道路鋪滿了玫瑰」嗎？三月六日，他在《真理報》花費數頁篇幅，以同樣倨傲的口吻勸布哈林及其他「左翼共產黨」多讀讀軍史，瞭解戰術和談的妙用，例如一八〇七年沙皇亞歷山大一世和拿破崙簽署「提爾西特條約」就讓俄國贏得了最終勝利。「別再大吼大叫了，」列寧結論道，「趕緊做正事吧」。[14]

三月七日，列寧下令將政府從彼得格勒遷往莫斯科的克里姆林宮，遠離德軍的空襲範圍，彷彿想藉此證明自己並非柏林的傀儡。從此克里姆林宮就成了俄國政府所在地，直到今日。值得一提的是，列寧請求法國軍事代表團提供後勤支援。既然德國靠恫嚇逼俄國就範，那麼藉助協約國來對抗德國也就不難理解——前提是俄國還說得動這些盟友。為了表現誠意，托洛茨基三月一日允許協約國部隊在阿爾漢格爾和摩爾曼斯克上岸。五天後，一百三十名英國皇家海軍陸戰隊員在港口上岸。三月五日，托洛茨基照會負責聯繫布爾什維克的美國聯絡官羅賓斯上校，請教他「蘇維埃政府」是否能「信賴美國政府……將協助對抗德國」。托洛茨基還向私人特使布魯斯・洛克哈特（Bruce Lockhart）示好。這位年輕的蘇格蘭人是英國內閣派來的「俄國通」。雖然托洛茨基未能取得協約國軍事援助的具體承諾（或在西伯利亞遏止日本侵略），但等到三月十四日布列斯特和約正式生效時，俄國跟倫敦與華盛頓的關係已經大為改善。巴黎政府比較麻煩，因為列寧一九一八年二月十日宣布拒付國債，而法國在帝俄時期挹注了大筆投資，導致此舉激怒了一百多萬名持有俄國國債的法國人。不過，正由於投資人急於挽回損失，反倒給了布爾什維克說服法國政府的籌碼。[15]

列寧和托洛茨基對協約國或同盟國都不敢盡信，於是決定悄悄重建軍隊。兩人拋棄了建立游擊民兵的社會主義大夢，專心打造正規部隊。元月二十八日，蘇維埃人民委員會創立工農紅軍（簡稱紅軍）以取代遣散的帝國陸軍，原始經費為兩千萬盧布。三月十三日，托洛茨基辭去外交部長一職，改任戰爭人民委員。繼任外交部長為出身外交世家的前孟什維克黨人格奧爾基．契切林（Georgy Chicherin），再次透露了蘇維埃政權不得不回歸專業領導的趨向。值得一提的是，列寧和托洛茨基不顧基里連科和中央委員會的強烈反對，同意召回前沙皇軍官擔任「軍事專家」訓練新兵，並且於三月三十一日取得人民委員會正式批准。一九一八年三月協商期間，托洛茨基甚至向密使洛克哈特及羅賓斯請託，希望英國與美國軍官能協助訓練紅軍。倫敦和華府於四月三日答應這項請求，交換條件是布爾什維克必須讓日本登陸海參威（這個條件足以扼殺整個提議）。四月十八日，俄國政府成立「委員局」，負責指派政治委員到各部隊監視軍官。這項制度後來延續到蘇維埃時期結束。五月八日，列寧和托洛茨基甚至重新設立最高司令部，改名為「全俄羅斯參謀總部」。除了名稱及加入政治委員之外，列寧和托洛茨基等於復刻了帝國陸軍。[16]

儘管這些改革頗具遠見，卻無法解決俄國邊境當下遇到的威脅。由於布列斯特和約讓俄國在法律上失去了對芬蘭、烏克蘭和外高加索的主權，使得這項和約非但未能成為「喘息的機會」，反倒成了入侵的邀請函。四月初，德國部隊入侵芬蘭南部，隨後加上馬達漢率領「芬蘭白軍」南下支援，於四月十三日拿下赫爾辛基。此外，白俄羅斯前線的德軍拿下了前俄國陸軍總司令部所在地莫吉廖夫。緊鄰烏克蘭西部的比薩拉比亞以羅馬尼亞語為主，之前才宣布獨立為「摩爾多瓦人民共和國」，一九一八年四月進而宣誓效忠羅馬尼亞。雖然直到戰後條約生效，比薩拉比亞才正式併入羅馬尼亞，但四月時就不屬於俄國了。布爾什維克對此束手無策，只能扣住羅馬尼亞的黃金儲備做為報復（羅馬尼亞一九一六年做出了不智的決定，將黃金儲備送到彼得格勒保管）。*

不過，烏克蘭才是頭獎。一九一八年三月中，連不走運的奧匈帝國都來插一腳，先是拿下烏克蘭北部的別爾季切夫，隨即揮軍往南，靠著德軍協助占領了敖德薩。而德國南方軍在威勇的奧古斯特．馮．馬肯森將軍（August von Mackensen，一九一五年戈爾利采—塔爾努夫攻勢的策畫者）領導下征服了俄國黑海艦隊停泊地尼古拉耶夫和赫爾松，接著入侵克里米亞半島，並於五月一日占領了塞瓦斯托波爾軍港，讓列寧顏面盡失。四月八日，德國的威廉．格勒納將軍（Wilhelm Grlher）率領一支前衛軍攻入烏克蘭東部的卡爾科夫，並迅速橫掃戰略據點頓涅茨（頓巴斯）地區，占據了當地大量煤礦與工廠。自此德軍一路往東，到了五月八日已經攻抵頓河畔的羅斯托夫（開始跟頓河哥薩克軍及志願軍接觸）和塔甘羅格，並派部隊往東偵察伏爾加河畔的察里津（後來改名為史達林格勒）。德國只用了短短十週，就占領了比德國面積還大的俄國領土。而霍夫曼少將則不忘在日記裡補刀，「托洛茨基的理論也敵不過事實」。[17]

不是只有德國趁著俄國積弱不振占便宜。一九一六年至一七年差點被俄國擊潰的宿敵土耳其竟然鹹魚翻身，率軍長驅直入，幾乎不受阻礙。鄂圖曼大軍先是拿下特拉布宗和埃爾津詹，接著又在三月十二日攻下要塞埃爾祖魯姆，區區幾天就奪回了俄國當時耗費整年辛苦拿下的領土。月底時，鄂圖曼部隊已經奪回了一九一四年的邊界。四月四日，土耳其人攻入薩勒卡默什，徹底抹去了大戰第一年冬天那次慘敗的難堪回憶。鄂圖曼指揮官維希普．帕夏（Vehip Pasha）繼續率軍掃蕩阿爾達罕，於四月十二日讓巴統開城投降。四月二十五日，第一鄂圖曼高加索軍攻入卡爾斯，期間沒有遭遇任何反抗。鄂圖曼帝國和宿敵俄國纏鬥多年，只花了兩個月就讓時光倒退四十一年，重新回到一八七七年的邊界。[18]

靠著德國和鄂圖曼部隊大舉進攻為掩護，俄國志願軍也開始在北高加索重新集結。只可惜柯尼洛夫將軍出師未捷，四月十三日在艾卡特瑞諾達爾郊外一間農舍低頭看地圖時遭到炮擊身亡，使得志願軍一度受挫。幸好他們隨即找到另一位合適的人選，鄧尼金將軍接任指揮官。鄧尼金和柯尼洛夫一樣，也是出身卑微、自力成材的職業軍人。一九一八年五月初，德軍剛攻入頓河地區，志願軍也勝利重返新切爾卡斯克，並立即聯繫格勒納將軍。布爾什維克控制的俄羅斯三面受敵，東邊是西伯利亞，彼得格勒和莫斯科的北邊、西邊及西南被德軍包圍，烏克蘭的產煤及工業區、巴庫及產油的裏海盆地則是被志願軍阻斷。

為了反擊入侵的同盟國，布爾什維克不得不嚥下自尊，低頭請求俄國的「資本主義」盟國戰友協助。托洛茨基和列寧懇求英美兩國在海參威阻止日本進犯，進而先贏了一局，紅衛兵於三月二十四日順利拿下海參威。但勝利未能維持太久。四月四日，一群（可能跟布爾什維克紅衛兵毫無關聯的）武裝盜匪搶劫了城裡一間日本人經營的商店。隔天日軍為了報復，派遣五百名海軍陸戰隊員上岸迅速分散到城內各處。日本人已經進占亞俄地區，不可能輕易放棄。

＊注：布爾什維克還繼承了許多羅馬尼亞文物、珠寶與手稿。雖然這起「國寶喪失」事件在國際上少有人知，羅馬尼亞卻對此糾纏不休。列寧指示只要「羅馬尼亞無產階級」取得政權，就考慮歸還黃金儲備。五十年後，羅馬尼亞共黨獨裁者尼古拉·希奧塞古（Nicolae Ceau. escu）向蘇聯領導人布里茲涅夫提及此事，俄國政府才依約歸還了幾件龜裂的色雷斯金盤，目前可悲地陳列在布加勒斯特的國家歷史博物館。至於金條則到現在仍未歸還。

還有一件事讓海參威的情勢火上加油，那就是當地的協約國領事正殷切期待由五萬名捷克斯洛伐克士兵臨時編成的兵團到來。這些士兵絕大多數都是俄國之前在東方戰線擄獲的奧匈帝國戰俘。協約國的如意算盤是讓這些捷克士兵在海參威登船，走海路到法國上岸，再前往西方戰線增援協約國部隊。之前面對同盟國強攻猛逼，列寧為了向巴黎、倫敦及華府展現誠意，便於三月十五日簽署了通行證，允許捷克士兵通過。但日軍四月五日登陸海參威後，布爾什維克為了報復，就下令當時正從奔薩往東穿越西伯利亞的捷克斯洛伐克兵團停止前進。在協約國強力施壓下（尤其是法國，因為捷克士兵若是能到法國，他們受益最大），日本於四月廿五日同意將海軍陸戰隊員撤離海參威。一九一八年五月初時，布爾什維克和協約國似乎盡釋前嫌，雙方都對同盟國的貪得無厭（德國當時正在瓜分頓河地區）充滿反感。[19]

但命運就在這時插手了。五月十四日，西伯利亞大鐵路上發生了一件純屬意外，卻又充分反映一九一八年布爾什維克治下的俄羅斯有多混亂的事件。為了戰後能夠獨立，捷克斯洛伐克兵團急著想和同盟國對戰。當這群士兵搭乘西伯利亞大鐵路往東走時，另一批獲釋的親德匈牙利戰俘正朝反方向前進，準備回家。在車里雅賓斯克支線上，這兩群立場相左的前奧匈帝國士兵遇上了。雙方起了口角，一名匈牙利士兵抓起一塊大廢鐵（也可能是鐵棍）朝一名捷克斯洛伐克士兵扔去，結果砸在對方頭上，把人給殺死了。其餘捷克士兵將那名匈牙利人私刑處死，並以此為藉口占領了火車站。接著在當地蘇維埃抗議之後，這群捷克斯洛伐克士兵又奪下兵工廠，最後占領了整個車里雅賓斯克。[20]

列寧這下應該後悔自己讓捷克斯洛伐克士兵帶著武器離開俄國了。克倫斯基當初成立這支兵團，是為了支援一九一七年六至七月發動的加利西亞攻勢（其中兩個師也真的參與了作戰），而列寧就和之前許多人一樣，從克倫斯基那裡接下了這個燙手山芋。他一九一八年三月中旬准許捷克士兵帶著武器離開俄國，是因為布爾什維克、協約國和捷克斯洛伐克利益一致。兵團之前駐紮在烏克蘭西部，對抗進犯的德奧聯軍，二月下旬也確實和入侵者在多處交火過幾次。列寧眼見同盟國部隊即將入侵，卻還是答應讓五萬名外國士兵攜帶重武器穿越烏克蘭和俄國南部前往奔薩，顯見俄國的國力已經疲弱到何等程度。根據布爾什維克的要求，民族人民委員史達林在三月二十六日簽署的協議中加了一項條件，捷克斯洛伐克兵團到了奔薩必須部分解除武裝，搭乘西伯利亞大鐵路期間每節車廂只准有一百六十八把步槍和一挺機槍，而且「不是以部隊士兵，而是以平民身分搭乘，只攜帶足以自衛的定量武器」。然而，事實證明這項條件很難切實執行，結果也不難預料，捷克斯洛伐克兵團攜帶的武器幾乎都沒有繳出。[21]

也算布爾什維克倒楣，匈牙利士兵在車里雅賓斯克站挑起衝突時，捷克斯洛伐克兵團正好遍布於西伯利亞大鐵路沿線，從奔薩到海參威都有捷克士兵。五月十八日，捷克斯洛伐克兵團於車里雅賓斯克召開「捷克斯洛伐克革命軍代表大會」。二十一日，托洛茨基下令兵團繳械，並逮捕莫斯科的「捷克斯洛伐克國家委員會」成員，因為該組織算是兵團的政治聯絡人。

五月二十三日，車里雅賓斯克的捷克斯洛伐克革命軍代表大會無視托洛茨基的命令，決議拒不繳械。二十五日，托洛茨基再次下令，等同向捷克斯洛伐克兵團宣戰：特此授命各地蘇維埃即刻要求捷克斯洛伐克人繳械。如在火車上發現持有槍械之捷克斯洛伐克人，一律格殺勿論。就算只有一人，也要全員下車，並將捷克斯洛伐克士兵送至戰俘營拘禁。

托洛茨基求戰得戰，然而局勢並不站在他這邊。捷克斯洛伐克兵團在自封「將軍」的魯道夫・蓋達（Rudolf Gajda）率領下，五月二十五日已經占領了馬林斯克和新尼古拉耶夫斯克（新西伯利亞）的鐵路及電報站，阻斷了莫斯科和東西伯利亞的聯繫。五月二十八日，捷克斯洛伐克兵團拿下奔薩。六月四日，托木斯克淪陷；七日，鄂木斯克失守；八日，八千名捷克斯洛伐克士兵攻占了當地首府薩馬拉。其中一名士兵日後回憶道，「簡直像秋風掃落葉」。七月上旬，烏法淪陷。七月十一日，捷克士兵經過一番激戰，從德奧戰俘組成的紅衛兵手中搶下了伊爾庫次克。加上海參威已經被前衛軍拿下，整條西伯利亞大鐵路從奔薩到太平洋岸都落入了捷克斯洛伐克人手中。[22]

趁著捷克斯洛伐克兵團大舉肆虐，原本已經淪為邊緣的俄國自由派與非布爾什維克派也開始反擊。六月一日，鄂木斯克一個委員會宣布成立「西西伯利亞政府」。元月時因布爾什維克解散國會而逃離彼得格勒的代表則在薩馬拉成立「制憲議會委員會」，打算重拾權力。為了取得協約國支持，制憲議會委員會還宣布廢止布列斯特條約，並承諾償付列寧取消的俄國國債。雖然其權力尚不及薩馬拉，但制憲議會委員會卻成為重要的旗幟，讓幾百萬俄國人，包括志願軍在內，可以聚集在恢復制憲會議這面大旗之下。[23]

一九一八年七月，過去的俄國已成幻影。西伯利亞的各大城市由捷克人和斯洛伐克人統治，內陸則是西伯利亞哥薩克人的天下。謝苗諾夫率領的外貝加爾哥薩克軍在滿州橫行無阻，而他的日本靠山則覬覦著海參威。芬蘭是徹底失去了，之前隸屬於俄國的波蘭、波羅的海地區、白俄羅斯和烏克蘭都成了德國的附庸，由上百萬名占領軍巡視偵查。頓河地區由頓河哥薩克人控制，北高加索落入了庫班哥薩克人和志願軍手中，外高加索被土耳其人瓜分，而喬治亞則有德國遠征軍入侵。列寧的和平政策非但沒有讓俄國遠離戰火，反而使之淪為外國勢力的遊樂場。布爾什維克的前景一片黯淡。

第十七章　喘息

蘇維埃對西伯利亞失去了掌控權，這事如果要說有什麼因禍得福的地方，那就是外交領域。捷克斯洛伐克兵團勢如破竹的驚人態勢不僅嚇到了布爾什維克，也讓德國心生警覺。

五月二十日，托洛茨基和捷克斯洛伐克兵團的言語交鋒剛開始激化，德國政府就知會新任蘇維埃駐柏林大使越飛，霍夫曼在東方戰線的攻勢已經結束了，德軍無意占領彼得格勒或莫斯科。而魯登道夫在西方戰線則是嚴重受挫。雖然他自三月二十一日發動攻勢以來奪取了大片領土，卻未能拿下巴黎，也沒有重挫敵軍士氣。與此同時，從芬蘭到黑海，東方戰線的德軍忙著滅火。四月三十日，德國第一批野戰砲兵連才剛瞄準塞瓦斯托波爾，希望完好拿下俄國在黑海最後兩艘無畏艦，結果卻被布爾什維克水兵把船給弄沉了，另外還包括二十艘魚雷艇、驅逐艦及運輸船。此外，烏克蘭拉達原本承諾將供應麥穀，結果完全做不到。

德軍天真地以為基輔是流著「奶與蜜」之地，孰料人在當地的格勒納將軍寫信給魯登道夫，表示基輔「連麵包都沒有」。四月二十八日，格勒納命令德軍解散拉達，逮捕其領導人（內政部長跳窗而逃），並任命前沙皇軍官帕夫洛・斯科羅帕茨基（Pavlo Skoropadsky）擔任「頭領」。斯科羅帕茨基出身札波羅熱哥薩克軍團，該軍團於一六四九年至一七六四年統治了幾乎整個烏克蘭。眼看東西戰線同時告急，烏克蘭又變成頭痛的大麻煩，魯登道夫只好軟化他對布爾什維克的態度。[1]

儘管如此，魯登道夫還是想牢牢箝制列寧。德軍高層對布爾什維克弄沉黑海艦隊非常憤怒，而布爾什維克拒絕遵照布列斯特條約遣返德國戰俘及停止用文宣滲透德軍，也讓德國火冒三丈。四月下旬，德國在莫斯科設立大使館，並派遣威廉・馮・米爾巴赫（Wilhelm von Mirbach）擔任大使。為了撐住列寧政府，德國大使館直接資助紅軍，尤其是唯一沒被遣散的帝俄部隊，瓦伽西斯將軍（I.I. Vatsétis）率領的拉脫維亞步槍軍。然而，布爾什維克政府還是多次羞辱米爾巴赫，包括到任時列寧拒絕接見，以及閱兵時竟然讓布爾什維克化的德國戰俘走過紅場，手裡高舉標語寫著「德國同志，俄國同志已經推翻沙皇，現在輪你們推翻德皇了」。

魯登道夫始終沒有放棄占領彼得格勒和莫斯科，並推翻惹人厭的列寧政權的念頭。六月九日他又重提此事，並且表示「雖然這個蘇維埃政府全靠我們才能苟活，但我們對它實在不抱期望」。大使米爾巴赫和副大使庫爾特・里茨勒（Kurt Riezler）對俄國的混亂局勢有第一手觀察，兩人都認同魯登道夫的看法，但建議外交部修改布列斯特條約，好讓較不激進的俄國政府可以接受。這個溫和派政府可能包括右翼社會革命黨（SR）和立憲民主黨，而里茨勒已經開始接觸這些人。逃到烏克蘭的立憲民主黨領導人米留科夫和基輔的德國政府人員展開聯繫，鄧尼金的志願軍則是和頓河地區的德軍有所接觸。[2]

德皇威廉二世面臨了關鍵抉擇。彷彿二月政策之爭重演一般，國務卿庫爾曼再次反對魯登道夫的提議。由於上回未能阻止大規模占領俄國領土所導致的資源分配浪費，因此他這回在代表外交部撰寫的冗長備忘錄裡提醒德皇不要重蹈覆轍。「我們只有一個最高目標，」他說，「就是鼓勵割據勢力，讓俄國長期積弱不振」。庫爾曼建議威廉二世不該再插手「該國內政」，而是讓布爾什維克「暫時繼續掌權」，因為以布爾什維克目前之孱弱，勢必得「維持和平與對我們的表面忠誠」。這個主張很有說服力。六月二十八日，威廉二世選擇聽從庫爾曼的建議（雖然被動多於主動），下令德國部隊「不再於俄國境內進行軍事行動」，米爾巴赫及里茲勒停止跟立憲民主黨和右翼SR協商，並通知腹背受敵的列寧政府「可以放心撤走彼得格勒的部隊，調去對付捷克人」。[3]

威廉二世的這項決定，讓布爾什維克在千鈞一髮之際得以喘息。七月一日，霍亂終於在彼得格勒爆發，頭一週就有四百五十六人染病，到了七月十四日患者已經高達四千二百四十七人，其中將近四分之一不幸喪命。由於拋棄了彼得格勒，使得布爾什維克躲過一劫，卻也害得前首都從此沒落。根據一九一八年六月的普查結果，彼得格勒的人口自一九一七年初以來減少了將近一半，從兩百三十萬人降到不足一百五十萬人，而且這還是霍亂肆虐前的數字。人口銳減的主因是糧食短缺。由於情況實在太嚴重，布爾什維克甚至於一九一八年夏天成立「徵糧大隊」，到附近農場強搶麥穀。而坐困愁城的列寧政府則是靠著莫斯科克里姆林宮的磚牆將霍亂擋在門外，並由三萬五千萬名頂尖的拉脫維亞步槍兵保護，而且士兵的薪餉還是由德國大使館支付。

多虧德皇及時插手，列寧才能調派拉脫維亞人去對抗捷克斯洛伐克兵團。一九一八年六月中旬，捷克兵團已經攻入彼爾姆州，同時進逼烏拉爾山東南的葉卡捷琳堡和西南的喀山。喀山不僅是紅軍東區司令部的所在地，也是半數帝俄黃金儲備的貯存地點，總重近五百公噸的金條價值相當於當時的三億三千萬美元，現在的三百三十億美元。捷克斯洛伐克兵團距離葉卡捷琳堡只剩一百四十多公里，由於被軟禁的羅曼諾夫王室成員才剛從托博爾斯克遷來此地，使得這座城市的戰略地位幾乎不下於喀山。而拉脫維亞部隊七月初抵達彼爾姆州，正好讓前沙皇免於落入捷克人手中，甚至被他們交給協約國。[4]

然而，拉脫維亞部隊調走之後，莫斯科就成了列寧國內政敵的目標。左翼SR原本對布爾什維克政府相當寬容，但從布列斯特—立陶夫斯克和談一事立場相左後，就開始強烈反對他們口中的「人民委員執政」。此外，強徵糧食引發了大規模抗議，而由於農民是左翼SR的政治後盾，使得此事徹底激怒了他們。不僅左翼SR討厭布爾什維克，布爾什維克也憎惡左翼SR。列寧早在四月初就禁止左翼SR黨員再參加人民委員會。當時俄國政府剛解決銀行罷工，四千至六千名職員重返崗位，使得布爾什維克總算拿到舊政權的現金與黃金儲備。至於右翼SR、孟什維克和立憲民主黨，他們從來就沒有認可過列寧政府，對於布列斯特和約也跟左翼SR一樣強烈反對。[5]

一九一八年六月底，布爾什維克與德國再度結盟，成為惹毛俄國愛國之士的最後一根稻草。左翼SR黨員在幾天前的祕密黨代表大會上達成共識，決議要求七月四日在莫斯科大劇院舉行的第五次蘇維埃代表大會廢除布列斯特條約。他們二月時就攻擊過列寧，痛批他為「叛國賊」，這回則是將目標鎖定在德國駐俄國大使米爾巴赫伯爵身上。而米爾巴赫就坐在外交使節包廂裡，很容易成了箭靶。「獨裁者米爾巴赫下台！」左翼SR員大喊，完全不把列寧看在眼裡。而托洛茨基彷彿想坐實左翼SR的指控，證明布爾什維克確實和德國勾結似的，竟然要求代表大會下令將拒捕的反德國占領軍分子「格殺勿論」。雖然左翼SR黨員要求廢除布列斯特條約的提議遭到布爾什維克以多數否決，卻阻止不了他們想要壓迫俄羅斯的「德國屠夫」血債血還的慾望。當晚，極具領袖魅力的左翼SR黨領導人瑪利亞．斯皮里多諾娃（Maria Spiridonova），亦即一九〇五年革命時的傳奇刺客，雇用了一名刺客準備暗殺米爾巴赫，一方面表達抗議，一方面暗示左翼SR即將起事。[6]

左翼SR在莫斯科醞釀反抗之際，右翼SR也沒閒著，在新首都北方的伏爾加河畔密謀推翻布爾什維克。主事者是曾經身為人民委員及柯尼洛夫事件時的代理戰爭大臣的薩溫科夫。十月革命後，薩溫科夫就遠赴頓河，和艾列克謝耶夫及柯尼洛夫取得聯繫。他不像兩位將軍那麼沉得住氣，不僅自行成立了「保衛祖國及自由聯盟」，還向協約國提出反布爾什維克計畫。法國大使決定資助薩溫科夫二百五十萬盧布，而薩溫科夫便用這筆錢招募前軍官，包括令人敬畏的戰爭英雄佩爾胡羅夫（A. P. Perkhurov）中校。薩溫科夫打算先拿下莫斯科東北的雅羅斯拉夫，因為只有這裡有火車直達摩爾曼斯克，然後等協約國從北方增援。另外，附近的雷賓斯克和莫斯科往喀山的東向鐵路上的穆羅姆站也會起事。七月六日凌晨兩點左右，薩溫科夫的「保衛祖國及自由聯盟」拿起武器，輕鬆拿下了佩爾胡羅夫中校掌控的雅羅斯拉夫。[7]

同日下午兩點，斯皮里多諾娃雇用的兩名殺手於莫斯科喬裝成契卡幹員，進入了位於阿爾巴特區鄧內齊尼巷的德國使館。接下來的發展，其詭譎程度可比拉斯普丁的暗殺事件。兩名刺客朝米爾巴赫和里茲勒開槍掃射，沒想到竟然全數落空。其中一名刺客扔了炸彈，同樣沒有命中。最後，另一名殺手追上米爾巴赫，朝他後腦勺開了一槍。下午三點十五分，德國大使命喪莫斯科。[8]

由於這起案件實在太過驚人，對蘇維埃和柏林政府的關係傷害太大，逼得列寧只能於下午五點親自到德國使館慰問逃過一劫的里茲勒。這其實很不尋常，因為里茲勒一九一七年派駐斯德哥爾摩時，曾經負責德國的列寧政策，但一九一八年五、六月和列寧政權近距離接觸後，卻轉而反對布爾什維克。他對列寧的道歉無動於衷，於七月十日向威廉大街的德國政府提出要求，希望「暫時」斷交，直到布爾什維克「好好贖罪」為止。[9]

左翼ＳＲ則是拿暗殺做起事的跳板。效忠左翼ＳＲ的水兵攻下了盧比揚卡廣場上的契卡總部，並逮到契卡主席捷爾任斯基當人質。左翼ＳＲ拿下電報局後，致電全國表示米爾巴赫刺殺案是他們所為，並痛斥布爾什維克是「日耳曼帝國主義的傀儡」。七月六日晚上七點，蘇維埃代表大會於莫斯科大劇院重新召開，斯皮里多諾娃發表了一場激情四射的演講。左翼ＳＲ想要奪權嗎？沒有人真的曉得。午夜前，列寧召見拉脫維亞步槍軍指揮官瓦伽西斯。瓦伽西斯派兵增援彼爾姆和伏爾加之後，只剩三千三百人留守莫斯科，對抗二千名左右效忠左翼ＳＲ的武裝水兵。七月七日清晨五點，拉脫維亞步槍部隊突襲莫斯科市中心，奪回盧比揚卡廣場，並包圍了莫斯科大劇院。儘管德國仍想為米爾巴赫的遇害討回公道，但叛亂已經結束了。[10]

列寧政府一九一八年七月面臨的政權危機，引發了布爾什維克的凶殘本性。除了鄉村強徵糧食變本加厲，還在莫斯科、彼得格勒及周邊城鎮逮捕了六百五十名以上的左翼ＳＲ黨員。布爾什維克雖然沒有動斯皮里多諾娃，因為她身為一九〇五年的革命英雄，仍然保有某種神祕色彩，但他們還是在莫斯科處決了十三名起事首犯。因為雙方戰鬥非常激烈，雅羅斯拉夫的鎮壓行動更加嚴厲。紅軍連續轟炸數日，將雅羅斯拉夫市中心炸得「肝腸寸斷」，直到七月二十一日才奪回這座古城。這回他們可沒有手下留情。雖然佩爾胡羅夫本人僥倖逃脫，但有四百二十八名薩溫科夫支持者被槍殺，成為列寧政權首批大屠殺的犧牲者，而布爾什維克才剛開始大開殺戒。[11]

羅曼諾夫家族是布爾什維克恐怖統治的第二批受害者。這一年，廢帝尼古拉二世、廢后亞歷珊德拉、王子、王女和少數仍然效忠王室的僕役（如御醫尤金．波特金〔Evgeny Botkin〕和皇后親隨）不停接受審判。一九一七年二月革命後的那幾個月，雖然羅曼諾夫家族被軟禁在沙皇村裡，但由於沙皇表親英國國王喬治五世的邀請，使得他們仍然對獲救抱持幾分希望。然而，在彼得格勒蘇維埃抗議下，英國工黨（及英國輿論）輪番向喬治五世施壓，逼他撤回邀請。由於沙皇村離波羅的海港口不遠，同情王室的軍官也曾經策劃拯救行動，可惜未能成功。一九一七年七月危機之後，克倫斯基派出重兵，趁著夜黑風高將羅曼諾夫家族護送到托博爾斯克，雖然避開了布爾什維克，卻也遠離海岸，離任何港口都有幾千公里之遙。十月革命混亂之際，曾有傳言表示脫逃有望，但紅軍隨即在一九一八年三月奪下了托博爾斯克。[12]

布爾什維克掌握住王室成員後，原本計畫帶他們回莫斯科，強迫「血腥尼古拉」出庭受審。但一九一八年局勢大亂，尤其捷克斯洛伐克士兵在西伯利亞起事後，羅曼諾夫家族前往莫斯科途中很可能被帶走。於是布爾什維克將他們往西送到葉卡捷琳堡，結果卻讓捷克兵團盯上了這個地區首府。七月初，列寧政府強行徵收了一位工程師的寓所，並由當地契卡領導人雅科夫．尤羅夫斯基（Yakov Yurovsky）親自接管，用來軟禁王室成員。莫斯科下達給尤羅夫斯基的命令非常簡單：詳盡記下羅曼諾夫家族的全部財物以便「沒入」，然後處決所有人。七月十六日半夜，尤羅夫斯基命令沙皇尼古拉二世、皇后亞歷珊德拉、五位王子女、皇后的親隨和御醫波特金走到地下室。草草宣讀完尼古拉二世的罪狀（「持續對抗蘇維埃俄羅斯」）後，尤羅夫斯基的行刑隊便開火了。王室成員中，只有頭號目標尼古拉二世當場殞命（那把射出致命一擊的槍後來送到莫斯科革命博物館陳列），其餘的人都遭到近距離開槍，逐一處死。接下來的事非常駭人。根據尤羅夫斯基本人日後的詳盡回憶——

> 我們發現塔季雅娜、歐嘉和安娜塔西亞穿著某種特殊的馬甲……士兵開始替屍體去除衣物，然後放火焚屍。皇后身上繫了一條珍珠腰帶……三位公主頸間都掛著繡有拉斯普丁肖像和他禱詞的護身符。所有人身上的鑽石都被取下，總重達八公斤左右……我們將所有貴重物品裝進袋內之後，再將其餘從屍體取下的東西燒掉，將屍體放進坑道……13

可惜屍體最初被棄置的「四兄弟坑道」太淺了，沒辦法掩飾得很好。要是捷克士兵或其他不懷好意的反布爾什維克勢力進來，很難不被發現。於是尤羅夫斯基的手下又將屍體從坑道裡抬出來，送上了卡車。由於大雨傾盆，葉卡捷琳堡往莫斯科的道路很快就中斷了。負責處置屍體的這群布爾什維克爭執一番後，決定直接把屍體扔下卡車，潑灑硫酸。尤羅夫斯基先用小樹枝蓋住屍體，然後命卡車反覆碾壓，直到就算被發現也無法辨識為止。那些屍體就這樣淺淺掩埋著，在那裡不受打擾地待到了一九八九年。不僅如此，隔天七月十八日，囚禁在附近阿拉帕耶夫斯克的沙皇血親，包括兩位羅曼諾夫大公、一位大公夫人和他們的子女也遭到脫光搜身，收走貴重物品，然後槍殺扔進豎井裡。即使其中至少還有幾人尚未斷氣，也沒能逃過被棄屍的命運。14

雖然在政治上，殺害羅曼諾夫王室成員算是列寧的勝利，但勝利並未持續太久。七月二十五日，葉卡捷琳堡被捷克斯洛伐克兵團攻陷，附近的四兄弟坑道也被占領。薩馬拉的制憲議會委員會指派調查員前往王室成員最初被掩埋的地點，在坑道裡發現了一枚十克拉白金鑽、一只鑲有綠寶石及鑽石的十字架，以及不少陶瓷人偶、銀畫框、王室腰帶環、硬幣、十三顆完好的珍珠和各種毀損的珠寶（綠寶石、耳環、石榴石、鑽石和托帕石），散落在屍塊（包括一截手指）、被扯下的馬甲和「一具母狗屍體」附近。[15]*

對布爾什維克來說，葉卡捷琳堡淪陷已經夠糟了，但比起捷克斯洛伐克兵團八月七日拿下喀山，這根本算不上什麼。捷克斯洛伐克兵團不僅攻陷喀山，還拿下當地銀行，取得了近五百噸黃金、一億盧布帝俄紙鈔（根據法定匯兌相當於當時的五千萬美元，現在的五〇億美元）、白金條及大量貴重物品。喀山淪陷還暴露了紅軍的無能，導致托洛茨基刻薄回應，於八月十四日宣布對逃兵恢復死刑，並用他一貫的華麗詞藻警告軍官：「只要部隊臨陣撤退……政治委員第一個槍斃，第二個就是指揮官。懦夫和叛徒都別想逃過子彈。」[16]

布爾什維克的時運低到谷底，逼得列寧只能向德國再做讓步，甚至支付保護費。八月二十七日，布爾什維克簽署布列斯特條約增修條款，承諾支付德國六十億馬克賠償金，相當於當時的十四億美元，現在的一千四百億美元，同時答應承認喬治亞，也就是接受喬治亞為德國附庸，並保證未來巴統四分之一的原油送往德國。而德國則保證自白俄羅斯、羅斯托夫和頓河盆地部分區域撤軍，不教唆俄國境內的分離主義運動，並協助紅軍趕走摩爾曼斯克至阿爾漢格爾的協約國軍隊。九月時，布爾什維克依約支付了五期賠償金裡的頭兩期，包括九萬三千五百公斤（一百噸）的黃金，感覺德國對列寧的投資成果豐碩。由於德國部隊在西方戰線節節撤退，加上美國每個月派遣二十五萬菜鳥**麵糰大兵**（doughboy，譯注：指長途行軍灰頭土臉的步兵）到法國支援，逼得柏林和莫斯科政府只能情急攜手共抗危難。[17]

就算再精明的觀察家，也沒想到德國會先撐不住。不論美國是否馳援，德國始終奮勇作戰，使得協約國遲遲無法攻破西方戰線的齊格菲（興登堡）防線，這條「戰爭史上最令人生畏的八公里防禦陣地」。根據官方備忘錄，直到一九一八年九月，英國和法國將領依然相信戰事會持續到隔年夏天。就算協約國突破德軍最後一道主要塹壕線，德國部隊仍然能撤回到萊茵河後方，將橋頭堡炸毀。過去的東方帝國被同樣流著日耳曼血液的軍隊征服，並有上百萬名占領軍鎮守，德國沒有理由不繼續作戰，所有跡象也顯示他們正有此意。[18]

反觀布爾什維克卻是命懸一線。捷克斯洛伐克兵團連戰皆捷，讓西方國家更積極插手俄國事務。八月三日，制憲議會委員會正式邀請協約國武力介入俄國內戰。美日兩國立刻簽署協議，預備進軍西伯利亞。到了八月底，英國已經有四萬名士兵進駐俄國，主要集中在摩爾曼斯克及阿爾漢格爾。而法國雖然沒有餘力多派部隊，卻還是於八月七日明確表態支持介入。英國特使洛克哈特更是毫不避諱，挹注一千萬盧布給仍在頓河地區的艾列克謝耶夫將軍及志願軍。為了報復各國介入，契卡在莫斯科逮捕了兩百名英國與法國人。「莫斯科已經確實陷入恐慌」，接替米爾巴赫出任德國大使的卡爾・赫弗利希（Karl Helfferich）向柏林回報，

＊注：調查人員並未發現羅曼諾夫王室成員的遺體，也沒找到布爾什維克從公主身上取走的八公斤珠寶，因為尤羅夫斯基趕在捷克斯洛伐克士兵攻之前就先埋好了。這批珠寶直到紅軍一九一九年完全掌握這一帶後才運往莫斯科。關於葉卡捷琳堡藏有「掩埋的珠寶」的傳言多年不斷，甚至到了一九三〇年代，當地契卡幹員還會不時攔人搜身，尋找可能變賣的珠寶首飾。

「各種難以想像的瘋狂謠言四起，說莫斯科城裡到處躲藏著所謂的『叛國賊』」。[19]

這些謠言並非無的放矢。八月三十日晚上九點剛過，列寧才從「鐵鎚與鐮刀」（前米赫爾松）工廠出來，就被人開了三槍。刺殺者據稱是一位名叫芬妮・卡普蘭（Fanny Kaplan）的女性。第一槍完全落空，但第二槍打中列寧肩膀，第三槍射穿肺部，讓列寧踉蹌倒地，侍衛趕緊將他救起，送回克里姆林宮。卡普蘭是某個 SR 地下組織的成員。該組織隸屬薩溫科夫的保衛祖國及自由聯盟，有傳言說他們預謀再次政變。同日稍早，彼得格勒的契卡領導摩西・烏里茨基（Moisei Uritsky）在契卡總部外遭到暗殺，使得傳言更加可信。由於懷疑英國參與其中，布爾什維克逮捕了英國特使洛克哈特，將他帶到盧比揚卡廣場的契卡總部審問。雖然洛克哈特安然脫困（後來以換囚方式和一名蘇維埃外交人員交換，而得以離開俄國），卻被說成是「意圖在莫斯科建立軍事獨裁政府」的「洛克哈特陰謀」的主謀者。*至於卡普蘭就沒這麼好運了，九月三日下午四點遭到處決，頭部中彈而亡。[20]

不論洛克哈特是否參與其中，八月三十日列寧和烏里茨基遇刺立刻掀起了可怕的政治效應。八月三十一日，布爾什維克中央執行委員會主席斯維爾德洛夫將這兩起罪行怪在「英法走狗右翼社會革命分子」頭上，並呼籲「所有工農蘇維埃」和「紅軍代表」向「革命之敵發起無情的大恐怖（mass terror）行動」。當天稍晚，契卡主席捷爾任斯基和助理詹恩・彼得斯（Jan Peters）下令「非法持有武器者一律處死」，「膽敢散播謠言打擊蘇維埃政權者，情節再輕也一律立刻逮捕送入集中營」。九月三日，《消息報》報導「超過五百名人質」遭到契卡射殺，九月五日又有二十九名「反革命分子」在莫斯科被處決，包括帝俄時期的政府官員，例如前內政大臣赫沃斯托夫和前奧克瑞納首長貝列茨基（S.P. Beletsky）。布爾什維克還在莫斯科各大監獄裡設立法庭，有如一七九二年法國大革命監獄大屠殺的可怕翻版，處決了數百名可疑間諜。但看在內政人民委員彼得羅夫斯基（G.I. Petrovosky）眼裡，這樣做還不夠快。九月四日，他向全俄各州下達了以下的驚人指示：

> 現在是結束所有軟弱與溫情的時候了。必須立刻逮捕所有右翼社會革命分子，將大批公務員及資產階級捉為人質。只要有一絲抵抗，立即全面處決……契卡和其他民兵組織必須搜逮可疑分子，一旦發現涉及反革命行動就立刻處決……在這個大恐怖時期，不容絲毫軟弱與猶豫。[21]

紅色恐怖開始蔓延全國，幸好布爾什維克的政權只及於沃爾加河，北西南邊都被占據波羅的海、白俄羅斯和烏克蘭的德國占領軍所包圍。九月五日，人民委員會下令核可就地正法和**集中營**（kontsentratsionnye lageri），於是各地前線很快就開設了集中營。托洛茨基也對紅軍實行恐怖統治，於八月三十一日宣布「昨日有二十名逃兵遭到槍決。擅離職守的政治委員和指揮官最先沒命，再來是謊稱生病的膽小鬼，最後是開小差的紅軍士兵。懦夫格殺勿論！叛國逃兵格殺勿論！」九月十日，紅色恐怖蔓延到奔薩，當地一名伯爵、兩名帝俄軍官和一名年邁的帝俄警察遭到槍決。接著是阿斯特拉罕，「九名社會革命分子遭到槍決」，彼

＊注：儘管根據契卡的紀錄，洛克哈特於偵訊時坦承不諱，但當然可能是被迫的。在一則直到最近才被發現的電報中，洛克哈特確實提到了「薩溫科夫的反革命計畫……將會殺害布爾什維克首腦，成立軍事獨裁政權」。

爾姆槍決約四十人，維亞特卡州有「七十名反革命分子被捕」，奧瑞爾槍決二十人，維特勃斯克槍決八人，沃羅涅什槍決四人，彼得羅札沃茨克槍決四人，格羅德諾槍決一人。最後又回到奔薩：為了報復一名「彼得格勒工人」喪命，當地布爾什維克於九月二十五日處決了一百五十餘人，並保證「未來……將採取嚴厲措施」。[22]

由於這一切發生時，列寧都在克里姆林宮內的醫院裡，因此紅色恐怖並不能算在他頭上。然而，俄國共產黨垮台後翻出的文件顯示，由於農民對布爾什維克強徵糧食的反抗愈來愈烈，列寧早在遇刺前就動過類似的念頭。八月八日，列寧下令「在所有糧食產區，挾持當地最有錢的二十五位居民做人質，只要強徵糧食失敗，就用那些人的性命抵債」。八月九日，他又指示下諾夫哥羅德蘇維埃「展開大恐怖統治」，處決所有「查獲持有武器者」，並開始「大規模驅逐孟什維克及其他可疑分子」。同日，他下令奔薩蘇維埃將「富農、神職人員、白軍和其他可疑分子」關進「集中營」。八月十日，列寧再度致電奔薩：

州內五個區的富農起事務必無情鎮壓……以便殺雞儆猴。一、吊死（定要公開行刑好讓民眾看見）至少一百名富農、有錢的混蛋和大家都知道的吸血鬼；二、公布他們的姓名；三、奪走他們的糧食；四、依據我昨日電報裡的指示選出二十五人。切實做到這四點，好讓方圓數里的人都看見、明白和顫抖。

列寧顯然不反對因他而起的恐怖浪潮。這股浪潮單是頭兩個月就奪去了近一萬五千條人命，超過帝俄時代最後一百年的囚犯處決人數（六千三百二十一）的兩倍。[23]

紅色恐怖超過了德國的忍受極限。由於答應協助布爾什維克將協約國趕出俄國，使得德國政府成了這些罪行的共犯，令魯登道夫深惡痛絕。眼見德國政府將賭注壓在列寧身上，德軍高層為了保險起見，先前就和反布爾什維克的庫班和頓河哥薩克部隊私下商量好，資助他們一千五百萬盧布，比英國資助志願軍的金額還高。雖然德國外交部要求魯登道夫調派「六、七個師」到俄國北部執行反協約國任務，但是魯登道夫背著外交部多加了一項進攻選項（代號「拱頂石」），就是取道彼得格勒進入摩爾曼斯克和阿爾漢格爾，並在進入彼得格勒時強力推翻布爾什維克政權。德軍還計畫占領巴統，確保裏海油田（土耳其搶先一步於九月十五日攻占巴統，但魯登道夫直到九月二十九日仍未放棄，依然下令「要在裏海插上德國國旗」）。得知有人行刺列寧未遂後，魯登道夫便調派一個戰機師從基輔北上波羅的海。九月四日，他下令「盡速」預備展開拱頂石行動。[24]

如果真的執行拱頂石行動，很難想像列寧政權還能延續。德國占領彼得格勒，布爾什維克統治的莫斯科就會成為孤島，被怒濤般的外國軍隊包圍。沒想到布爾什維克再次得到了難以置信的喘息機會。這回來自在此之前乏人注意的一條前線，也就是馬其頓防線。由於布列斯特條約的外交效應，導致保加利亞主戰派美夢落空，無法從列強瓜分俄國撈一杯羹，使得一九一五年以來便駐守馬其頓防線，對抗駐紮在薩洛尼卡的協約國遠征軍的保加利亞部隊士氣開始滑落。九月十五日，協約國駐薩洛尼卡保加利亞部隊指揮官路易士・弗朗謝・德斯佩雷（Louis-Franchet d'Espnche）下令全面進攻，很快就在保加利亞陣線殺出一道三十二公里的破口，清出了攻往貝爾格勒和維也納的道路。魯登道夫在德軍最高司令部雙手一攤，告訴副官「勝利無望了」。九月二十七日，魯登道夫徹底取消拱頂石行動，讓才剛離開莫斯科到高爾基靜養的列寧得到了緩刑。九月二十九日，協約國突破齊格菲防線，德國被迫求和。[25]

德軍在西方戰線的潰敗立刻衝擊到東方戰線。征服者的特權立即消失了。十月十日德國一名駐莫斯科外交人員回報表示，布列斯特條約已經「形同具文。我們對布爾什維克的影響已經徹底耗盡，現在只能由他們宰割。」蘇維埃官員沒收了德國駐莫斯科大使館的外交郵袋。十一月十一日，西方戰線達成停火協議後，布爾什維克立刻搶劫了德國駐彼得格勒領事館，在三十只外交郵袋裡找到了二億五千萬沙皇盧布。德國人在俄國銀行的帳戶，之前依布列斯特條約擁有不被沒入的豁免權，現在全數轉交由親布爾什維克德國戰俘組成的「莫斯科德國革命工人與士兵委員會」。[26]

德國戰敗，沒有人比列寧更加如釋重負。自從一九一七年四月在德軍護送下返回俄國以來，他就一直被譏為日耳曼帝國主義的爪牙，備受奚落。如今德國屈膝認敗，辱國合約也成了廢紙，列寧總算洗刷汙名，而他被刺客槍擊竟然死裡逃生更是被黨的宣傳機器說成了「奇蹟」，證明他是國家救星。布爾什維克終於真正掌權，可以開始實現列寧的革命諾言。

第四部

布爾什維克掌權

工人階級希望解放，
結果卻換來更多生靈遭受奴役。

一九二一年三月八日，
喀瑯施塔得革命委員會宣言〈我們為何而戰〉

第十八章　戰時共產主義

雖然大戰方酣未歇，列寧政府卻將焦點擺在經濟政策上。在德軍魯登道夫將軍兵敗西方戰線之前，俄國境內的德屬企業仍然享有豁免權，完全不受國有化影響，甚至部分大不列顛和英格蘭公司也出於外交理由同樣受保障，直到一九一八年八月協約國全面介入，事情才真的起了變化。

即使如此，俄國經濟仍然受到重創。人民委員會起先被革命成功沖昏了頭，一股腦地頒布多項命令，包括元月十一日廢除「投資利息與股票股利」，二月五日及八日分別將鋼鐵業和保險業國有化，以及四月下令禁止私人「收購、出售或租借」工業及商業企業。由於這些企業多半為「資本主義」銀行所有，而銀行已經於一九一七年十二月遭到「廢除」，因此這些國有化命令只是斷了企業的現金而已，和之前銀行職員罷工拒絕配合，銀行及工業聯合集團的動產被強徵橫掃，如出一轍。工業資產遭到政府蠻橫剝奪，加上燃料短缺，結果就是工廠大量倒閉。一九一八年五月時，彼得格勒的帳面工廠失業率已經高達九成。城市失業率很快就成了無用的數字，因為太多失業工人逃往鄉間，以靠近糧食產地。[1]

一九一八年四月二十二日，人民委員會下令國際貿易收歸國有。不論就實質或象徵意義而言，這都標誌著「照書搞」馬克思社會主義計畫的最高點。由於剝奪私人企業運作所需的資本（進而連勞動力也剝奪了）導致工業經濟掏空，使得布爾什維克被迫進口俄國不再生產的製造業產品。但一個幾乎不再生產有價產品的國家能用什麼進行「交易」換得別國的貨品呢？唯一能從芬蘭灣出口的東西，只剩下一九一七年後彼得格勒庫存的亞麻、漢麻和亞麻籽油，但也只能換得價值大約三百五十萬美元的製品（大多來自瑞典）。由於運送沙皇時代的金錠通過波羅的海地區仍不安全，因此布爾什維克轉而將私人銀行帳戶搜刮來的沙皇盧布和「克倫斯基」盧布走私到斯德哥爾摩。截至一九一八年底，布爾什維克在瑞典各家銀行存入了「至少兩億盧布」的現金，做為進口貨品的擔保。[2]

然而，因為德國在布列斯特條約之後實施了海上管制，阻斷軍用品進口，就連這些交易也遭到延誤。因此，十一月十一日的西方戰線停火協議不僅戰略上舉足輕重，經濟上也影響重大。同個月內，布爾什維克就向瑞典訂購了價值數億盧布的軍用品，包括槍管、火車頭、航空引擎和深受契卡幹員青睞的黑色皮革「飛行員」夾克。[3]

本不該如此的。儘管瑞典工廠為了列寧提高戰時產量，但英國艦隊進駐波羅的海強力執行封鎖，相比之下德國的海上管制簡直像是兒戲。其後十個月，只有五艘瑞典貨船獲得放行，而且只載運民用物資與農產品，例如砂輪、種子、長柄鐮刀和鋸子。這些物品幾乎沒有什麼即時價值，因為大多數農民都被徵召加入紅軍了。[4]

一九一九年的俄國自絕於世界之外，使得布爾什維克必須自己拼湊出一套戰時的經濟體制。而遭協約國封鎖迫使俄國閉關自守可以說極適合意識型態的發展，等於給了列寧政權一塊白板，可以隨意打造共產主義，不受外國資本主義的「感染」。布列斯特條約時期，列寧不斷受到布哈林等「左翼共產主義者」的攻擊，說他放任外國勢力在俄國享有經濟特權，重新引入了「資本主義的病菌」。簽署和約替列寧討回了公道，但經濟主張卻是他的批評者占了上風。俄國將不再對外國企業妥協，所有國內產業將完全國有國營，由國家經濟最高委員會（VSNKh）主持。國家經濟最高委員會於一九一七年十二月完成規畫，一九一八年八月正式運作，由人民委員會授權並給予預算。這頭官僚巨獸（Leviathan／利維坦）集合了糧食、運輸、勞動、農業及財政人民委員，職責在「規範及組織所有生產分配，並管理俄國所有企業」。[5]

設立國家經濟最高委員會是俄國革命的重大時刻。這個於一九二一年改名為國家計畫委員會（Gosplan）的機關是蘇聯共產主義的「大腦」。由於廢除私人企業，國家現在掌控了全俄羅斯所有的經濟活動，至少理論上如此。所有產業都依據其所生產的商品由不同的計畫單位負責，如鹽業主務局、漆業主務局和紙業主務局等等。隨著一個個產業收歸國家經濟最高委員會，這頭巨獸也愈長愈大，到了一九一九年底已經有二萬五千名全職雇員，於莫斯科市中心邁亞斯尼特斯卡亞街上的宏偉大樓裡如海狸般拚命工作。[6]

究實而言，國家經濟最高委員會如此這番紙上操兵的效果就算不是適得其反，也可說是乏善可陳，各項經濟指數下滑幅度更甚之前。一九一七年革命動盪之際，俄國產業生產量下滑到了大戰前最後一年（一九一三年）的百分之七十七，但到了一九一九年剩下百分之二十六，隔年更只剩百分之十八。就連能源與原料出口也一樣，石油出口量減少至戰前的百分之四十二，煤礦減少至百分之二十七，棉紗減少至百分之五，鐵礦更慘，出口量只剩戰前的百分之二點四。俄國中部農產量跌幅較小，從一九一三年的七千八百萬噸減少至一九二〇年的四千八百萬噸，少了大約百分之三十八。但由於運輸問題，農產量減少對俄國北部城市的傷害尤其嚴重。[7]

在蘇維埃政府裡，成長幅度可比國家經濟最高委員會的機關就只有造幣廠了。一九一九年時，為了餵養宛如細菌孳生的政府官僚，以及數百萬被迫進入營收慘淡的國營企業工作的俄國百姓，政府再怎麼趕印蘇維埃盧布（sovznaki）似乎都不夠。其中也有意識型態的因素，因為黨內許多馬克思主義理論家（如布哈林）都想廢除盧布，改採無貨幣經濟制度。一九一九年三月，布爾什維克正式將廢除貨幣納入黨綱。同年五月十五日，已經改名為「人民銀行」的國家銀行取得授權，可以無上限發行紙幣。到了年底，造幣廠的雇員人數超過一萬三千人，夜以繼日狂印紙鈔。一九一九年俄國全年流通的貨幣總值膨脹四倍，來到二千二百五十億盧布，一九二〇年更突破一兆盧布。到了一九二一年底，單是每月印行的紙幣總值就高達十三兆盧布。[8]

後來一些更極端的國營措施於一九二一年宣告廢止，但這段日後被人稱為「戰時共產主義」的時期已經重創了俄國經濟。一九二〇年，曾是富庶帝國的兩大明珠，莫斯科與彼得格勒雙雙成了鬼城。前首都彼得格勒的人口從一九一七年前的兩百五十萬銳減為七十五萬。飢餓消瘦的市民在街上有如行屍走肉，幾乎提不起力氣排隊等候政府糧食配給處發放麵包，而黑市麵包價更從幾千盧布飆漲至數百萬盧布。不只彼得格勒，莫斯科的燃料供應也近乎停擺，許多大樓整棟被人拆下當柴，水管因為天冷爆裂，讓市民無水可用，路燈不再運作，夜裡街道又暗又危險，電車也全數停駛。一九二〇年初，美國紅十字會專員艾德華．萊恩上校（Edward Ryan）從愛沙尼亞私自進入布爾什維克陣線調查人道狀況，對這兩個曾經輝煌的俄國首都的恐慌景象做了極生動的描述：莫斯科和彼得格勒市容髒的難以想像……（我）聽說街道已經三年沒有清理……泥土與垃圾深及腳踝，大多數地方更高可及膝，還有許多地方淹到頭部。[9]

政府公務員的糧食配給額最高，過得比一般百姓優渥，但也好不到哪裡，因為許多人都染病了。由於街上垃圾堆積如山，肥皂、自來水和藥物樣樣短缺，導致傳染病大肆蔓延。一九一八年夏天，霍亂侵襲彼得格勒，傷寒和痢疾接踵而至，就算人去到醫院也無法倖免，因為醫師與護士自己也性命垂危。萊恩上校臨時造訪莫斯科市中心一家政府高層常去的醫院，發現「這家醫院過去三個月死了七成五的醫護人員」。該醫院已經算是設備完善，病床還配有床墊及被單，然而外科手術還是接近停擺，因為「手術設備極少，麻醉劑也幾乎沒了」。萊恩沒有得到許可造訪較貧困的區域，但狀況可想而知應該更糟。彼得格勒的嚴寒沼澤地帶更為悲慘，一九一九年由於死亡民眾太多，「殯儀館和墓園應接不暇，屍體停放好幾個月才得以下葬」。[10]

俄國首都城市受創慘重，運輸系統的瓦解難辭其咎。燃料短缺的衝擊如滾雪球般（俄國直到一九二〇年四月才拿回巴統及當地油田），先是造成火車停駛，進而導致物資無法運往城市。但就算燃料充足，火車數量也在減少。火車頭的產量和其他貨品一樣大幅縮水，一九一七年以前年產一千輛，一九一九年全年卻只剩四十輛。同年，列寧政府的巡迴貿易人民委員列奧尼德・克拉辛（Leonid Krasin）寫信給當時住在斯德哥爾摩的妻子，嘗試簡要解釋俄國的經濟慘狀：「鐵路系統如此殘缺，導致配送極為困難……閒置的工廠不計其數，伏爾加河船隊也因燃料短缺而癱瘓。」或是如同克拉辛麾下的採購專員格奧格里・索羅門（Georgi Solomon）的說法，一九一九年還在行駛的火車「簡直是奇珍異品」。[11]

克拉辛對俄國經濟崩盤的解釋儘管不夠充足，卻不無道理。火車若能正常行駛，各大城市的處境顯然會有所改善。一九一九年三月，克拉辛受命出任運輸管道人民委員。他是少數擁有實際從商經驗的布爾什維克，而他的任務非常驚人，必須靠著向國外大量採購來恢復俄國的鐵路網，甚至加以現代化。克拉辛在彼得格勒、哥本哈根、斯德哥爾摩和柏林往來穿梭，最終談成了一筆巨額交易，將由蘇維埃運送黃金至斯德哥爾摩來買單。[12]

然而，只要英國繼續封鎖波羅的海，克拉辛的火車交易就只是紙上談兵。協約國已經禁止俄國輸出黃金，認為列寧政府取得的帝俄黃金儲備屬於「不義之財」，必須用來支付布爾什維克拒不認帳的國債。金條很重，搬運困難，追查下落容易，更何況帝俄時期的金錠都烙有沙皇戳記，全球銀行一眼就認得出來。

無法將黃金從波羅的海運送出國，布爾什維克只好試著走私現金。但一九一九年西方戰線上的協約國部隊非常警覺，並且施壓芬蘭與瑞典掃蕩非法的盧布交易，分送疑似布爾什維克駐斯德哥爾摩間諜的名單，同時監視電匯往來，因此大有斬獲。一九一九年四月，瑞典政府禁止國內買賣盧布，四月列寧的蘇黎世老戰友菲利茲・普拉廷（Fritz Platten）在前往斯德哥爾摩時於芬蘭邊界被捕，行李中夾帶的現金超過一億盧布。[13]

協約國的封鎖阻斷了俄國與歐洲大供應商的往來，使得布爾什維克一九一九年整年幾乎只能跟小走私販和騙徒討價還價。其中最厲害的當屬法蘭茲・勞許（Franz Rauch）。這位野心勃勃的中間人出身下伏爾加的德語區，一九一八年春天在奧倫堡被捷克斯洛伐克兵團逮捕，十月因為兵團撤退而獲釋。他向布爾什維克毛遂自薦，隨即被派往柏林談生意。勞許提議直接從德國走私產品（製紙所需的化學藥劑與染料、紡織設備、玻璃器皿、廚房用具、光學設備及藥物）進俄國，避開協約國檢查哨。這個計畫原本大有機會，只是沒想到勞許告訴德國政府，布爾什維克會用他們從德國駐彼得格勒領事館偷得的二億五千萬沙皇盧布支付貨款，從此俄國再也沒人聽過勞許的下落。[14]

一九一九年三月，蘇維埃貿易人民委員會指出俄國亟須進口紙類及處理紙張所需的化學藥劑，因為造幣廠和政治文宣都要用紙，而這兩樣東西又是共產主義的奶水。貿易人民委員會五月提供十五萬盧布佣金，要一位西伯利亞商人進口打字機及色帶，另外又派一名受過訓練的工程師帶著從銀行保險箱搶來的兩萬英鎊前往芬蘭，以個人身分為掩護購買「技術原料與配件」供俄國一蹶不振的造紙廠使用，結果遭到拒絕，只能改在斯德哥爾摩下單。然而由於波羅的海遭到封鎖，這些物資只有極少量於一九一九年順利進入俄羅斯。[15]

眼看波羅的海這條路行不通，布爾什維克便決定往南試探。一九一九年七月初，外貿人民委員會訂購了價值六千三百萬盧布的波斯菸草、乾果、橘子與鴉片。然而，由於高加索地區還在打仗，貨品拖了將近一年才運抵俄國。不過，一九一九年初確實有一名波斯商人帶了數噸鴉片到莫斯科。由於紅軍軍醫拿不到歐洲的藥物與止痛劑，因此只要一有嗎啡，布爾什維克絕不放過。手上沙皇盧布愈來愈少的人民銀行只得硬是再掏出錢來，以每公斤五百盧布的價格買下鴉片。[16]

一九一九年就這樣過去了。列寧政府原本寄望以進口化解短缺危機，結果外貿萎縮的幅度不下於國內生產量。戰前俄國全年出口總量經常超過五千萬噸，加上進口產品數量較少，因此幾乎年年都能確保貿易順差。參戰和革命已經造成出口銳減，一九一八年出口總量只剩六萬噸，進口總量三十萬噸，主要來自德國與瑞典。到了一九一九年，就連進口總量也銳減到微不足道的一萬六千噸，而同年蘇維埃只出口了一千五百噸庫存的亞麻與漢麻，讓人感覺這個曾是全球經濟龍頭的大陸國家完全從地圖上消失了一樣。[17]

幸好，貿易量萎縮可以怪在協約國頭上。除了英國艦隊在波羅的海巡弋，前帝俄時代的領土也被捷克斯洛伐克、英國、法國、美國和日本等國占領，讓列寧政權有了現成的代罪羔羊，可以將俄國百姓蒙受的物資短缺推給外國人。而在政治上，百姓在戰時受苦對政府來說並不全然是壞事，因為共體時艱可以讓人民團結起來一致對外。

一九一八年十月三十一日，俄國政府下令實施「全民義務勞動」，並隨即擴張納入**週末強制勞動**（subbotnik），充分展現了戰時共產主義的社會思維。而民間工會遭到廢除等於取消了罷工權。至此，馬克思的「解放勞動」理想被整個顛倒了過來。就像托洛茨基闡述戰時共產主義當務之急時說的，「人基本上都會逃避工作……要吸引足夠的勞動力達成經濟任務只有一個辦法，就是實施強制勞動」。[18]

國內外敵人環伺，而工農百姓不是被拐進紅軍，就是被迫全民義務勞動，列寧主政的俄國從裡到外都已箭在弦上，只差背水一戰。

第十九章　紅白對抗

內戰在布爾什維克思想裡很重要。對布爾什維克來說，內戰非但不是意料外或不想要的事件，反而是災難性的無產階級革命的高潮。

之前提過，列寧的目的就是將「帝國主義戰爭」轉為「內戰」，希望被沙皇武裝起來對抗德意志帝國、奧匈帝國和鄂圖曼帝國的俄國農民及工人能反過頭來拿起武器對抗「階級敵人」。而十月革命之後，總司令基里連科少尉真的執行了列寧的計畫，將軍隊「民主化」，士兵「復員」，讓所有徵召入伍的俄國百姓帶著武器離開部隊。然而，由於一九一八年多數時間有太多外國部隊在俄國境內，使得階級戰爭不是那麼好打。根據布列斯特和約第五條，「俄國須即刻解散所有軍隊，**包括現任政府最近成立的軍事單位**」，德國其實明確**禁止**俄國建軍，然而他們卻選擇對托洛茨基成立紅軍睜一隻眼閉一隻眼，無視托洛茨基將紅軍視為對抗協約國入侵西伯利亞及摩爾曼斯克的有效武器。只要一百多萬德軍仍然留守東方戰線，布爾什維克就算待在自己家中也不算是主人。[1]

因此，德軍兵敗西方戰線之後，首要也是最大的影響就是紅軍可以不受德國阻撓大肆擴編。列寧一得知協約國突破齊格菲戰線，就於一九一八年十月一日下令全國徵兵，預計一九一九年春天以前成立三百萬大軍。這個目標不僅在後勤上非常挑戰，政治上也很大膽，因為唯有徵召農民才能湊到這個數字，但大多數農民仍對列寧相當反感。此外，百萬大軍需要軍官訓練與指揮，而軍官只能從前帝俄軍裡找。托洛茨基從一九一八年春天就開始徵召帝俄軍官，但目前只召到了八千人，而三百萬大軍所需的軍官人數是這個數字的十倍。更何況許多最先徵召進來的軍官以為自己要對抗德國，進而瓜分烏克蘭、白俄羅斯、波羅的海與芬蘭，結果到了一九一八年秋天卻發現目標更有可能是之前的盟國戰友，甚至是志願軍裡的往日袍澤，意願自然大打折扣。[2]

不過，德軍落敗還是讓托洛茨基的任務輕鬆了一些。一九一八年春夏，協約國在摩爾曼斯克、海參威和阿爾漢格爾都是小規模占領戰，而且至少理論上是友善的。直到七月捷克斯洛伐克兵團武裝反抗，克倫斯基麾下的代理戰爭大臣薩溫科夫在雅羅斯拉夫起事，協約國和莫斯科的關係才明顯轉惡。但即使如此，雙方仍然沒有軍事衝突。十一月的停火協議結束了戰爭，兩方也摘下了盟友的面具。協約國在俄國境內只要還有駐軍，就是明確的威脅，布爾什維克就可以告訴農民兵或前帝俄軍官，這些駐軍是外國勢力入侵。沒錯，堅決反對布爾什維克的軍官還有志願軍這個選項，也有五萬多人加入了，但對某些愛國心切的軍官而言，儘管布爾什維克推行了一連串莫名其妙的經濟政策，但感覺現在只有他們在為俄國而戰，他們的對手都和外國勾結。難怪那年冬天有數千名前帝俄軍官加入紅軍，到了一九一九年夏天總數更高達七萬五千人，包括七百七十五位高階將領。[3]

一九一八年十一月，莫斯科面對的戰略前景相當險峻，但遠非絕望。芬蘭和波羅的海小國是丟了，還有外高加索，但這些新生國家幾乎都自顧不暇，沒有侵略俄國領土的野心。

烏克蘭局勢相當不穩，德國撤軍緩慢（協約國最高司令部擔心遭布爾什維克滲透，因此於十一月簽署的停戰協定要求德軍必須等到「協約國斟酌內部情勢，認為時機恰當」才撤兵），而西方戰線的協約國部隊則根據十月三十日和土耳其簽訂的穆德羅斯停戰協定控制了黑海地區，讓英法聯軍得以於十一月二十三日登陸新羅西斯克，進駐志願軍後方的庫班地區。志願軍駐紮在北高加索，由庫班哥薩克部隊保護，但指揮官鄧尼金將軍和頓河哥薩克頭領克拉索諾夫將軍關係冷淡，使得北伐計畫出現了變數。克拉索諾夫的頓河哥薩克軍繼續得到德國金援，於一九一八年秋天多次進攻下伏爾加區的察里津，但在幾番激戰之後敗下陣來。不過，後人最記得的卻是史達林和托洛茨基之間的激烈衝突。由於史達林對前沙皇軍官實行恐怖統治，氣得托洛茨基將他召回莫斯科。英法聯軍的確掌控了北極圈內的摩爾曼斯克及阿爾漢格爾港，並且持續增援（包括五千名美國士兵），但後者距離莫斯科將近一千公里，鐵路又偷工減料，容易破壞，而莫斯科與前者的距離還要再更遠一倍。西伯利亞雖有七萬名日本士兵和七千名美國士兵，但大多駐紮在海參威與哈爾濱之間的遠東地區，離莫斯科有八千公里之遙。[4]

布爾什維克面臨的最大威脅來自莫斯科東南一千公里的薩馬拉。自命繼承制憲會議的制憲議會委員會在當地發號施令，並受捷克斯洛伐克兵團保護。這個企圖執掌政權的組織其勢力於一九一八年八月達到高峰，實質控制了薩馬拉及烏法兩州，人口約一千二百萬，以支持社會革命黨（SR）的農民為主幹。由於鄂木斯克另外成立了「西伯利亞臨時政府」，因此制憲議會委員會的統治範圍未能再往東推，但他們控制的領土橫亙伏爾加河盆地，從下諾夫哥羅德直至裏海，因此戰略地位更高。制憲議會委員會甚至認真提出農業政策，將土地移交給農村公社，並鬆綁穀價。此外，他們也開始招募「西伯利亞人民軍」，只是直到一九一八年夏末仍不足三萬人，遠少於捷克斯洛伐克兵團。然而，托洛茨基卻不敢大意，不僅指派瓦伽西斯將軍率領最精銳的拉脫維亞步槍軍和制憲議會委員會交涉，更於一九一八年八月親自前往當地，指揮新成立的「東向軍」。八月二十七日，托洛茨基在斯維亞日斯克差點遭到俘虜。然而在這場激戰過後，捷克斯洛伐克兵團開始每況愈下。紅軍九月十日攻陷喀山，十二日拿下辛比爾斯克，十月七日進占薩馬拉。不知為何而戰、為誰而戰的捷克兵團屢戰屢敗，士氣低落。等到十一月西方戰線協議停火，一次大戰告終時，捷克斯洛伐克兵團和制憲會議委員會聯盟已經分崩離析，殘餘的制憲會議委員會成員及西伯利亞人民軍往東退到了烏法和鄂木斯克。[5]

然而，就如同德國撤出烏克蘭的效果，捷克斯洛伐克兵團的瓦解讓莫斯科和協約國之間又少了一個緩衝閥，而反對勢力的重心從薩馬拉轉移到鄂木斯克也改變了西伯利亞的態勢，削弱了激進左翼SR對制憲會議委員會的控制。左翼SR自一九一八年七月起義失敗和布爾什維克決裂後，就逃到東邊主掌了制憲會議委員會。如今米留科夫成立的自由派立憲民主黨從邊陲重返政治舞台，與溫和派社會革命黨員合組五人「理事會」。十月二十四日，左翼SR前農業大臣切爾諾夫發表「宣言」痛斥立憲民主黨主導的理事會是「反革命」，讓鄂木斯克的立憲民主黨和軍官有所警覺，集結在前黑海艦隊司令官高爾察克上將麾下，視他為潛在的政治救世主。

一九一七年六月，高爾察克將劍扔到艦外，以如此誇張的方式辭去司令官一職後便逃離了俄羅斯，先造訪英國海軍部，再到美國羅德島新港的海軍戰爭學院講課。他是堅定的親英派，深得英國喜歡與信任，尤其備受英國駐西伯利亞軍事行動指揮官艾弗列德·諾克斯少將

（Alfred W. F. Knox）青睞。於是在一九一八年十一月十七日半夜，一場由西伯利亞哥薩克人及前沙皇軍官聯手推動的計謀在鄂木斯克上演，宛如當年刺殺拉斯普丁的奇怪手段詭異重現了一般。他們推舉高爾察克為「全俄羅斯臨時政府」的「最高領袖」，並得到諾克斯少將及西伯利亞英軍司令部的「熱情贊同」（可能還包括暗中支持）。

西方戰線才剛停火，高爾察克便在鄂木斯克發動政變，俄國內戰的政治邊界就此確定下來。之前的多方混戰變成了兩軍對決，一邊是親布爾什維克的「紅軍」，另一邊是西方「帝國主義」國家支持的右翼「白軍」。＊一九一八年十月，志願軍的名義指揮官艾列克謝耶夫將軍安詳辭世後，高爾察克在無人競爭的情況下成為白軍的政治領袖。他自號反對**政黨政治**（partiinost）的純正愛國者，目標只有一個，就是堅決「對抗布爾什維克」。[6]

儘管高爾察克出任最高領袖清楚表明了白軍的政治企圖，卻幾乎未能釐清白軍的軍事指揮鏈。鄂木斯克和志願軍所在的北高加索之間的領土被紅軍控制，使得高爾察克和鄧尼金的聯繫必須取道海參威，以及遠在巴黎的協約國最高司令部。而協約國對於該著重哪一條戰線也沒定論，英國完全押在高爾察克身上，但法國傾向烏克蘭這邊。美國人對高爾察克也頗為冷淡，因為威爾遜總統不大信任鄂木斯克的反民主政變，並且誤以為白軍打算恢復羅曼諾夫王朝。[7]

此外，遠離俄國工業重鎮的白軍要如何取得武器也是個問題。美國最有可能，但這表示武器必須先遠渡太平洋運到海參威，再千里迢迢穿越西伯利亞。然而，高爾察克政府本身幾乎沒有經費，捷克斯洛伐克兵團也拒絕交出喀山的黃金儲備，讓高爾察克用做擔保。最後他們只負擔得起英軍多餘的武器：六十萬把步槍、六千八百三十一挺機槍、一百九十二座野戰砲和五億發子彈。[8]

相形之下，布爾什維克的指揮體系更統一，地理位置也更優越。莫斯科戰略位置極佳，雖然鐵路系統搖搖欲墜，但還能運作，而莫斯科就處於鐵路網的樞紐，部隊可以搭火車往西北進駐彼得格勒，往東北前往摩爾曼斯克，往南至頓河地區，往東至烏拉爾，往西直達西伯利亞。此外，布爾什維克占據歐俄中央，可以從人口組成較單一的「大俄羅斯」徵召兵員，而他們的白軍對手位處前帝國邊陲，只能倚賴哥薩克人、烏克蘭人、愛沙尼亞人、芬蘭人及其他效忠程度不明的少數族裔。紅軍還接收了舊帝俄軍留下的大批軍火，包括二百二十萬把步槍、一萬八千零三十六挺機槍、三十億個彈匣、四十三萬座中程及輕型火炮、五百座維克斯重炮、一百五十六萬枚手榴彈和十六萬七千把軍官用手槍及左輪槍，圖拉的兵工廠也在布爾什維克手上，雖然目前產量極少，卻仍是關鍵資產。[9]

儘管物資缺乏，鄧尼金和高爾察克還是趁著一九一八年十一月至隔年三月的衝突緩和期間編成了具有戰鬥力的軍隊。德軍撤離頓河地區也有幫助，因為頓河哥薩克人沒了金主，逼得頭領克拉索諾夫只能出於權宜和鄧尼金結盟。一九一九年元月八日，克拉索諾夫率兵投入鄧尼金麾下，立刻讓志願軍增長至三萬八千人。到了二月中，鄧尼金的「南向軍」已經擁有十一萬七千名士兵、四百六十座火炮及二千零四十挺機槍。德國撤離烏克蘭和他們在基輔扶持的傀儡哥薩克酋長國（之後被短命的「烏克蘭人民共和國」取代）垮台，讓鄧尼金取得一

＊注：白軍一詞其實來自紅軍的羞辱用語，因為白色是法國波旁王朝的顏色，紅軍藉此暗諷對手是保皇反動派。所有白軍領導人都矢志恢復制憲議會（而非沙皇）的權威，沒有一位接受白軍這個稱號。然而，這是很有用的簡稱，因此只能對不起白軍了。

條新戰線，不僅能從西側包圍紅軍，甚至還能跟由協約國資助、約瑟夫・畢蘇斯基元帥（Jozef Pilsudski）指揮的波蘭軍分進合擊。這對於三千萬烏克蘭人來說是壞消息，他們的再次獨立只維持了不到兩個月，但對白軍卻是利多。[10]

帳面上，高爾察克的兵力甚至強過志願軍。一九一九年二月，高爾察克手下有十四萬三千名士兵，足以勝過只有十一萬八千人的紅軍東向軍。不過，紅軍在莫斯科以東還有一五萬的預備兵力，以防白軍突破防線。此外，東向軍的火炮（三百七十二座對二百五十六座）和機槍（一千四百七十一挺對一千二百三十五挺）數目都占優，只不過白軍有英國奧援，即使無法無限期戰鬥，也有足夠火力可以發動攻勢。和俄國南方不同，兩軍於西西伯利亞的陣線已經近到可以交火，關鍵在於何時進攻。一九一八年十月列寧下令徵召三百萬大軍之後，紅軍人數超越白軍只是早晚而已。為了取得足以威脅莫斯科的關鍵勝利，高爾察克必須趕緊出擊。[11]

由於出身海軍，高爾察克將陸軍作戰計畫交給前最高司令部參謀列別捷夫（D. A. Lebedev）負責。然而列別捷夫資源有限，因為西西伯利亞的資深軍官比頓河地區少，也比中俄少，而紅軍在俄國中部有太多前沙皇軍官可以徵召。鄂木斯克的高階軍官裡，只有哈津（M. V. Khanzhin）一人位列將軍。捷克斯洛伐克兵團有一位軍官自號「蓋達將軍」，但他是奧匈帝國戰俘，而且除了一九一八年鐵路武裝反抗之外沒有其他指揮經驗。[12]

儘管有各種不足，西伯利亞人民軍在高爾察克指揮下還是表現出色，於三月中旬西伯利亞冬天將逝時（嚴格來說是地面雪融前）展開攻勢。頭一個月，他們沿著彼爾姆至奧倫堡之間長達一千一百多公里的戰線推進了將近六百五十公里，將紅軍逼回到伏爾加河附近。白軍輕鬆拿下烏法，甚至南面部隊也往西南攻入裏海北方的大草原，進逼阿斯特拉罕。到了四月底，高爾察克的部隊已經準備奪回薩馬拉和喀山，而紅軍後方前仆後繼的反布爾什維克農民動亂，似乎預告了重大的戰略突破指日可待。高爾察克的日軍聯絡官卡沙金將軍甚至建議調派日軍增援（但當然有代價，包括在遠東地區設立租界）。托洛茨基驚慌之餘，下令所有能調動的部隊前往東方戰線支援。[13]

但托洛茨基沒有驚慌太久，因為到了五月，高爾察克在東方戰線的攻勢就碰上了西方國家入侵俄國時遇過的麻煩，大雨將道路弄成了爛泥。而托洛茨基則趁機改造東向軍的指揮體系，做出了兩個精明的決定。他首先指派因為逃離德國要塞監獄而聲名大噪的前沙皇貴族軍官圖哈切夫斯基（M. N. Tukhachevsky）擔任中央戰線指揮官，其次下令平民出身、一九一八年在突厥斯坦指揮攻擊行動的伏龍芝（M. V. Frunze）擔任南方部隊司令官，在下伏爾加地區行動。四月二十八日，伏龍芝下令進攻白軍中央軍和南方軍之間的戰略弱點，別拉亞河的斯捷爾利塔馬克，結果不僅擄獲戰俘，還攔截到了白軍的作戰指令，得知右翼沒有敵軍，於是下令繼續推進，到了五月中旬已經在白軍兩支西伯利亞部隊中間殺出一個大開口。[14]

伏龍芝的奇襲正巧遇上俄國內戰的關鍵時刻。由於高爾察克起初連戰皆捷，使得西方協約國信心大增，開始設想各種持續奧援的條件，卻沒有意識到高爾察克的戰略處境其實岌岌可危。儘管帝俄的外交官如伊茲沃斯基和薩佐諾夫代表白軍在巴黎和會努力遊說，但白軍就是缺乏外交籌碼。這點當他們試圖依據之前的薩佐諾夫—賽克斯—皮科協定，要求在戰後鄂圖曼海峽政權占有一席之地，卻立刻遭到否決時，就清楚顯露出來了。反觀布爾什維克政權，明明否認所有跟協約國的條約與債務，也不曾對鄂圖曼善後方案有何要求，協約國卻允許美國威爾遜總統無視薩佐諾夫和伊茲沃斯基的強烈反對，於一九一九年三月派遣威廉・布列特（William Bullitt）率領使節團前往莫斯科（布列特後來建議協約國外交人員和布爾什維克代表在君士坦丁堡南方馬摩拉海的普林克波島展開正式和談，但遭到法國否決）。

為了提醒高爾察克籌碼在誰手上，位於巴黎的協約國最高司令部五月二十六日告訴高爾察克，協約國願意繼續奧援白軍，但條件是他即刻籌組新的制憲議會，加入剛成立的國際聯盟（這兩件事都會讓威爾遜高興），承諾償還帝俄時期留下的各項債務（取悅法國），承認波蘭和芬蘭獨立，以及願意在波羅的海新興國家地位一事上接受調解。高爾察克已經快要抵擋不住紅軍的浪頭，只能同意這些嚴苛條件。但出於愛國情操，他仍然堅決要求若能召開制憲會議，芬蘭獨立必須交由制憲議會承認。為了讓威爾遜放下疑慮，高爾察克於六月四日特地宣布「俄國不可能回復到一九一七年二月以前的舊政權」。[15]

正當協約國對高爾察克施壓時，白軍已經於西伯利亞開始瓦解。六月九日，紅軍殺入烏法，將白軍逼回到烏拉爾山脈。白軍高層出現不和，負責烏法至彼爾姆的北方前線蓋達「將軍」抱怨列別捷夫不給他任何資源。而捷克斯洛伐克人雖然不再加入前線作戰，卻仍持有喀山大部分的黃金儲備，因此手上依然握有籌碼，使得列別捷夫被迫罷黜白軍唯一具有大戰指揮經驗的哈津，讓蓋達接掌中央及北方前線。這是個糟糕的決定。六月底時，白軍已經退回到葉卡捷琳堡。七月中旬，圖哈切夫斯基指揮第五軍拿下日拉鬥烏，七月廿四至廿五日占領車里雅賓斯克，深入白軍中央地帶。負責南方的伏龍芝則是沿著現今俄國與哈薩克邊界往東推進，眼看就要在右翼壓倒白軍。[16]

高爾察克的大好局面急轉直下，唯一堪慰的是托洛茨基集中火力於東方戰線，讓南方的鄧尼金有了可趁之機。六月中，西伯利亞人民軍退回烏拉爾山脈，志願軍則是推進到了頓巴斯地區。六月廿一日，卡爾科夫淪陷，志願軍開出從烏克蘭中部攻往基輔的道路。鄧尼金的右翼由戰功彪炳的騎兵將領黑男爵弗蘭格爾（P. N. Wrangel）負責。這位波羅的海日耳曼後裔率領高加索軍穿越卡爾梅克大草原，進逼察里津。紅軍在這裡花了整個冬天挖掘戰壕，架設刺鐵絲網。弗蘭格爾派出兩輛英國坦克輾過這些防禦工事，於六月三十日攻破察里津，擄獲了四萬名紅軍戰俘。這場勝利是俄國內戰的經典戰役。[17]

然而，時機並未站在白軍這一邊。由於鄧尼金和高爾察克沒有電報線路可相連，基本上無法聯繫，因此鄧尼金不僅沒有和高爾察克協同進攻，而且當志願軍攻進伏爾加河畔的察里津時，高爾察克的部隊已經從前線全面撤退。志願軍將近兩個月前一度推進到薩拉托夫以東，距離伏爾加河只有八十公里遠，此刻功虧一簣。烏克蘭的情況也相去不遠。法國介入有限，等到六月鄧尼金總算發動攻勢時，法國已經力竭了。由於法國在西方戰線節節敗退，因此一九一八年十二月由德斯佩雷（Franchet d'Espnche）指揮登陸敖德薩和克里米亞半島的六萬五千多名「法國」遠征軍其實大多由希臘人、羅馬尼亞人和法屬塞內加爾殖民部隊組成，沒有幾人熱衷參與俄國內戰。一九一九年四月第一週，無心再戰的德斯佩雷下令遠征軍全數撤離，還帶走了四萬多名「白軍」平民，包括尼古拉大公，成為第一波從黑海及君士坦丁堡離開的俄國流亡者（後來流亡者前仆後繼離開，君士坦丁堡很快就聚集了大批俄國人，穿著華麗的俄國女人更是讓穆斯林男人心蕩神迷，因為他們過去不常在公眾場合看到沒戴面紗的女人）。[18]

對大舉進攻烏克蘭的志願軍來說，法國退出克里米亞可不是好預兆。巴黎協約國最高司令部希望畢蘇斯基的波蘭軍能從西側對紅軍施壓，而波蘭軍於一九一九年春夏兩季也確實在立陶宛和白俄羅斯跟紅軍有過幾次小規模的邊界交火。但要波蘭民族主義者和由俄國愛國者及哥薩克人組成的志願軍合作，那得發生政治奇蹟才行。高爾察克的確承諾會承認波蘭獨立，但顯然出於被迫，鄧尼金則是打著響亮的「俄國不可分割」的口號出兵，並沒有對波蘭做出同樣承諾。因此，畢蘇斯基對協約國要求他和志願軍協同作戰一事始終漠然以對。[19]

波羅的海戰區的外交對抗更為複雜。德軍停戰後不僅在烏克蘭撤軍緩慢，在波羅的海也是如此，因為協約國擔心布爾什維克入侵。德國在芬蘭南部仍有部隊，並受到馬達漢的芬蘭軍保護，使得協約國對馬達漢的「芬蘭白軍」抱有戒心，甚至在他一九一九年四月逼近彼得格勒時要他停止對卡累利阿的攻勢。而在立陶宛和白俄羅斯，德國一九一九年初撤離後，紅軍就占據了維爾紐斯和明斯克，但隨即在四月及八月被畢蘇斯基的芬蘭軍拿下。一九一八年大力協助列寧在彼爾姆擊退捷克斯洛伐克兵團，並且鎮壓莫斯科左翼社會革命黨起事的拉脫維亞步槍軍於一九一九年元月榮返故鄉里加，協助建立了「蘇維埃」（亦即親莫斯科的）拉脫維亞政府。

愛沙尼亞的情況最混沌。停戰之後，紅軍第七軍從彼得格勒入侵愛沙尼亞，激起愛沙尼亞愛國分子、獲釋的德軍戰俘、逃離彼得格勒的「白軍」流亡者和剛被德軍從東方戰線釋放回來的沙皇軍官聯手反抗。這支反布爾什維克「北方軍團」先是由德國伯爵呂迪格・馮・德・戈爾茲將軍（Rudiger von der Goltz）指揮，隨後於四月底交給曾經征服埃爾祖魯姆的帝俄頭號戰爭英雄尼古拉・尤登尼奇（Nikolai Yudenich）領導。尤登尼奇（本來就胖得出名，但現在更臃腫得厲害）將北方軍團打造成一萬六千人的「西北軍」，並且名義上有約翰・拉伊多內（Johan Laidoner）指揮的兩萬名愛沙尼亞士兵支援。五月十三日，尤登尼奇率領西北軍進入蘇維埃俄國領土，迅速拿下了普斯科夫。[20]

到了一九一九年夏天，雖然高爾察克兵敗西西伯利亞，法國也撤出了烏克蘭，布爾什維克政權卻顯得搖搖欲墜。東方的威脅是減弱了，但還有至少四個戰線在進行，兩個威脅彼得格勒，兩個逼近莫斯科。馬達漢率領芬蘭白軍從東北進逼彼得格勒，尤登尼奇的西北軍則是進占普斯科夫，距離彼得格勒西南城界約莫三百公里。莫斯科沒有敵軍如此靠近，但畢蘇斯基的波蘭軍在明斯克，搭火車就能到莫斯科，而鄧尼金的志願軍則從卡爾科夫北方全面挺進，前線位於莫斯科以南不到五百公里，劍指庫爾斯克及沃羅涅什。這四支軍隊哪怕有分毫合作，列寧政權就捱不過這一年。

不過，幸運之神再次站在了布爾什維克這邊。一九一九年五月，尤登尼奇和馬達漢原則上達成協議，將協同進攻彼得格勒，但由於外交因素攪局，使得計畫擱淺。其中部分原因來自尤登尼奇六月十九日承諾接受芬蘭獨立，高爾察克卻堅不退讓。四天後高爾察克致電馬達漢，要求芬蘭軍進攻彼得格勒，甚至同意只要有俄軍在場，就讓芬蘭部隊占領彼得格勒。但英國拒絕和馬達漢的芬蘭軍合作，因為他們認為芬蘭軍偏袒德國。英國外交部對尤登尼奇也沒有好感，因為西北軍有「德國」色彩。在英國內閣中，只有戰爭大臣邱吉爾主張加強和馬達漢及尤登尼奇合作，但遭到了否決。由於馬達漢的俄國干涉計畫不受懷有敵意的英國政府信賴，因此他只好於七月參與芬蘭大選，結果落敗。布爾什維克躲過芬蘭這顆子彈之後，於八月三十一日向愛沙尼亞建議和談，並且願意外交承認愛沙尼亞。於是，拉伊多內將軍決定讓愛沙尼亞軍解除戒備，不再和尤登尼奇共同作戰。[21]

畢蘇斯基本人則是喜見華沙陷入衝突。他手上有維爾紐斯和明斯克當籌碼，俄國內戰拖得愈久，對波蘭愈有利，不論是哪一方勝出都會精疲力盡，無法抵擋他將波蘭的邊界往東推進。原本英國外相喬治·寇松爵士（George Curzon）畫下的「寇松線」將波蘭東邊和俄國的邊界畫在布格河上，北起東普魯士，南至加利西亞。雖然畢蘇斯基不反對與列寧或鄧尼金談判，但他九月時認定「協助蘇維埃俄羅斯擊退鄧尼金為惡較小」，因而決定不參與鄧尼金秋天對紅軍發起的攻勢。十月上旬，畢蘇斯基私下透露自己的決定給莫斯科，讓托洛茨基得以放心調派四萬三千大軍南下對抗鄧尼金。[22]

少了法國、波蘭、愛沙尼亞或芬蘭牽制布爾什維克，加上高爾察克的西伯利亞軍搖搖欲墜，使得鄧尼金的志願軍只能單打獨鬥，艱難北伐。七月三日，鄧尼金下達「〇八八七八號密令」，指出攻擊目標為「占領俄國心臟莫斯科」。這道「莫斯科進攻令」預計發動三條戰線，弗蘭格爾率高加索軍進攻薩拉托夫、朋札和下諾夫哥羅德，最後從東邊進逼莫斯科；西道林（V. I. Sidorin）指揮「頓河軍」進攻沃羅涅什和梁贊；主力部隊則由原始志願軍擔任，取道庫爾斯克及奧瑞爾進攻圖拉的兵工廠，同時派遣後衛部隊確保法國棄守的克里米亞各港口，甚至拿下基輔。[23]

隨著鄧尼金部隊大舉進攻烏克蘭的心臟地帶，俄國內戰達到了慘烈的最高峰。志願軍迅速拿下紅軍占據的領土，但鄧尼金的後勤補給線很快就被逼到瓦解邊緣，而且防禦薄弱。烏克蘭農民對待白軍也不如之前對待德國占領軍或紅軍友善。由於紅軍定下的糧食徵收額比德國占領軍還高，以至於大多數農民的態度是「管你全家去死」，將收成藏到地下，免得被軍隊掠奪。等到白軍來時，烏克蘭已經有五、六支游擊軍，左右翼都有，包括哥薩克頭領西蒙·

彼得留拉（Semen Petliura）率領的右翼民粹分子和內斯托爾．馬赫諾（Nestor Makhno）領導的極左派無政府主義勢力。馬赫諾有點像俄國革命的勞倫斯（T. E. Lawrence），專門爆破軍隊火車，劫掠倖存士兵。雖然一九一八年十二月由托洛茨基授予軍職，馬赫諾後來卻反紅軍。一九一九年八月一日，馬赫諾下達新「一號命令」，不僅呼籲消滅俄國白軍「資產階級」，也要剷除紅軍政治委員。24

這些游擊軍有一個共同點，就是仇外，從「烏克蘭是烏克蘭人的烏克蘭」和「烏克蘭不要莫斯科人和猶太人」等標語就看得出來。早在白軍攻入前，陣線兩邊的舊柵欄區就爆發了大屠殺。捷列克哥薩克人憎惡猶太人是出了名的。一九一九年十月他們攻入烏克蘭，殺進基輔、波塔瓦和切爾尼戈夫。單是那場發生在基輔郊區法斯提夫的集體屠殺就有一千五百名猶太人遇害，據稱其中還有一百人被「活活燒死」。鄧尼金擔心軍紀紊亂，不僅痛批這些暴行，甚至數度舉行軍事審判。然而鐵證如山，他有幾千名手下，從一般士兵、軍官到哥薩克人，都參與了血腥屠殺。25

雖然白軍後方惡行斑斑，前線局勢卻感覺一片大好。八月十日，由八千名哥薩克騎兵組成的游擊旅在馬蒙托夫將軍（K.K. Mamontov）率領下，攻占了坦波夫和沃羅涅什，莫斯科城立刻陷入慌亂。九月十二日，鄧尼金下令「從伏爾加到羅馬尼亞邊界」的所有部隊全面進攻，目標拿下莫斯科。九月二十日，庫爾斯克淪陷，紅軍士氣也出現瓦解跡象，不少部隊集體倒向白軍。十月十三至十四日，志願軍占領奧瑞爾，距離莫斯科只剩四百公里，距離圖拉和當地的兵工廠更不到二百公里。

而在普斯科夫，尤登尼奇於十月十二日對彼得格勒發動攻勢，與其說是和志願軍協同進攻，不如說是為了反抗英國，因為英國十月六日要求他將部隊調到鄧尼金的前線。英國確實提供了六輛坦克和乘員給西南軍，並派海軍支援，但除此之外就沒有給尤登尼奇和一萬七千名西南軍任何協助，而拉伊多內的愛沙尼亞軍則是拒絕參戰。紅軍隨即炸毀盧加河的橋梁，英國坦克頓時成了廢物。不過，尤登尼奇還是於十月十六日攻入加特契納，距離彼得格勒只剩四十八公里。其後五天，西南軍陸續拿下巴甫洛夫斯克、沙皇村和甫爾可伏，離首都不到二十五公里。而尤登尼奇指揮的一支海陸特遣隊則是在英國艦隊掩護下，成功登陸了彼得格勒東北方、喀琊施塔得對岸的克拉斯納亞高爾卡要塞。與此同時，志願軍中負責外交的薩佐諾夫於巴黎最後一次懇求芬蘭出兵協助尤登尼奇，並向協約國外交人員提議，用布爾什維克運到德國（但目前在協約國手上）的「布列斯特」黃金支付軍費。這項提議得到了馬達漢本人支持。薩佐諾夫七月被迫下台之後，便轉往巴黎加入遊說。關鍵時刻，協約國真的會支持尤登尼奇嗎？[26]

布爾什維克政權面臨了生死關頭。列寧更擔心莫斯科的安危，因此想放棄首都，加強南邊防線以對抗鄧尼金。而彼得格勒的布爾什維克黨魁季諾維也夫得知尤登尼奇兵臨城下，整個人「精神崩潰」，只能靠戰爭人民委員托洛茨基拯救首都。托洛茨基十月十七日抵達彼得格勒，下令保衛「革命首都」至「最後一滴血」，並且展現了真正的勇氣，他捨棄平常搭乘的武裝火車，改為騎馬前往甫爾可伏激勵紅軍士兵。隨著援軍從彼得格勒趕到，托洛茨基於十一月三日將西南軍逼回加特契納，隨後挺進愛沙尼亞。幸好列寧聽從外交大臣格奧爾基·齊采林（Georgy Chicherin）建議，下令托洛茨基不可越過國界，以挑起倫敦綏靖派和「介入派」的不合（齊采林直接提到邱吉爾的名字，顯見他對英國內閣政治之熟悉），尤登尼奇這才得以喘息。[27]

幾乎就在尤登尼奇進攻失利的同時，紅軍也扭轉了對鄧尼金的劣勢。從九月直到十月上旬，紅軍援兵不斷擁入，南下堵住奧瑞爾北方的破口，其中最重要的當屬拉脫維亞第二和第三旅。十月十八至十九日，志願軍進逼圖拉，拉脫維亞軍則是攻向了鄧尼金的左翼，結果死傷慘重，兵力折損將近半數，包括四成的軍官。同日，由西蒙．布瓊尼（Semen Budennyi）指揮的紅軍騎兵軍團突襲駐紮於沃羅涅什的馬蒙托夫，攻擊被戰利品搞得愈來愈不聽命的哥薩克部隊，預備從東南方包圍志願軍。鄧尼金被迫撤退到庫爾斯克，十二月初再退到卡爾科夫。紅軍保住了莫斯科。[28]

至少這是英國首相勞合．喬治的結論。他立刻拋棄對白軍的承諾，速度之快連齊采林和列寧都嚇了一跳。兩人原本以為英國內閣會僵持不下，沒想到喬治完全沒有事前知會內閣成員他已經改變政策，就逕自於十一月九日倫敦市政廳市長晚宴上宣布英國放棄援助白軍。「俄國是流沙，」他語氣凝重地表示，英國最好趁繼續下沉之前趕緊抽身，而即將到來的冬天正好讓各方「反省與重新考慮」。一名跟隨鄧尼金部隊進行採訪的英國記者日後寫道，這段左右歷史的談話一經發表並傳到俄國，白軍士氣立刻「大受打擊」，不出幾天「俄國南部的氣氛全變了……喬治首相認為志願軍已經沒戲了，此話一出，志願軍就幾乎注定沒戲了」。[29]

不過，白軍還沒有戰敗。志願軍負隅頑抗，守住基輔直到十二月十六日，而鄧尼金的右翼部隊一直守到一九二〇年元月才放棄察里津。新切爾卡斯克和羅斯托夫元月七日淪陷，白軍預備撤退到頓河後方。頓河哥薩克人這時已經拒絕參戰，鄧尼金別無選擇只能重演一九一八年的冰雪長征，朝庫班河撤退，但已不見當年長征的氣勢。鄧尼金的撤退行動隨即演變成「白俄」大撤退，除了北方城市的平民，還有跟鄧尼金合作的卡爾梅克、韃靼、哥薩克和切爾克斯貴族也一起拿著帶得動的細軟徒步逃難。「俄國百姓出逃的景象，」一名白軍軍官表示，「讓我想到了《聖經》裡的場景。」一九二〇年三月，協約國記者在新切爾卡斯克目睹了令人落淚的畫面，難民們搶著在紅軍來復仇之前擠上英法的最後船班。克里米亞由於有易守難攻的皮里柯普地峽保護，加上斯拉雪夫將軍率領了一小支白軍殘餘部隊鎮守當地（不過他很快就將指揮權交給了弗蘭格爾），所以相對安全。但這最後一塊灘頭堡恐怕不久也要落入來犯的紅軍之手。30

而高爾察克和殘餘的西伯利亞人民軍自一九一九年七月車里雅賓斯克淪陷後，就一直死守著鄂木斯克。但圖哈切夫斯基和伏龍芝沒有趁勝追擊，而是休兵等待後援，因為他們知道時間站在自己這邊。勢單力薄的白軍不斷朝鄂木斯克撤退，讓前線由北向南後退了將近三百二十公里。到了十月，紅軍在前線已經有二比一的兵力優勢（大約十萬對五萬人），後方還有大批後備部隊。十月十四日，紅軍在西北及南方戰線發動關鍵攻勢，全面接掌東向軍的伏龍芝則是下令第三和第五軍發動攻擊。白軍撤退到伊希姆河後方的彼得巴甫洛夫斯克，十月三十一日紅軍渡河後，白軍又再往東撤退離開鄂木斯克之前的最後一道天然屏障。31

害怕紅軍進犯的難民瘋狂擁入鄂木斯克，導致這個州府所在地的人口從十二萬膨脹到五十萬。一名英國軍官日後回憶當時的情景表示，「農民拋下田地，學生放下書本，醫師離開醫院，科學家拋下實驗室，工人離開工廠……所有人都因為部隊士氣瓦解而流離失所。」一十一月十四日，紅軍不費一兵一卒就拿下了鄂木斯克，白軍流亡者只能繼續往東逃向廣袤的西伯利亞寒冬。西伯利亞大鐵路擠滿了衣冠不整的難民，數千人因為擠在不潔的車廂裡而感染傷寒。捷克斯洛伐克兵團深怕傷寒擴散，開始攔阻鄂木斯克開來的火車，就連「最高領袖」高爾察克也受阻，無法按照計畫前往伊爾庫茨克成立新政府。幾乎整個十一和十二月，高爾察克都被捷克斯洛伐克兵團軟禁在下烏金斯克，隨後於隔年（一九二〇年）元月二十一日交給伊爾庫茨克的布爾什維克軍事革命委員會。雖然協商內容至今不明，但捷克斯洛伐克兵團最後交出高爾察克及置於喀山的二百八十五噸黃金儲備給布爾什維克，以交換自由。＊一九二〇年二月六日半夜，高爾察克在接受了類似沙皇於葉卡捷琳堡受到的「審判」之後遭到槍決，屍體被推入冰封的烏沙科夫卡河中，西伯利亞的白軍事變就此落幕。32

在波羅的海，布爾什維克的手段曲折了一些。托洛茨基刻意放棄追殺尤登尼奇到愛沙尼亞，成功讓英相喬治如同齊采林向列寧保證的那樣，倒向了綏靖政策。一九一九年十月底時，英國艦隊開始放寬在波羅的海對蘇俄的封鎖，只攔阻出口武器的船隻，雙重用途的貨品一律放行。十一月二十日，勞合．喬治通知英國下議院，只要冬雪融化，就連有限度封鎖也要終止。這項宣布傳到全球，聽在布爾什維克耳中宛如仙樂，對斯德哥爾摩的廠商也是喜事，蘇維埃政府之前開出的豐厚訂單，從野戰炮、機槍、火車頭、裝甲車到航空器引擎，這下都能出貨了。33

＊注：然而存放在喀山的黃金儲備有將近一百噸遺失，除了數噸運往舊金山做為白軍進口武器的保證金，其餘黃金似乎被捷克斯洛伐克兵團偷偷帶走了。另有一個傳言是，黃金當初被扔進貝加爾湖以便日後取回，沒想到就此沉入這個世界最大淡水湖深不可測的湖底，不見蹤影。

英相做出這項驚人宣布之後，列寧為了從中得利，便於一九一九年十二月派遣巡迴貿易人民委員列奧尼德・克拉辛（Leonid Krasin）前往愛沙尼亞進行和談。由於彼得格勒在芬蘭灣的港口冬天幾乎都處於冰封狀態，而且革命期間遭到嚴重破壞，因此取得波羅的海的日瓦爾港（塔林）極為關鍵。而克拉辛果然沒讓列寧失望。根據一九二〇年二月二日生效的塔爾圖條約，愛沙尼亞正式承認蘇維埃俄國，成為繼德國依據現已失效的布列斯特條約承認蘇維埃政權之後，第一個承認蘇維埃俄國的國家，並允許蘇維埃俄國無限制使用愛沙尼亞境內的貨運鐵路網。這項條約甚至讓愛沙尼亞各港口成立「特區」，專供布爾什維克政權使用。[34]

敵人分崩離析，加上波羅的海的對外窗口重新開啟，列寧政府總算重獲自由。經過了兩年半的孤立，國際共產主義正式開張。

第二十章　共產國際

一九二〇年時，我們熟悉的蘇維埃共產主義所有要素，從一黨專政*、徵糧、中央計畫經濟、生產工具國有化、無神論、契卡、紅色恐怖到關押「階級敵人」的集中營（總數已達八十四個）全都齊備了。其中有些措施，例如廢除私有制及農工業國營，無疑出自馬克思主義，其餘則基於教條與必要性。契卡原是為了鎮壓國營事業職員罷工，後來演變成身穿黑色皮夾克、全副武裝的意識型態警察，一九二〇年底雇用的幹員總數已經高達二十八萬人。為了報復暗殺列寧及契卡首領烏里茨基而展開的紅色恐怖則是進化成永恆的階級鬥爭，對付契卡鎖定的「人民公敵」，而且種類愈來愈多，包括囤積者、「富農」（囤積或隱藏糧食拒絕被徵收的農民）、「富人」、白軍軍官、「孟什維克反革命分子」、「盜匪」、「寄生、賣淫或拉皮條」者、「舊政權公務員」、「高等資產階級的人質」和「可疑分子」等等。[1]

雖然對階級敵人、集中營囚犯和淪為赤貧的普通俄國人而言，布爾什維克的這些政策非常可怕，但不可否認，他們的做法在軍事上確實管用。紅軍不是最有效率的部隊。根據蘇維

*注：一九一八年俄國社會民主工黨正式更名為俄國共產黨（布爾什維克），簡稱俄共（布）。

埃的消息來源，在托洛茨基任內，單是一九一九年徵召的三百六十萬農民兵就有一百七十六萬一千人逃兵（不過後來有許多逃兵都重新歸建）。即使會遭到公開處決（一九一九年下半年約有六百名逃兵受刑），逃兵現象依然持續到一九二〇年，甚至紅軍擊敗白軍的鄧尼金和尤登尼奇之後仍無改善，顯示列寧政權徵召的農民兵不是缺乏忠誠，就是極易變節。儘管如此，事實依然無可否認，在這場內外受敵的戰爭中，不論面對協約國支持的白軍，或是芬蘭人、波蘭人、哥薩克人和游擊部隊，紅軍統統贏得了勝利。[2]

英相喬治就是明白了這個軍事現實，才會解除波羅的海封鎖。而愛沙尼亞承認布爾什維克政府，德國和瑞典的「資本主義」軍火商搶著出售武器給列寧，出售據說列寧曾經預言將會拿來吊死他們的「絞繩」給他，也是出於這一點。副外交部長（後來的外交部長）馬克西姆・李維諾夫（Maxim Litvinov）受命出任蘇維埃駐愛沙尼亞大使。他和巡迴貿易人民委員克拉辛聯手在波羅的海地區放出風聲，說布爾什維克政權財力雄厚，若加上紅軍在伊爾庫茨克取得的捷克兵團窩藏的黃金，手上的黃金儲備超過五百噸，價值三・五億美元。[3]

布爾什維克政權不只有這個財源。一九二〇年二月三日，蘇維埃俄國和愛沙尼亞簽署塔爾圖條約隔天，列寧簽署了一道人民委員會命令，指示在莫斯科的苦行（普希金）廣場成立結算所，用來儲存從重新征服的各州和莫斯科及彼得格勒銀行保險箱裡沒收而來的大批白金、鑽石與金銀珠寶。這些保險箱有許多直到現在才被打開，因為列寧政府特別在財政部設立了一個**保險箱委員會**（seifovaia komissiia），專責撬開保險箱。這個新成立的「國家貴金屬儲備庫」由尼古拉・克列斯京斯基（Nikolai Krestinsky）執掌，單是最初八個月就搜刮了價值二・四五億美元（等於現在的二四五億美元）的貴金屬，包括約五萬克拉的鑽石

（51,479）、近四萬克拉的珍珠（39,840）、三．五萬件金飾和上百噸銀子。唯一沒被搜刮令掃到的財寶在彼得格勒，因為克拉辛於二月十六日指示外貿人民委員「立即行動」，登記「北區附近的所有織品、器具、商品與貴重古董」並且估價，以便從愛沙尼亞出口。[4]

有了五百噸黃金和幾乎等值的珠寶在手，布爾什維克政權花錢如流水。根據政治局頒布的一道命令，克拉辛的「信用額度」是一億五千萬美元，等於現在的一百五十億美元。而他談的第一筆大交易是火車頭訂單，一九二〇年五月十五日和斯德哥爾摩的尼奎斯特霍姆集團（Nydquist & Holm, NOHAB）簽約，金額為一億瑞典克朗，約為當時的二千三百五十萬美元，現在的二十三億五千萬美元。NOHAB 集團要求布爾什維克運送八千公斤黃金到斯德哥爾摩做擔保，此舉嚴重考驗了英國對波羅的海的態度，因為黃金上清楚烙有帝俄徽印，當時仍然禁止在協約國資本市場上交易。但英國艦隊並沒有阻撓，黃金一路暢通於六月一日如期抵達。其他瑞典、丹麥和德國公司也紛紛和克拉辛簽約。六月中時，從日瓦爾運往斯德哥爾摩的黃金已經超過三十公噸。瑞典皇家造幣廠將這些掠奪來的帝俄金條熔化、蓋上瑞典紋章，將黃金洗白再轉賣給倫敦與華爾街的買家賺取暴利。做為交換，軍火商在日瓦爾簽定合約，將紅軍亟需的物資運往俄國，從火車頭、軌道車輛（光是瑞典就有六十九家工廠接單趕工）、紅軍制服「大衣」專用羊毛、皮靴、靴底、瑞士羅氏藥廠的藥物、毛瑟槍到機槍，全都以德國馬克削價賣出。[5]

大量進口武器來得正是時候。一九一九年，紅軍每個月消耗掉七千萬到九千萬枚子彈，是圖拉兵工廠生產速度的四倍以上，幾乎快把帝俄時期的庫存用盡了。和白軍的前線戰事才稍有緩和，一九二〇年春天從波蘭開始，外國部隊又入侵了。鄧尼金和尤登尼奇潰敗之後，波蘭軍指揮畢蘇斯基欣喜之餘也沒有鬆懈，整個冬天都在有系統地備戰，將兵力擴充到了三十二萬人。他仿照德國的做法，於一九二〇年四月二十一日和「烏克蘭人民共和國獨立」三人小組簽署條約。這個小組以哥薩克頭領彼得留拉為首，雙方在華沙簽約，彼得留拉將東加利西亞割讓給波蘭，交換波蘭承認他的基輔政權。波蘭和德國一樣，是得到正式邀請才入侵烏克蘭，這可以解釋他們為何只花兩週就攻進紅軍占據的基輔。一九二〇年五月七日，波蘭和烏克蘭聯軍攻下基輔，波蘭部隊只有一百五十人死亡，三百人受傷。當時人在烏克蘭首府的觀察家表示，這是烏克蘭三年內政權第十五度易主。[6]

波蘭應邀入侵烏克蘭雖然對紅軍造成威脅，卻也正好讓他們拿來進行政治宣傳。畢蘇斯基和彼得留拉都是極端反動派，前者公開表示自己是波蘭帝國主義者，後者則可比十七世紀的哥薩克強人。紅軍幾乎什麼也不用做，政治宣傳就自己成型了。尤其是在搖擺不定的西歐協約國中扮演要角的英國，布爾什維克甚至根本不必出手。解除波羅的海封鎖之後，勞合．喬治對布爾什維克的綏靖政策已經完成了一半。如今面對工黨不斷施壓，他決定做完剩下的另一半。一九一九年秋天，勞合．喬治承諾將運送武器給畢蘇斯基的波蘭軍。隔年五月七日基輔淪陷後，東印度碼頭的裝卸工人發動罷工，拒絕裝載預定運往格但斯克的野戰炮及彈藥。由於工黨同志群起反彈，認為英國民眾擔心介入俄國失敗（英國民眾確實如此擔憂），使得喬治首相的內閣發言人於五月十七日告訴下議院，英國「不曾也並未協助波蘭政府」。儘管還沒有任何一個協約國承認列寧政權，但英國的政策此時已經幾近反轉了。[7]

在紅軍後方，波蘭入侵讓許多俄國人純粹出於愛國心而擁護蘇維埃政權。一九二〇年五月三十日，前俄軍總司令布魯西洛夫將軍在《消息報》呼籲前帝俄軍官加入紅軍，趕走外國入侵者，結果真的造成改變。六月初，布瓊尼的紅軍第一騎兵軍於基輔外圍突破波蘭陣線，引發革命後的第十六度政權交替。七月初，波蘭部隊從撤退變成了潰散。艾格洛夫上校（A. I. Egorov）率領紅軍西南軍進逼利沃夫，圖哈切夫斯基指揮西軍進入西俄羅斯和立陶宛。到了七月上旬，波蘭軍已經被趕回維斯瓦河畔，圖哈切夫斯基的部隊則是先於七月十一日拿下明斯克，十四日攻占維爾紐斯，十九日占領格羅德諾，再於八月一日拿下布列斯特—立陶夫斯克。「讓我們用波蘭白軍的屍體，」圖哈切夫斯基激勵手下士兵，「燃起世界大火……一路燒向……華沙吧！衝啊！」[8]

紅軍進入波蘭，不論華沙是否落入紅軍手中，蘇維埃政權的反攻都為一九二〇年七月十九日於彼得格勒舉行的第二次共產國際會議搭建了完美的背景。一九一九年三月在莫斯科舉行的第一次共產國際會議其實名不符實。由於後勤問題，五十四名代表只有五人來自國外，其餘都是俄國人或獲釋的戰俘，主要為德國人和匈牙利人。雖然一九二〇年夏天紅軍還在西方戰線和波蘭作戰，但波羅的海已經開放，使得歐洲社會主義政黨領袖終於有機會首度前來赤俄朝聖。[9]

第二次共產國際會議是國際共產主義的登場秀。根據社會主義的命名法，這個**新共產國際**（Comintern）其實是「第三」國際（一八八九～一九一四），因為自從一九一四年八月四日交戰國的社會主義政黨在國會支持軍事信貸，為了愛國主義（反戰馬克思主義者稱之為沙文主義）而捨棄社會主義使命的那一刻起，一八八九年開始的第二國際就滅亡了。這回的會議出席者遠多於一九一九年，參加的合格外國代表超過兩百位，包括法國新秀馬塞爾・加香（Marcel Cachin）和接替墨索里尼出任社會主義喉舌報《前進！》編輯的麥農地・塞拉第（Giacinto Menotti Serrati）。而德國與會者除了出身一九一八年冬天成立的激進社會主義團體「斯巴達克同盟」的德國共產黨員（KPD），還包括四名德國獨立社會主義民主黨員（USPD）及國際婦女節創辦人克拉拉・蔡特金（Klara Zetkin）。

並非所有歐洲馬克思主義者都視列寧的政黨為老大哥，但彼時俄國威望大振，幾乎所有人都忍不住想到俄國親眼目睹偉大的共產主義實驗。與會代表一抵達彼得格勒的旅館，就會拿到列寧最新的貶人大作，一份名為〈共產主義運動的「左翼」幼稚病〉的文宣小冊。列寧在文中建議外國同志更有耐心與紀律，放棄不成熟的政變（如一九一九年元月德國斯巴達克斯主義者起事失敗），等到和布爾什維克一樣強大再起事。代表們接著被帶去參觀革命地標，包括沙皇村的皇宮。沙皇村於內戰期間被骯髒的士兵占據使用，得到了士兵村（Soldatskoe Selo）的俗稱，後來被改建成收養革命孤兒的「無產階級兒童」之家，如今稱為兒童村（Detskoe Selo）。回到彼得格勒之後，代表們又去參觀了十月革命時的布爾什維克總部，即斯莫爾尼宮，接著到涅瓦大街欣賞「冬宮攻堅」。這齣行動劇由作家高爾基執導，在現已熄燈的彼得格勒證券交易所的台階上表演。只見冬宮屋頂紅旗迎風飛揚，涅瓦河上的軍艦用探照燈照亮鎚子與鐮刀，一名看得入迷的社會主義政黨代表日後回憶，「感覺就像做夢一樣」。[10]

在彼得格勒度過了典禮般的幾天後，所有代表搭火車前往莫斯科。七月二十三日，正事開始。雖然彼得格勒的新任黨頭目季諾維也夫是會議主席，但當列寧走上克里姆林宮王座室的講台發表慶祝演說時，卻搶走了他的風采。列寧的演說時機非常理想，因為紅軍正在進逼華沙，甚至可能攻向柏林、布拉格、布達佩斯特和其他歐洲首府。誠如列寧這天早上在電報裡對人在卡爾科夫的史達林說的，「共產國際情勢大好，季諾維也夫、布哈林和我認為義大利也應該立刻展開革命。我個人認為，為此匈牙利也應該蘇維埃化，捷克斯洛伐克和羅馬尼亞或許也是」。[11]

接下來兩週，克里姆林宮王座室從象徵變成了現實。會議開始前，列寧和季諾維也夫草擬了外國共產黨加入的「二十一條款」，包括驅逐「改革派與中間派」、嚴格「貫徹黨的紀律」、滲透工會、在各政黨內建立「平行非法組織」，以及為革命後掌權預作準備等等。列寧心目中的國際共產主義將採行軍事化指揮鏈，由共產國際執行委員會（ECCI）於莫斯科下達具約束力的指示給各國「支部」，而各國支部必須嚴格遵守，否則將被逐出共產國際。執行委員會很清楚不是所有歐洲社會主義者都嚥得下這個決定，因此指示與會代表回國後在黨代表大會上舉行臨時表決，將黨內「裂解」成支持莫斯科的「共產黨」和將不會得到共產國際幫助的社會主義餘黨。[12]

列寧裂解驕傲的歐洲社會主義政黨的手段很簡單，就是錢。布爾什維克此刻握有一九一四年全歐數量最大的黃金儲備，就算扣掉一九一八年九月交給德國的賠償金、捷克斯洛伐克兵團奪走的將近一百噸金塊和運到斯德哥爾摩預備熔掉重做的金條，也依然為數可觀。不過，對共產國際來說，更有用的是存放在莫斯科國家貴金屬儲備庫裡的珠寶，因為這批全球數量最大的珠寶可以輕易走私到歐洲。根據一位研究共產國際的史學家，布爾什維克信使一九一九年動用了價值「數十萬（沙皇）盧布」的藍寶石、鑽石、珍珠、戒指、手環、胸針、耳環與其他「帝俄寶藏」，資助德國、英國、法國及義大利的新興共產黨。第二次共產國際會議後，有代表拿到了鑽石，不是縫進外套袖口裡，就是藏在手提箱的暗層中。其餘代表則是攜回現金，尤其是美鈔。美鈔很快成為共產國際的法定貨幣（但官方語言是德語，以紀念馬克思）。[13]

有了莫斯科資金在手，第二次共產國際會議的代表們原本應該按計畫回國，利用這份籌碼將共產黨從社會主義政黨分離出來。但由於布爾什維克一時自大，安排與會代表到烏克蘭旅遊宣揚勝利，導致四十位外國代表搭乘的火車遭到馬赫諾（Nestor Makhno）的游擊部隊三次伏擊，差點被困。對經歷三年內戰蹂躪的地區來說，共產國際重要人物的火車是令人垂涎的目標。由於車廂裝飾華麗，使得列車行經人口稠密地區時都得拉上窗簾，免得飢餓的當地人上車打劫。不知怎麼搞的，馬赫諾三次伏擊都沒有命中。先是晚了幾秒才將橋梁炸毀；後來又太早拆除鐵軌，讓車長及時煞車；最後一次則是等火車都過了才包圍某個小車站。要是馬赫諾炸死了這群外國貴客，布爾什維克的聲名就會完蛋。結果災難沒有發生，反而讓莫斯科因禍得福。一名烏克蘭農民對其中一位德國共產黨要人說，「如果連外國來的大人物都沒事，那就表示布爾什維克這群混蛋肯定有理，最後一定會獲勝」。[14]

就是在如此自滿的態度下，布爾什維克於一九二〇年九月一日在巴庫召開了「東方各民族代表大會」。紅軍沿著裏海穿越達吉斯坦後，於四月二十八日沒有受到任何反抗地占領了巴庫，並順利確保了油頭。雖然亞美尼亞和喬治亞依舊維持獨立，和亞塞拜然不同，卻夾在了紅軍和西面的土耳其軍之間。喬治亞一九一九年被德國拋棄，又不受協約國信任，因此幾乎沒有談判籌碼。而堅決支持協約國的亞美尼亞共和國由於一九一九年加入白軍，此刻只能吞下戰敗的苦果。[15]

第二次共產國際會議鎖定歐洲社會主義精英，東方各民族代表大會則是以亞洲、中東和非洲的社會主義領袖為目標，向他們宣揚蘇維埃俄國站在全世界被殖民、被壓迫的人民這一邊，共同對抗歐洲帝國主義。這是絕佳的政治宣傳手法，只是囿於地理上的限制，與會者不出意料還是以俄國人為主，加上幾位來自俄屬中亞和北伊朗的韃靼人與安卡拉的土耳其代表，以及人數極少的中國與印度代表團。由於信仰基督教的亞美尼亞和喬治亞抵制大會（但還是有幾位亞美尼亞和喬治亞人出席了），使得代表大會帶有幾分穆斯林和共產主義者聯手對抗西方的味道，或用季諾維也夫於開場演說時的講法，是一場對抗「大英帝國主義」的「聖戰」。雖然英國首相喬治拋棄了信奉「帝國主義」的白俄人士與波蘭人，但代表大會還是焚燒了他的肖像（更怪的是他們還燒了當時已經沒有影響力的威爾遜總統的肖像）。鄂圖曼帝國戰時元帥恩維爾．帕夏（Enver Pasha）出席代表大會讓與會代表一陣興奮。蘇維埃外交部邀他前往巴庫，希望他回國之後能趕走土耳其民族主義運動領袖，新成立的大國民議會議長穆斯塔法．凱末爾（Mustafa Kemal），也就是未來的阿塔圖克，沒想到帕夏卻被出席的土耳其共黨代表斥之為「帝國主義」戰犯。[16]

如今看來，巴庫代表大會是一個政治上的分水嶺。日後讓共產黨在二十世紀無往不利的「反帝國主義」口號便是在這場會議裡初試啼聲。然而，由於當時俄國的戰略形勢轉壞，使得大會的影響力相形失色。第二次共產國際會議召開時，紅軍正處在勝利的勢頭上。畢蘇斯基被迫進行華沙的最終保衛戰，人數卻只比對方的半數多一點。紅軍在波蘭有近二十二萬士兵，畢蘇斯基卻只有十二萬人。儘管情勢如此不利，畢蘇斯基的部隊卻於八月十六日對圖哈切夫斯基的側翼展開猛烈反攻，擄獲了九萬五千名戰俘，並迫使紅軍三個軍撤退。後來波蘭人將這場戰役稱為「維斯瓦河奇蹟」。一九二〇年十月，紅軍已經一路撤退到烏克蘭，而弗蘭格爾的白軍餘黨還駐紮在克里米亞。眼見紅軍攻勢挫敗，凱末爾立刻於九月下旬命令卡齊姆・卡拉貝基爾（Kâzim Karabekir）率領第十五軍團進攻當時仍屬於亞美尼亞的阿爾達罕及卡爾斯。莫斯科和巴庫自以為稱霸得太早了。[17]

列寧和托洛茨基看出了這一點，於是向華沙求和。一九二〇年十月十二日，蘇維埃的外交人員在里加簽署臨時和約，讓出烏克蘭西部大片土地和當地近三百萬人口（主要是白俄羅斯及烏克蘭人），並將波蘭邊界由凡爾賽和約畫下的寇松線向東推進了兩百公里。八天後，紅軍援兵自東邊抵達，人數徹底碾壓白軍（十三萬四千人對三萬七千人），於是開始進攻皮里柯普地峽。寡不敵眾的弗蘭格爾只能藉由掩護戰術從塞瓦斯托波爾撤退，登上法國和俄國船隻逃往君士坦丁堡（沒有英國船，因為喬治・勞合十一月十一日在內閣指示不准給予弗蘭格爾任何協助，甚至不得協助撤離婦孺，遑論士兵，讓邱吉爾震驚不已）。十一月四日，最後一批白軍部隊和百般商量才得已上船的平民共八萬三千人離開了克里米亞，其中大多數人再也不會見到自己的家鄉，而走不掉的三十萬可憐人只能面對布爾什維克的行刑隊或被送往集中營。為了報復頓河哥薩克人協助鄧尼金和弗蘭格爾，列寧政權將他們集體驅離家園。白軍至此完全瓦解。[18]

然而，白軍和波蘭部隊一旦離開，布爾什維克就少了代罪羔羊，無法拿他們當成戰時共產主義政策下人民困苦的罪魁禍首了。外國入侵讓都會紅俄分子和管你全家去死的農民同仇敵愾。如今敵人走了，早已醞釀多時的真正內戰終於可以展開，俄國的共產主義統治者開始和自己的人民對幹。

第廿一章　農民起義

只要外國或外國支持的軍隊在俄國境內作戰，列寧的一黨專政體制就有藉口施行嚴苛的政策，例如向農民強徵「糧捐」，亦即惡名昭彰的**徵糧制**（prodvazvërstka）。外國入侵和英國封鎖間接讓俄國鄉間在莫可奈何下認同布爾什維克，因為雙方都為對抗共同的敵人而受苦，也多少面臨同樣的物資缺乏。紅軍本身就是共黨政權與俄國農民權宜合作的產物，讓紅軍有源源不絕的兵力補充，得以靠人海戰術擊退外敵。

然而到了一九二〇年十一月，俄國的政治局勢徹底翻轉。海上封鎖解除之後，布爾什維克想用帝俄金條和貴金屬儲備庫裡的珠寶進口多少武器裝備就能進口多少；而白軍和波蘭人離開之後，他們只剩國內急遽擴大的反對勢力需要對付，也就是反抗徵糧的農民游擊隊。

直到現在，歷史學家仍在釐清俄國農民戰爭的全貌。根據一九九一年以後開放的契卡檔案顯示，俄國革命及內戰期間前線後方（甚至前線上）農民暴亂的幅度大得驚人。單是一九一七年記錄在案的「農民動亂」就超過了四千起，包括沙皇政權即將垮台前的老式抗爭，也就是縱火焚燒莊園，垮台後的反臨時政府示威，以及十月革命以後的反布爾什維克動亂。一九一八年十月至十一月，第一次世界大戰結束，農民起事再攀高峰，發生了四十四起武裝動亂。一九二〇年二月至三月，鄧尼金和弗蘭格爾戰敗又激起一波暴動。這波俗稱「乾草叉造反（Pitchfork Rebellion）」的動亂有五萬名農民參與，從伏爾加地區到烏拉爾都有農民起事，逼得紅軍指揮官必須使用火炮及重機槍對付。在戰略上，畢蘇斯基的波蘭軍能在四月入侵俄國其實是這波造反的功勞，因為農民起事讓托洛茨基無暇他顧，只能暫時放掉烏克蘭及白俄羅斯。事實上，比起更廣為人知的白軍、協約國遠征軍、芬蘭部隊和波蘭軍入侵，農民戰爭或許更加考驗布爾什維克的實力。列寧本人也這樣說，俄國農民「比所有鄧尼金、尤登尼奇和高爾察克加起來還要危險，因為在這個國家裡無產階級是少數」。[1]

波蘭戰爭結束後的短暫空檔，讓紅軍司令部得以認真盤點內戰期間消耗的裝備，結果不是很妙。從帝俄軍火庫取得的二百二十萬把步槍，有一百八十萬把自一九一八年起不是遺失或被敵軍奪走，就是壞了無法使用，只剩四十三萬七千把堪用。紅軍需要二百萬把步槍，但俄國兵工廠狀況最好時的製造量也只及紅軍需求量的三分之一。布爾什維克一九一七年從舊政權手上拿到了一萬八千挺機槍，現在只剩五千挺堪用。紅軍需要一萬三千挺機槍以補足遺失，並需要三十億彈匣，但圖拉兵工廠就算全力生產，每年製造的機槍也不到需求量的一半，彈匣更只達四分之一。軍官佩槍和左輪手槍幾乎都沒了，帝俄時期留下的十六萬七千把如今只剩一萬五千把；手榴彈也消耗殆盡，一九一八年拿到一百五十六萬枚只剩九萬一千枚。帝俄時期留下的五百座維克斯重炮只剩兩百座，其他許多重要裝備，如望遠鏡、瞄準器、照明彈、信號設備、火焰彈和彈藥筒，更是根本不在俄國生產，統統仰賴進口。[2]

而這些理想上的生產數字，也是以圖拉、莫斯科和彼得格勒的戰時產量能拉回一九一七年以前的水準來推算的。但事實上，俄國境內的兵工廠需要大量進口金屬才能運作。一九二〇年，列寧政府大舉訂購鉛、錫、鋅、鋼和純鎢，但直到該年九月這些金屬才開始運抵日瓦爾，而且起初只有鉛，錫、鋅和鋼直到十二月才開始大量運達，鎢（由於協約國間諜的特別監視）則是更晚。[3]

此外，布爾什維克還被迫高價購買已完成的尖端軍事設備。其中部分關鍵合約由托洛茨基親自主持，包括向美國西屋鑄造廠訂購俄式納甘「三線」連發步槍（帝俄自一九一五年開始就委託這家廠商製造步槍）。一家名叫夏恩貝禮萊斯（Tjernberg &Leth Aktiebol）的瑞典公司擁有一百二十萬把該款步槍，但和托洛茨基講價，最後同意出售三十萬把納甘步槍及五百萬發子彈，而俄國必須支付價值九百萬美元的金條。如期交貨後，托洛茨基相當滿意，於是紅軍的採購單位「緊急採購特別司（SPOTEKZAK）」一九二一年元月十一日又和這家瑞典公司簽下更大筆合約，以價值四千萬克朗（同樣是九百萬美元）的金條訂購了「十五萬套全配武裝」，每套包括一把納甘三線連發步槍、一千八百個彈匣、一套「清潔消毒過」的英式卡其軍服、一雙黑色皮革長統靴及一條毛毯，售價二百六十九瑞典克朗。[4]

有了尖端外國武器與制服，布爾什維克就可以大舉對付農民了。幸好如此，因為一九二〇年秋天時，契卡提交給列寧的報告裡對游擊動亂的描述千篇一律，幾乎都快令人麻木了。「雅羅斯拉夫：全州盜匪猖獗」、「梁贊：糧食供給引發的動亂還在繼續」、「圖拉：盜匪集團出現」、「維特比斯克：盜匪極有組織……人數已多達三千」、「普斯科夫：奧波奇卡地區有三百名盜匪活躍」、「彼得格勒：揚堡（區）綠匪（不支持紅軍也不支持白軍的游擊分子或無政府主義者）猖獗」、「維亞特卡……農民對蘇維埃政權極為反感」、「彼爾姆：人民普遍具有反革命傾向」、「庫班：輿論……對革命有反感」、「托木斯克……州內各地不時爆發動亂」、「烏拉爾：由於徵糧，民眾對蘇維埃政權的看法極不友善」、「薩馬拉：

不滿情緒持續升高……農民起事便是證明」、「沃羅涅什：民眾對蘇維埃政權十分反感……綠匪人數已達四百」。5

各地區的游擊反抗動機不同，但某些因素非常明顯。戰時共產主義強制徵糧是全民共憤。布爾什維克一九一九至一九二一年執行的「徵糧」政策，其額度完全由莫斯科的官員訂定，無視當地糧食剩餘狀況，甚至不顧當地是否有糧食剩餘。面對農民抗爭，布爾什維克徵收人員選擇加強武裝，成立**糧食部隊**（prodarmii）和**糧食武裝隊**（voenprodotriady）恫嚇囤糧的農民，逼他們就範。對耕田的農民來說，此舉無異於再次將他們貶為農奴，尤其共產黨官員強制執行新的「勞動與運送規範」，導致農民現在都用輕蔑的語氣稱呼他們為**地主**（pomeshchiki）。如同坦波夫州一位農民在村民大會上抱怨的，列寧政權必須「立刻停止對馬和人的奴役」。6

一九二〇年十至十一月，彷彿接力賽一般，最後一批外國軍隊才離開俄國領土，*布爾什維克獨裁政權就面臨了劇烈的農民叛亂，從東烏克蘭（由馬赫諾的游擊部隊領導，人數已將近一萬五千人）、西西伯利亞、北高加索、中亞、伏爾加地區到距離莫斯科只有幾百公里的坦波夫都有農民起事。北高加索的武裝游擊隊大約有三萬人，西西伯利亞則有六萬人，而坦波夫一位名叫亞歷山大·安托諾夫（Alexander Antonov）的叛軍領袖更是吸引了至少十一萬躲在附近鄉鎮的紅軍逃兵加入，組成一支五萬人的游擊部隊，分成十八到二十個「旅」。7

這場新的階級戰爭讓紅軍和契卡派出重兵，對付往往只有乾草叉的農民。一九二〇年十月二十三日，塞爾戈·奧爾忠尼啟澤（Sergo Ordzhonikidze）在北高加索發動深具契卡特色的掃蕩行動，命令手下將葉爾莫洛夫斯卡亞、羅曼諾夫斯卡亞、薩馬欽斯卡亞和米哈伊洛夫斯卡亞等地的居民「趕出家園，其房舍及土地分配給貧農」。契卡幹員聽命行事，三週後向奧爾忠尼啟澤回報，「卡林諾夫斯卡亞：全城夷平，所有居民（共四千二百二十人）遷離或驅逐。葉爾莫洛夫斯卡亞：居民（三千二百一十八人）全數驅離。」總計這次行動驅離了一萬名左右的農民，不久後又有五千五百人遭到同樣的命運。[8]

這場農民戰爭有如火上加油，契卡或「糧食部隊」和游擊叛軍每交鋒一次，惡性循環就變得更嚴重。農民更努力隱藏糧食，甚至停止耕作，挫折的共產黨徵收員就更憎惡這些「囤積糧食的富農」，要求實行更嚴厲的手段。到了一九二〇年冬天，俄國鄉間有大片區域逼近飢荒狀態。

坦波夫區的農民叛亂規模之大，逼得政府必須動用紅軍。負責鎮壓游擊隊的指揮官奧夫謝延科（Vladimir Antonov-Ovseenko）於一九二一年元月坦承「一半農民都快餓死了」。伏爾加盆地情況更糟。薩馬拉州的伏爾加軍區司令回報表示，「幾千名挨餓的農民包圍糧食部隊囤放穀物的貨倉……部隊被迫朝憤怒的群眾不停開火。」薩馬拉的游擊勢力從紅軍逃兵手上取得步槍之後，「全副武裝」奪回了糧食部隊徵收的麥穀。當地蘇維埃回報不祥消息給莫斯科，「所有紅軍部隊都消失了」。根據蘇維埃的消息來源，一九二一年元月到三月，列寧政權失去了對全伏爾加和西西伯利亞的掌控，包括秋明、鄂木斯克、車里雅賓斯克、葉卡捷

*注：日本例外，日軍直到一九二二年六月才退出海參威，占領庫頁島北部更久。但對烏拉爾以西的農民來說，日本占領遠東感覺就和月球背面一樣遠。

琳堡和托博爾斯克州，以及西伯利亞大鐵路全線。[9]

糧食戰爭終於蔓延到了莫斯科和彼得格勒。一九二一年元月二十二日，兩座城市的麵包配給量削減三分之一，剩下每日一百卡路里，就連享有特權的重工業勞工也不例外，這讓列寧政府的最死忠支持者也挺不下去，加入布爾什維克的工人只剩二%。示威和罷工撼動了彼得格勒。二月二十二日，「全權工人大會」成立。根據契卡報告，全權工人大會具有「強烈的孟什維克和社會革命黨色彩」，第一次集會便要求布爾什維克獨裁政權下台、集會及言論自由及釋放政治犯，並號召發起大罷工以達成這些訴求。契卡決定強力反制，於二月廿四日朝一群工人開槍，造成十二人死亡，並逮捕千名示威者。二月二十六日，在彼得格勒的季諾維也夫警告列寧再不派援軍過來，「我們就會被推翻了」。[10]

就在布爾什維克以為情況已經糟到谷底時，叛亂伸向了喀瑯施塔得。一九一七年七月危機到十月革命這段期間，喀瑯施塔得始終是列寧最堅定的靠山，但現在已經有超過四千名喀瑯施塔得的共產黨員撕毀自己的黨證。二月二十八日，季諾維也夫通知列寧當地港口有水兵譁變，所有工廠都在罷工。三月一日，喀瑯施塔得舉行大規模示威，有一萬五千人參加，是島上人口的四分之一。四天後，托洛茨基抵達彼得格勒，負責帶隊反攻。雖然他痛批示威者是「白衛兵」，其實心裡非常清楚喀瑯施塔得叛亂是出於無政府主義和社會主義。三月八日，喀瑯施塔得的《消息報》直戳布爾什維克的要害。「工人階級發動十月革命，」報導指出，「是希望獲得解放，結果卻遭受更多奴役」。俄國的城市工人非但沒能得到自由，現在更「每天害怕自己被送進契卡刑求室」，而廣大農民則是「血流成河」。「第三次革命」即將到來，「勞動者長久的苦難就要結束」。[11]

托洛茨基並不這樣想，而作戰序列也對他有利。一九二一年三月時，紅軍已經拿到了五個月份的進口軍備，叛軍卻孤立無援。尤其布爾什維克得知有人從瑞典偷渡食物給喀瑯施塔得的叛軍，便於三月十六日立法要求瑞典外交部長遏止走私（瑞典外交部長急於讓布爾什維克繼續在斯德哥爾摩從事高收益的黃金洗白生意，便聽命照做了），讓叛軍更加孤立。[12]

布爾什維克擁有數萬名紅軍正規部隊，個個裝備整齊，又有充足的彈藥朝島上連續轟炸十天，結果其實不難想見。三月十六日晚上，五萬名紅軍趁著夜色從奧拉寧堡和彼得霍夫出發，橫越結冰的海面抵達喀瑯施塔得。島上的武裝防衛部隊等紅軍上岸了才發現他們，可是人數只有對方的四分之一。叛軍劇烈反抗，造成紅軍一萬人傷亡，最後才於三月十八日早上投降。托洛茨基誓言要將叛軍「像獵松雞一樣開槍打死」，而他真的說到做到。沒有陣亡的叛軍有二千一百零三名首腦遭到處決，六千四百五十九人關進監牢或集中營，其中大多被送往遠在北極圈內的勞改營，四分之三不到一年就死了。由於戰死的官兵實在太多，芬蘭政府要求清除冰上的屍體，「免得沖上芬蘭岸邊，冰融之後危害健康」。大難不死逃到芬蘭的喀瑯施塔得人並未得到熱忱歡迎，而是遭到邊界當局拘留。後來俄國承諾特赦，一九二二年約有五千人回國，結果立刻被送進了集中營。[13]

托洛茨基一九二一年三月攻擊喀瑯施塔得，讓布爾什維克從此走上了不歸路。共產黨政府再也不用假裝自己得到了被統治者的支持。紅色恐怖是為了打倒「階級敵人」，內戰是對付「帝國主義者和白衛兵」，就連農民戰爭理論上也是無產階級對抗「資本主義農民」。然而，世界上第一個「無產階級」政府現在連城市無產階級也開始趕盡殺絕，難怪「喀瑯施塔得」不僅成為托洛茨基紀錄上的一個汙點，對於拒絕向莫斯科磕頭的歐洲社會主義者來說，更是布爾什維克背叛社會主義的代名詞。

比較匪夷所思的是，英國面對俄國外交示好了幾個月都沒反應，為何卻在一九二一年三月這一週替列寧的共產黨獨裁政權解套。三月十六日，布爾什維克勒索瑞典切斷對喀瑯施塔得叛軍的補給，托洛茨基發動血腥攻擊的那一天，英相喬治在左右歷史的英蘇協定上簽下了自己的名字。雖然名義上只是「貿易協議」，但這份協定卻給了英蘇兩國貿易官員等同大使的權力，包括使用密碼和密封的外交郵包，以及互相承認護照。英國政府在協定中答應蘇維埃的要求，絕不「持有俄國為了進口貨品而支付的黃金、基金、證券或商品」，從而正式結束黃金封鎖，瓦解了協約國政府要求莫斯科支付舊債的最後一枚籌碼。勞合．喬治本人的聲明尚且不論，他的政府事實上承認了列寧政權，放棄「對其行動合法與否表達意見」的權力。一九二一年五月，英國上訴法院首度做出如是判決，自此不曾改變。[14]

對之前近乎孤立的莫斯科而言，英蘇協定打開了外交大門。到了一九二一年底，列寧政府已經和瑞典、挪威、芬蘭、拉脫維亞、立陶宛、波蘭、德國、奧地利、捷克斯洛伐克及義大利簽署了貿易協定，並派遣貿易特使到凱末爾執政的土耳其（土耳其也和莫斯科在外交上休兵，用亞塞拜然及巴統換得了阿爾達罕與卡爾斯）、波斯與中國。但有幾個大國不在此列，包括法國、日本與美國。這三國領袖拒絕像英國一樣退讓，但比起英國開放資本市場，這點小事根本無足掛慮。現在布爾什維克什麼都能進口，從一九二一年訂購的數百萬碼英國頂級羊毛（總價一千一百萬美元），到列寧的一九一五年款勞斯萊斯座車的備用零件（八千二百美元），再到數十架使用勞斯萊斯引擎的英國戰機（例如由布萊克本公司〔Blackburn Aeroplane & Motor Co. of Leeds〕設計，名字取得非常漂亮的袋鼠轟炸機），統統都能進口。[15]

大量進口武器讓布爾什維克政權擊潰了坦波夫州的安東托夫（Alexander Antonov）游擊軍。一九二一年四月二十七日，俄國內戰英雄圖哈切夫斯基將軍奉命接掌「共和國境內防禦」特別軍，總數超過十萬人，並由契卡行刑隊支援。這支特別軍比他當年討伐白軍時所指揮的部隊機動性更高。騎兵坐在進口的馬鞍上，軍卡車的輪胎、火星塞與備用零件充足，還能派遣外國製的戰機進行偵察及轟炸。進口火焰彈讓部隊可以焚毀疑似「協助或配合」安東托夫游擊軍的鄉鎮。此外，圖哈切夫斯基還有化學武器，是季諾維也夫一九二〇年十月在哈雷參加德國共產黨「裂解」代表大會時採購的。

一九二一年六月十一日，圖哈切夫斯基頒布第一七一號命令：「盜匪藏匿的森林要用毒氣掃蕩，而且必須仔細計算，讓毒氣能滲透森林，**殺死躲在裡面的所有人。**」盜匪家人的「住處」必須「焚毀或拆除」，財物分配給「效忠蘇維埃政權的農民」。到了七月，遭到槍決或毒死的農民已經有一萬五千人，還有五萬名游擊兵被送到勞改營。反抗軍瓦解了，坦波夫成為農民戰爭的最後戰場。但紅軍光是對付這群手無寸鐵、只有農具的對手，還是受創慘重，死傷高達二十三萬八千人。[16]

對俄國農民來說，經歷了如此可怕的一年，唯一可堪慶幸的是列寧政府總算開始撤回造成這一切麻煩的政策。一九二一年三月二十三日，喀琅施塔得最後一批叛軍還沒圍捕完成，列寧就宣布廢除全民痛恨的徵糧政策，改用較低的農產品「實物稅」取代糧食徵收定額，亦即**糧食稅**（prodnalog）。這套「新經濟政策」的細節還需要幾個月才能擬妥，但大原則已經確定：由地方蘇維埃（其實就是過去的村社）而不是莫斯科決定每戶農家的上繳數量，並允許某種程度的市場交易。[17]

列寧跟農民**和解**（smychka）在政治上是神來一筆，一舉去除了游擊軍領袖起事的主要理由。但對數百萬農民來說，和解卻是遲了一年。一九二一年春天，俄國農民面臨了史無前例的饑荒。最終，俄國農民戰爭不是共產黨贏了，而是他們的對手輸了，因為農民餓到無力作戰。

第廿二章　「黃金變麵包」：饑荒與反教會戰爭

一九二一年五至六月，極短暫的雪融過後，歐俄陷入了可怕的乾旱。伏爾加河水位跌到多年來的最低點，地下水面急速下降，井水乾涸，天氣如火燒一般，灼熱到麥苗剛冒出地面就真的燒焦了。原本就因為秋收欠佳而吃緊的糧食儲備，幾天內就被消耗殆盡。牲畜沒有糧食，牛和豬不是死了就是提前宰殺，肉卻乾瘦得無法下嚥。絕望的農民只能吃焦枯的麥子、青草、野草、樹皮和老鼠維生，但後來連這些也沒得吃了。不久，俄國鄉間就出現了數百萬名行屍走肉的飢餓農民，各種傳染病，從斑疹傷寒、霍亂、傷寒到天花，也開始迅速蔓延。到了六月中，歐俄北起維阿提加、南至阿斯特拉罕、西起朋札、東至烏拉爾山腳下的烏法，有將近四分之一的土地變得不宜人居。除了向來擁有俄國最肥沃的土壤的烏克蘭黑土帶，其他地方根本沒有剩餘糧食能救急，然而烏克蘭黑土帶也正面臨嚴重的乾旱。《真理報》隱瞞真相數週之後，終於在六月二十一日坦承俄國境內「約有二千五百萬人」處於饑荒邊緣，包括七百萬名幼童。但就連這個數字也是少報，因為契卡回報烏克蘭也有七百五十萬人瀕臨餓死，使得饑民總數超過了三千三百萬人。[1]

如此大規模的饑荒是長期造成的結果。早在沙皇時期，俄國中部與北部糧倉由於作物生長期短，只要稍一歉收就會導致全國糧食短缺。一八九一至九二年的伏爾加饑荒造成了四十多萬農民死亡。幸好後來產量提升，尤其史托里賓土地改革之後更是如此，才讓一九〇六和一一年兩次重大饑荒的衝擊不致太過嚴重。一九一三年，俄國出口了兩千萬噸的剩餘糧食，感覺饑荒已經成為回憶。接著大戰來臨，數百萬農民被徵召離開土地，但由於俄國停止糧食出口，因此一九一七年城市麵包價格飆漲的問題更多出自於分配不均，而非產量不足。雖然大戰期間鄉間人口因徵兵而減少，但糧食生產仍舊平穩。要到一九一八年內戰爆發，戰時共產主義強徵暴斂，糧食生產量才真的大跌。伏爾加地區出現危險信號，最早在一九一九年的契卡報告裡就可見端倪。一九二〇年的旱夏讓情勢朝向饑荒發展，那年秋天的農民戰爭主要都是為了爭奪不斷減少的糧食供應。農民只要囤積糧食被發現，就會「遭受酷刑，鞭打到渾身是血」。憤怒的農民手上有什麼工具就拿什麼工具反抗，據列寧政府統計，單是一九二〇年就打死了八千名布爾什維克徵糧官。一名契卡官員向莫斯科回報，伏爾加地區廣大農民一致認定「蘇維埃政權打算餓死所有膽敢反抗的農民」。[2]

共產黨政權一九二一年三月廢除**徵糧政策**是正確的一步，但列寧和農民的和解卻因為他對饑荒的反應而落空了。列寧政府五月和六月確實花錢進口了糧食，不過卻是為了城市，而且主要不是進口糧食與種子，而是容易腐壞的奢侈品，例如波斯水果、瑞典鯡魚（四萬噸）、芬蘭鹽漬魚（二百五十噸）、德國培根（七千噸）、巧克力和法國豬油。列寧政府一名採購官員日後顫抖回憶道，莫斯科和彼得格勒的共產黨精英天天享用「松露、鳳梨、椪柑、香蕉、果乾、沙丁魚和一堆天曉得的好東西」，其他地方的人卻「都快餓死了」。列寧非但沒有因此放過挨餓的農民，反而於七月三十日指示全國各區和各州黨委會「強化糧食徵收機制」，並「允許糧食主管機關必要時得全權動用黨的權威和國家矯正機器」。[3]

幸好，莫斯科和彼得格勒還有良知未泯的俄國人，逼政府採取行動。《真理報》六月二十一日報導了莫斯科農業學會農藝學家小組所做的一項研究。這個小組於六月成立了「社會對抗饑荒委員會」，並延攬知名作家高爾基好友的記者妻子葉卡捷琳娜・庫斯科娃（Ekaterina Kuskova）擔任委員。高爾基和列寧已經認識二十多年，大戰前還曾經為布爾什維克募款。雖然他對列寧政權的諸多高壓政策常有批評，但身為國際知名作家使他不曾受到紅色恐怖的迫害。高爾基一明白饑荒有多嚴重，就同意於七月十三日撰文向「可敬的全球人士」喊話，呼籲國際社會伸出援手，並同意新設的全俄羅斯共和國饑荒救濟委員會以他的名義尋求國外援助。這個委員會於七月二十一日成立，名義上是私人慈善機構，但實際上由公家掌控，讓列寧的共黨政府可以尋求外援，又不會讓人感覺是在向「資本主義者」搖尾乞憐。[4]

這招果然奏效。七月二十三日，美國商務部長赫伯特・胡佛（Herbert Hoover）回應了高爾基的懇求。在此之前，戰後滿目瘡痍的比利時和匈牙利都得到了美國商務部轄下救濟總署（ARA）的糧食援助。美俄兩國在里加展開協商，可是顯然缺乏互信。胡佛堅持蘇維埃政府不得插手援助行動，並要求釋放關在共黨監獄和集中營的美國公民。這些要求讓列寧大發雷霆，因此雖然同意簽字，卻指示契卡滲透救濟總署，「有多少會英文的共產黨員就派多少人去」，並於八月二日公開撰文向「全球工人」喊話，宣稱「各國資本家……都想報復蘇維埃共和國。他們正計畫新的干預行動與反革命陰謀」。胡佛的人馬還沒前進伏爾加地區賑濟饑荒，就已經被懷疑是「反革命分子」而遭到監視了。[5]

儘管如此，這些援助者依然拿出了英雄般的表現。ARA拿到美國國會同意撥用的六千多萬美元後，在俄國建立了一流的援助作業。一九二一年底時，ARA及美國紅十字會、貴格教會與基督教聯會等「資產階級」慈善機構已經送了兩百多萬噸麥穀與糧食到俄國，足以餵飽一千一百萬人，供應的種子也足夠未來兩年的收成。雖然那年夏秋兩季伏爾加地區死了五百萬人，但到了一九二二年初就再也沒有饑荒的報導了。由於ARA實在太有效率，蘇維埃政府甚至特地要求減少前來日瓦爾、里加與彼得格勒的船班，「因為他們無法處理如此大量的物資」。[6]

「資本主義」美國成功解救了數百萬共黨統治下的俄國饑民，這在政治上是很難堪的一件事。因此，列寧一九二一年八月在柏林成立了「無產階級」救濟陣線，由他流亡蘇黎世時期相當信賴的好友，青年共產國際主席威利．明岑伯格（Willi Münzenberg）主席主持。雖然明岑伯格在歐洲幾乎沒募到款，但青年共產國際的紐約支部取了個動聽的名字，叫蘇維埃俄國之友會（FSR），募款成績比總會還好。FSR告訴《國家》及《新共和》雜誌的讀者，「捐款不只為了救濟饑民，更為了挽救俄國工人革命。別像胡佛等人強加反動條件才肯賑濟。」從該會募得的金額來看（至一九二一年十月共募得了十二萬五千萬美元，但有七萬三千萬美元花在政治宣傳和經常費上），宣傳相當有效，而且還抹黑了胡佛，讓他被《國家》雜誌指控意圖「利用糧食推翻蘇維埃政府」。[7]

伏爾加大饑荒還讓共產黨和俄國東正教潛伏已久的緊張關係浮上了檯面。一九一八年二月，布爾什維克攻擊彼得格勒的亞歷山大．涅夫斯基修道院。俄國革命爆發後不久由長老推舉出來的吉洪牧首（Patriarch Tikhon，他是十八世紀彼得大帝廢除該神職之後首位出任牧首的神職人員）頒布通諭，將這些「企圖破壞基督志業，到處散播惡意、仇恨和自相殘殺的種子，而非基督之愛……的人類之魔」逐出教門。從此他就成了列寧的眼中釘。契卡甚至於一九一八年八月以意圖謀殺列寧的罪名將他起訴。幸好列寧擔心此舉會讓吉洪成為俄國虔誠農民心中的殉道者，而他還需要農民的支持才能贏得內戰，因此沒有處決吉洪，而是將他軟禁[8]。

教會雖未能逃過革命的破壞，但只要布爾什維克需要讓農民乖乖聽話，教會受到的迫害就很有限。雖然宣布教會財產於一九一八年元月國有化，但是很少真的被徵收，因為列寧害怕此舉會引發民眾反彈。內戰期間，布爾什維克對神職人員的攻擊多半克制，偶爾這裡有十幾名神父或主教被紅衛兵「用斧頭砍成碎片」，那裡有教堂或修院被汙污或劫掠。紅色恐怖顯然沒放過東正教信徒，但根據蘇維埃紀錄顯示，十四萬神職人員只有一千五百人喪生，儘管數量不少，卻不到屠殺的程度。列寧甚至網開一面，允許「聖物等宗教社群所使用的」貴重物品不受全國強制令約束，無須將可變賣的珠寶、藝術品和古物繳交給貴金屬儲備庫。即使到了一九二一年四月，列寧仍然警告政治局同仁「完全不可冒犯宗教」。[9]

考慮到列寧發言完不久後發生的事，他會這樣說感覺很驚人。但這番話和他絕大多數發言一樣，清楚展現了他對權力關係的冷酷把握。當時紅軍和安東托夫的游擊軍戰鬥正進入最高峰，列寧很有理由小心別把憤怒的農民逼過了頭。然而，一九二一年六月發生的饑荒幾乎遍及全國，加上紅軍剷除了坦波夫的叛軍，使得局勢反轉過來。農民的反抗開始潰散，列寧對教會也不再睜一隻眼閉一隻眼，而且吉洪宗主教在饑荒時的表現和胡佛不相上下，同樣讓列寧顏面盡失，更讓他心生不滿。早在一九二一年六月下旬，列寧向全球「無產階級」喊話前一個多月，吉洪就印製了近二十萬份傳單，呼籲全國教徒「滿懷愛心及拯救挨餓同胞的熱誠……盡速接納受苦之人」。他還成立了自己的賑饑委員會，募得了九百萬盧布。一九二一年八月廿二日，吉洪致信列寧，希望列寧允許教會直接採購糧食，在饑荒地區設立愛心廚房。牧首的傲慢讓列寧火冒三丈，下令解散吉洪的賑饑委員會，逮捕負責人，將他們流放到俄國極北方。仍被軟禁的吉洪持續接受捐款，卻被迫將錢轉交給政府。[10]

吉洪牧首一九二一年夏天為了挨餓的農民挺身而出，給了列寧不再和東正教會和平相處的理由。若不是列寧的健康開始變差，雙方或許當時就會開戰。由於長期失眠及頭痛，列寧於一九二一年秋天開始減少工作量，到莫斯科南方的達恰休養，由托洛茨基暫代其職，聽取政治局的「饑荒」簡報。簡報內容不是糧食援助（那是胡佛和ARA的事）而是饑荒的**政治**操作。

一九二一年十一月，俄國政府成立一個新的委員會，由托洛茨基主持，負責將貴金屬儲備局裡的珠寶銷往海外，名義上是賑濟饑荒，實際上是為了搜刮教會的貴重財物。托洛茨基透過報刊暗示教會「做得不夠」，其中一篇報導就質問神職人員為何不賣掉那些「金銀珠寶」，購買「糧食以拯救數百萬饑民，讓他們免於餓死」？《真理報》和《消息報》接著刊出「讀者投書」，支持沒收教會擁有的貴重財物。其中許多投書出自「進步派」中階神職人員之手。這些俗稱「革新派」的神職人員都是列寧政權的打手，隱晦又不實地指控吉洪牧首威脅教友如果不捐錢賑濟饑荒，就會將他們逐出教會。[11]

牧首果然中計了。一九二二年二月二十三日，全俄羅斯中央執行委員會（VTsIK）下令沒收東正教會的貴重財物為賑濟饑荒之用，吉洪立刻指控布爾什維克的這道命令是「褻瀆」，並警告取走「聖器」的人將被逐出教會，「就算出於自願捐獻」也一樣。不過，吉洪隨即於二月二十八日允許教區居民捐出可變賣的教會貴重財物來賑濟饑民，只要這些物品「不是宗教儀式所使用的聖物」。宗主教吉洪和彼得格勒都主教萬尼亞敏表示唯有布爾什維克保證不會中飽私囊，「收益會真正用來照顧饑民」，並允許東正教的神職人員「祝祭」，這些聖器才能交給政府。由於吉洪和萬尼亞敏拆穿了布爾什維克的詭計，布爾什維克便將他們打成「人民公敵」。共產黨政府這下替自己的掠奪行為找到了稻草人：反動（「黑色百人團」）神職人員。而托洛茨基心血來潮想到的政治宣傳口號「把黃金變麵包！」更引發民眾自以為義地洗劫教堂。[12]

攻擊教會的起因部分出自共產黨政權的無神論思想。革命後的頭幾個月，共產黨政府想方設法嘲諷東正教敬奉聖徒是「迷信」，或挖開朝聖者敬畏的墳墓，揭穿聖徒遺物只不過是骨頭、破布和雜物。尤有甚者，莫斯科近郊的札格爾斯克有一座朝聖者喜愛的托洛斯基謝爾蓋夫卡亞修道院（Troitsky-Sergievskaia），列寧竟然下令將它改建成「無神論博物館」。可想而知，這些羞辱教會的做法只是讓大多數農民更加堅定自己的東正教信仰。[13]

然而，列寧政府一九二二年二月二十三日展開掠奪教會的行動，其背後原因不光是意識型態而已。儘管托洛茨基並未老實交代政府為何突然亟需資金，但是他在政治宣傳裡提到的經濟慘狀卻是千真萬確。基本上，胡佛和ARA提供給俄國的賑饑物資是免費的，而蘇維埃政府正是在這個月要求胡佛**減緩**糧食援助，因為他們對ARA迄今的表現相當滿意，而胡佛本人也於二月九日向美國總統哈定報告了俄方的要求。同一週的幾天前，最後一艘載有帝俄金條（四十公噸）的貨船於二月六日離開日瓦爾前往斯德哥爾摩。這件事和ARA或賑饑援助都沒有關係。但托洛茨基於二月七日中止了蘇維埃駐外採購單位的採購許可。雖然金條不是用來賑濟饑民，而是拿來購買武器和其他戰略物資的，但到了一九二二年二月，布爾什維克手上的金條已經差不多用罄了。[14]

托洛茨基當然早就知道政府瀕臨破產了。掠奪教會的行動早在一九二二年二月二十三日宣布前就已決定，而吉洪牧首的反彈則是正中布爾什維克下懷，讓他們有藉口展開回擊。整個行動於前一年十二月就已經精心規劃完成。蘇維埃人民委員會、政治局和中央委員會召開多次閉門會議，並於一九二二年元月二日在全俄羅斯中央執行委員會通過最高機密的「清算教會資產」決議，清楚表明從教會取得的貴重財物不會使用在饑民身上，而是繳進貴金屬儲備庫。所有運送教會聖物的火車都要有紅軍軍官鎮守，同時必須以電報將「火車編號、車廂數量及出發時間」告知貴金屬儲備庫，並且唯有儲備庫資深官員在場才能發送電報。難怪這個號稱救濟饑民的行動竟然由紅軍和已經更名為國家政治保安部（GPU，即格別烏）的契卡執行，並由戰爭人民委員托洛茨基指揮。[15]

根據《真理報》報導，到了一九二二年四月中，格別烏和教會捍衛者的衝突已經「血流成河」。可想而知，鄉下反抗尤其激烈，但羅斯托夫、斯摩棱斯克、諾夫哥羅德、莫斯科和彼得格勒也傳出了暴力衝突。最慘烈的反抗發生在莫斯科東北方的紡織小鎮舒亞。政府徵收隊於三月十二日安息日進入當地教會，但參加禮拜的教徒憑著人多逼退了徵收隊，至少教徒是這麼想的。三天後的週三，格別烏帶著機槍隊重回鎮上，朝教區居民開槍，造成四、五人死亡，十、十一人受傷。托洛茨基大發雷霆，召開政治局會議討論舒亞事件，並向仍在療養的列寧報告。三月十九日，列寧從達恰口述「最高機密」命令。「對於舒亞事件——」他在命令中指出：

我認為敵人在此犯下了嚴重的戰略失誤……眼下……我們有百分之九十九的機會徹底粉碎敵人，並確保我們未來數十年立於不敗之地。饑荒地區民眾相食，餓殍遍野。現在，也只有現在，正是我們可以（也必須）使用最激烈無情的手法沒收教會貴重物品的時候……以獲取數億金盧布的資金……少了這份資本，政府施政及經濟重建都無法進行，更別想在熱那亞（協約國債務處理會議即將在此舉行）捍衛我方的立場。我們務必拿下這筆價值數億（甚至數十億）盧布的資產……沒有比飢寒交迫更能煽動廣大農民的情緒，讓我們得以確保農民束手旁觀，讓這場取得（教會）貴重資產的戰爭徹底無條件倒向我們這一邊。[16]

在列寧眼中，伏爾加大饑荒帶來的不是同情，而是機會。

舒亞事件後，共黨政權不再遮遮掩掩。一九二二年三月二十八日，《真理報》一名社論撰寫人不忘簡短質問，「工人和農民如果不想讓數百萬挨餓的農民喪命，到底該如何是好？」接著這位社論撰寫人自問自答，顯示他早就有了答案：「斷然拒絕這群喪心病狂的『尊貴』神父吧，用烙鐵燒毀『最聖潔的反革命力量』，拿走教會裡的黃金，把黃金變麵包吧！」[17]

一九二二年四月，共黨政權的烙鐵式鎮壓來到了莫斯科。在這座擁有「四十乘四十座教會」的大城市裡，從圖解聖經、銀箔裝訂的珍貴手稿、珍珠繡綴的聖像畫、金器到綴滿珠寶的酒杯，每間教會都坐擁記錄著俄國上千年歷史的珍貴寶藏。而布爾什維克在莫斯科七大區的每一區都指派了掠奪委員會，成員約二十五人，其中十人為國安單位（格別烏或紅軍）派來的武裝部隊，鎖定這些可供買賣的資產。四月五日，武裝部隊從莫斯科四十三座東正教修道院和教堂搜刮到手的財寶已經高達六噸半，其中不乏地位崇高的教堂，例如海莫夫尼切斯基區的耶穌顯靈教堂。這座教堂興建於一六二五年，經常舉行東正教宗教會議。四月五日，超過三千名教區居民挺身捍衛教堂，卻遠遠不敵全副武裝的格別烏部隊，最後被運走了兩百多公斤的東正教寶物。布爾什維克還洗劫了莫斯科河畔的基督救世主大教堂。這座宏偉的教堂是為了紀念俄國擊敗拿破崙而建，共有五個高聳的黃金圓頂，其中一個高達十七層樓。鐘樓裡裝了十四個銀鐘，總重六十五噸。牆上有一百七十七幅珠寶壁畫，每一幅描繪一場對抗拿破崙的史詩之役。由於這些裝飾尺寸驚人，使得拆卸成了後勤的夢魘，最後掠奪部隊「只」運走了五百公斤的教堂聖物。一九三一年，史達林命令炸毀基督救世主大教堂，共黨垮台後耗費巨資重建，於二〇〇〇年主顯聖容節祝聖啟用。[18]

比較不有名的教堂捍衛者較少，格別烏的工作就順利多了。四月五日到八日，莫斯科共有一百零六間教堂遭劫，損失了將近十三噸貴重物品。稍微喘息清點戰利品之後，布爾什維克徵收隊四月二十四日至二十六日再度出擊，這回規模更加驚人，共襲擊了一百三十座教堂和三座禮拜堂，又運走十三噸銀器、二十公斤金器，外加數量不明的教堂聖物。格別烏同月還洗劫了莫斯科幾間亞美尼亞和希臘東正教會、一間新教福音教會和數間猶太會堂。其中最豐碩的成果是亞美尼亞的教會寶物。說來諷刺，這些寶物和羅馬尼亞的教會寶物一樣，也是一九一五年為了安全起見送到莫斯科存放的。[19]

彼得格勒較為現代，教堂比莫斯科少，也比較新，比較少古代聖物和聖像畫。但那些教堂雖然歷史不夠悠久，卻擁有龐大的財富，尤其是鑽石。截至一九二二年四月底，彼得格勒掠奪委員會已經從當地教會洗劫了三十噸銀器、六十六公斤金器、三千六百九十枚鑽石和三百六十七枚寶石。大多數金器和銀器都送往莫斯科的貴金屬儲備庫，但約有三分之二的鑽石（二千六百七十二枚）鎖在彼得格勒掠奪委員會的保險庫裡，以防運送途中遭到破壞或搶劫。[20]

俄國各州的東正教修道院和教堂沒那麼富裕，但由於總數驚人，光憑數量就能累積出巨量的財物。徵收隊在維阿提加和卡盧加州洗劫出二十噸財物，下諾夫哥羅德只搜出近一噸銀器和近一點五公斤金器。阿斯特拉罕、喀山、車里雅賓斯克、朋札和烏克蘭也相去不遠。截至一九二二年六月，各州徵收隊共掠奪了四分之一噸金器、一百六十七噸銀器、一萬二千一百二十四枚鑽石和多面鑽（共一千一百四十五克拉）、二十二公斤珍珠和二萬六千七百零八枚寶石（約六點五公斤）。[21]

武裝搶劫教堂完全如托洛茨基預料，引發了大規模反抗。四月十三日，莫斯科有三分之二的神職人員遭到逮捕，隔週又有三十二人被捕。托洛茨基大打媒體戰，用報紙抹黑護教者是「黑色百人團」和「反革命分子」。四月二十六日，共產黨政府在莫斯科工藝博物館舉行首次樣板大審，共有十一位神職人員被判死刑，後來審判移到彼得格勒、舒亞和其他城市舉行，又有數百位神職人員被判死刑，包括彼得格勒八十六名被告，四人處決，舒亞三位神職人員被判死刑。人在達恰休養的列寧要求下屬「每日」回報有多少神父遭到槍決。根據政府資料，一九二二年至少有二十八位主教和一千二百十五名神父喪命，但不是都遭到槍決。彼爾姆和托博爾斯克的主教是溺死的。此外還有兩萬名左右教區的居民殞命，其中許多人是年邁的舊教徒。這些舊教徒仍然信守十七世紀教會改革前的俄國東正教儀禮，面對徵收者他們選擇用乾草叉應戰。[22]

這些數字雖然可怕，卻遠比不上一九一八年紅色恐怖或內戰時交戰雙方的殘暴。洗劫教堂可以說是免不了的。革命分子向來覬覦教會的財富，從亨利八世鎖定英國天主教修道院到法國革命分子一七九〇年將教會資產國有化都是如此。但布爾什維克將褻瀆教會推上了新的高峰。一九二二年五月，一支徵收隊闖進彼得格勒的彼得羅巴甫洛夫斯克大教堂。這裡是沙皇下葬的地方。徵收隊搶走了一具皇后的銀棺木和一條凱薩琳大帝的珍珠項鍊。但當他們進到彼得大帝的陵寢，見到他的遺體，就連這些目中無人的布爾什維克也「震撼不已」，那遺體「防腐處理得那麼周全」，感覺就像「剛擺在那裡一樣」。據說徵收隊不敢洗劫彷彿還在呼吸的皇帝，堅持「應該立刻關上棺木，不准從他身上拿走任何東西」。[23]

布爾什維克掠奪教會震驚了歐美輿論。《紐約時報》四月報導，俄國「眼見教堂遭到武裝分子入侵，這些人似乎不僅急著破壞聖物，也急著搬走它們……許多地方，男女老幼雖然手無寸鐵，但卻意志堅決，將教堂圍住，看蘇維埃部隊敢不敢痛下殺手」。荷蘭阿姆斯特丹的《電訊報》則是整個春天盡是聳動的標題，例如「明斯克教堂痛遭褻瀆」、「東正教神父因反抗而被判處死刑」和「基輔發生血腥衝突」等等。[24]

儘管有外國媒體負面報導，但列寧和托洛茨基依然故我。一九二二年春夏兩季，沒收教堂資產的行動仍舊迅速進行，但不是所有財物都進了莫斯科的貴金屬儲備庫。銀器雖然重得離譜（除了餐具以外），卻是地區掠奪委員會最不心疼的，因為銀器最不會引人覬覦。截至一九二二年十一月，徵收隊在各州共搜刮了四百三十四噸銀器，只有九十噸沒有運往莫斯科。到了一九二三年初，貴金屬儲備庫裡的教會銀器實在太多，列寧政府只好在苦行（普希金）廣場再找一棟大樓存放。反觀各州徵收的五百四十多公斤金器只有半數運到了莫斯科，三萬五千枚鑽石和二百三十公斤珍珠更分別只有七分之一和十分之一進了貴金屬儲備庫。[25]

布爾什維克也沒收了大批聖像畫，但沒有記下精確數量。許多這些俄國藝術瑰寶最後都流落到了街頭市集，被外國買家爭相收購。瑞典金融家歐洛夫．艾許柏格（Olof Aschberg）就是其中之一，他的尼亞銀行曾於一九一七年資助列寧。艾許柏格買了二百七十七幅聖像畫，目前絕大多數都在斯德哥爾摩的博物館展出。我們應該感謝艾許柏格這樣的收藏家，因為一九二二年洗劫之後保存在俄國的聖像畫幾乎沒有完好的。送到貴金屬儲備庫的聖像畫的鑲邊都被人拆下，因為含有銀料，古手稿和祈禱書的裝訂也不例外。祭袍和十字褡、牧杖和法冠、十字架與聖杯，所有含銀的東西都被融化，成批變賣。[26]

東正教是俄國傳統文明僅存的支柱。摧毀東正教的聖物肯定讓列寧、托洛茨基和其他激進的共產黨員心滿意足。但就物資而言，此舉對他們幾乎沒有好處，更別提俄國的饑民了，列寧政府根本沒有想到他們。到了一九二二年底，布爾什維克從教會搜刮到的可變賣金器已經有四百二十公斤，銀器五百五十噸。按照當時行情，這些貴金屬只能換來一千萬美元，支付一個月的進口戰略物資。資料顯示，比起瘋狂的一九二〇至二一年，貴金屬儲備庫一九二二年的收入其實是下滑的，從一月到十月歸類估價的貴重財物只價值四千萬金盧布，約為兩千萬美元，而且其中大多數基本上無法變賣，因為大量出售鑽石或珍珠到國外只會讓價格崩盤。[27]

按照列寧的說法，一九二二年二月發動的洗劫教會行動是為了取得「價值數億金盧布的資金」，但遺憾的是結果只達成了四十或五十分之一。蘇維埃政府實在太缺錢了，導致前銀行人民委員索科利尼科夫將腦筋動到了「羅曼諾夫珠寶」頭上。前總理大臣克倫斯基於七月危機後將這批珠寶藏在克里姆林宮的軍械庫裡，布爾什維克好不容易才在一九二二年三月找到了它們。索科利尼科夫找人估價，也確實得到了一個不錯的報價：九億金盧布，約為當時的四億五千萬美元，現在的四五〇億美元。但問題是自稱羅曼諾夫王室的繼承人和協約國債權方都已經表明這批珠寶在法律上屬於他們，還有誰肯花這筆錢買下這批世上最有名的贓物呢？這批珠寶必須一點一點出售，但它們的顯赫來歷就沒用了，價格也無法炒高。[28]

因此，這批「羅曼諾夫珠寶」（或貴金屬儲備庫裡貯藏的珠寶）充其量只能當貸款的擔保品。但此舉需要高明的手段。布爾什維克一九一八年二月拒付國家債務，創下金融史上最大的違約案之後，銀行可想而知都不大願意借錢給公然違法的列寧政府，損失最慘重的協約國的銀行更是如此。一九二一年三月簽署的英蘇協定讓布爾什維克可以放心變賣帝俄金條，不必害怕遭到扣押，但這筆有限的財源用盡之後，只讓他們更瀕臨破產。眼見巴黎、倫敦和紐約都行不通，政治局決定將貸款目標鎖定「中立國的資本家」。迅速耗盡帝俄留下的家財之後，俄國共產黨別無選擇，只能重新啟動當初協助列寧掌權的德國和瑞典人脈。[29]

第廿三章　拉帕洛條約

列寧指示布爾什維克煽動挨餓的農民，藉此「使用最激烈無情的手法沒收教會的貴重財物」。這樣做雖然殘忍，卻清楚顯示他很明白共產黨政權於一九二二年三月的財政困境。他惦記的是將在四月於熱那亞舉行的國際經濟會議。會議上將討論戰後重建、協約國間債務、恢復戰前的金本位制、德國賠償和一九一八年俄國債務違約等問題。而列寧怎麼也不想讓協約國得逞，以俄國清償國債為條件承諾貸款給他那需錢孔急的政府。然而，最後一批帝俄金條於二月從波羅的海出口之後，共產黨政府的最後一筆積蓄也用罄了，而洗劫教會的報償截至目前又中看不中用。難道布爾什維克在熱那亞會議上終究得和討厭的「資本主義」強權妥協嗎？

蘇俄的經濟慘況很難被人忽略。伏爾加大饑荒是大失顏面的國際事件，惡性通貨膨脹更是愈演愈烈。一九二一年九月，共產黨政府每月發行的貨幣突破了一兆盧布大關。十月俄國發行了近兩兆盧布，十一月是三兆四千億，十二月更是加倍到超過七兆盧布。與此同時，政府稅收依然貧瘠。一九二二年初，蘇維埃政府有百分之九十七的內政開銷（當時每月發行的貨幣量已經高達十三兆五千億盧布）是靠印鈔票支付。[1]

當最後一批金幣停止流通，俄國彷彿命定似的一舉陷入十三位數的惡性通膨。第一道警訊出現在一九二一年七月，政治局決議開始使用銀幣支付紅軍薪餉和向波斯採購的糧食。布爾什維克委託芬蘭代工，由赫爾辛基造幣廠鑄造五億的銀盧布。一九二一年十一月，政治局成立黃金委員會檢討消失的黃金儲備。一九二二年由托洛茨基執掌、負責徵收教會資產上繳貴金屬儲備庫的委員會就是它的下轄單位。[2]

除了搜刮貴金屬，政治局還派出貿易代表團前往柏林和斯德哥爾摩，而艾許柏格就是其中一位重要的外國掮客。由於一九一七年德國透過這位瑞典銀行家旗下的尼亞銀行提供資金給返回俄國的列寧，導致這家銀行進了協約國的黑名單，其在美國與英國的資產都遭到凍結。但艾許柏格不為所動，除了賣掉個人股份，還動用名為「瑞典金融有限公司（SEA）」的個人資金在斯德哥爾摩成立了一家新銀行，繼續和布爾什維克做生意。英蘇協定三月十六日生效之後，艾許柏格誤以為勞合·喬治此舉代表協約國對布爾什維克的敵意稍減，便親自造訪柏林的法國使館，希望和法國談成條件類似優厚的開口契約。他建議巴黎政府豁免俄國債務，以交換蘇維埃釋出石油及礦產開採權，而做為甜頭，他將允許法國銀行購買五千萬美元的帝俄金條，當成蘇維埃從法國進口貨品的費用。所有交易都會由SEA經手。可想而知，法國大使請他慢走不送，心裡更加篤定要和德國達成協議。[3]

一九二一年八月，艾許柏格遠赴莫斯科和列寧會面，不久後列寧就前往鄉間達恰靜養。會面期間，列寧像交代經濟遺願一般，允許SEA「全權代表蘇維埃政府在斯堪地那維亞和德國進行金融活動」，並委託艾許柏格看準時機將俄國的原物料及石油儲備賣給外國。列寧還授權這位銀行家動用五十公噸黃金、二千五百萬羅馬尼亞列伊，以及一億沙皇和克倫斯基盧布。這批黃金（俄國僅剩的帝俄金條）是用來讓德國政府上鉤的誘餌。[4]

隨後，艾許柏格在貴金屬儲備庫行長克列斯京斯基的陪同下前往柏林，讓他此行的意圖昭然若揭。財政困難之際，任何資產都很要緊，而貴金屬儲備庫的珠寶與藝術品可能就是救亡關鍵。除了洗劫教會，克列斯京斯基還成立了財政監察處，隸屬於工農監察委員會（Rabkrin），負責清點教會掠奪品。工農監察委員會和貴金屬儲備庫於一九二〇年二月同時成立，目的在剷除全國掠奪行動中不可免的貪汙行為，結果被負責人史達林拿來蒐集政敵的黑資料，再藉此利用自己共產黨組織局（Orgburo）局長的身分拔擢、勒索或開除對方。隨著列寧逐步退出政府運作，托洛茨基和紅軍於內戰過後地位日漸萎縮，史達林和克列斯京斯基結合了不斷擴張的蘇維埃官僚體系和用以支付官僚薪餉的貴金屬儲備庫資產，使得兩人結盟成為左右政局的關鍵力量。[5]

克列斯京斯基和艾許柏格必須替史達林解決的問題雖然複雜，但不是無法克服。自從布爾什維克一九一八年二月宣稱帝俄欠下的國債「無效」之後，蘇維埃政府就未能夠再貸到任何款項。而外國為了報復蘇維埃政府違約，將帝俄所有外國資產凍結，包括銀行帳戶和不動產都無法動用。靠著將黃金和白金送到斯堪地那維亞半島洗白，並於一九二一年三月英蘇協定簽署之後直接運往英國出售，讓列寧政府得以用現金與黃金購買武器，捱過了內戰。然而，沒有政府能不靠信貸長久支撐，更何況列寧政府自己斷了經濟和財稅的根基。少了穩定稅收當貸款擔保，蘇維埃政府手上只有大批掠奪來的貴金屬、珠寶及藝術品。但對被毀約的債權國來說，這些全是贓物。在協約國堅持布爾什維克手上任何可變賣資產都只能用來償還俄國舊債的情況下，貴金屬儲備庫裡的財物要如何才能變成向外國貸款的擔保？

列寧政府在柏林找到了答案。一九二二年的德國和蘇俄一樣是孤立國，所有金融交易都必須接受協約國監管委員會監控，以防德國再武裝。而「威瑪」政府被許多德國人視為凡爾賽條約產下的雜種，缺乏正當性，因此搖搖欲墜，三度險遭推翻（一九一九年元月的斯巴達克斯起義、一九二〇年右翼「卡普政變」和一九二一年共產黨拙劣的「三月行動」）。在德國外交部和總參謀部裡有一個名叫「東方人」的團體，希望踢開協約國，重拾一九一八年布列斯特和談時和俄國建立的交情。他們想出了一個動聽的口號：「布爾什維克必須阻止我們成為布爾什維克」。一九二一年秋天，一支由德國武器專家組成的祕密小隊（俄羅斯特別小組，Sondergruppe R）來到莫斯科，視察非利的飛機工廠生產設備及莫斯科南方的利佩茨克機場，準備測試戰機。[6]

艾許柏格和克列斯京斯基察覺到「東方人」的看法，便決定誘他們上鉤。一九二一年八月二十四日，列寧准許艾許柏格動用剩餘的黃金儲備後不久，SEA資深代表鮑里斯・史托莫尼亞科夫（Boris Stomoniakov）便通知德意志帝國銀行，表示該司願意運送三十八公噸俄國金條到柏林，做為進口德國貨品的擔保，希望帝國銀行依據這批金條的價值給予俄國美元計價的進口信貸。當時黃金價格是每公斤六百六十四點六美元。做為交換，德國希望布爾什維克訂購至少二十億帝國馬克的德國貨品，相當於五千萬美元。德國甚至願意免費提供柏林的設備給蘇維埃的貿易小組。這是筆絕佳的交易，但艾許柏格要史托莫尼亞科夫按兵不動。他的直覺果然正確，隨後在德國威廉大街的一場會議上，外交部指示帝國銀行承諾艾許柏格，柏林將「竭盡全力……盡可能滿足俄國政府的期望」。[7]

這年冬天，布爾什維克不斷操弄德國，讓他們提供更好的條件給莫斯科。一九二二年元月，列寧老友拉狄克威脅德國外交部長瓦爾特・拉特瑙（Walter Rathenau），除非德國提供進口信貸，否則莫斯科將和法國簽約。拉特瑙動搖了，同意提供五千萬至六千萬金馬克的總信貸，約合一千五百萬美元，但狄拉克覺得不恰當而拒絕了。與此同時，克列斯京斯基則是遊說德國總理約瑟夫・維爾特（Joseph Wirth），建議由德國拍賣公司出售俄國貴金屬儲備庫收藏的珍寶。維爾特急於回收德國政府花在俄羅斯特別小組的一億五千萬馬克損失，因此相當贊成，立刻安排克列斯京斯基和在柏林波茲坦街經營拍賣公司的魯道夫・雷普克（Rudolf Lepke）見面。克列斯京斯基還不忘討好想在俄國境內重新武裝的德軍將領，並於一九二一年十二月八日在庫爾特・馮・施萊謝爾將軍（Kurt von Schleicher）的柏林寓所和德軍總司令漢斯・馮・塞克特（Hans von Seeckt）會面。一位是德軍參謀總長，一位是布爾什維克俄國掠奪總長，兩人就這樣在未來的德國總理家中握手言歡。[8]

德國顯然亟欲談成交易，這等於給俄國開了一張空白支票。拉狄克堅持柏林政府必須勾銷俄國之前拖欠德國銀行和企業的所有債務，包括內戰期間蘇維埃進口武器的借款。德國政府同意了，而蘇維埃則承諾（但無約束力）絕大多數武器裝備將向德國採購。為了支付進口武器的費用，俄國將在雷普克的拍賣公司出售貴金屬儲備庫裡的珍寶。至於俄國難民可能在拍賣目錄裡見到自家的財物而提告，克列斯京斯基堅持德國政府必須承諾不會起訴，這也得到了德方首肯。而為了免除國家債務，並取得無限信用額度以進口德國武器，布爾什維克只需要允許信天翁（Albatross Werke）、布洛姆－福斯（Blohm & Voss）、容克斯（Junkers）和克虜伯（Krupp）等德國公司在俄國境內製造及測試新武器即可，並由蘇維埃工程師檢查（或許順便抄襲）德國設計。條約由俄國專家協同塞克特和俄羅斯特別小組事先擬好。

一九二二年四月十六日，從熱那亞會議偷偷脫身的拉狄克和拉特瑙在附近拉帕洛鎮的一家旅館房間裡碰頭（據說兩人都穿著睡衣），一字不改地簽署了條約草案。[9]

雖然總司令塞克特和德軍將領在拉帕洛都得到了自己想要的結果，但拉特瑙並沒有仔細閱讀條約的附屬細則。兩天後德國才發現托洛茨基已經終止了布爾什維克出口黃金。一九二二年四月二十日，蘇維埃派往柏林的代表團向德意志帝國銀行坦承，帝國銀行無法如願購買蘇維埃黃金。驚慌之餘，德國派往熱那亞的貿易小組五月三日發了緊急電報回柏林，索討德國和SEA從去年秋天到現在簽下的所有合約副本，然而還是遲了一步。他們從瑞典報紙上得知，艾許柏格已經將運往斯德哥爾摩的最後一批帝俄金條賣給了法國一家銀行。帝國銀行將無法依據拉帕洛條約拿到任何金條。可想而知，拉帕洛條約最終成了德國的錢坑，其中一家前進俄國的大公司容克斯也於一九二五年宣告破產。[10]

協約國對拉帕洛條約當然沒有好感，但多少抱著幾分幸災樂禍的心態，至少巴黎政府態度如此。事實上，法國最後從蘇維埃手上弄到的黃金比德國還多。奧塞堤岸（譯注：意指法國外交部）的官員比較謹慎，仔細研究了艾許柏格前一年簽下的合約內容，因此比拉特瑙還清楚艾許柏格和列寧在打什麼算盤。根據法國外交部一名官員五月二十日在備忘錄裡對拉帕洛條約的紀錄，巴黎政府很清楚只要再沒有「外國信貸」，布爾什維克「就缺乏資金進行政治宣傳，或替他們從瑞典、英國和德國進口的貨品買單」，以提供「軍隊打仗所需的裝備」。要不是德國外交人員被憤怒沖昏了頭，德軍將領被貪婪所迷惑，肯定會明白熱那亞會議的關鍵問題是，能否迫使「黃金儲備已經耗盡」的布爾什維克答應「償還國家債務」，以便取得新的信貸。而布爾什維克用拉帕洛條約大聲給出了答案：不能。[11]

列寧政權非但沒有和西方政府及他們所代表的數百萬被違約的債權人妥協，而是根本置之不理。的確，這代表蘇俄會繼續被孤立，不受西方強權承認，也無法進入他們的資本市場。但由於西方國家對俄羅斯的患難之交德國網開一面，使得莫斯科幾乎可以進口他們想要的任何東西，從毛瑟槍、摩托車、鉛筆到藥物統統沒有問題。多虧克列斯京斯基和拉狄克拒絕運送金條到德國，讓莫斯科得以保有足量黃金，替新盧布提供百分之三十五的發行儲備。新發行的蘇聯盧布（chervonetz）幣值為沙皇盧布的十倍，相當於五美元。由於重新使用「資產階級」的健全貨幣讓列寧臉上無光，因此他發下豪語，一旦共產主義統一世界，黃金就只會用來蓋廁所。[12]

一九二二年十一月，艾許柏格在莫斯科開設銀行處理共產黨政權的海外交易。蘇維埃政府頒布的「新經濟政策」重新允許糧食買賣與小型民營零售業，其中包括設立民營銀行，只是必須接受嚴格監管。而艾許柏格的俄羅斯商業銀行（Ruskombank）座落於克里姆林宮附近，彼得羅夫卡與庫茲涅茨克橋口的黃金地段，是同業中的佼佼者，除了招攬（一九二二年四月重新合法的）國內的儲蓄存款，透過在斯德哥爾摩和柏林發行債券吸收外國資金，還收到海外俄國人的大批匯款，其中多半來自美國，金額不高，頂多五或十美元。俄羅斯商業銀行還獲准經手貴金屬儲備庫的「黃金、白金、寶石、鑽石與珍珠」，代為販售給國內外的收藏家。雷普克在柏林的拍賣公司是主要的海外銷售管道，但並非僅此一家。艾許柏格本人就於一九二一至二四年賣出了總價五千萬美元的貴金屬儲備庫珍寶，絕大多數賣到斯德哥爾摩，替蘇俄政府賺得了相當於現今五十億美元的外匯。[13]

德國履行拉帕洛條約也交由艾許柏格處理。一九二二年十一月，他在柏林成立了東方擔保及信用銀行，處理和莫斯科的往來業務。為了替布爾什維克籌措資金購買武器，東方擔保及信用銀行除了在柏林交易所發行股票，還透過艾許柏格新成立的公司在雷普克的拍賣所變賣俄國貴金屬儲備庫的珍寶，同時利用強大的德國工會發行「工人債券」。在艾許柏格的運作下，黃金流向竟然開始反轉。一九二六年，德國出口黃金到俄國，以划算的價格買下貴金屬儲備庫的一批珠寶，而貴金屬儲備庫創立者克列斯京斯基出任蘇維埃駐柏林大使，並且任職到一九三〇年，更象徵著拉帕洛條約以來德俄兩國的友好。[14]

拉帕洛條約宣告了國際共產主義正式成型。一九一七年德國外交部便宜行事，和一群布爾什維克陰謀家暗中結盟。如今風水輪流轉，這群陰謀家不僅和他們的德國扶植者平起平坐，甚至讓德國人對他們唯唯諾諾，彷彿他們才是老大。這真是布爾什維克在國際賽局裡下的一著絕妙好棋。經過五年的艱苦嘗試，共產主義終於證明了自己屹立不搖。如今在俄國站穩腳步，準備向全世界輸出共產主義。

尾聲：共產主義的幽靈

經過五年的革命動盪與內戰，在布爾什維克消滅了反對洗劫教會的最後一股民間力量之後，俄國終於迎來近似和平的階段。多虧胡佛的救濟總會與英勇的俄國雇員不眠不休的努力，伏爾加地區於一九二二年夏天盼到了久違的豐收。前一年，蘇維埃政府悄悄讓許多民間經濟活動重新合法，包括一九二一年七月十九日開放農產品和製造業產品零售，八月開放不動產交易，十二月開放出版業，以及隔年六月開放小規模製造業。其中一九二二年四月是個關鍵，布爾什維克重新允許人民持有硬通貨及貴金屬，無須擔心被徵收，讓貨幣順利恢復合法。等到一九二二年十一月金盧布開始流通，俄羅斯商業銀行取得營業執照時，新經濟政策的功效就算出乎眾人意料，也已經清楚可見。除了重工業、金融和外貿這些列寧稱為經濟「制高點」的項目外，共產黨統治的俄國已經走回了資本主義的老路。[1]

上過當的俄國農民總算又可以在市場上販售餘糧。他們可能心想到底為何要走這一遭冤枉路。他們會有這種感受也是情有可原。列寧革命與俄國內戰帶來的動盪在前帝俄疆土上奪走了二千五百萬條人命，足足是俄國一九一四至一七年一次大戰期間損失的人口（一百三十至一百四十萬）的十八倍。布爾什維克的黨宣傳機器多年來痛批沙皇警察鎮壓百姓，自己成立的祕密警察單位卻比帝俄時代更遍及全國，手段更加凶殘。就連終結君主獨裁統治，這項靠著革命和一九一八年七月殺害羅曼諾夫王族而達成的最重大的政治變革，也因為史達林藉由一九二四年的列寧葬禮創造近乎信仰的個人崇拜，而將這項突破給閹割了。（列寧的遺體經防腐處理，安放在紅場陵墓中，供萬民朝聖。）從治理與被治理、統治者與被統治者的關係來看，俄國的獨裁統治似乎只是新瓶舊酒，根本未曾消失。[2]

儘管如此，革命還是徹底改變了俄國政治版圖，只是沒有照著發起者的期待走。俄國自由派期待立憲君主制，沙皇透過向杜馬和民意負責的內閣來施行統治，藉此重振陷入泥淖的作戰行動和據信奄奄一息的國內經濟（只是自由派本身也承認一九一七年二月首都其實沒有麵包短缺）。然而，他們的宮鬥計謀風險太高，又沒能力利用彼得格勒軍區叛變來奪權，結果導致政局動盪，大大削弱了俄國的作戰能力。的確，頒布一號命令摧毀軍紀的不是臨時政府。不是他們讓帝俄軍隊在一九一七年眼看就要憑藉兵力軍備的絕對優勢逆轉德國，大敗南方鄂圖曼宿敵之際士氣瓦解。然而，臨時政府自由派大臣李沃夫、古契科夫和米留科夫未能攔阻任性的彼得格勒蘇維埃社會主義者頒布一號命令，仍然凸顯了他們治國能力不足。事實證明，治理幅員遼闊、族裔複雜的俄羅斯帝國比他們以為的困難百倍，而自由派的表現顯然不比沙皇和沙皇朝臣好到哪裡。事實上，就一九一七年春天和夏天俄軍在戰場上節節敗退，秋天俄國經濟全面崩盤來說，自由派的表現比沙皇和沙皇朝臣糟糕的多。

一九一七年七月，布爾什維克煽動的兵變蔓延到前線和彼得格勒之後，克倫斯基試圖化解革命社會主義與軍紀之間的矛盾，結果卻比自由派還要失敗。他的對手裡沒有人比列寧還幸運。俄國司法部好不容易才找到列寧的通敵證據，首度證明他勾結德國，克倫斯基就為了自己和俄國最有人望的將軍的宿仇，決定重振之前準備武裝推翻他的政黨，甚至放過公開號召刺殺他的托洛茨基。柯尼洛夫事件完成了最後一塊拼圖，將一場由米留科夫等自由派泛斯拉夫主義者發動、試圖讓俄國重新力抗德國的革命，變成某位根本就是由德國扶植之人的奪權行動。而此人掌權之後的第一個大動作就是和敵人講和，要求無條件停火。

俄國革命是如此峰迴路轉，以至於從中汲取歷史教訓必須格外謹慎。一九一七年發生的種種事件，遠非馬克思主義辯證法那套充滿末世色彩的「階級鬥爭」老話可以一語帶過，而是充滿各種「要是當初」與錯失良機。沙皇政權犯下的最要命錯誤就是一九一四年決定參戰。這個決定雖然頗受俄國自由派和泛斯拉夫主義者贊同，卻讓保守的君主主義者深惡痛絕。因此，我們很難責怪尼古拉二世於大戰期間無視自由派建言，拒絕將政權交給已經證明判斷力不足的野心政治家。現代人可能難以理解，沙皇為何寧可相信農奴出身的靈療者拉斯普丁，也不聽從杜馬領袖如羅江科等人的意見。但事實上，沙皇一九一四年要是聽從拉斯普丁而非羅江科的建議，或許就能保住王位安享天年，不會於一九一八年七月慘死布爾什維克手中。

儘管如此，即便犯下參戰這個關鍵錯誤，沙皇的命運仍然尚未底定。就算一九一七年二月國際婦女節天氣沒有驟變，彼得格勒遲早還是會發生民眾動亂，但或許不會引發連鎖反應，最後造成軍區兵變。即便兵變爆發，只要當機立斷，還是能力挽狂瀾。沙皇原本可以不必退位，卻盲目聽從艾列克謝耶夫將軍的建議，取消從前線調派部隊回京平亂，而艾列克謝耶夫會犯下如此大錯，也是因為誤信羅江科有能力處理京城的混亂局面。即便沙皇退位，只要自由派沒有搞砸機會，克倫斯基也沒成為柯尼洛夫事件的犧牲品，沙皇或許還能以立憲君主之姿重返王位。從這些事件裡只能得出一個教訓，那就是政治人物的責任之重大，尤其在戰時；而一個被逼到絕境的國家，其領導人的判斷力絕對需要比一九一七年的沙皇、羅江科及克倫斯基優秀才行。

即便列寧的奇蹟奪權之路上有太多偶然，彷彿命運之神為了嘲弄馬克思主義決定論而對他時而微笑、時而皺眉，但他能奪得大位絕不只是走運。從他一九一七年四月大動作抵達芬蘭車站到十月革命，列寧始終死守目標。相比之下，托洛茨基更有戰術眼光，才會建議等到召開第二次蘇維埃代表大會，再利用大會做橡皮圖章協助布爾什維克奪權。然而，正是列寧強大的權力欲使他勝過羅江科的緊張、古契科夫的韌性不足與克倫斯基的搖擺不定，促成他在政治敵手環伺下鶴立雞群。最重要的是，列寧擁有一套清楚明確的政治綱領。他承諾要結束戰爭，讓布爾什維克在俄國一九一七年的政治對抗中勝出，導致先後堅持繼續參戰的自由派及克倫斯基落居下風。

我們最好謹記這一點，因為十月革命帶有幾分掛羊頭賣狗肉的味道，至今仍然在誤導我們對共產主義的理解。打從一九一七年輸了選舉到一九一八年元月阻攔制憲議會，布爾什維克從來不曾正式經由民主機制取得統治權。然而，列寧的和平方案的確**算是**具有民意基礎，不僅受到士兵委員會熱烈支持，更有數百萬前線軍人用腳投票，逃離前線返回家鄉。即使社會革命黨和自由派頗有異見，但根據前線出現大量逃兵與棄守塹壕的情況可以推斷，就連列寧一九一八年三月決定認可布列斯特條約也帶有民意正當性。布爾什維克正是靠著和平協議才在俄國人民心中站穩腳步，而非其他因素，更不會是「土地命令」的功勞，因為那是一張列寧從社會革命黨那裡無恥偷來討好農民的空頭支票。

然而，俄國大眾並不明白，結束大戰對列寧而言只是手段，他心中的目標和人民想的完全不同。布爾什維克一九一七年痛批沙皇軍隊擁有死刑，煽動士兵打倒軍官，取得政權之後卻立刻找回軍官指揮紅軍，並於一九一八年八月恢復死刑。事實證明，結束「帝國主義」戰爭只是替血腥百倍的內戰揭開了序幕，讓布爾什維克開始對付國內外反對共黨統治的真實或假想的「階級敵人」。

列寧挑起的這場內戰打從一開始就是國際衝突。其目的只有一個，就是憑藉紅軍之力盡可能散播共產主義，又稱**現實存在的社會主義**（really existing socialism），包括廢除私有制，實行中央計畫國有經濟，並使用一切必要的大規模監視強迫手段以達成這個很可疑的目的。困苦多年的俄國穆齊克不計代價爭取和平，換來的卻是捲入一場他們大部分人根本搞不懂的意識型態聖戰。這些農民兵在托洛茨基指揮之下將白軍及外國部隊趕出俄國領土，得到的獎賞卻是布爾什維克恩將仇報，從一九二〇到二一年掉轉槍口對準他們的村子與田地。

內戰勝利讓共產黨政權贏得人民的尊重（雖然心有不甘），也獲得外國的敬意，只是還要一段時間才會被各國承認。然而，這場勝利遠不足以證明極端社會主義（新經濟政策施行之後，將一九一八到二一年這段期間稱為「戰時共產主義」）的效率，因為紅軍其實是靠「資本主義」舊政權留下的資產打贏內戰的。紅軍多數幹部都是帝俄軍人出身，武器也是帝俄時期剩下的。一九二〇年庫存耗盡，紅軍又靠著在瑞典洗白帝俄金條換錢，購買外國（主要是德國與美國）資本家製造的武器。一九二二年二月金條用罄，列寧和托洛茨基無計可施，只能洗劫教堂與修院，直到德軍參謀於拉帕洛出手相救，才將布爾什維克從破產邊緣拉了回來。要到多年以後的史達林時代，共黨經濟才有能力在國內大量製造武器，而且投資鋼鐵廠及坦克工廠（絕大多數坦克都是出自美國和德國「資本主義」工程師的設計）的資金仍然大多來自海外拍賣帝俄時的藝術品與工藝品所得。[3]

儘管政策粗暴，倒行逆施，布爾什維克卻是政治宣傳高手，加上同情共黨的觀察記錄者約翰・里德（John Reed）等人推波助瀾，使得全球數百萬人都拜倒在了他們編造的輝煌故事之下。里德一九一九年出版的暢銷書《震撼世界的十天》揉合了報導與宣傳，不僅得到列寧欽點（並撰寫引言），書中幾近阿諛描繪出的列寧和托洛茨基形象更影響了好幾代讀者（里德對史達林的描繪就沒那麼動人，而史達林也不喜歡這本書），以及電影觀眾。（一九二九年愛森斯坦執導的《十月》和一九八一年華倫・比提（Warren Beatty）自導自演的《烽火赤焰萬里情》皆改編自該書。）即便里德是拿了蘇維埃政府一百萬盧布撰寫此書，而且後來搭船目睹伏爾加地區的慘狀後收回了之前的看法，依然無損他的政治重要性。如同一九三〇年代參加安排好的蘇俄之旅，回來對史達林歌功頌德的那些「旅伴」，里德在十月革命裡見到了自己想見到的東西，而且他敲開了一個廣大的市場。數百萬外國支持者和他一樣，也想見到自己心目中那個更理想的世界在共產黨俄國實現，即使沒幾個人想親自走訪，眼見為憑。4

對不是那麼認同共產主義的人來說，俄國革命簡直是一本恐怖大全，讓他們更加堅定政治上必須排除共產國際（一九一九～四三）及其代理人。一九一八年二月布爾什維克債務違約，加上自私自利的德國和蘇維埃在拉帕洛締約結盟，讓法國（除了法國共產黨員之外）對布爾什維克政權的反感就此扎根，延續了數十年之久。英國雖然有勞合・喬治這個政治風向標，因為眼見工黨崛起而反轉對俄政策，但大多數自由黨員與保守黨人都對共產主義心驚膽戰。一九一七至一八年，布爾什維克剛開始進行銀行國有化，倫敦就大量報導，指稱極端社會主義是「瘋人院」。邱吉爾在國會爭辯英蘇協定時就講得很露骨：「承認布爾什維克就和合法化雞姦差不多。」而在美國，雖然里德的作品大受歡迎，「蘇維埃俄國之友會」募款也很成功，主流輿論還是堅決反對和列寧的非法政權和解。直到一九三三年，美國才承認俄國的共產黨政府。即便如此，羅斯福政府這個決定還是備受爭議，糾纏擾動美國國內政治直到一九五〇年代才減弱。[5]

俄國革命讓全球政治陷入嚴重對立，程度之大前所未有。在國際輿論戰中，托洛茨基和列寧先下一城，一九一七年十一月公布「密約」內容，徹底揭穿協約國的帝國主義野心，就連西方世界的理想主義者威爾遜總統也被迫反擊，提出「十四點原則」解釋為何塹壕裡的死傷可以讓世界變得更美好。對那些在世界大戰中衝鋒陷陣、流血喪命的人而言，共產黨批評說這場戰爭只會讓「帝國主義」得利，感覺倒很中肯。比起威爾遜和協約國大談「文明」、「民族自決」與「民主」之類的抽象理念，列寧等人的說法反而更好理解。布爾什維克一九一七年十一月要求停火，不僅掛羊頭賣狗肉地拐到了俄國農民的認同，也贏得數百萬顆幻滅的歐洲民心。

然而，這麼好的開始卻被紅色恐怖及內戰造成的驚人死傷給揮霍掉了。托洛茨基一九二一年三月血腥鎮壓喀琅施塔得更是雪上加霜（對社會黨人尤其如此）。從布列斯特－立陶夫斯克和談到拉帕洛條約、從戰時共產主義到暫時「退回」資本主義的新經濟政策，再到史達林一九二八年揚棄新經濟政策，重啟社會主義攻勢，共產主義所走的每一步都引發了激烈的意識型態之爭，不論在俄國境內或境外。史達林執掌大權之後，共產國際每一次的教條轉向都左右了歐洲各國的國內政治：一九二八至三四年的「階級對抗」，共產黨和社會主義者內鬥導致希特勒趁機掌權；一九三四至三九年的「人民陣線」，左派政黨遲遲不肯共同對抗法西斯，加入後又於一九三九年八月突然反轉，只因為史達林和希特勒簽署約定，開始支持納粹；一九四五年六月希特勒入侵俄國，結束了共產主義的親納粹時期；一九四五年五月紅軍攻入柏林，讓人擔心史達林主義的浪潮即將席捲全歐，共產主義的**幽靈**（specter）果真將世界分裂成兩個敵對的武裝陣營，不久後雙方都擁有核子武器，足以徹底毀滅地球上的人類文明。

列寧當然會很高興。流亡瑞士期間被人嘲弄為極端分子，回到俄國頭幾個月又被當成德國間諜，列寧始終堅信推動全球革命大業是自己的使命。列寧和空談派社會主義者的不同之處不在原則，而是他為了達成最終目的什麼都願意妥協。從一九一七年接受德國援助，到一九一八年簽署條件苛刻的布列斯特—立陶夫斯克和約，到召回前帝俄軍官訓練紅軍，再到一九二一至二二年施行近似資本主義的新經濟政策，更讓許多社會主義者覺得他背叛了共產主義，列寧卻都毫不猶豫。他在一九二一年五月舉行的第十次黨代表大會上也承認，新經濟政策確實「部分恢復了資本主義」，但一九二二年春天再度舉行黨代表大會時，他又預言「雖然不曉得到底會是何日」，但「對抗俄國資本主義的關鍵最後一役……不久就要到來」。建立國家計畫經濟顯然不會像列寧一開始料想得那麼快，但他始終堅信共產主義的烏托邦值得追求。[6]

由於列寧一九二四年辭世，四年後史達林才揚棄新經濟政策，以第一個五年計畫重新發動共產主義攻勢，因此我們無從得知他對一九三〇年代初期推行的集體農場（現在烏克蘭人稱之為飢餓滅絕〔holodomor〕）做何感想，又會如何看待史達林犧牲農業推行速成工業化（crash industrialization）和隨之而來的殘酷勞改營（古拉格），以及一九三六年起的大恐怖時期（Great Terror）。史達林不只和列寧一樣追殺「人民公敵」，還大規模整肅共產黨高階幹部。事實上，共產黨高階幹部才是他的首要目標。此外，我們也只能全憑揣想，猜測列寧會如何看待中國、東歐史達林附庸國、北韓、古巴、柬埔寨、越南和衣索比亞的共產黨政權。這些國家走的路和俄羅斯一模一樣，從財產國有化到經濟崩盤，從祕密警察無所不在的監控到逮捕政敵關進集中營、從工業農業集體化到隨之而來的饑荒（在中國死了數千萬人），無不步上俄國的後塵。

不過，列寧應該會欣賞這樣的發展，樂見歷史辯證朝著共產主義獲得最後勝利的方向前進。正如同一九一七年的俄國，共黨政權在這些國家的推進全都伴隨著無情的武裝衝突。這一點都不令人意外。畢竟馬克思在《共產黨宣言》裡就提到，極端社會主義必須「強硬干涉財產權」，顯然代表必須使用武力。列寧的天才在於看出因為作戰而動員百姓是極端社會主義的天賜良機。只要現代國家大規模武裝人民對抗外國勢力，就能輕易煽起百姓最原始的衝動，滿腔妒火回頭攻擊比他們有錢有勢的同胞，嗜血地燒殺擄掠。事後想來，神奇的不是這一切發生在一九一七年的戰時俄羅斯，而是竟然沒有一個人比列寧先想到「化帝國主義戰爭為內戰」。

可悲的是，就如同一九一七年開始的意識型態時代催生出了核子武器，列寧主義一旦發明，就無法被消滅了。社會永遠存在不平等，社會主義者想要消弭社會不平等的渴望也永遠不會消失。幸好絕大多數社會改革者都同意，必須限制政府指導經濟及人民什麼能說、什麼能做的權力。但列寧主義式的衝動永遠潛伏在野心家與衝動者身上，尤其經濟蕭條或戰火摧殘的絕望時刻，人們往往覺得需要激進的解藥。當國家深陷苦難，猶如一九一七年的俄國、一九四五年的南斯拉夫、一九四九年的中國、一九五九年的古巴或一九七五年的柬埔寨一般，人們很容易被共產主義的警鐘吸引，或因為敲門的是警察而鬆懈防備。

若問過去這一百年有給我們任何教訓，那就是我們必須提高警覺，不要輕信一手擘畫完美社會、一手拿著武器的先知。一九一七年追隨列寧的俄國人確實有理由憎惡帝俄政府，因為沙皇將他們捲入一場毫無準備的戰爭，而他們也沒有理由懷疑自己所創造的新政權會做出比帝俄時期還要可怕百倍的事情。他們那時沒辦法曉得共產主義到底意味著什麼。

目睹了百年來斑斑可考的災難之後，我們之中不該再有人拿無知當藉口。但歷史確實可能會捉弄我們。儘管對親身經歷過的國家而言，馬克思主義式的極端社會主義早已毫無魅力，例如名義上仍然是共產黨專政的中國與越南，甚至被共產主義垮台的反作用力推向了政治的極右端，例如已經解放的前蘇聯及東歐國家。目前這套思想又重新在美國和其他西方「資本主義」國家廣受青睞。這些西方的社會主義者夢想著世界有一天能禁止私有財產和社會不公，由充滿遠見的知識分子擬定理性的經濟發展計畫。他們最好想清楚，萬一夢想實現了怎麼辦。

致謝

俄國革命這個主題極其龐大，這些年來多虧了許多人協助，我才能克服。我對俄國的學術興趣源自加州大學柏克萊分校，在那裡我得到了 Yuri Slezkine 和已故的 Reggie Zelnik 及 Martin Malia 的啟發。尤其是 Martin Malia，我們認識時他已經退休了，有的是時間滿足我的好奇心。我在就讀柏克萊期間開始造訪莫斯科，先後得到美國俄語教師協會、外語與區域研究、國際研究交流委員會的獎助金。這些機構都直接或間接得到美國政府支持，由於當時美俄關係還算和樂，因此是一種光榮，而不至於令人起疑。我最後一次到俄國學術旅行，拿的是美國哲學學會的法蘭克林獎學金。雖然申請文件出了點問題，但很感謝 Linda Musemeci 大方核准。

這本書裡引用的研究成果，有一些是我在土耳其教書時完成的。由於俄羅斯離土耳其不遠，所以我常去造訪。為此我要感謝畢爾肯大學的 Ali Doğramaci，感謝他賜我第一份真正的學術工作。也要感謝諾曼．史東，感謝他引介我並在畢爾肯大學創立了土俄研究中心（Turco-Russian Center），讓我在那裡工作多年。諾曼．史東一九七五年出版的大作《東方前線》是一座里程碑，也啟發了我著手研究第一次世界大戰。多年來，他的鼓勵始終對我是很重要的助力。

最近這些年，紐約的巴德學院給了我不少支持。我要感謝校長Leon Botstein、前教務長Michèle Dominy、現任教務長Rebecca Thomas和同為俄學家的副校長Jonathan Becker。巴德學院在聖彼得堡的斯莫爾尼設有分校，Jonathan Becker在當地的人脈對我真是無價之寶。聖彼得堡的Olga Voronina、Oleg Minin和Maria Sonevytsky給了我莫大的協助，能加入巴德學院的俄國與歐亞研究計畫更是讓我備感榮幸。感謝Cecile Kuznitz和Jonathan Brent安排我造訪曼哈頓意第緒語言與文化研究中心，讓我在Leo Greenbaum負責的邦德檔案室獲益良多。雖然巴德學院拿到的捐款微薄得出名，但在這裡教書與工作卻非常富足。不論歷史或政治，這裡的同事都讓我有家的感覺。謝謝Richard Aldous, Mark Lytle, Greg Moynahan, Omar Encarnacion, Michelle Murray, Roger Berkowitz, Walter Russell Mead, Simon Gilhooley, Rob Culp, Omar Cheta, Miles Rodriguez, Tabetha Ewing, Christian Crouch, Carolyn Dewald, Myra Armstead, Alice Stroup, Drew Thomson, Wendy Urban-Mead.

過去幾年，我也大大得益於參加第一次世界大戰百年會議的史學家同行，他們的智慧給了我許多啟發。Eric Lohr邀我參加兩場俄國戰爭的座談，讓我從Eric Lohr, Ronald Bobroff, Joshua Sanborn, David Stone那裡學到很多。在俄國軍隊士氣研究方面，Bruce Menning針對研究途徑給了我許多成果豐碩的建議。我們倆對俄國和七月危機的看法或許永遠不同，但他對俄國軍隊的研究極具開創性，讓我深感敬佩。

是俄國檔案館讓這本書真正有了血肉，讓我得以仰賴許多出色檔案人員的專業。聖彼得堡沙皇海軍檔案館（RGAVMF）的Elena Viktorovna在我研究一九一七年兵變這類敏感議題時，協助我避開了關於哪些材料可以複印的棘手規定。感謝莫斯科帝國陸軍檔案館（RGVIA）

閱覽室的 Tatiana Yurevna Burmistrova 和館長 Irina Olegovna Garkusha 接受我有時無理的影印需求。感謝 Sergei Mironenko 幫我敲開國立俄羅斯聯邦檔案館（GARF）的大門，包括通往俄國國立經濟檔案館（RGAE）特藏史料的鑰匙。Alekseevich Nazarov 是俄羅斯聯邦檔案館和國立經濟檔案館勞苦功高的複印員，感謝他忍受我經常臨時起意的複印要求，而且總是精采完成任務。

不過，我在俄國真正的檔案之家始終是莫斯科迪米特洛夫卡大街上的共產黨檔案館。共產黨檔案館是我取的名字，正式名稱是俄羅斯國家社會政治史檔案館（RGASPI）。我幾年前很榮幸在布達佩斯特和館長 Andrei Sorokin 共進晚餐，他對該館的貢獻令人嘆為觀止。五樓閱覽室的 Vera Stepanova 當年很照顧我，這些年輪到 Irina Petrovna，她真是我的救命天使。但我尤其要感謝惡名在外的文件登錄處的繆思 Misha，他陰晴不定的脾氣嚇跑了不少研究者。我多年來學到的教訓就是完全信任他的熱切忠告，因為沒有人比他更熟悉這座檔案館。二〇一五年，他讓我再次迷上了列寧，並引領我找到了克倫斯基時代司法部於一九一七年七月危機過後取得的目擊者證言。我永遠欠他一次。Samuel Hirst 和 Daniel Repko 同樣為了我做牛做馬，從莫斯科檔案館處理我提出的複雜要求永遠比普通文件掃描還久。很感謝聖彼得堡的 Katya Gavroeva 大方分享自己的數位檔案，包括很難找到的文件收藏。Sergei Podbolotov 同樣協助我甚多。

我還從歐美許多檔案館取得資料撰寫本書。其中許多檔案館實在太厲害，幾乎不需要額外協助。不過，我還是要大聲讚美柏林德國外交部檔案館的 Mareike Fossenburger，感謝他為我達成了好幾次奇蹟。感謝 Dominique Liechtenhan 引介我造訪巴黎的奧賽堤岸檔案館。胡佛檔案館的 Linda Bernard, Carol Leadenham, Elena Danielson 從我還在史丹佛讀大學就一直是我的良師益友，很高興去年冬天又能和他們幾位再續前緣。

這個野心勃勃的計畫能夠成書，我的經紀人 Andrew Lownie 貢獻良多。出版社的 Lara Heimert 是所有作者夢寐以求的編輯。感謝 Roger Labrie 再次精煉我的文字。我還要感謝岳父和岳母 Süheyla and Yüksel Ersoy 的慷慨好客。他們就住在馬爾馬拉海旁，這些年來我在他們極其舒適的家裡不知寫出了多少萬字，而我此刻就坐在他們家中。土耳其對待外人可能不如我二〇〇二年初次造訪時那麼殷勤了，但土耳其的好客傳統仍然保留在我岳父母家中。我和內人 Nesrin，還有兩個可愛的孩子 Ayla 和 Errol，在這裡度過了數不盡的美好時光。寫作本書之時，土耳其正備受政治動盪的煎熬，讓人不禁感嘆文明是多麼脆弱。雖然我對俄國革命深深著迷，但還是衷心祈禱盼望我的孩子不用親身經歷如此有趣的時代。

56-63。俄羅斯商業銀行和該銀行如何經手德國與蘇維埃的貿易，參見 Brockdorff-Rantzau from Moscow, 17 November 1922, in PAAA, R 94575.

14 艾許柏格取得的德國特許權，參見德國外交部 1923 年 6 月 12 日備忘錄「致俄羅斯蘇維埃聯邦社會主義共和國在德國的授權代表（大使館）」，收錄於 PAAA, R 94575，以及普福爾茲海姆商會向外交部抗議艾許柏格壟斷的申訴書，收錄於 PAAA, R 94426。有關工人債券，參見艾許柏格《漂泊的猶太人》頁 62-63。德國黃金運往蘇維埃俄國，參見法國情報單位 1926 年 4 月 20 日發自 Kovno 的報告，收錄於 QOURSS 483, 31.

尾聲　共產主義的幽靈

1 研究新經濟政策的最佳著作為 Alan Ball, *Russia's Last Capitalists: the Nepmen*.

2 根據紀錄，1924 年納入蘇聯的帝俄領土的人口實際「只」減少了 1070 萬人，但根據出生人口數外推，人口應該增加 1300 萬人，兩個數字兜不攏。參見 Pipes, *Russia Under the Bolshevik Regime*, 508-09 and 509n.

3 見 McMeekin, *History's Greatest Heist*, epilogue.

4 John Reed, *Ten Days That Shook the World*。里德拿了一百萬盧布寫書，參見 Pipes, *Russia Under the Bolshevik Regime*, 213n。關於同行的旅伴，最經典的研究為 David Caute, *The Fellow-Travelers*.

5 「瘋人院」出自彼得格勒英俄銀行行長 1918 年 1 月 24 日的書信，收錄於 PRO, FO 371/3701。邱吉爾的承認等於雞姦說，轉引自 McMeekin, *History's Greatest Heist*, 178.

6 引自 Ball, *Russia's Last Capitalists*, 26-27.

件，均收錄於 RGASPI, 670-1-36, 26-30.

29 政治局 1921 年 10 月 17 日會議紀錄，收錄於 RGASPI, 17-3-217, item 6.

第 23 章　拉帕洛條約

1 索科利尼科夫 1922 年 2 月 9 日向政治局報告，收錄於 RGASPI, 670-1-25, 11-13；索科利尼科夫 1923 年 2 月 1 日的惡性通貨膨脹檢討報告 “Frantsusky assignat i sovetsky rubl’”，收錄於 RGASPI, 670-1-36, 72-99.

2 政治局 1921 年 7 月 7 日會議紀錄第三十二項，收錄於 RGASPI, fond 17, opis’ 3, del’ 184；7 月 9 日會議紀錄第一項，撥款五十萬銀盧布支付第五軍薪水，收錄於 RGASPI, fond 17, opis’ 3, del’ 185。銀盧布鑄造合約，參見《消息報》1921 年 8 月 30 日報導。托洛茨基掌管的委員會，參見政治局 1921 年 11 月 11 日會議紀錄第三項 z 點和第四項，收錄於 RGASPI, fond 17, opis’ 3, del’ 229.

3 法國駐柏林使館代辦 1921 年 3 月 19 日提交給巴黎的艾許柏格談話報告，收錄於 QOURSS 482, 227 (and back), 228；以及 1921 年 3 月 22 日由法國外交部「金融服務處」準備的「瑞典金融家艾許柏格巴黎之行紀要」，收錄於 QOURSS 482, 230.

4 法國外交部 1921 年 8 月 25 日提交的報告，標題為「俄國國家資金出口」，收錄於 QOURSS 482, 252-253；以及 1921 年 9 月 2 日 Delavaud 於斯德哥爾摩提交給法國外交部的報告，收錄於 QOURSS 482, 258 (and back).

5 “Pravila proizvodstva fakticheskoi revizii raboche-Krest’ianskoi Inspektsii bankovskikh vagonov,” circa early 1922, in RGAE, 7733-1-573, 68 (and back).

6 Gerald Freund, *Unholy Alliance*, 84-92。「阻止我們成為布爾什維克」轉引自 Blücher, *Deutschlands Weg nach Rapallo,* 151.

7 1921 年 8 月 24 日德意志帝國銀行會議之「帝國銀行與斯德哥爾摩瑞典金融有限公司的合約草案」，以及德國外交部 1921 年 9 月 6 日的會議紀錄，均收錄於 PAAA, R 31956.

8 Hans-Ulrich Seidt, *Berlin Kabul Moskau*, 150。關於維爾特和克列斯京斯基，參見 Waltraud Bayer, “Erste Verkaufsoffensive: Exporte nach Deutschland und Österreich,” in *Verkaufte Kultur*, 102。拉狄克和拉特瑙的談話轉引自 Pipes, *Russia Under the Bolshevik Regime*, 427.

9 俄文條約原本保存於 *Sovetsko-Germanskie Otnosheniia ot peregovorov v Brest-Litovske do Podpisaniia Rapall’skogo Dogovora*, 479-481。簽署人拉特瑙遭到日耳曼民族主義者嚴厲譴責，他們認為拉帕洛條約是叛國行為，和莫斯科的「猶太」政權妥協。兩個月後，拉特瑙被一名德國反猶太分子殺害，理由是他算是支持共產黨的猶太人。

10 德國駐莫斯科公使 1922 年 4 月 18 日提交外交部的報告； 1922 年 5 月 3 日 Reuter 於日內瓦發至柏林的電報和（讓德國知道法國搶先了一步的）瑞典日報剪報，均收錄於 PAAA, R 31956. in PAAA, R 31956。關於 Wittenberg 和艾許柏格，參見 1922 年 4 月 4 日 Wittenberg 寫給外交部的信函，收錄於 PAAA, R 31956。容克斯破產，參見 Freund, *Unholy Alliance*, 96, and Seidt, *Berlin Kabul Moskau*, 150-53.

11 德國情報單位 1922 年 5 月 20 日攔截到的法國外交部備忘錄，收錄於 DBB, R 43 / I / 132, 525。協約國對拉帕洛條約的反應，參見 1922 年 4 月 18 日紐約時報的「德國和俄國簽署條約，答應了所有協約國否決的條件，震驚熱那亞會議」和 4 月 29 日的「俄國必須尊重私人財產，各國必須立刻讓俄國明白」。

12 轉引自 Pipes, *Russia Under the Bolshevik Regime*, 393-94.

13 巴黎警察局偵訊艾許柏格逐字稿；以及艾許柏格《漂泊的猶太人》（Wandering Jew）頁

9 轉引自 Jonathan Daly, " 'Storming the Last Citadel': The Bolshevik Asssault on the Church, 1922" in Brovkin, ed., *The Bolsheviks in Russian Society*, 235。「用斧頭砍成碎片」出自 "Bolshevik Atrocities," in *Het Limburgsch Dagblad*, 19 January 1920。貴金屬儲備庫網開一面，參見 "Postanovlenie soveta narodnykh komissarov ob uchrezhdenii gosudarstvennogo khranilishcha tsennostei," 3 Feb 1920, *op cit*.

10 引自 Natalia Krivova, *Vlast' i Tserkov' v 1922-1925 gg.*, 31；還有 1922 年 8 月 21 日 Hodgson 發給寇松侯爵的英國情報快報，收錄於 PRO, FO 371 / 8212。亦可參見 Curtiss, *Russian Church and the Soviet State*, 107.

11 關於托洛茨基的饑荒 / 教會掠奪委員會，參見 1921 年 11 月 11 日政治局會議紀錄，收錄於 RGASPI, 17-3-242; 31 December 1921, in RGASPI, 17-3-247; and 20 March 1922, in RGASPI, 17-3-283。 報導引自 Daly, "Bolshevik Assault on the Church," 240-24.

12 引自 Mitrofanov, *Istoriia russkoi pravoslavnoi tserkvi*, 210-213.

13 Volkogonov, *Lenin*, 374; and Pipes, *Russia Under the Bolshevik Regime*, 346.

14 胡佛 1922 年 2 月 9 日向哈定總統報告，收錄於 *op cit*。1922 年 2 月 6 日自日瓦爾出發的運金船，參見美國駐日瓦爾使節團助理軍事觀察員凱利 1922 年 3 月 20 日的報告，收錄於 NAA 316, roll 121。關於中止採購單位的採購許可，參見齊采林 1922 年 2 月 7 日代傳托洛茨基命令給克拉辛和索羅門的電報，收錄於 RGAE, 413-6-36, 96.

15 引自 Krivova, *Vlast' i Tserkov' v 1922-1925 gg.*, 34-36.

16 這份惡名昭彰的命令的原件收錄於 RGASPI, 2-1-22947, 1-4. 大段俄文摘錄也可參考 Mitrofanov, *Istoriia russkoi pravoslavnoi tserkvi 1900-1927*, 217-218.

17 引用於 Curtiss, in *Russian Church and the Soviet State*, 115.

18 Krivova, *Vlast' i Tserkov' v 1922-1925 gg.*, 102-09.

19 Ibid., 106；還有英國駐莫斯科商務專員 1922 年 4 月 11 日提交給外交部的報告，收錄於 PRO, FO 371 / 8212.

20 Krivova, *Vlast' i Tserkov' v 1922-1925 gg.*, 116.

21 Ibid., 117-18, 還有英國駐莫斯科商務專員 1922 年 5 月 31 日提交給外交部的報告，收錄於 PRO, FO 371 / 8212.

22 數據引自 Pipes, *Russia Under the Bolshevik Regime*, 353-355; and Figes, *A People's Tragedy*, pp. 748-749。關於樣板大審，參見 Daly, "Bolshevik Assault on the Church," 252-253。列寧問有多少神父被槍決，轉引自 Volkogonov, *Lenin*, 69.

23 「蘇維埃當局取走彼得羅巴甫洛夫教堂珍貴物品之報告」，由英國駐彼得格勒情報單位 1922 年 7 月 9 日轉寄給外交部，收錄於 PRO, FO 371/8212.

24 1922 年 4 月 7 日紐約時報「紅軍領袖因搶劫教堂而陷入分歧」和 4 月 14 日「教會反抗蘇維埃命令」、1922 年 4 月 4 日阿姆斯特丹電訊報「俄國藝術珍品被奪」、5 月 22 日「明斯克多處教堂遭褻瀆」、6 月 1 日「基輔爆發血腥衝突」、5 月 13 日「俄國教堂珍寶遭到強徵」和 5 月 14 日「數名神父被判死刑」。

25 Krivova, *Vlast' i Tserkov' v 1922-1925 gg.*, 118.

26 Laserson, *In the Service of the Soviet*, 68-73.

27 "Otchet Gokhrana s 1 Ianvaria do 1 oktiabria 1922 g.," in RGAE, 7632-1-16, 2。掠奪教會財物價值估計，參見 Krivova, *Vlast' i Tserkov' v 1922-1925 gg.*, 118-119。布爾什維克將鑽石與白金銷往海外遭遇困難，參見 McMeekin, *Heist*, 71 and *passim*.

28 索科利尼科夫 1922 年 5 月 27 日發給弗拉基米洛夫、李可夫和齊烏魯匹的備忘錄，標題為 *o perotsenke romanovskikh tsennostei*，以及隨後寫給弗拉基米洛夫和托洛茨基的私人信運送物資給反抗俄國蘇維埃政府的叛亂分子，也不允許這種運送物資的行為發生。」收錄於 RSU, HP 495.

13 Werth, "From Tambov to the Great Famine," 113-14; and Pipes, *Russia Under the Bolshevik Regime*, 385-86.

14 轉引自 Ullman, *Anglo-Soviet Accord*, v. 3, 452-53.

15 法國對英蘇貿易協定的批評，參見 "Memoire sur l'accord commercial anglo-bolcheviste conclu a Londres le 16 mars 1921" prepared on behalf of the Quai d'Orsay, in AN, F7 / 13490。凱末爾和列寧的協議先於 1921 年 3 月在莫斯科由哲別索伊（Ali Fuat Cebesoy）同意，後於 10 月 13 日在卡爾斯正式生效。參見 Reynolds, *Shattering Emprires*, 257-58. 英國羊毛訂單，參見 *Beilage des 'Revaler Boten,'* 28 December 1921. 列寧的勞斯萊斯轎車：俄國貿易代表團於倫敦致電莫斯科，收錄於 RGAE, 413-6-36, 89-90, 143. 轟炸機：名為「布萊克本『袋鼠』」的說明書於 1921 年 9 月 25 日寄給斯德哥爾摩的俄國貿易代表團，收錄於 RGAE, 413-6-13, 15-16, 35-38.

16 引自 Werth, "Tambov to the Great Famine," 116-117。紅軍死傷參見 Pipes, *Russia Under the Bolshevik Regime*, 373。季諾維也夫在哈雷採購毒氣，參見 1920 年 11 月 20 日《巴黎回聲報》報導「紅軍靠走私供應」。

17 Pipes, *Russia Under the Bolshevik Regime*, 391-92.

第 22 章 「黃金變麵包」：饑荒與反教會戰爭

1 H. H. Fisher, *The Famine in South Russia 1919-1923*, 51.

2 轉引自 Werth, "From Tambov to the Great Famine," 121。「遭受酷刑，鞭打到渾身是血」轉引自 Fisher, *Famine in South Russia, 500-01*。1920 年有八千名徵糧官被殺，參見 Figes, *People's Tragedy*, 753.

3 列寧和莫洛托夫 1921 年 7 月 30 日致各州及各地區黨委會，轉載於 Pipes, *Unknown Lenin*, 譯者 Catherine Fitzpatrick, 130-31. 採購專員的說法，參見 Solomon, *Unter den Roten Machthabern*, 198。進口容易腐壞的奢侈品，參見 1921 年 10 月 19 日《戰士信使報》報導「對外貿易」、12 月 6 日及 7 日報導「蘇維埃俄羅斯進口」及「蘇俄對外貿易」。巧克力為 1920 年 10 月下單，但 1921 年才交貨，參見 1920 年 10 月 6 日和艾隆史坦公司的合約，收錄於 RGAE, 413-6-27, 22.

4 Pipes, *Russia Under the Bolshevik Regime*, 416-17。有關高爾基和藝術典藏委員會（Arts Registration Commission），參見 Waltraud Bayer, "Revolutionäre Beute," in *Verkaufte Kultur*, 23；彼得格勒一般家庭遭到劫掠的基本狀況，參見 "Akt na osnovanii ordera Komendanta Petrogradskogo Ukreplennogo Raiona…ot 5-go Oktiabria 1919 g….v d. no. 30, kv. 9 po naberezhnoi…ulitsa koresa," in RGAE, 7733-1-931, 4.

5 轉引自 Willi Münzenberg, *Solidarität. Zehn Jahre Internationale Arbeiterhilfe*, 188. 滲透美國救濟總署，參見列寧 1921 年 8 月 23 日對莫洛托夫的指示，轉引自 Pipes, *Russia Under the Bolshevik Regime*, 417-18。胡佛開出的條件，參見 McMeekin, *Red Millionaire*, 105.

6 轉引自 Fisher, *Famine in Soviet Russia*, 545.

7 這是蘇維埃俄國之友會典型的信頭，收錄於 RGASPI, Fond 538, opis' 2, del' 5, list' 1。俄國之友會經常在《國家》和《新共和》刊登宣傳，指控胡佛「對布爾什維克主義充滿了難以化解的敵意」。報導內容引自 Fisher, *Famine in Soviet Russia*, 55-56.

8 Curtiss, *Russian Church and the Soviet State*, 67. 牧首通諭轉引自 Pipes, *Russia Under the Bolshevik Regime*, 343.

"Bolshevik Movements in Transcaucasia," and "The May Uprising in Armenia," *in The Republic of Armenia*, v. 3.

16 有關焚燒勞合．喬治和威爾遜的肖像，參見 Ullman, *Anglo-Soviet Accord*, v. 3, 318。「聖戰」說，轉引自 Kotkin, *Stalin*, v. 1, 369.

17 Ibid.，關於波蘇戰爭，詳見 Mawdsley, *Russian Civil War*, 253-57, Pipes, *Russia Under the Bolshevik Regime*, 187-92.

18 Ibid., 134-35。有關波蘭談判及勞合．喬治決定不協助白軍民眾撤離克里米亞，參見 Ullman, *Anglo-Soviet Accord*, v. 3, 310-12 and 311n.

第 21 章　農民起義

1 轉引自 Figes, in *Peasant Russia, Civil War*, 321。英語世界對俄國農民戰爭最完整的研究請見 Figes, *Peasant Russia, Civil War* (1988). Vladimir Brovkin 在 *Behind the Front Lines of the Civil War* (1994) 雖然不大重視農民游擊隊，他更能取得蘇維埃的資料。Mark Baker 最近更新了《烏克蘭戰爭與革命：哈爾科夫州農民的經歷》（War and Revolution in Ukraine: Kharkiv Province's Peasants' Experiences）的參考書目。亦可參考 Alessandro Stanziani, "De la guerre contre les blancs a la guerre contre les paysans (1920-1922)," in *L'Economie en Révolution*, pp. 281-304.

2 "Svodnaia Vedomost' raskhoda artilleriiskago imushchestva na grazhdanskuiu voinu / s 1 / II – 18 – IV 20 g.," in RGAE, 413-6-5, 82; and "Vedomost' Predmetam Artilleriiskogo Imushchestva Podlezhaschikh Zakazu," 7 October 1920, in RGAE, 413-6-10, 155 and back, 156 and back.

3 "Izvlechenie iz Obshei Svodnoi Vedomosti otdela Metalla V.S.N.Kh. Predmety vypisyvaemye dlia voennoi nadobnosti," 2 June 1920, in RGAE, 413-6-2, 27; "Svedeniia o vypolnenii plana SPOTEKZAKA po 1 Noiabria 1920 goda," in RGAE, 413-6-3, 3 and back; and "Vedemost' gruzov, pribyvshikh iz zagranitsei," 12 January 1921, in RGAE, 413-6-3, 28.

4 夏恩貝禮萊斯公司的合約收錄於 413-6-10, 63；克拉辛 1920 年 11 月 17 日發給齊采林的電報有提到長槍和彈藥合約。電報還轉發給列寧和托洛茨基。該電報及列寧與托洛茨基的回覆，均收錄於 RGAE, 413-3-10, 52-53, 57-59。LVG 合約概要請見 "Svedeniia o vypolnenii plana SPOTEKZAKA po 1 Noiabria 1920 goda"，收錄於 RGAE, 413-6-3, 2 (back), 3; 8 and back, 9 and back.

5 契卡 1920 年 7-11 月專為列寧準備的這些報告，均轉載於 Brovkin, *Behind the Front Lines*, 313, 320.

6 引自 ibid., 313; and Figes, *Peasant Russia, Civil War,* 260-62.

7 Pipes, *Russia Under the Bolshevik Regime*, 377.

8 引自 Werth, "The Dirty War," 101-02.

9 引自 Werth, "From Tambov to the Great Famine," in *Black Book of Communism*, 111. 奧夫謝延科的報告，轉引自 Figes, *People's Tragedy*, 754.

10 引自 Werth, "From Tambov to the Great Famine," 112。關於麵包配給量削減，參見 Pipes, *Russia Under the Bolshevik Regime*, 379.

11 轉引自 ibid., 383-84.

12 「我深信，」布爾什維克貿易使節團團長 Platon Kerzhentsev1921 年 3 月 16 日寫信給瑞典外交部長 Herman Wrangel 伯爵：「和俄國蘇維埃政府有商務關係的瑞典政府不會協助

於 PAAA, R 11207.

34 O'Connor, *Engineer of Revolution,* pp. 231-232.

第 20 章　共產國際

1 Werth, "The Red Terror," 68, 73-80.

2 數據取自 Pipes, *Russia Under the Bolshevik Regime*, 59-60.

3 這是列寧最有名的格言之一，但似乎沒有人確定他是何時說了這句格言，甚至不確定他到底有沒有說過。列寧全集裡找不到這句話。

4 關於貴金屬儲備庫的設立，參見 "Postanovlenie soveta narodnykh komissarov ob uchrezhdenii gosudarstvennogo khranilishcha tsennostei," 3 February 1920, type-signed by V. Ulyanov (Lenin) for Sovnarkom, in RGAE, 7632-1-1, 1。關於庫存清單，請見 "Spravka o nalichnosti tsennostei v kladovykh Gokhrana na 1-oe Dekabria 1920 g."，收錄於 RGAE, 7632-1-6, 17. 有關克拉辛的指示，參見他 1920 年 2 月 16 日發給貴金屬儲備庫彼得格勒總部的電報，收錄於 RGAE, 413-3-242, 46 and back.

5 有關克拉辛的信用額度，參見政治局 1920 年 6 月 10 日的會議紀錄，收錄於 RGASPI, 17-3-87。69 家瑞典工廠，參見《戰士信使報》1921 年 9 月 8 日報導「外國進口火車頭」。毛瑟槍，參見 Kopp 致 Lezhav 及其回覆，收錄於 RGAE, 413-6-10, 43-44, 47, 53。大衣用羊毛 ，參見 "Protokol no. 1 Zasedaniia pri Chusosnabarme ot 27-go Oktiabria 1920 g."，收錄於 RGAE, 413-6-2, 25; "Svedeniia o vypolnenii plana SPOTEKZAKA po 1 Noiabria 1920 goda"，收錄於 RGAE, 413-6-3, 1-2。皮靴，參見 "Svedeniia o vypolnenii plana SPOTEKZAKA po 1 Noiabria 1920 goda"，收錄於 RGAE, 413-6-3, 1 and back, 2 and back, 7 and back, 8 and back。"Protokol no. 1 Zasedaniia pri Chusosnabarme ot 27-go Oktiabria 1920 g."，收錄於 RGAE, 413-6-2, 25。羅氏藥廠藥物，合約簽署日期 1920 年 7 月 26 日，收錄於 RGAE, 413-6-8, 33-47.

6 Pipes, *Russia Under the Bolshevik Regime*, 179。彼得留拉和畢蘇斯基談判，參見 Ullman, *Anglo-Soviet Accord*, 46-47 and 47n86.

7 引自 ibid., pp. 51, 54.

8 轉引自 Pipes, *Russia Under the Bolshevik Regime*, 180。軍事方面的細節，參見 Mawdsley, *Russian Civil War*, 250-53.

9 關於第一次共產國際會議，參見 Julius Braunthal, *Geschichte der Internationale*, v. 2, 181 和 Angelica Balabanoff, *Impressions of Lenin*, 69-70.

10 McMeekin, *Red Millionaire*, 93-94.

11 轉引自 Pipes, *Russia Under the Bolshevik Regime*, 177.

12 二十一條款轉載於 Jane Degras, *The Communist International, 1919-1943: Documents*, v. 1, 166-72。關於第二次共產國際會議，參見 Braunthal, *Geschichte der Internationale*, v. 2, 189 and *passim.*

13 引自 Jeremy Agnew and Keven McDermott, *The Comintern. A History of International Communism from Lenin to Stalin*, 21. 有關第二次共產國際會議代表拿到鑽石，參見 Babette Gross, *Willi Münzenberg*, 99.

14 Max Barthel, *Kein Bedarf an Weltgeschichte*, 103-12。關於馬赫諾事件，亦可參見 Figes, *People's Tragedy*, 662.

15 亞美尼亞 1919 年同時派前外交使節拜訪高爾察克和鄧尼金，參見 Richard Hovannissian,

11 數據引自 Petroff, *Remembering a Forgotten War*, 171-173.

12 Mawdsley, *Russian Civil War*, 144-45.

13 Petroff, *Remembering a Forgotten War*, 173-79; and Pipes, *Russia Under the Bolshevik Regime*, 77-78.

14 Petroff, *Remembering a Forgotten War*, 198-200.

15 轉引自 Pipes, *Russia Under the Bolshevik Regime*, 79。關於白軍在巴黎的協商，參見 Uget' to Sazonov, 24 March 1919, in the Girs Collection, Hoover Institution Archives, box 1, folder labeled "Telegrams. From March 14, 1919 to April 22, 1919"；關於薩佐諾夫—賽克斯—皮科協定，參見 McMeekin, *Ottoman Endgame*, chapter 18.

16 Petroff, *Remembering a Forgotten War*, 202-04.

17 Pipes, *Russia Under the Bolshevik Regime*, 82-83.

18 數據引自 ibid., 74-75。有關白軍流亡君士坦丁堡的現象，參見 Nur Bilge Criss, *Istanbul Under Allied Occupation 1918-1923*.

19 關於這些衝突不斷的協商，參見 see Ullman, *Anglo-Soviet Accord*, v. 3, 20-23; Pipes, *Russia Under the Bolshevik Regime*, 88-89; Mawdsley, *Russian Civil War*, 205.

20 Ibid., 116-119.

21 Ullman, *Anglo-Soviet Accord*, v. 2, 258-65。有關拉伊多內和尤登尼奇的決裂，參見 McMeekin, *History's Greatest Heist*, chapter 6.

22 轉引自 Pipes, *Russia Under the Bolshevik Regime*, 90-91。關於畢蘇斯基和波蘭邊界問題，參見 Ullman, *Anglo-Soviet Accord*, v. 3, 20-21.

23 轉引自 Mawdsley, *Russian Civil War*, 172-73.

24 Vladimir Brovkin, *Behind the Front Lines of the Russian Civil War*, 106-112.

25 Pipes, *Russia Under the Bolshevik Regime*, 106-08, and Werth, "Dirty War," 95-96; and Oleg Budnitskii, *Russian Jews Between Reds and Whites, 1917-1920,* trans. Timothy Portice, 257 and passim.

26 Ullman, *Anglo-Soviet Accord*, 283-85.

27 Ibid., 285.

28 Pipes, *Russia Under the Bolshevik Regime*, 127-29; and, on Mamontov's raid, M. Beller and A. Burovskii, *Grazhdanskaia Istoriia bezumnoi voinyi*, 348 and *passim*. Oleg Budnitskii 在《夾在紅白軍之間的俄國猶太人》頁 271 有憑有據地指出，馬蒙托夫的部隊由於偏好燒殺擄掠，以致軍力削弱。

29 引自 Ullman, *Anglo-Soviet Accord*, v. 2, 306；英國記者的報導，參見 Pipes, *Russia Under the Bolshevik Regime*, 129.

30 Mawsdley, *Russian Civil War*, 223-24.

31 Petroff, *Remembering a Forgotten War*, 223-31.

32 Ibid., 250-53; and Pipes, *Russia Under the Bolshevik Regime*, 117-19。有關捷克斯洛伐克部隊和黃金儲備，參見 Budnitsky, "Kolchakovskoe Zoloto," in *Diaspora* IV (2002), 458, and *Den'gi russkoi emigratsii*。關於當時各種說法和傳言，參見紐約時報 1919 年 9 月 30 日「聊聊高爾察克的黃金」和 1920 年 1 月 30 日「據傳八名美國軍官遭到逮捕」（其中提到了貝加爾湖）。關於布爾什維克找回的黃金數量估計，參見 "Russia's Gold Reserve," in State Department Reports on Russia, National Archives Annex (NAA), M 316, roll 119.

33 參見德國駐斯德哥爾摩公使 Lucius von Stoedten 於 1919 年 10 月 16 日提交的報告，收錄

36; and R. F. Karpova, *L. B. Krasin, sovetskii diplomat*, 51。關於協約國情報，參見 *Echo de Paris* 19 June 1920, in QOURSS 481, 121.

13 參見瑞士情報單位 1919 年 4 月 1 日寄給公訴人的信件，收錄於 BB, E 21, 11427。 法國針對普拉廷被捕的報告，收入「變造與來源可疑之紙鈔流入法國」檔案中，收錄於 AN, F7 / 14769.

14 1919 年 3 月 5 日勞許自莫斯科發至柏林的電報，收錄於 DBB, R 901 / 81081, 199-201；1919 年 4 月 12 日勞許發自柏林的電報，收錄於 DBB, R 901 / 81082, 22-25.

15 貿易人民委員會 1919 年 3 月的進口計畫，收錄於 RGAE, 413-3-245, 109；貿易人民委員會 1919 年 5 月 20 日發給外交人民委員會 的信函及 6 月 8 日發出之「證明」，均收錄於 RGAE, 413-3-243, 65, 72, 175.

16 6342.5 萬盧布的經費要求與相關文件，收錄於 RGAE, 413-3-243, 161-162, 179, 238.

17 戰前貿易請見 Pasvolsky and Moulton, *Russian Debts and Russian Reconstruction*, pp. 28-41。1919 年的數據，參見 "Der Außenhandel Sowjetrußlands," *Beilage des 'Revaler Boten,'* 7 Dec. 1921 和 Georg Solomon, *Unter den Roten Machthabern*, 131-132.

18 Trotsky 的發言轉引自 Pipes, *Russian Revolution*, 703。從「無業者不得拒絕勞動令」、1918 年 9 月 3 日勞工人民委員會頒布的命令、10 月 18 日的「廢止工人掌控令」和「工會與國家雇員工會令」到蘇維埃人民委員會 10 月 31 日頒布的「全民義務勞動」令，以上重大命令均轉載於 Bunyan, *Foreign Intervention*, 407-08, 413, 417-19.

第 19 章　紅白對抗

1 1918 年 3 月 3 日簽署之「布列斯特－立陶夫斯克和約」第五條，轉載於 Wheeler-Bennett, *Forgotten Peace*, 406. Lenin quote: *op cit.*

2 引文及數據出自 Pipes, *Russia Under the Bolshevik Regime*, 51-53.

3 數據出自 Kotkin, *Stalin*, v. 1, 297.

4 Ullman, *Anglo-Soviet Accord*, v. 2, 6-7, 20-21, 233。 停火條件轉引自 Mawdsley, "Sea Change in the Civil War," in *Historically Inevitable*, 200-01。史達林和托洛茨基的爭執，參見 Kotkin, *Stalin*, v. 1, 300-07.

5 Mawdsley, *Russian Civil War*, 67-68; and Petroff, *Remembering a Forgotten War*, 80-81, 107-09.

6 引自 Ullman, *Anglo-Soviet Accord*, v. 2, 33-34 and 34 n55。雖然從未有確鑿證據顯示英國涉入其中，但諾克斯少將 1918 年 12 月 1 日卻遭英國外交部譴責，理由是其「近來在政治事務方面的行為……極度不慎」。較不強調諾克斯參與其中的說法可見 Mawdsley, "Sea Change in the Civil War," and Pipes, *Russia Under the Bolshevik Regime*, 39-42；較為批判的看法則可參考 Petroff, *Remembering a Forgotten War*, 113-25.

7 轉引自 Ullman, *Anglo-Soviet Accord*, v. 2, 30.

8 數據引自 Mawdsley, *Russian Civil War*, 144, 167.

9 "Svodnaia Vedomost' raskhoda artilleriiskago imushchestva na grazhdanskuiu voinu / s 1 / II – 18 – IV 20 g.," in RGAE, 413-6-5, 82; and "Vedomost' Predmetam Artilleriiskogo Imushchestva Podlezhaschikh Zakazu," 7 October 1920, in RGAE, 413-6-10, 155 and back, 156 and back.

10 數據引自 Petroff, *Remembering a Forgotten War*, 155; and Mawdsley, *Russian Civil War*, 163-164.

Greatest Spy. Andrew Cook 則對 Reilly 的行動持懷疑態度，見 *Ace of Spies. The True Story of Sidney Reilly*。

21 彼得羅夫斯基和捷爾任斯基 / 彼得斯的命令：轉引自 Werth, "Red Terror," 75-76。斯維爾德洛夫的發言：轉載於 Bunyan, *Foreign Intervention*, 237-38.

22 蘇維埃人民委員會 1918 年 9 月 5 日「合法化紅色恐怖」、《消息報》1918 年 9 月 10-29 日的「各州紅色恐怖」相關報導，以及「托洛茨基的發言」，均轉載於 Bunyan, *Foreign Intervention*, 239, 242-43, 301.

23 均引自 Werth, "Red Terror," 72-73, 78.

24 轉引自 Baumgart, *Deutsche Ostpolitik*, 116-17 and (for Caspian), 204-05.

25 Ibid., 116. Ludendorff: 轉引自 David Stevenson, *Cataclysm*, 468.

26 1918 年 10 月 10 日 A. Rosemeyer 從莫斯科寄往柏林的「副本」，收錄於 DBB, R 901 / 86976, 84-87；彼得格勒德國軍事使節團團長雷伊中尉（gez. Leutnant）1918 年 11 月 19 日發至彼得格勒，收錄於 PAAA, R 11207；Franz Rauch 自莫斯科返回柏林後，於 1919 年 4 月 12 日提交給德國外交部的報告，收錄於 DBB, R 901 / 82082, 22-25.

第四部 • 第 18 章　戰時共產主義

1 關於廢黜「工業」及銀行聯合集團，參見 "Spravka o sostoianii svobodnogo kredita chastnykh bankov po spets. Tek. Schetov…," 22 January 1918, in RGASPI, 670-1-15, 72。有關工廠關閉和裁員，參見 Pipes, *Russian Revolution*, 558 和 Sylvana Malle, *The Economic Organization of War Communism*, 50, 161.

2 "Svenskt motforslag. Avtal," 28 October 1918, with Russian translation, in RSU, box 4456, 153-158。走私現金到斯德哥爾摩，參見 "Stokgol'msky valiutny rynok v 1918 g.," in RGAE, 413-3-18, 11.

3 "Otchet torgovogo otdela pri Stokgol'mskoi missii RSFSR o deiatel'nosti za 1919 g.," in RGAE, 413-3-267, 65-68.

4 關於 1918-19 年的瑞典貨船，參見德國駐彼得格勒秘密情報員 1919 年元旦的報告，主題為「事由：與俄羅斯的貨物往來」，收錄於 DBB, R 901 / 81080, 316-317; and Soviet import table in RGAE, 413-3-242, 9.

5 蘇維埃人民委員會 1918 年 8 月 8 日頒布「國家經濟最高委員會之功能」，轉載於 Bunyan, *Foreign Intervention*, 405-06.

6 國家經濟最高委員會雇員人數，參見 Pipes, *Russian Revolution*, 691.

7 1920 年 4 月 15 日美國紅十字會駐歐專員 Robert E. Olds 寄給 Livingston Farrand 博士的書信，收錄於 RSU, HP 494。有關工業生產指數，參見 Pipes, *Russian Revolution*, 696.

8 Ibid., 686；貨幣流通數據，參見索科利尼科夫 1922 年 2 月 9 日對政治局報告， 收錄於 RGASPI, 670-1-25, 11-13.

9 1920 年 4 月 15 日 Robert E. Olds 寄給 Livingston Farrand 博士，收錄於 *op cit*.

10 Ibid.；彼得格勒的狀況，參見 Figes, *People's Tragedy*, 605.

11 克拉辛的書信引自 Lubov Krassin, in *Leonid Krassin: His Life and Work*, 105。 索羅門的發言，引自 *Unter den Roten Machthabern*, 131.

12 Krasin, *Voprosy vneshnei torgovli*, pp. 245-249; and *O vneshnei torgovle i otnoshenii k nei russkoi kooperatsii*, pp. 20-21. See also O'Connor, *The Engineer of Revolution,* 159, 235-

第 17 章　喘息

1 Baumgart, *Deutsche Ostpolitik*, 124-29, 162, and Ullman, *Anglo-Soviet Accord*, v. 1, 187。內政部長跳窗而逃，見 Wheeler-Bennett, *Forgotten Peace*, 322。關於斯科羅帕德斯基政權，參見A. N. Artizov, *Getman P. P. Skoropadskii Ukraina na perelome 1918 god* (Rosspen, 2014).

2 引自 Wheeler-Bennett, *Forgotten Peace*, 331, 335; and Baumgart, *Deutsche Ostpolitik*, 80.

3 引自 Pipes, *Russian Revolution*, 633-34.

4 喀山的黃金儲備，參見 Charles Westcott, "Origin and Disposition of the Former Russian Imperial Gold Reserve," 21 April 1921, in NAA, M 316, roll 120。彼得格勒爆發霍亂及人口減少，參見 Alexander Rabinowitch, *The Bolsheviks in Power*, 256-59.

5 見 McMeekin, *History's Greatest Heist*, chapter 5.

6 引自 Wheeler-Bennett, *Forgotten Peace*, 338-39; and (for Trotsky), Rabinowitch, *Bolsheviks in Power*, 289.

7 Pipes, *Russian Revolution*, 646-49。薩溫科夫的反布爾什維克計畫，亦可參見 Ullman, *Anglo-Soviet Accord*, 189-90, 230-31; Baumgart, *Deutsche Ostpolitik*, 228.

8 Pipes, *Russian Revolution*, 641-42。刺殺米爾巴赫，亦可參見 Baumgart, *Deutsche Ostpolitik*, 224 and n50.

9 Riezler: 轉引自 Baumgart, *Deutsche Ostpolitik*, 225.

10 Pipes, *Russian Revolution*, 640-43; Wheeler-Bennett, *Forgotten Peace*, 337-38.

11 《新生活報》1918 年 7 月 14 日報導「莫斯科處決起事首犯」及《真理報》7 月 26 日報導「雅羅斯拉夫處決人犯」，均轉載於 Bunyan, *Foreign Intervention,* 227-28。482 人遭處決，出自《共產黑皮書》Nicolas Werth, "The Red Terror," in *Black Book of Communism*, 73.

12 Edvard Radzinsky, "Rescuing the Tsar and His Family," in *Historically Inevitable?,* 163-77.

13 「尤羅夫斯基記述處決王室成員」出自 Steinberg and Khrustalëv, *The Fall of the Romanovs*, pp. 353-354.

14 Pipes, *Russian Revolution*, pp. 779-780.

15 O'Connor/Sokolov, *Sokolov Investigation*, pp. 91-107。掩埋屍體，參見「尤羅夫斯基記述處決王室成員」，*op cit.*

16 列別捷夫向薩馬拉政府報告「奪取喀山的黃金儲備」，轉載於 Bunyan, *Foreign Intervention*, 292。托洛茨基 1918 年 8 月 14 日下令「處決逃兵」，轉載於 Bunyan, *Foreign Intervention*, 301.

17 1918 年 8 月 27 日簽署的增修條款，以及「金融協議」和 Hintze 發給越飛的「附註」，均轉載於 Wheeler-Bennett, *Forgotten Peace*, 427-446。俄國 1918 年 9 月 10 日和 30 日開往柏林柏林的賠償船，參見 1919 年 4 月 7 日德國外交部針對布列斯特—立陶夫斯克條約增修條款的檢討報告「有關我方與俄羅斯貿易關係之紀錄」，收錄於 DBB, R 901 / 81069, 339-345.

18 引自 Nick Lloyd, *Hundred Days*, 139-40.

19 轉引自 Nicolas Werth, "The Red Terror," 71；1918 年 8 月 7 日「協約國武裝介入計畫」，轉載於 Bunyan, *Foreign Intervention*, 111 和 Baumgart, *Deutsche Ostpolitik*, 109-17.

20 見 Martin Sixsmith, "Fanny Kaplan's Attempt to Kill Lenin. August 1918," in *Historically Inevitable*, 178-199. 關於「洛克哈特陰謀」Michael Kettle 認為不假，但他認為英國間諜 Sidney Reilly 才是背後主謀。見 Kettle, *Sidney Reilly. The True Story of the World's*

3 德國軍方 1918 年 1 月 22 日、2 月 2 日和 12 日於柏林提交的戰情報告，收錄於 BA / MA, RM 5 / 4065。關於加米涅夫，參見德國駐斯德哥爾摩情報員 1918 年 2 月 18 日發出的報告，收錄於 BA / MA, RM 5 / 4065.

4 Ullmann, *Anglo-Soviet Accord*, v. 1, 89-92.

5 引自 Baumgart, *Deutsche Ostpolitik*, 23-25.

6 V. I. Lenin, *Sochineniia*, vol. 22, p. 231。關於德國情報單位的報告，參見德國駐彼得格勒情報員 1918 年 2 月 1 日發出的報告及 2 月 6 日發出的兩份報告，均收錄於 BA / MA, RM 5 / 4065.

7 轉引自 Wheeler-Bennett, *Forgotten Peace*, 232。「布爾什維克是老虎」轉引自 Pipes, *Russian Revolution*, 586.

8 轉引自 Bunyan and Fisher, *Bolshevik Revolution 1917-18*, 512.

9 引自 Wheeler-Bennett, *Forgotten Peace*, 245, 258-59.

10 轉引自 Wheeler-Bennett, *Forgotten Peace,* 246.

11 Ibid., 258-59; Bunyan and Fisher, *Bolshevik Revolution 1917-18*, 519-20。投票支持列寧的包括史達林、季諾維也夫、索科利尼科夫、 斯米爾加、斯維爾德洛夫和艾蓮娜．斯塔索夫，反對的有布哈林、布勃諾夫、洛莫夫和烏里茨基，棄權的為托洛茨基、越飛、捷爾任斯基和克列斯京斯基（Nikolai Krestinsky）。加米涅夫人在斯德哥爾摩，預備前往倫敦執行外交工作。

12 Baumgart, *Deutsche Ostpolitik*, 119-27.

13 和約條文英譯轉載於 Wheeler-Bennett, *Forgotten Peace*, 403-08。關於經濟特許權，參見 McMeekin, *History's Greatest Heist*, chapter 5 和 Pipes, *Russian Revolution*, 595.

14 引自 Wheeler-Bennett, *Forgotten Peace*, 260, 279.

15 引自 Ullman, *Anglo-Soviet Accord*, v. 1, 124-25; and (for Robins), Pipes, *Russian Revolution*, 597-98。列寧 1918 年 2 月 10 日的「俄羅斯國債作廢令」轉載於 Bunyan and Fisher, *Bolshevik Regime 1917-18*, 602.

16 成立紅軍及撥款兩千萬盧布建軍的命令，現保存於 RGVA, fond 1, opis 1 ("Kantselariya")。其他關鍵日期及事件，參見 Jacob W. Kipp, "Lenin and Clausewitz: The Militarization of Marxism, 1914-21," in *Military Affairs*, v. 49, no. 4 (October 1985): 188.

17 Baumgart, *Deutsche Ostpolitik*, 119-27。關於羅馬尼亞，參見 Cristian Paunescu and Marian Stefan, *Tezaurul Bancii Nationale a Romaniei la Moscova -Documente-*.

18 "Augenblicklichen Lage im Kaukasus," 6 April 1918, in BA / MA, RM 40 / 215; and Pomiankowski, *Zusammenbruch des Ottomanischen Reiches*, 335.

19 Ullman, *Anglo-Soviet Accord*, v. 1, 146-51.

20 Serge P. Petroff, *Remembering a Forgotten War*, 1-2.

21 Stalin to Czechoslovak National Council, 26 March 1918; 轉載於 Bunyan, *Foreign Intervention*, 81 and *passim.*

22 Pipes, *Russian Revolution*, 631-32; Petroff, *Remembering a Forgotten War*, 9.

23 關於制憲議會委員會的成立，參見 Pipes, *Russian Revolution*, 630-31.

16 基里連科 1917 年 12 月 8 日 / 21 日下達一九〇一八號命令；11 月 27 日 / 12 月 10 日 Novitskii 第六五四四號電報、11 月 28 日 / 12 月 11 日 Lukirskii 第六〇三三號電報及相關檔案，收錄於 GARF, fond P375, opis' 1, del. 8, list' 1, 3, 8 (and back), 9 (and back).

17 轉引自 Wheeler-Bennett, *Forgotten Peace*, 79。有關德國情報，參見日期為 1917 年 11 月 17 日 /30 日的「Russland – Inneres 」報告，收錄於 BA / MA, RM 5 / 2596.

18 更多關於協商與和談的概要，請見 Bunyan and Fisher, *Bolshevik Revolution 1917-18*, 259-61.

19 Citation in Wheeler-Bennett, *Forgotten Peace*, 86-87.

20 條約中的技術性條款保存於弗萊堡的德國軍事檔案館， BA / MA, RM 5 / 2596。關於親善（fraternization） 和政治宣傳，參見 Wheeler-Bennett, *Forgotten Peace*, 92-94.

21 托洛茨基 12 月 4 日 /17 日無線電廣播的德語翻譯，轉載於 BA / MA, RM 5 / 2596。他 11 月 23 日受邀參與協約國談判及 12 月 8 日 / 23 日演講，轉載於 Bunyan and Fisher, *Bolshevik Revolution 1917-18*, 270-71.

22 越飛（12 月 9 日 / 22 日）開出的條件和 Ottokar Czernin 伯爵代表奧德兩國擬定的回覆，轉載於 Bunyan and Fisher, *Bolshevik Revolution 1917-18*, 477-80. 有關 Stashkov，參見 Wheeler-Bennett, *Forgotten Peace*, 114.

23 拉狄克和 von Lucius 於斯德哥爾摩的「極機密」談話，1917 年 12 月 8 日 / 21 日及德國駐彼得格勒情報員 12 月 9 日 /22 日和 10 日 /23 日的報告，均收錄於 BA / MA, RM 5 / 2596。有關俄軍潰散，參見德國駐布列斯特—立陶夫斯克情報員 1917 年 12 月 29 日 /1918 年 1 月 11 日的報告，收錄於 *op cit*。 德軍 1917 年 12 月 21 日 / 1918 年 1 月 3 日的「戰情匯報」，收錄於 BA / MA, RM 5 / 4065。托洛茨基的發言，轉引自 Wheeler-Bennett, *The Forgotten Peace*, 115.

24 德國駐彼得格勒情報員 1917 年 12 月 14 日 / 27 日的報告，收錄於 BA / MA, RM 5 / 2596。外高加索聯邦共和國的部分，參見 Reynolds*, Shattering Empires*, 175-76.

25 十四點和平原則目前在網路上很容易找到，例如 http://avalon.law.yale.edu/20th_century/wilson14.asp

26 引自 Wheeler-Bennett, *Forgotten Peace*, 173-75; and Pipes, *Russian Revolution*, 581。布列斯特—立陶夫斯克軍方高層取得一份日期為 1917 年 12 月 25 日 / 1918 年元月 7 日的布爾什維克宣傳小冊，收錄於 BA / MA, RM 5 / 4065.

27 Pipes, *Russian Revolution*, 552-55。德國非常清楚制憲會議的解散過程，參見德國情報員 1918 年 1 月 5-6 日 / 18-19 日的報告，收錄於 BA / MA, RM 5 / 4065.

28 列寧對「和談」的論點，轉載於 Bunyan and Fisher, *Bolshevik Revolution 1917-18*, 500-02。其餘轉引自 Wheeler-Bennett, *Forgotten Peace*, 185-86 和 Winfried Baumgart, *Deutsche Ostpolitik*, 21.

29 引自 Wheeler-Bennett, *Forgotten Peace*, 152, 226-28; and Pipes, *Russian Revolution*, 584。德國情報單位對基輔困局的掌握，參見德國情報員於 2 月 2 日、12 日和 13 日的報告，收錄於 BA / MA, RM 5 / 4065.

第 **16** 章　谷底的俄羅斯

1 德國軍方 1918 年 1 月 9 日 / 22 日於柏林提交的戰情報告，收錄於 BA / MA, RM 5 / 4065。1918 年 2 月 8 日 Lindley 自彼得格勒發給 Arthur Balfour 的報告，收錄於 PRO, FO 371 / 3294.

2 Pipes, *Russia Under the Bolshevik Regime*, 15-23.

FO 371 / 3294；「打開銀行保險箱」以附件收錄於布坎南爵士 1918 年 1 月 5 日發出的商務報告中，現存於 PRO, FO 371 / 3294；莫斯科英國總領事館 1918 年 1 月 28 日由彼得格勒的林德利（F.O. Lindley）轉寄至倫敦的報告，收錄於 PRO, FO 368 / 1965.

第 15 章　停火

1 派普斯 1990 年出版的經典之作《俄國革命》便是典型的例子。他在描述了布倫斯基策劃的攻勢失敗之後，接著便寫道（418）「由於帝俄軍隊 1917 年 7 月後不再有大規模軍事行動，因此現在可以來算算俄國在一次世界大戰的死傷人數了」。晚近軍史學家的著作，例如大衛．史東的《大戰中的俄國軍隊》，對於俄國 1917 年在戰場上的狀況就掌握得正確許多。

2 特別軍（沃羅賓）1917 年九月 11 日 / 24 日、16 日 / 29 日和 21 日 / 10 月 4 日的戰場報告，收錄於 RGVIA, fond 2067, opis' 1, del' 397, list' 375, 407, 453, 503；10 月 14、18、25 和 26 日的戰場報告則收錄於 RGVIA, fond 2067, opis' 1, del' 398, list' 99, 162, 241, 255.

3 引自 Wildman, *End of the Russian Imperial Army*, v. 2, 314-15.

4 引自 ibid., 316-17.

5 列寧、托洛茨基和基里連科 1917 年 11 月 8 日 / 21 日以無線電報通知最高指揮部，「命令杜霍寧展開停火談判」，以及 11 月 9 日 / 22 日上午兩點杜霍寧於專線對話中「拒絕」，均轉載於 Bunyan and Fisher, *Bolshevik Revolution 1917-1918*, 233-34。有關杜霍寧的狀況，參見 Wildman, *End of the Russian Imperial Army*, v. 2, 380.

6 Kurt Riezler1917 年 11 月 13 日 / 26 日發自斯德哥爾摩，並轉寄各地德國使館及領事館，收錄於 PAAA, R 2000。列寧 10 月 26 日對第二次蘇維埃代表大會、托洛茨基和協約國大使講話，引自 Wheeler-Bennett, *Forgotten Peace*, 69-71.

7 「杜霍寧的拒絕」：*op cit.*

8 《消息報》1917 年 11 月 9 日 / 22 日報導「列寧要求士兵和敵軍談判」，參見 Bunyan and Fisher, *Bolshevik Revolution 1917-1918*, 236.

9 1917 年 11 月 8 日 /21 日無線電報「全軍委員會告士兵書」，轉載於 Bunyan and Fisher, *Bolshevik Revolution 1917-18*, 240。關於杜霍寧和協約國武官，參見 Wheeler-Bennett, *Forgotten Peace*, 72-73.

10 1917 年 11 月 10 日 /23 日「協約國軍事代表團抗議」及 11 月 11/24 日「托洛茨基回應」，均轉載於 Bunyan and Fisher, *Bolshevik Revolution 1917-18*, 245-46。關於托洛茨基竊取檔案櫃資料，詳情參見德國駐彼得格勒情報員 1917 年 11 月 16 日 / 29 日發出的報告：BA / MA, RM 5 / 2596.

11 1917 年 11 月 14 日 /27 日「《消息報》評論法國與美國的紀錄」，轉載於 Bunyan and Fisher, *Bolshevik Revolution 1917-18*, 250-51.

12 1917 年 11 月 13 日 / 26 日「基里連科二號命令」，轉載於 Bunyan and Fisher, *Bolshevik Revolution 1917-18*, 256。基里連科 11 月 15 日 / 28 日下達親善令，轉引自 Wheeler-Bennett, *Forgotten Peace*, 75.

13 Wildman, *End of the Russian Imperial Army*, 401。Wildman 引用的是基里連科支持者的證詞，因為杜霍寧那一方沒有倖存者能回憶他們的遭遇。

14 德國情報單位 1917 年 11 月 27 日 / 12 月 10 日及 12 月 4 日 / 17 日的報告，收錄於 BA / MA, RM 5 / 2596。關於得文斯科，參見德國駐布列斯特—立陶夫斯克情報員 1917 年 12 月 29 日 /1918 年 1 月 11 日的報告，收錄於 BA / MA, RM 5 / 4065.

15 德國情報單位 1917 年 11 月 27 日 / 12 月 10 日的報告，*op cit.*

6 Krasnov, "The Advance on Tsarskoe Selo," 轉載於 ibid., 150.

7 1917 年 10 月 29 日 / 11 月 11 日的「拯救國家與革命委員會命令」及其「公告」均轉載於 ibid., 151.

8 1917 年 10 月 31 日「克拉斯諾夫的和平提案」和克倫斯基的電報均轉載於 ibid., 165.

9 轉引自 Wildman, *End of the Russian Imperial Army*, v. 2, 336.

10 「10 月革命在薩拉托夫」出自 Mikhail Vasiliev-Iuzhin 回憶錄，轉載於 Daly and Trofimov, *Russia in War and Revolution*, 117-20.

11 「1917 年 12 月在維阿提加州建立布爾什維克政權」及「1917 年 12 月一名布爾什維克煽動者在彼爾姆州」，均出自 ibid., 120-24。有關彼爾姆省的「酒醉屠殺」，參見 1917 年 11 月 9 日 / 22 日最高司令部接獲的軍情報告，收錄於 RGVIA, fond 2031, opis' 1, del. 6, list' 150.

12 Mikhail Vasiliev-Iuzhin 回憶錄 , *op cit*。柯尼洛夫出逃，參見 Mawdsley, *Russian Civil War*, 27.

13 1917 年 10 月 28 日 / 11 月 10 日《人民意志報》刊登「彼得格勒政府雇員罷工」決議，轉載於 Bunyan and Fisher, *Bolshevik Revolution 1917-1918*, 225.

14 1917 年 10 月 29 日 / 11 月 11 日「俄羅斯全國鐵路工人工會中央委員會結束內戰最後通牒」，轉載於 Bunyan and Fisher, *Bolshevik Revolution 1917-18*, 155。更多關於俄羅斯全國鐵路工人工會中央委員會及鐵路罷工的細節，請見 Shapiro, *Russian Revolutions of 1917*, 141-45.

15 1917 年 10 月 28 日 / 11 月 10 日《人民事業》報導「政府雇員罷工擴散」及 11 月 8 日 / 21 日報導「罷工的理由」，均轉載於 ibid., 226-27; and McMeekin, *History's Greatest Heist*, 15.

16 轉引自 ibid., 11.

17 Pipes, *Russian Revolution*, 528.

18 F. O. Lindley, "Report on Recent Events in Russia," 12/25 November 1917, in PRO, FO 3000 / 3743.

19 V. Obolensky-Osinsky, "How We Got Control of the State Bank," 轉載於 Bunyan & Fisher, *Bolshevik Revolution 1917-18*, 319.

20 Ibid.「每個人頭一百萬盧布，只收現金」，參見 Lindley, "Report on Recent Events in Russia," *op cit*。五百萬盧布的條件也得到德國情報員 1917 年 11 月 17 日 / 30 日的報告證實，收錄於 BA / MA, RM 5 / 2596.

21 彼得格勒俄英銀行經理 1918 年 1 月 24 日寄給倫敦辦公室的信件，並轉寄給英國外交部，收錄於 PRO, FO 371 / 3701；「銀行立場」以附件收錄於布坎南爵士 1918 年 1 月 6 日發出的商務急件中，現存於 PRO, FO 371 / 3294.

22 尼可拉・韋爾特（Nicolas Werth）合著之《共產主義黑皮書》〈無產階級的專政鐵腕〉頁 103 引用了這段話。

23 Tony Brenton, "The Short Life and Early Death of Russian Democracy," in *Historically Inevitable?*, 155-56.

24 "Proekt dekreta o provedenii v zhizn' nationalizatsii bankov i o neobkhodimykh v sviazi s etim' merakh'," 14/27 December 1917, in RGASPI, 670-1-35, 19-21; "Naimenovanie Bankov. Adres'. NoNo Telefonov…," and Undated Doklad, circa late December 1917, "Upravliaiushchemu Komissariatom byvsh. chastnykh bankov tov. Sokolnikovu," all in RGASPI, 670-1-35, 5-8 (and backs), 54.

25 「銀行立場」以附件收錄於布坎南爵士 1918 年 1 月 6 日發出的商務急件中，現存於 PRO,

and Fisher, *Bolshevik Revolution 1917-1918*, 85-91.

29 1917 年 10 月 24 日 / 11 月 6 日「軍事革命委員會聲明」，以及同日列寧發信「催促立刻奪權」，均轉載於 Bunyan and Fisher, *Bolshevik Revolution 1917-1918*, 95-96。列寧躲過警戒隊，參見 Figes, "The 'Harmless Drunk,'" in *Historically Inevitable?*, 123.

30 審慎檢視現有資料，對於週二深夜發生的事件的最佳描述出自 Pipes, *Russian Revolution*, 490-91。關於克倫斯基亦可參考 Abraham, *Kerensky*, 316 and *passim*.

31 10 月 25 日 / 11 月 7 日早晨，列維茨基以專線向杜霍寧報告「判亂狀況」，以及同日上午 10:15，波科夫尼可夫以專線向最高司令部報告，均轉載於 Bunyan and Fisher, *Bolshevik Revolution 1917-1918*, 98-99.

32 關於列維茨基以專線向杜霍寧報告 ibid., 98–99.

33 Ibid., and Mel'gunov, *Kak bol'sheviki zakhvatili vlast'*, 106-07.

34 轉引自（包括強暴報告）Pipes, *Russian Revolution*, 494-96。更多關於攻擊行動的細節，亦可參考 "The Action of the Cruiser 'Aurora'" and "The Taking of the Winter Palace," 轉載於 Bunyan and Fisher, *Bolshevik Revolution 1917-1918*, 107, 116-17.

35 1917 年 11 月 8 日《人民事業》報導「11 月 7 日的彼得格勒」，參見 Bunyan and Fisher, *Bolshevik Revolution 1917-1918*, 105 和 Pipes, *Russian Revolution*, 495.

36 German agent report from Petrograd, 2/15 November 1917; German intelligence summary of Russian press reports, compiled in Stockholm on 18 October / 1 November and 31 October / 12 November, 1917; and from Haparanda, 4/17 October 1917; and from Stockholm, 16/29 September 1917, 均收錄於 BA / MA, RM 5 / 2596.

37 Pipes, *Russian Revolution*, 502. Pipes 堅持莫斯科的布爾什維克組織叫做「莫斯科革命委員會」，而非「軍事革命委員會」，因為該組織並未得到莫斯科蘇維埃授權。但委員會的檔案（收藏於 GARF）顯示他們仍自稱「軍事革命委員會」。

38 莫斯科軍事革命委員會 1917 年 11 月 1 日命令 "vsem' revolyutionnyim' voiskam' Moskovskago Garnizona"、"Prikaz' 1-oi zapasnoi artileriiskoi brigad'"、"Prikaz' 2-oi artilleriiskog kolon'" 和 "Prikaz' v' polkovoi Komitet 193 pekhotnago zapasnago polka"，以及軍事革命委員會 1917 年 10 月 31 日局勢報告，均收錄於 GARF, Fond P1, opis' 1, del' 3, list' 63, 66, 69, 75, 94。亦可參見 Edward Dune, *Notes of a Red Guard*, trans. Diane Koenker and S. A. Smith, 58-73.

39 "Prikaz' vsem' voiskam' Voenno-Revolyutsionnago Komiteta," 2 November 1917, 3 and 5 November 1917, in GARF, Fond P1, opis' 1, del' 3, list' 117, 135, 161.

第 14 章　大罷工

1 引自 Figes, "The 'Harmless Drunk,'" in *Historically Inevitable?*, 138.

2 1917 年 10 月 26 日 / 11 月 8 日決議「廢除死刑」「各州將治權移交給蘇維埃」及「和平宣告」均轉載於 Bunyan and Fisher, *Bolshevik Revolution 1917-1918*, 124-28

3 參見 Pipes in *Russian Revolution*, 499。1917 年 10 月 26 日 / 11 月 8 日頒布之「土地命令」全文，轉載於 Bunyan and Fisher, *Bolshevik Revolution 1917-1918*, 128-32.

4 「蘇維埃人民委員」轉載於 ibid., 133-38.

5 1917 年 10 月 26 日 / 11 月 7 日 Lukirskii 致杜霍寧，以及 10 月 27 日 /11 月 8 日克倫斯基致切列米索夫和切列米索夫致第一、第五與十二軍軍長的電文，均轉載於 Bunyan and Fisher, *Bolshevik Revolution 1917-1918*, 143-45.

9 轉引自 Mawdsley, *Russian Revolution and the Baltic Fleet*, 96。關於德國間諜，參見駐斯德哥爾摩情報員 9 月 16 日 / 29 日回報，收錄於 BA / MA, RM 5/2596。有關海神之子行動，參見 Stone, *Russian Army in the Great War*, 299-304.

10 Pipes, *Russian Revolution*, 466-67.

11 切爾諾夫證詞，收錄於 RGASPI, fond 4, opis' 3, del' 41, 308-09.

12 列別捷夫證詞，收錄於 RGASPI, fond 4, opis' 3, del' 41, 325.

13 轉引自 Melgunov, *Kak Bol'sheviki zakhvatili vlast'*, 13.

14 克倫斯基 1917 年 9 月 14 日 /27 日對彼得格勒全俄民主組織代表大會講話，轉載於 *Kerensky and Browder, Russian Provisional Government*, v. 3, 1674-75；關於爆炸性的後半段發言（克倫斯基的版本完全刪除了這部份），參見 Golder, *Documents of Russian History*, 544-45。加米涅夫的「布爾什維克決議」轉載於 Golder, *Documents of Russian History*, 551-53.

15 1917 年 9 月 9 日「艾列克謝耶夫請辭」，轉載於 Kerensky and Browder, *Russian Provisional Government*, v. 3, 1621.

16 有關莫斯科大選數據，參見 Matthew Rendle, "The Problem of the 'Local' in Revolutionary Russia: Moscow Province, 1914-22," in Babcock et al, eds., *Russia's Home Front in War and Revolution*.

17 參見保存於名為 "Telegramma nachal'nika Petrogradskoi militsii vsem komissaram o poluchenii ordera…na arrest V. I. Ul'yanova (Lenina)…obvinyaemogo po delu o vooruzhennom vosstanii 3(16)-5(18) iyulya 1917 g. v Petrograde," 的檔案匣裡的檔案，收錄於 RGASPI, fond 4, opis' 3, del' 45.

18 見 Wildman, *End of the Russian Imperial Army*, 270-77.

19 列寧 1917 年 9 月 29 日 /10 月 12 日「危機已經成熟」，收錄於 *V. I. Lenin. Selected Works*, v. 6, 231-32.

20 1917 年 9 月 21 及 23 日蘇維埃會議逐字稿，出自《消息報》，轉載於 *Petrogradskii Sovet rabochikh i soldatskikh deputatov*, eds. B. D. Galperina and V. I. Startsev, v. 4, 382-85.

21 "Otchet 'Petrogradskoi gazetyi' ob obshchem sobranii," October 3, 1917, 轉載於 ibid., 446-48.

22 布爾什維克中央委員會 10 月 10 日舉行的關鍵會議的逐字稿，轉載於 Kerensky and Browder, *Russian Provisional Government*, v. 3, 1762-63 及 Bunyan and Fisher, 56-58。加米涅夫的反對，轉引自 Figes, "The 'Harmless Drunk,'" *in Historically Inevitable?*, 132.

23 Sukhanov, *Russian Revolution 1917*, 562；關於 10 月 18 日，轉引自 Pipes, *Russian Revolution*, 480.

24 克倫斯基發給倫敦的密電，轉引自 Abraham, *Kerensky,* 313。致布坎南（約於 1917 年 10 月 3–4 日 / 16–17 日），轉引自德國駐斯德哥爾摩情報員 1917 年 10 月 17 日 / 30 日回報之 10 月 5 日 /18 日的報告，收錄於 BA / MA, RM 5 / 2596.

25 Ibid. 克倫斯基發布新通緝令，參見德國駐彼得格勒情報員 1917 年 10 月 26 日 / 11 月 8 日發出的報告，收錄於 BA / MA, RM 5 / 2596. 克倫斯基告訴布坎南的話，轉引自 Pipes, *Russian Revolution*, 477-78.

26 引自 Wildman, *End of the Russian Imperial Army*, v. 2, 291-92.

27 Ibid., 293; and Abraham, *Kerensky*, 315.

28 1917 年 10 月 24 日 / 11 月 6 日「彼得軍區司令官命令」，以及克倫斯基 1917 年 10 月 24 日 / 11 月 6 日對臨時議會演說，宣布「彼得格勒進入叛亂狀態」，兩者均轉載於 Bunyan

24 Ibid., 1550-51.

25 1917 年 9 月 12 日薩溫科夫接受《證券交易新聞報》記者採訪時做出的「聲明」，轉載於 Kerensky and Browder, *Russian Provisional Government*, v. 3, 1554-55.

26 「盧孔斯基將軍的說法」，*op cit*；「李洛夫的回憶錄」轉載於 Kerensky and Browder, *Russian Provisional Government,* v. 3, 1563。兩人說法的主要差異為盧孔斯基宣稱會面時間為 8 月 25 日清晨，而非 8 月 24 日晚上十點。

27 「克倫斯基敘述他和李洛夫第二次會面及他和柯尼洛夫的休士印字電報談話內容」，轉載於 Kerensky and Browder, *Russian Provisional Government*, v. 3, 1568-69.

28 普斯科夫北方軍司令部收到克倫斯基 1917 年 8 月 27 日發出的無線電報原件，收錄於 RGVIA, fond 2031, opis' 1, del' 1558, list' 7-9。詳情參見 Pipes, *Russian Revolution*, 456-57.

29 普斯科夫北方軍司令部收到柯尼洛夫的回覆電報原件，收錄於 RGVIA, fond 2031, opis' 1, del' 1558, list' 36, 38, 39, 40. On Savinkov's attempted intervention, see "Statement of Savinkov," *op cit*.

30 Pipes, *Russian Revolution*, 461-62.

31 盧孔斯基 1917 年 8 月 27 日下午一點發給克倫斯基（並轉發給所有前線指揮官）的電文，收錄於 RGVIA, fond 2031, opis' 1, del' 1558, list' 31-33；艾列克謝耶夫和柯尼洛夫 8 月 30 日下午一點至三點的談話逐字稿，收錄於 RGVIA, fond 2031, opis' 1, del' 1558, list' 81-82 (and backs).

32 1917 年 8 月 29 日《消息報》報導「武裝各工人團體」及 8 月 31 日報導「協議釋放因 7 月事件遭到逮捕的部分人士」，轉載於 Kerensky and Browder, *Russian Provisional Government*, v. 3, 1590-91.

第 13 章　紅色 10 月

1 1917 年 8 月 12 日 25 日 Men'chukov 於沃羅賓回報，收錄於 RGVIA, fond 2067, opis' 1, del' 397, list' 136；斯維欽 1917 年 7 月 28 日於得文斯科回報，收錄於 RGVIA, fond 2031, opis' 1, del' 1555, list' 163-65。

2 盧孔斯基 1917 年 8 月 27 日致電克倫斯基，*op cit*；1917 年 8 月 28 日巴魯列夫於西方軍司令部及謝爾巴喬夫於羅馬尼亞前線司令部發出的電文，收錄於 RGVIA, fond 2031, opis' 1, del' 1558, list' 26-27, 29。鄧尼金的發言轉引自 Wildman, *End of the Russian Imperial Army*, v. 2, 197.

3 1917 年 9 月 1 日 / 14 日至 15 日 / 28 日，俄國士兵信中對「柯尼洛夫事件」的看法「摘錄」，收錄於 RGVIA, fond 2031, opis' 1, del' 1181, list' 378-385 (and backs).

4 1917 年 9 月 6 日 / 19 日、11 日 / 24 日、16 日 / 29 日、21 日 / 10 月 4 日 Men'chukov 於沃羅賓回報，收錄於 RGVIA, fond 2067, opis' 1, del. 397, list' 344, 375, 407, 453.

5 Wildman, *End of the Russian Imperial Army*, v. 2, 201.

6 斯維欽 1917 年 9 月 1 日 / 14 日於得文斯科回報，收錄於 RGVIA, fond 2031, opis' 1, del. 1555, list' 240 and back.

7 帕斯基 1917 年 9 月 28 日回報第十二軍士氣，收錄於 RGVIA, fond 2013, opis' 1, del' 1543, list' 14-18.

8 俄國軍情單位 1917 年 10 月 2 日至 13 日報告「前線部隊狀況」，轉載於 Bunyan and Fisher, *Bolshevik Revolution 1917-1918*, 24.

Russian Provisional Government, v. 3, 1367, 1370-77。著重部分為作者標明。

3 Sukhanov, *The Russian Revolution 1917*, 471.

4 1917 年 7 月 7 日 / 20 日《新時代》報導「佩洛夫爾茲夫對指控的評論」，轉載於 Kerensky and Browder, *Russian Provisional Government*, 1367 及 Bonch-Bruevich, *Na boevyikh postakh*, 89-90。尼基丁的看法參見 *Fatal Years*, 169.

5 1917 年 7 月 8 日 / 21 日《新時代》報導「捷列先科、涅卡索夫和克倫斯基對布爾什維克所受之指控及平反佩洛斐澤夫的看法」，轉載於 Kerensky and Browder, *Russian Provisional Government*, 1367。「必須加緊公布證據」轉引自 Abraham, *Kerensky*, 221.

6 1917 年 7 月 3 日 / 16 日「立憲民主黨大臣總辭」，轉載於 Golder, *Documents of Russian History*, 440-41；1917 年 7 月 7 日 /20 日《雜誌》一二五號報導「立憲民主黨大臣請辭獲准，李沃夫親王請辭」，轉載於 Kerensky and Browder, *Russian Provisional Government*, 1385.

7 引自 Wildman, *End of the Russian Imperial Army*, v. 2, 125-26.

8 1917 年 7 月 12 日《俄國消息》週刊報導「李沃夫親王對繼任總理克倫斯基的看法」，轉載於 Kerensky and Browder, *Russian Provisional Government*, 1389.

9 1917 年 7 月 20 日史特德登（Lucius von Stoedten）於斯德哥爾摩，收錄於 PAAA, R 10080。克倫斯基搬進冬宮，參見 Abraham, *Kerensky*, 244 and *passim*.

10 引自 Wildman, *End of the Russian Imperial Army*, 124-27.

11 David Stone, *Russian Army in the Great War*, 290-91； Stel'nitskii 致布魯西洛夫 1917 年 7 月 12 日 / 25 日，收錄於 in RGVIA, fond 2067, opis' 1, del' 396, list' 207.

12 1917 年 7 月 17 日 / 30 日第五軍士兵書信摘錄，收錄於 RGVIA, fond 2031, opis' 1, del' 1181, list' 360。第四十二師師長回報，轉引自 Wildman, *End of the Russian Imperial Army*, v. 2, 129.

13 轉引自 Stone, *Russian Army in the Great War*, 292。關於一百名德軍戰俘，參見 1917 年 7 月下旬左右的北方軍士兵書信，收錄於 RGVIA, RGVIA, fond 2031, opis' 1, del' 1181, list' 362.

14 Pipes, *Russian Revolution*, 442.

15 1917 年 7 月 13 日 / 26 日《消息報》報導「克倫斯基對執行委員會講話」，轉載於 Golder, *Documents of Russian History*, 482.

16 1917 年 8 月 13 日 / 26 日《言論報》報導「莫斯科全俄大會」，轉載於 Golder, *Documents of Russian History*, 491.

17 「克倫斯基開場演說」，轉載於 Kerensky and Browder, *Russian Provisional Government*, v. 3, 1457-62.

18 1917 年 8 月 15 日 / 28 日報導全俄大會「隔日」，轉載於 Golder, *Documents of Russian History*, 493-95.

19 Ibid.，更多關於卡列金發言的影響，參見 Wildman, *End of the Russian Imperial Army*, v. 2, 186.

20 轉引自 Pipes, *Russian Revolution*, 447-48.

21 David Stone, *Russian Army in the Great War*, 292-97.

22 Mawdsley, *Russian Revolution and the Baltic Fleet*, 67-69.

23 「盧孔斯基將軍的說法」轉載於他本人的回憶錄，收錄於 Kerensky and Browder, *Russian Provisional Government*, v. 3, 1549-50.

15 薩米金（Afanasii Efimovich Zamyikin）和 史列薩雷諾克（I. P. Slesarenok）1917 年 7 月 15 日 / 28 日的證詞，收錄於 RGASPI, fond 4, opis' 3, del' 41, list' 34, 42.

16 1917 年 7 月 4 日 / 17 日「《消息報》對於動亂的報導」，轉載於 Golder, *Documents of Russian History*, 445；高勒德日記，1917 年 7 月 3 日 / 16 日；其他步兵團的狀況，請見 Pipes, *Russian Revolution*, 423.

17 Mawdsley, *Russian Revolution and the Baltic Fleet*, 55; Shapiro, *Russian Revolutions of 1917*, 83；關於約有六千名喀琊施塔得武裝士兵前來，詳見 "Postanovlenie" dated 21 July / 3 August 1917, in "Materialyi predvaritel'nogo sledstviya o vooruzhennom vyistuplenii v Petrograde 3(16) – 5(18) iyulya 1917 goda," in RGASPI, fond 4, opis' 3, del' 41, list' 81.

18 基納曼（Lev Nikolaevich Ginnerman）的證詞，收錄於 RGASPI, fond 4, opis' 3, del' 41, list' 24.

19 轉引自 Pipes, *Russian Revolution*, 427-28.

20 謝爾亞科夫斯卡婭的證詞，*op cit*。關於群眾人數的估計，詳見 Pipes, *Russian Revolution*, 428 and footnotes.

21 「《消息報》對動亂的報導」出自 1917 年 7 月 4 日 / 17 日《消息報》第一〇八號，轉載於 Golder, *Documents of Russian History*, 445-47.

22 尼基丁上校日後沉思表示，布爾什維克「想像自己遭到哥薩克人攻擊」，但事實並非如此。法蘭克．高勒德在日記裡提到「布爾什維克士兵朝哥薩克騎兵和他們的坐騎開火，殺了其中幾人，我在里特尼看見他們橫屍路上」。參見 Nikitin, *Fatal Years*, 140 和高勒德日記，1917 年 7 月 4 日 / 17 日。另見《消息報》一〇八號報導， *op cit.*

23 Pipes, *Russian Revolution*, 426-27.

24 薩米金證詞，*op cit.*

25 Ibid., 429; Sukhanov, *Russian Revolution 1917*, 445-47; and Nikitin, *Fatal Years*, 149-50.

26 薩米金證詞，*op cit.*

27 Nikitin, *Fatal Years*, 154.

28 Ibid., 160; and Pipes, *Russian Revolution*, 431-32. 內幕曝光首見於 1917 年 7 月 5 日 /18 日的《現代言論報》，轉載於 Kerensky and Browder, *Russian Provisional Government*, 1364-65.

29 Nikitin, *Fatal Years*, 166; Pipes, *Russian Revolution*, 434。有關史達林協調投降條件，參見 Mawdsley, *Russian Revolution and the Baltic Fleet*, 56.

30 Nikitin, *Fatal Years*, 172 and *passim*.

31 「布爾什維克否認列寧接受德國資助的指控」出自 1917 年 7 月 6 日 /19 日《真理之葉》，轉載於 Kerensky and Browder, *Russian Provisional Government*, 1366; 1917 年 7 月 10 日 /23 日「托洛茨基寫給臨時政府的信」，轉載於 Golder, *Documents of Russian History*, 460-61.

第 **12** 章　懸崖邊的軍隊

1 賈加林、羅巴切夫斯基、庫羅奇金和瓦西里耶夫 1917 年 7 月 11-14 日（24-27 日）的證詞，收錄於 RGASPI, fond 4, opis' 3, del' 41, list' 17-20, 31.

2 1917 年 7 月 6 日 / 19 日《消息報》一一〇號之「蘇維埃執行委員會聲明」，及 1917 年《言論報》之「公訴檢察官調查布爾什維克所受之指控」，均轉載於 Kerensky and Browder,

月 7 日 / 20 日發自沃羅賓的電文，均收錄於 RGVIA, fond 2067, del. 394, list' 326 and 355.

18 1917 年 6 月 6 日及 12 日第一次全俄羅斯蘇維埃代表大會協議，請見 Kerensky and Browder, *Russian Provisional Government*, v. 2, 939。決議指出「在革命民主結束戰爭之前，俄國革命民主必須維持軍隊進攻或防守之戰力」，並且「完全就軍事及戰略觀點」來判斷。

19 Feldman, "Russian General Staff and the June 1917 Offensive," 536.

20 伊爾克維奇中將 1917 年 6 月 15 日致布魯西洛夫，收錄於 RGVIA, fond 2067, opis' 1, del' 395, 416 and back。最高指揮部收件戳記為 1917 年 6 月 15 日。

21 引自 Wildman, *End of the Russian Imperial Army*, v. 2, 28, 52-53.

22 Ibid.

第三部 • 第 11 章　列寧攤牌

1 Feldman, "Russian General Staff and the June 1917 Offensive," 539; Wildman, *End of the Russian Imperial Army*, v. 2, 89-91.

2 轉引自 Wildman, *End of the Russian Imperial Army*, v. 2, 92.

3 克倫斯基下達給陸海軍的命令，轉載於 Golder, *Documents of Russian History*, 426-27.

4 轉引自 Feldman, "Russian General Staff and the June 1917 Offensive," 539.

5 Wildman, *End of the Russian Imperial Army*, v. 2, 95-96.

6 巴魯列夫 1917 年 6 月 23 日 / 7 月 8 日自沃羅賓發給布魯西洛夫的電文，收錄於 RGVIA, fond 2067, opis' 1, del' 396, list' 13 and back.

7 Wildman, *End of the Russian Imperial Army*, v. 2, 98, and Feldman, "Russian General Staff and June 1917 Offensive," 539.

8 Wildman, *End of the Russian Imperial Army*, v. 2, 98-99.

9 Ibid., 93-94；有關特別軍，詳見巴魯列夫 1917 年 6 月 22 及 26 日自沃羅賓發出的行動報告，以及「瓦爾特」將軍 1917 年 7 月 6 日的回報，均收錄於 RGVIA, fond 2067, opis' 1, del' 396, l list' 56, 67, 130.

10 幾乎所有 7 月危機後提供證詞的證人都記得柯倫泰 1917 年 4 月對第一機槍團的演說，包括 Aleksandr Stepanovich Emel'yanov、Fedor Dmitrievich Ryazantsev、Anatolii Vasil'evich SokolovFedor Ivanovich Loshakov，收錄於 "Materialyi predvaritel'nogo sledstviya o vooruzhennom vyistuplenii v Petrograde 3(16) – 5(18) iyulya 1917 goda," RGASPI, fond 4, opis' 3, del' 41, list' 36, 38, 41-43.

11 索可洛夫 1917 年 7 月 15 日 / 28 日的證詞，收錄於 RGASPI, fond 4, opis' 3, del' 41, list' 21 and back。關於莫斯科禁衛預備隊，請見 "Postanovlenie," on the July 3-4 uprising, taken by "Prokuror. Petrogradskago Sudebnyoi Palatyi," circa late July 1917, in TsGIA SPb, fond 1695, opis' 2, del' 1, list' 17-19. 有關謝馬什科和克謝辛斯卡之家的布爾什維克軍事組織的聯繫，請見《言論報》報「公訴檢察官調查布爾什維克所受之指控」的報導，收錄於 Kerensky and Browder, *Russian Provisional Government,* v. 3, 1371.

12 轉引自 Wildman, *End of the Russian Imperial Army*, v. 2, 125；高勒德 1917 年 6 月 5 日 / 18 日寫給 K（可能是哈佛歷史學家 Robert J. Kerner）的信，轉引自 Patenaude, ed., *Passages of Frank Golder*, 74-75.

13 Nikitin, *Fatal Years*, 133，亦見於 Pipes, *Russian Revolution*, 421.

14 Nikitin, *Fatal Years*, 124-32.

19 "Rukovodiashchiia ukazaniia General'Komissaru oblastei Turtsii, zanyatyikh' po pravu voinyi," 15/28 May 1917, in AVPRI, fond 151, opis' 482, del' 3481, list' 81-82.

第 10 章　克倫斯基的時刻

1 艾列克謝耶夫 1917 年 3 月 14 日 / 27 日寫給李沃夫的書信，轉載於 Kerensky and Browder, *Russian Provisional Government*, v. 2, 862-63.

2 "Doklad' a nastroenii vois' i naseleniya po dannyim' otchetov voennyikh' tsenzurov' raiona I-i armii za Mart' mesyats 1917 g.," in RGVIA, fond 2031, opis' 1, del' 1181, list' 225-26 and backs.

3 1917 年 3 月 19 日 / 4 月 2 日下達給「軍事委員會之指令」，Kerensky and Browder, *Russian Provisional Government*, v. 2, 865。艾列克謝耶夫的要求，轉引自 Feldman, "Russian General Staff and the June 1917 Offensive," 528。另可參見 Wildman, *End of the Russian Imperial Army*, 253-58.

4 1917 年 5 月 8 日 / 21 日頒布之「八號命令」，轉載於 Kerensky and Browder, *Russian Provisional Government*, 880-81.

5 Stone, *Russian Army in the Great War*, 281.

6 俄國軍事審查員 1917 年 4 月 23 日 / 5 月 6 日提交的「兄弟結盟」報告，收錄於 RGVIA, fond 2031, opis' 1, del' 1181, 262-63 and backs.

7 軍事審查員 1917 年 5 月 12 日 / 25 日針對北方軍和德軍結盟的報告，收錄於 RGVIA, fond 2031, opis' 1, del' 1181, 287-88 and backs.

8 1917 年 3 月 15 日「尼維勒將軍對艾列克謝耶夫的回覆」，轉載於 Kerensky and Browder, *Russian Provisional Government*, v. 2, 928.

9 艾列克謝耶夫 1917 年 5 月 18 日 / 31 日致布魯西洛夫，轉載於 ibid., 931。「俄國正在敗亡」轉引自 Feldman, "Russian General Staff and the June 1917 Offensive," 534.

10 布魯西洛夫 1917 年 5 月 20 日 / 6 月 2 日致克倫斯基，轉載於 ibid., 932.

11 G. W. Le Page1917 年 4 月 29 日及 5 月 23 日從塞瓦斯托波爾「鑽石號」上發給 H. G. Grenfell 上校的電文，收錄於 PRO, ADM 137 / 940。關於克倫斯基造訪高爾察克，詳見 On Kerensky's visit with Kolchak: 拉辛（Rusin）致塞瓦斯托波爾 1917 年 5 月 15 日 /28 日，收錄於 RGAVMF, fond 716, opis' 1, del' 277。有關提弗里斯／第比利斯（Tiflis/Tbilisi），請見 Kazemzadeh, *Struggle for Transcaucasia*, 61 及 Wildman, *End of the Russian Imperial Army*, v. 2, 141.

12 高勒德日記，1917 年 5 月 1 日 / 14 日；以及 Wildman, *End of the Russian Imperial Army*, v. 2, 23-24.

13 引自 ibid., 26-27; and in Pipes, *Russian Revolution*, 413.

14 Wildman, *End of the Russian Imperial Army*, v. 2, 23-24.

15 巴魯列夫 1917 年 5 月 18 日 / 31 日下午一點四十分於沃羅賓發出的電文，以及索洛格博 1917 年 5 月 18 日 / 31 日下午五點四十分和 5 月 19 日 / 6 月 1 日下午六點於沃羅賓發出的證詞，均收錄於 RGVIA, fond 2067, opis' 1, del. 395, list' 138-39, 140, 145.

16 蓋路亞（Gerua）1917 年 4 月 20 日 / 5 月 3 日晚上 10:15 及 4 月 23 日 / 5 月 6 日晚上 10:45 發自沃羅賓，收錄於 RGVIA, fond 2067, del. 394, list' 371 and 395.

17 轉引自 Zeman and Scharlau, *Merchant of Revolution*, 207-08。有關逃兵狀況，見巴魯列夫 1917 年 5 月 18 日 /31 日發自沃羅賓的電文，*op cit*；索洛格伯 1917 年 6 月 3 日 /16 日及 6

第 9 章　自由派的黃昏

1 1917 年 3 月 7 日 /20 日，「臨時政府首份宣告」，轉載於 Golder, *Documents of Russian History*, 311-13。有關古契科夫罷黜將領，請見 Stone, *Russian Army in the Great War*, 280-81。

2 In Kerensky and Browder, *Russian Provisional Government*, 196-215.

3 1917 年 3 月 5 日 / 18 日「米留科夫聲明」、3 月 14 日 / 27 日「彼得格勒蘇維埃告全球人民書」和 3 月 18 日 / 31 日的「祕密外交」，均轉載於 Golder, *Documents of Russian History*, 323-27.

4 引自 Chernov, in *The Great Russian Revolution*, 193, 200。關於特列波夫，請見：Pipes, *Russian Revolution*, 257-58.

5 古契科夫 1917 年 3 月 19 日發給最高指揮部的電文，收錄於 Bazili collection, Hoover Institution Archives, box 11；巴西利 1917 年 2 月 26 日 / 3 月 11 日從最高指揮部發給波克洛夫斯基的電文，收錄於 AVPRI, fond 138, opis' 467, del' 493/515, list' 1 (and back)。法國的保證轉引自 C. Jay Smith, Jr., *Russian Struggle for Power, 1914-1917*, 465. 米留科夫的談話轉引自 Richard Stites in "Milyukov and the Russian Revolution," foreword to Milyukov, *The Russian Revolution*, p. xii.

6 隔日（1917 年 3 月 23 日 / 4 月 5 日）刊登於《言論報》，轉載於 Kerensky and Browder, *Russian Provisional Government*, v. 2, 1044-45.

7 1917 年 3 月 23 日 / 4 月 5 日巴西利發給米留科夫的電文，收錄於 AVPRI, fond 138, opis' 467, del' 493/515, list' 4-6 (and backs)。關於偵察行動，詳見 1917 年 4 月 16 日自烏瑟多姆發給德皇威廉二世的電報，收錄於 BA/MA, RM 40-4。有關七架海上飛機，請見 René Greger, *Russische Flotte im ersten Weltkrieg*, 61.

8 《曼徹斯特衛報》1917 年 4 月 26 日報導「俄國控制土耳其海峽」，轉載於 M. Philips Price, *Dispatches from the Revolution*。「對盟邦的所有義務」轉引自 Smith, *Russian Struggle for Power*, 472。3 月 27 日的宣言，轉載於 Golder, *Documents of Russian History*, 329-31.

9 列寧的〈戰爭與臨時政府〉聲明首見於 1917 年 4 月 13 日 / 26 日《真理報》，收錄於 Lenin, *Collected Works (April – June 1917)*, v. 24, 114.

10 切爾諾夫的回憶收錄於 *The Great Russian Revolution*, 194.

11 詳見 Pipes, *Russian Revolution*, 400、Chernov, *Great Russian Revolution*, 200 以及 Kerensky, *The Catastrophe*, 135。克倫斯基沒有討論自己的意圖，只強調政府「全體一致」支持「4 月 18 日的聲明」。

12 Pipes, *Russian Revolution*, 400-01.

13 謝爾亞科夫斯卡婭的證詞，*op cit* . Golder diary, April 21 / May 4, 1917.

14 Pipes, *Russian Revolution*, 402-04；謝爾亞科夫斯卡婭的證詞，*op cit.*

15 Ibid.,

16 Ibid., 而列寧於 1917 年 4 月 15-20 日之間完成的「戰爭決議文」，收錄於 Lenin, *Collected Works*, v. 24, 161-66.

17 引自 Sukhanov, *Russian Revolution*, 319-20, and Pipes, *Russian Revolution*, 402-03.

18 臨時政府第 69 次會議（1917 年 5 月 5 日 / 18 日）和 71 次會議（五月六日 / 十九日）協定，收錄於 RGIA, fond 1276, opis' 14, del' 2。有關影子議會，請見 "Materialyi chastnogo soveshchaniya chlenov Gosudarstvennoi Dumyi…," 4/17 May 1917，收錄於 RGIA, fond 1278, opis' 10, del' 22.

有錯。但葉爾莫連科比較重要的證詞，即俄國戰俘都知道列寧在德國的行程，以及他對烏克蘭的看法，都得到臨時政府訊問的多名證人證實。

15 轉引自 Zeman and Scharlau, *Merchant of Revolution*, 208。此外，俄國情報單位攔截到的 1917 年 5 月 14 日發自斯德哥爾摩的電報也提到，「明日將有 257 名俄國移民」。資料收錄於 RGASPI, fond 4, opis' 3, del' 39, list' 31。「都要瘋狂得多」轉引自 Pipes, *Russian Revolution*, 390.

16 格倫瑙（Grünau）1917 年 4 月 17 日自斯德哥爾摩發給許坦瓦克斯（Steinwachs），4 月 21 日於 Spa 收到：轉載於 Zeman, 51。有關列寧抵達彼得格勒，請見 Sukhanov, *Russian Revolution* 1917, 272-73 和 Pipes, *Russian Revolution*, 393。4 月提綱重製 Lenin, *Collected Works* (trans. Bernard Isaacs), v. 24, 21-26。高勒德的話出自高勒德日記，1917 年 4 月 5 日 /18 日週三。

17 加米涅夫的發言轉引自 Bunyan and Fisher, eds., *The Bolshevik Revolution 1917-1918*, 7。史達林的投書轉引自 Leonard Shapiro, *The Russian Revolutions of 1917*, 59.

18 克拉斯尼的證詞，收錄於 "Materialyi predvaritel'nogo sledstviya o vooruzhennom vyistuplenii v Petrograde 3(16) – 5(18) iyulya 1917 goda," RGASPI, fond 4, opis' 3, del' 41, list' 153 and *passim*.

19 關於印行數量，請見 Pipes, *Russian Revolution*, 410.

20 Ibid., relying on Nikitin, *Rokovyi Godyi*, 109-10. 目前已有充分資料顯示艾許柏格於斯德哥爾摩的尼亞銀行是德國資金流向列寧的主要管道，詳見 McMeekin, *History's Greatest Heist*，尤其是第五章。

21 Nikitin, *Rokovyi godyi*. 這個結論出自 Semion Lyandres, *in The Bolsheviks' German Gold Revisited* (1995)。關於蘇門森領款，請見 Kerensky, *Crucifixion of Liberty*, 326.

22 Natal'ya Ferdinandovna Gerling, Al'fred Mavrikievich Rudno, Mariya Mikhailovna Rudenko, Aleksei Alekseevich Konde, Bronislaw Andreevich Veselovskii, Mikhail Nikolaevich Lebedev , Nikolai Martyinovich Medvedev, and Romana Vladimirovna Fyurstenberg 等人的證詞，收錄於 "Materialyi predvaritel'nogo sledstviya o vooruzhennom vyistuplenii v Petrograde 3(16) – 5(18) iyulya 1917 goda," RGASPI, fond 4, opis' 3, del' 41, list' 101-02, 139-40, 161-64, 202-03, 251, 325-26, 336 and *passim.*

23 科佐洛夫斯基 1917 年 6 月 5 日 / 18 日於彼得格勒發給斯德哥爾摩（薩爾特索巴登）的弗爾斯騰博格的三十四號電報及 7 月 2 日 / 15 日的另一封電報都遭到攔截。這兩封證實確有匯款進入俄華銀行的電報，收錄於 RGASPI, fond 4, opis' 3, del' 39, list' 124。 關於德國投注了多少資金，最佳估算請見 Baumgart, *Deutsche Ostpolitik, 1918*, 213-14, n19。

24 馬利諾夫斯基、維薩里亞諾夫和貝列茨基的證詞，收錄於 "Materialyi predvaritel'nogo sledstviya o vooruzhennom vyistuplenii v Petrograde 3(16) – 5(18) iyulya 1917 goda," RGASPI, fond 4, opis' 3, del' 41, list' 87-88. 更多關於克謝辛斯卡的介紹，請見 Sukhanov, *Russian Revolution 1917. A Personal Record*, 211。

25 謝爾亞科夫斯卡婭的證詞，收錄於 "Materialyi predvaritel'nogo sledstviya o vooruzhennom vyistuplenii v Petrograde 3(16) – 5(18) iyulya 1917 goda," in RGASPI, fond 4, opis' 3, del' 41, list' 112-13 (and back of 112).

26 Ibid.；另一名證人 Kondrat 的證詞，收錄於 RGASPI, fond 4, opis' 3, del' 41, list' 98.

27 Nikitin, *Fatal Years*, 114.

37 高勒德 1917 年 3 月 15 日 / 28 日日記。有關克倫斯基雙重任命的來龍去脈與性質，請見 Shapiro, *Russian Revolutions of 1917*, 55 and *passim*.

38 盧次克西南前線司令部 1917 年 3 月和 4 月的作戰報告裡首次提到逃兵（共兩名）是 4 月 18 日 / 5 月 1 日下午 5:45。報告收錄於 RGVIA, fond 2067, opis' 1, del' 394, list' 352。關於 1917 年逃兵人數概要，請見 Wildman, *End of the Russian Imperial Army*, 235.

39 見 Pipes, *Russian Revolution*, 303-04 and 304n.

第 8 章　德國出招

1 *Westminster Gazette*, March 7 / 20, 1917; and *Le Matin*, 12 / 25 March 1917, clipped in RGIA, fond 1358, opis' 1, del' 1945.

2 Barbara Tuchman, *Zimmermann Telegram*.

3 威爾遜總統 1917 年 4 月 2 日向國會發表開戰宣言，網路上很容易找到，例如 http://www.firstworldwar.com/source/usawardeclaration.htm

4 《時報》1917 年 3 月 9 日 / 22 日和《晨報》1917 年 3 月 13 日 /26 日（「俄國事件發展」），節錄於 RGIA, fond 1358, opis' 1, del' 1945.

5 《柏林地方萬象報》1917 年 3 月 7 日 / 20 日及 3 月 11 日 / 24 日，以及《柏林日報》1917 年 3 月 7 日 / 20 日，節錄於 RGIA, fond 1358, opis' 1, del' 1945.

6 「內政部國家警察局」1914 年 8 月 16 日報告，收錄於 RGASPI, fond 4, opis' 3, del' 48, list' 1 and following documents.

7 Wangenheim via Zimmermann, 9 January 1915, 轉載於 Zeman, 1-2.

8 Kesküla collection, Hoover Institution archives, box 1, folder 1-5 ("1960")。有關基斯庫拉和隆伯格及列寧的關係，德國方面的資料可見：Romberg to Bethmann Hollweg from Bern, 30 September 1915, and Steinwachs to Bergen (with information on sums disbursed), 8 May 1916, 轉載於 Zeman, 6-8, 16-18.

9 英譯出自 R. Craig Nation, in *War on War*, 1（譯註：中譯為蕭三所作）

10 關於列寧對戰爭的完整看法，請見列寧本人 1915 年出版的《社會主義與戰爭》（*Socialism and War*）。有關齊默曼的干涉，見 Katkov, *Russia 1917*, 76-77.

11 Lenin, *Collected Works, Volume 23 (April 1917 – March 1917)*, 253.

12 隆伯格 1917 年 4 月 5 日確認的最後條件，轉載於 Zeman, 38-39. 想多瞭解資金的協商與撥用，請見 F Zeman and Scharlau, *Merchant of Revolution*, 208 and *passim*; and Pipes, *Russian Revolution*, 391-92. 關於列寧此行，最出色的德語單書為 Werner Hahlweg, *Lenins Rückkehr nach Russland*.

13 Ow-Wachendorf 於 1917 年 4 月 11 日於柏林所寫之備忘錄， 轉載於 Zeman, 44-45。Ow-Wachendorf 堅稱（但不是很可信）列寧和俄國同行者於薩斯尼茨過夜時，旅館房間是「鎖住」的。有關楊頌和列寧等人同行，請見布舍（Bussche ）1917 年 4 月 5 日及 7 日向伯恩所做的回報，轉載於 Zeman, 37-38 and 40。兩位德國官員的資料引自 Michael Pearson, *Sealed Train*, 81-82.

14 其中一位陸軍中尉名叫葉爾莫連科（D. S. Ermolenko）的因為作證列寧為柏林工作而短暫出名了一段時間，導致後來好幾代的蘇維埃歷史學家努力攻擊他的可信度。晚近的一個例子是美國歷史學家塞米昂．李安德斯（Semion Lyandres），參見 *The Bolsheviks' German Gold Revisited* (1995), 1-3 and *passim*。李安德斯認為葉爾莫連科的證詞「有問題」。葉爾莫連科有些說法比較誇張，例如他說自己曾被德國參謀部找去報告，李安德斯在這部分並沒

19 Melgunov, *Martovskie Dni,* 291.

20 Wildman, *End of the Russian Imperial Army*, 190.

21 沙皇遜位的詳細經過及長篇紀錄稿，請見 Melgunov, *Martovskie Dni*, 291-304。 不同說法之間的可能差異，請見 Katkov, *Russia 1917*, 340-45. 如同 Katkov 所言，古契科夫宣稱杜馬委員會法律上有權對沙皇的行動聲明不服是缺乏說服力的，因為杜馬委員會的創立並無前例。

22 羅江科和魯斯基 1917 年 3 月 3 日 / 16 日清晨五點的談話逐字稿，轉載於 Browder and Kerensky, eds., *Russian Provisional Government*, 109-10.

23 艾列克謝耶夫 1917 年 3 月 3 日 / 16 日發給所有前線指揮官的電文，轉載於 Kerensky and Browder, eds., *Russian Provisional Government*, 112-13. 艾列克謝耶夫和路克姆斯基的談話內容，轉引自 Katkov, *Russia 1917*, 346-47.

24 米留科夫對事件經過說法摘錄自 in Kerensky and Browder, eds., *Russian Provisional Government*, 115-16.

25 「米哈爾．亞歷山德羅維奇大公拒絕接掌王權」文告，轉載於 ibid., 116。 尼古拉二世 1917 年 3 月 3 日致電米哈爾大公，轉引自 Donald Crawford, "The Last Tsar," in *Historically Inevitable?*, 85.

26 轉載於 Alekseev collection, Hoover Institution Archives, box 1-20. 羅曼諾夫王室被捕成員，轉引自 Pipes, *Russian Revolution,* 324.

27 詳見 Leonard Shapiro, *Russian Revolutions of 1917*, 57 及 Wildman, *End of the Russian Imperial Army*, 202.

28 古契科夫 1917 年 3 月 4 日 / 17 日以「海軍大臣」身分下達給海軍的命令（副本寄給陸軍），收錄於 RGAVMF, 716-1-277, list' 54-55.

29 「戰爭大臣古契科夫」1917 年 3 月 5 日 / 18 日下達給陸海軍的命令，收錄於 RGVIA, fond 2031, opis' 1, del' 1537, list' 46.

30 羅江科 1917 年 3 月 6 日 / 19 日下達給陸海軍的命令，（這回）由魯斯基於北方軍司令部傳達：收錄於 RGVIA, fond 2031, opis' 1, del' 1537, list' 22.

31 艾列克謝耶夫和丹尼洛夫 1917 年 3 月 6 日簽署之第一九九八號命令，收錄於 RGVIA, fond 2031, opis' 1, del' 1537, list' 26 (and back)；李沃夫王爵 1917 年 3 月 7 日簽署「效忠誓辭」，收錄於 RGVIA, fond 2031, opis' 1, del' 1537, list' 55.

32 臨時政府大臣會議主席李沃夫和戰爭與海軍大臣古契科夫 1917 年 3 月 7 日 / 20 日共同簽署之 "Telegrafnoe vozzvanie k' armii ot' Vremennago Pravitel'stva,"，收錄於 RGVIA, fond 2031, opis' 1, del' 1537, list' 72 (back) and 73.

33 1917 年 3 月 13 日 / 26 日頒布「效忠誓辭」，收錄於 RGVIA, fond 2031, opis' 1, del' 1534, list' 9.

34 艾列克謝耶夫 1917 年 3 月 26 日發給古契科夫的電文及古契科夫次日發給所有前線指揮官的回覆電文，均收錄於 RGVIA, fond 2031, opis' 1, del' 1534, list' 57 and back.

35 艾列克謝耶夫發給普斯科夫北方前線司令部（魯斯基）的電文，收錄於 RGVIA, fond 2031, opis' 1, del' 1537, list' 331 and back. 二號命令轉載於 Golder, ed., *Documents of Russian History*, 388-90，也可參見 Wildman, *End of the Russian Imperial Army*, 230-33.

36 涅佩寧 1917 年 3 月 4 日 / 17 日上午 1:30 發給海軍總部的電文，收錄於 RGVAMF, fond 716, opis' 1, del' 278, list' 7-8。關於涅佩寧遇害，聳動的描繪可參見杜多羅夫（B. Dudorov）1917 年 3 月 10 日寫給高爾察克的書信，收錄於 Kolchak fond at RGVAMF, fond 11, opis' 1, del' 57. 有關海軍傷亡，請見 Wildman, *End of the Russian Imperial Army*, 234n.

20 轉引自 Melgunov, *Martovskie Dni*, 160-61，著重部分由作者標明。

21 Rodzianko to "Moskva Gorodskomu Golove Chelnokovu," 28 February / 13 March 1917, and Rodzianko "Komanduyushchemu Voiskami Generalu Mrozovskomu," 28 February 1917, both in RGIA, fond 1278, Opis' 10, del' 3.. 更多關於布勃利科夫和交通部的細節，請見涅可拉索夫 1917 年 5 月 25 日訪談，轉引自 Lyandres, *Fall of Tsarism*, 151 和 Katkov, *Russia 1917*, 311.

22 見 Katkov, *Russia 1917*, 316-17.

第 7 章　搖擺的軍隊

1 Mawdsley, *Russian Revolution and the Baltic Fleet*, 12-14.

2 Rusin from Helsingfors, 1 March 1917; Kapnist' from Admiralty Petrograd; and Nepenin from Helsingfors, 1 March 1917 (10am and again 2:30pm), all in RGAVMF, fond 716, opis' 1, del' 277.

3 "Doklad' o nastroenii vois' 5-i armii po pis'mam za mart' mesyats 1917 g.," in RGVIA, fond 2031, opis' 1, del' 1181.

4 "Doklad' o nastroenii voisk' i naseleniya po dannyim' otchetov voennyikh' tsenzurov' raiona 1-i armii za Mart' mesyats 1917 g.," *op cit*.

5 艾列克謝耶夫 1917 年 3 月 1 日（清晨 4:25）經由盧特斯克指揮部轉發之命令；蓋路亞 1917 年 3 月 2 日（上午 10:40）、3 月 3 日（晚上 10:30）和 3 月 7 日（晚上 10 點）從盧特斯克發出的行動報告，全收錄於 RGVIA, fond 2067, opis' 1, del' 394.

6 見 McMeekin, *Ottoman Endgame,* chapter 14 ("Russia's Moment").

7 轉引自 Katkov, *Russia 1917*, 303.

8 羅江科 1917 年 3 月 2 日 / 15 日發給艾列克謝耶夫的電文，收錄於 RGIA, fond 1278, opis' 10, del. 5；羅江科與魯斯基 1917 年 3 月 2 日清晨兩點至七點透過「休士印字電報」的談話內容，轉引自 Katkov, *Russia 1917*, 304n.

9 轉引自 Katkov, *Russia 1917*, 390.

10 Bonch-Bruevich, *Na boevyikh postakh fevral'skoi i oktyabr'skoi revolyutsii*, 12-13; Lyandres, *Fall of Tsarism*, 67n31 and 207n17; Wildman, *End of the Russian Imperial Army*, 182-88; and Katkov, *Russia 1917*, 370-73.

11 命令「最終版」的英譯轉載於 Wildman 的 *End of the Russian Imperial Army,* 187-88。有關命令草稿的細微差異及各版本所做的改動，請見 Katkov, *Russia 1917*, 370-73.

12 轉引自 Pipes, *Russian Revolution*, 305.

13 Hasegawa, *February Revolution*, 361-67. 有關俄國軍隊初期的叛逃情況，見 Wildman, *End of the Russian Imperial Army,* 173-74 and 207-11.

14 文告草稿的英譯、評論及註解由巴西利轉載於 *The Abdication of Emperor Nicholas II of Russia*, 125.

15 引自 Wildman, *End of the Russian Imperial Army*, 208.

16 轉引自 Katkov, *Russia 1917*, 322.

17 轉引自 ibid., 329-30.

18 轉引自 ibid., 331.

第6章　風雲變色

1 和勞動節一樣，國際婦女節也是馬克思主義「第二國際」（1889-1914）的發明，目的在教育女工，其他國家的女工人才是她們的真「姊妹」，而非自己國家其他階級的女性。

2 1917 年 2 月 25 日 / 3 月 10 日普羅托波波夫發給格利岑親王的電報，收錄於 RGIA, fond 1276, opis' 13, del' 36；高勒德 1917 年 3 月 8 日（2 月 23）週四日記；奧克瑞納報告，轉引自 Pipes, *Russian Revolution*, 275.

3 曾齊諾夫 1917 年 2 月 24 日的 "Fevral'skie Dni"，摘錄於 Browder and Kerensky, eds., *Russian Provisional Government*, 27-28.

4 《言論報》1917 年 2 月 25 日 / 3 月 10 日談論糧食狀況的社論，轉載於 Kerensky and Browder, eds., *The Russian Provisional Government 1917*, 30。羅江科 5 月 16 日 / 29 日訪談，轉引自 Lyandres, *Fall of Tsarism*, 107。高勒德 1917 年 3 月 9 日（2 月 24 日）日記；《新時代》1917 年 2 月 24 日刊登的卡巴洛夫訓令，摘錄於 Browder and Kerensky, ed., *Russian Provisional Government*, 27-28.

5 曾齊諾夫於 1917 年 2 月 25 日提到這起事件，奧克瑞納 1917 年 2 月 26 日提交的報告也有提到，摘錄於 ibid., 32, 37。帝俄政權對頭三天的示威人數估計，請見 1917 年 2 月 25 日普羅托波波夫向格利岑所做的報告：*op cit*。

6 Zenzinov on February 25 1917, *op cit*。 米留科夫向克倫斯基報告，轉引自 Katkov, *Russia 1917*, 257. 「德國女人」轉引自 Pipes, *Russian Revolution*, 275.

7 沙皇 1917 年 2 月 25 日下達給卡巴洛夫的命令：穆拉維耶夫委員會的卡巴洛夫證詞； 1917 年 2 月 26 日的警察命令，轉引自 Katkov, Russia 1917, 267-69；高勒德 1917 年 3 月 11 日（2 月 26 日）週日的日記。關於當日關鍵事件的更多詳情，請見 Leonard Shapiro, *Russian Revolutions of 1917*, 41 和 Pipes, *Russian Revolution*, 277。

8 Katkov, *Russia 1917*, 271-73.

9 關於巴卡辛的最後一搏，請見 Hasegawa, *February Revolution*, 360-61.

10 高勒德 3 月 12-13 日（2 月 27-28 日）週一晚上至隔天早上的日記。

11 Orlando Figes, *A People's Tragedy*, 320-21.　關於奧克瑞納總部淪陷，詳見 Pipes, *Russian Revolution*, 280-81.

12 羅江科 1917 年 2 月 26 日致電沙皇尼古拉二世，轉載於高勒德 *Documents of Russian History*, 278 及其他資料。關於大臣會議，詳見 Katkov, Russia 1917, 287-89.

13 羅江科 1917 年 2 月 27 日致電沙皇尼古拉二世，轉載於高勒德 *Documents of Russian History*, 278.

14 首份長老名單轉載於高勒德 *Documents of Russian History* , 281。想瞭解更多細節，尤其要參考 Katkov, Russia 1917, 296-97.

15 艾列克謝耶夫 1917 年 2 月 27-28 日（3 月 12-13 日）日記： Alekseev collection, Hoover Institution Archives, folder 1-20（以下以「艾列克謝耶夫日記」稱之）。更詳細的大事記，請見 Pipes, *Russian Revolution,* 284-86.

16 Katkov, *Russia 1917*, 289.

17 艾列克謝耶夫日記，1917 年 2 月 28 日（3 月 13 日），以及 Katkov, *Russia 1917*, 282-84.

18 恩格哈特 1917 年 5 月 4 日訪談和克倫斯基 1917 年 5 月 31 日訪談，收錄於 Lyandres, *Fall of Tsarism*, 59, and 223-24 和 Katkov, *Russia 1917*, 359-65. 索可洛夫發言轉引自 Allan Wildman, *End of the Russian Imperial Army*, 172.

19 文件轉載於高勒德 *Documents of Russian History*, 280-82.

關古契科夫的反拉斯普丁資金，請見 Senin, *Aleksandr Guchkov,* 97. 關於他糾纏鄧尼金，請參考 “Zapis’ besedyi A. I. Guchkova s N. A. Bazili,” in *Aleksandr Ivanovich Guchkov rasskazyivaet* (henceforth “Bazili Guchkov interview”), 10-11.

5 轉引自 Katkov, *Russia 1917,*176.

6 Senin, *Aleksandr Ivanovich Guchkov*, 99。關於「三人幫」及其策劃的「宮廷政變」的時機與後勤預備，請見 Bazili-Guchkov interview, 17-23。有關柯西科夫斯基的詳情，可參考 Lyandres, *Fall of Tsarism*, 272 and *passim.*

7 引自 Katkov, *Russia 1917,*161-62, 218; Pipes, *Russian Revolution*, 269. See also Gurko, *Features and Figures of the Past*, 582, and Grave, *Buzhuaziya nakanune fevralskoi revolyutsii* 59 and *passim.*

8 羅江科 1917 年 5 月 16 日 / 29 日接受 M. A. Polievktov 訪問紀錄。逐字稿轉引自 Lyandres, *Fall of Tsarism*, 106. Katkov, *Russia 1917*, 43.

9 轉引自 Katkov, *Russia 1917*, 211 and 211n.

10 Rodzianko, *Reign of Rasputin*, 244-45.

11 羅江科 1917 年 5 月 16 日 / 29 日接受 M. A. Polievktov 訪問紀錄，轉引自 *Lyandres, Fall of Tsarism*, 106.

12 高爾察克 1917 年 2 月 8 日 / 21 日下達之指令，收錄於 RGAVMF, Fond 716, Opis’ 1, del’ 267. 欲知更多細節，請見 McMeekin, *Russian Origins*, chapter 9, and *Ottoman Endgame*, chapter 14, and Norman Stone, *Eastern Front 1914-1917*, 282.

13 “Dokladyi o nastroenii voisk 5-i armii po pis’mam…31 December 1916,” in RGVIA, Fond 2031, opis’ 1, del’ 1181. 俄國其他部隊狀況不同，駐紮在森林區的部隊伙食比駐紮在農地附近的部隊差。

14 Ibid.

15 “Doklad’ o nastroenii voisk’ 5-i armii po pis’mam za fevral’ mesyats’ 1917 g,” in RGVIA, fond 2031, opis’ 1, del’ 1181; and “Northwestern Army December 1916 Morale Report,” *op cit.*

16 “Doklad’ voenno-tsenzurnago otdeleniya Shtaba III-i armii po 514/ts Fevralya 19 dnya 1917 goda”；關於第一軍： “Doklad’ o nastroenii voisk’ i naseleniya po dannyim ochetov voennyikh’ tsensurov raiona 1-i armii za Yanvar’ mesyats’ 1917 goda, both in RGVIA, fond 2031, opis’ 1, del’ 1181. 關於加利西亞前線抗爭，請見 David Stone, *Russian Army in the Great War*, 278; and F. Akimov, “Bolsheviki v bor’be za soldatskie massy Iugo-Zapadnogo fronta (1914-fevral’ 1917 g.),” *Voenno-istoricheskii zhurnal*, no. 2 (1977): 87-88.

17 Norman Saul, *Sailors in Revolt*, 52-53.

18 Oleg Airapetov, “Sud’ba Bosforskoi ekspeditsii,” 236. 另見 Halpern, *Naval History of World War I*, 237. OE refs from chap 14 n3 and n4.

19 Evan Mawdsley, *Russian Revolution and the Baltic Fleet*, 2-5.

20 1917 年 2 月彼得格勒的糧食數據，請見 Golder, *Documents of Russian History*, 186-87 的重製圖表。關於德國外交部及 1916 年 1 月的罷工運動，請見德國駐哥本哈根公使 1916 年 1 月 23 日致總理書，轉載於轉載於 Zeman, 14-16; and also Zeman and Scharlau, *Merchant of Revolution*, 185-88.

21 1917 年 2 月 3 日 /16 日以「Predstavleniya Tsentral’nogo voenno-promyishlenogo komiteta」名義向大臣會議主席格利岑提出抗議，收錄於 RGIA, fond 1276, opis’ 13, del’ 33。詳情亦可參考 Katkov, Russia 1917, 233-35 和 Pipes, *Russian Revolution*, 270-71.

Tereshchenko (245 and *passim*). 德國情報請見 Herr Steinwachs to Minister Bergen, 18 January 1916, passing on "A. Stein" from Stockholm, 9 January 1916, 英譯版轉載於 Z. A. B. Zeman, ed., *Germany and the Revolution in Russia 1915-1918* (henceforth "Zeman"), 11-13.

19 Norman Stone, *Eastern Front*, 208-11.

20 David Stone, *Russian Army in the Great War*, 222, 228-29.

21 "Svodka Svedenii o sostoyanii i nastroenii nashei deistvuyushchei armii…s' 15 dekabrya 1916 g. po 1 yanvarya 1917 goda," (henceforth "Northwestern Army December 1916 Morale Report") in RGVIA, fond 2031, Opis' 1, Del' 1181, list' 20-22 (and backs), 23.

22 引自 Aleksandr Astashov, *Russkii front v 1914 – nachale 1917 goda: voennyi opyit I sovremennost'*, 622-26.

23 見 McMeekin, *Russian Origins,* chapter 8, and *Ottoman Endgame*, chapter 12.

24 英語世界對這場戰役最完整的描述來自 Timothy Dowling, *The Brusilov Offensive*。當時奧匈帝國的狀況，請見 Graydon Tunstall, "Austria-Hungary and the Brusilov Offensive of 1916," in *Historian* 70 (1): 30-53。 關於死傷人數，晚近最準確的估計來自 David Stone, *Russian Army in the Great War*, 248-49。俄國的狀況可參考 Fuller, *Foe Within*, 207.

25 Alekseev to Stuermer, 1/14 September 1916, in RGIA, fond 1276, opis' 15, del' 45. For more, see McMeekin, *Ottoman Endgame*, chapter 14.

26 Rodzianko, *Reign of Rasputin*, 174-77. 令人不解的是，普羅托波波夫明明是深受羅江科寵信之人，甚至向沙皇舉薦，說他適合出任「人民信賴的政府」的部長。孰料普羅托波波夫竟然事後才告知羅江科自己獲得任命，讓羅江科大為光火。

27 A.I. Guchkov to Mikhail Vasil'evich' Alekseev, 15/28 August 1916。原始副本出自 RGIA, Fond 1276, opis' 15, del' 51, list' 1-4. 相關分析請見 A. S. Senin, *Aleksandr Ivanovich Guchkov*, 96-97.

28 見 Katkov, *Russia 1917*, 185-87. 關於古契科夫的譴責，請見 Senin, *Aleksandr Ivanovich Guchkov*, 97.

29 Ruzsky to Stürmer, 17/30 September 1916, in RGIA, Fond 1276, opis' 15, del' 48; 1916 年 10 月前後的警方報告轉引自 Pipes, *Russian Revolution*, 243.

30 1916 年 2 月：轉引自 Katkov, *Russian Revolution*. 189.

31 米留科夫的發言英譯轉載於 Emanuel Aronsberg, in Frank Golder, ed., *Documents of Russian History 1914-1917*, 154-66.

32 見上書序言。

第二部 • 第 5 章　全面開戰

1 引自 Fuhrmann, *Rasputin: The Untold Story*, 1, and Douglas Smith, "Grigory Rasputin and the Outbreak of the First World War," in *Historically Inevitable?*, 65.

2 高勒德日記 entry for Thursday, April 13/26, 1917, in Frank Golder collection, Hoover Institution Archives, box 2, folder 2 (henceforth "Golder diary"). 關於蘇霍姆里諾夫與拉斯普丁的最後詭計，請見 Fuller, *Foe Within*, 209-11, 228-31.

3 轉引自 Pipes, *Russian Revolution*, 268.

4 穆拉維耶夫委員會的古契科夫證詞，收錄於 *Padenie tsarkogo rezhima*, v. 6, 278-80。有

25 引自 Fuhrmann, *Rasputin,* 114-15.

26 轉引自 ibid., 119.

27 Entry for 17/30 July 1914, in Schilling, 64.

28 轉引自 Fuhrmann, *Rasputin*, 129.

第 4 章　俄國參戰，1914-1916

1 Stone, *Russian Army in the Great War*, 56. 關於 1914 年徵兵動亂，請見 Joshua Sanborn, "The Mobilization of 1914 and the Question of the Russian Nation: A Reexamination," in *Slavic Review* 59 (2) (200): 267-289.

2 Geoff Wawro, *Mad Catastrophe*, 179, 188-93.

3 引自 Stone, *Russian Army in the Great War*, 69.

4 索忍尼辛於《1914 年 8 月》頁 467-69 對此有動人的描述。無線電通訊保密不周向來是許多人解釋俄國為何於坦能堡大敗的原因，不過此事的影響力有高估之嫌。誠如大衛・史東於《一戰中的俄軍》（*Russian Army in the Great War*）書中所言，1914 年入侵敵國領土的所有軍隊都有這個問題，包括入侵法國的德軍也曾多次未用加密方式發送無線電訊息。

5 Fuller, *Foe Within*, 129, 161, and Norman Stone, *Eastern Front*, 68-69.

6 As noted by Norman Stone in *Eastern Front*, 53n.

7 諾曼・史東於《東方戰線》（*Eastern Front*）第七章質疑炮彈短缺對俄國戰場表現不利的影響程度，認為炮彈短缺其實「只是運氣不佳」，但大衛・史東在《一戰中的俄軍》（頁 228 及其他多處）不同意諾曼的看法。

8 Stone, *Russian Army in the Great War*, 134; Fuller, *Foe Within*, 132.

9 Fuller, *Foe Within*, 1-2.

10 引自 ibid., 163-64.

11 「一場面對猶太教的苦戰正等著我們」語出 1914 年 9 月 19 日 / 10 月 2 日亞努科維奇致戈利梅金，document 349 in IBZI, v. 6, 270-72。關於亞努科維奇在最高指揮部的反猶太狂熱，請見 Fuller, *Foe Within*, 177。有關俄國大戰期間遣送猶太人及德國人出境，請見 Eric Lohr, "*Russian Army and the Jews*," 及 *Nationalizing the Russian Empire.*

12 Stone, *Russian Army in the Great War*, 146-61.

13 David Stone, *Russian Army in the Great War*, 161-75, and Norman Stone, *Eastern Front,* chapter 8.

14 Yakhontov minutes for 24 August / 6 Septembrer 1915, in *Soviet Ministrov Rossiiskoi Imperii v godyi pervoi mirovoi voinyi. Bumagi A. N. Yakhontova* (St. Petersburg, 1999), 239; and 引自 Katkov, *Russia 1917*, 143.

15 Yakhontov minutes for 21 August / 3 September 1915, in *Soviet Ministrov Rossiiskoi Imperii v godyi pervoi mirovoi voinyi*, 236.

16 Stone, *Russian Army in the Great War*, 229.

17 1915 年 9 月 6 日 / 19 日契諾科夫家中聚會的警方報告，轉載於 Grave, *Buzhuaziya nakanune fevralskoi revolyutsii*, 46-49.

18 Katkov, Russia 1917, 163 and *passim*. 更多關於共濟會的詳情，請見 Semion Lyandres, *The Fall of Tsarism*, 關於涅卡索夫和捷列先科的生平介紹 (142 and *passim* and

自 Stone, *Europe Transformed*, 226；「我無法向您描述」轉引自 *Massie, Nicholas and Alexandra*, 216。奧克瑞納 1909 年彙整的列寧檔案壓根沒提到 1905 年革命。In RGASPI, fond 4, opis' 3, del' 68, 29, 29 ob, 30.

5 轉引自 Pipes, *Russian Revolution*, 178.

6 McMeekin, *History's Greatest Heist*, 1 and *passim*.

7 Stone, *Europe Transformed*, 228.

8 轉引自 1908 年 1 月 21 日 / 2 月 3 日內閣會議紀要，德文翻譯出自 M. N. Pokrovskii, ed., *Drei Konferenzen*, pp. 25, 30.

9 引自 D. C. B. Lieven, *The End of Tsarist Russia*, 214, and McDonald, *United Government*, 143. *Russkoe Slovo* (28 January 1909): clipped and 轉載於 by the Foreign Ministry of Austria-Hungary, in HHSA, Russland Berichte 1909 I-IX, Karton 134. 奧匈帝國方說法請見 Manfried Rauchensteiner, *Der Tod des Doppeladlers,* 18，鄂圖曼帝國方說法請見 McMeekin, *Ottoman Endgame*, chapter 2.

10 轉引自 Lieven, *End of Tsarist Russia*, 224.

11 轉引自 Ascher, *P. A. Stolypyin*, 293-94. 關於薩佐諾夫的任命與德俄峰會，請見 Baron Szilassy from Petersburg to Aehrenthal, 9, 19 and 26 June 1909, in HHSA, Russland Berichte 1909 I-IX, Karton 134. 雖然薩佐諾夫直到 1910 年才正式接任，但聖彼得堡的外交圈 1909 年 6 月就已經接獲通知。

12 見 1910 年 11 月 30 日英國使館武官備忘錄和題為「1914 年 7 月俄英關係」的奧塞堤岸備忘錄，兩者皆收藏於 QO Russia Politique Etrangère, vol. 50。相關分析也可參考 Lieven, *End of Tsarist Russia*, 236-37.

13 Pipes, *Russian Revolution*, 189).

14 轉引自 McDonald, *United Government*, 159.

15 McMeekin, *Ottoman Endgame*, chapter 3.

16 法國對克里沃申的看法，請見奧塞堤岸於法國總統雷蒙・普恩加萊（Raymond Poincaré）1914 年 7 月訪問聖彼得堡前，針對「俄國政壇要人」所做的背景報告。來源：QO, Russia. Politique Intérieure, vol. 4.

17 轉引自 Lieven, *End of Tsarist Russia*, 263.

18 轉引自 McDonald, *United Government*, 191.

19 見 McMeekin, *Russian Origins*, chapter 1.

20 Sazonov to Tsar Nicholas II, 6 January 1914, 轉載於 the *Krasnyi Arkhiv*, v. 6, 41 and *passim*; and conference protocol for January 13, 1914, 轉載於 Pokrovskii, *Drei Konferenzen*, 40-42.

21 1914 年 2 月 8 日 / 21 日原始會議逐字稿之決議一至六，收錄於 AVPRI, fond 138, opis' 467, del' 462, list' 23 (and back)。 關於科科夫佐夫辭職，有傳言說是他惹拉斯普丁不悅所致，但時間似乎兜不上，因為兩人只於 1912 年 2 月見過一面。

22 杜爾諾沃 1914 年 2 月 14 日致沙皇尼古拉二世備忘錄，英譯版很容易取得，例如 http://www2.stetson.edu/~psteeves/classes/durnovo.html

23 沙皇 1917 年被捕時，在他珍藏的私人文件當中赫然可見杜爾諾沃備忘錄的副本，顯示沙皇事後發現杜爾諾沃的警告其實深具智慧。但 1914 年，杜爾諾沃的建言最可能左右局勢的時候，沙皇卻置若罔聞。

24 Bark memoirs in Bark collection at Columbia, box 1, box 1, 15-21 and *passim*.

4 Ibid., 70-72.

5 轉引自 Fuller, *Strategy and Power*, 397.

6 Ibid., 397-401.

7 轉引自 Orlando Figes, in *People's Tragedy*, 172.

8 Pipes, *Russian Revolution*, 24-26.

9 Sebag-Montefiore, *Young Stalin*, 128-29.

10 Fuller, *Civil-Military Conflict*, 134-35.

11 轉引自 Fuller, *Strategy and Power*, 405.

12 H. P. Willmott, *The Last Century of Sea Power: From Port Arthur to Chanak, 1894–1922,* 115-21.

13 Citation and figure in Sebag Montefiore, *Young Stalin,* 135.

14 引自 Bascomb, *Red Mutiny,* 129-32.

15 Ibid., 138-41 and (for the journey to Constanza) 231-42.

16 有關「國家協商杜馬」的法規，請見 1905 年 7 月 13 日美國大使梅爾（Meyer）致國務卿書，線上版見 http://novaonline.nvcc.edu/eli/evans/his242/documents/frus/bulyginduma.html. 大學改革請見 Pipes, *Russian Revolution,* 35-36.

17 Milyukov, *Political Memoirs,* trans. Carl Goldberg, 41-42; and Pipes, *Russian Revolution*, 28.

18 布爾什維克軍事組織 1905-1906 年印製散發的宣傳小冊與單張報紙目前保存於紐約市意第緒語言與文化研究中心的崩得檔案室 ME1-88 and ME1-103。

19 Zeman and Scharlau, *Merchant of Revolution*, 76-81.

20 轉引自 Pipes, *Russian Revolution*, 38. Pipes' translation.

21 轉引自 Massie, *Nicholas and Alexandra*, 107.

22 "Manifesto of 17 October 1905," *op cit.*

23 轉引自 Fuller, *Civil-Military Conflict,* 138.

24 Pipes, *Russian Revolution*, 49-50；關於托洛茨基和帕爾烏斯的詳情，請見 Zeman and Scharlau, *Merchant of Revolution*, 88-92.

25 Sebag Montefiore, *Young Stalin,* 147-50.

26 Fuller, *Civil-Military Conflict*, 139-41.

27 Pipes, *Russian Revolution,* 157-59.

第 3 章　虛弱的巨人：大戰前的沙俄

1 Figures in ibid., 169.

2 Alexander Zenkovsky, *Stolypin: Russia's Last Great Reformer,* trans. Margaret Patoski, 2 and *passim.*

3 Pipes, *Russian Revolution*, 170.

4 轉引自 Zenkovsky, *Stolypin: Russia's Last Great Reformer,* 11；「感謝主賜沙皇」轉引

第一部 • 第 1 章　舊政權及其敵人

1 Moynahan, *Russian Century*, 7. 本章題詞所引用的 Pobedonostsev 發言轉引自傑佛瑞・哈斯金（Geoffrey Hosking）的 *Russia and the Russians,*318。

2 McMeekin, *History's Greatest Heist,* xvi-xvii; and *Russian Origins,* 6-7.

3 語出 Robert Massie，*Nicholas and Alexandra,* 8.

4 Norman Stone, *Europe Transformed,* 150.

5 Nechaev, *Catechism of a Revolutionary* (1869), 線上英譯版請見 https://www.marxists.org/subject/anarchism/nechayev/catechism.htm

6 Sebag-Montefiore, *Young Stalin,* 86.

7 Figes, *People's Tragedy*, 46.

8 Sebag Montefiore, *Young Stalin,* 111-14.

9 Okhrana file on Vladimir Ulyanov (Lenin), in RGASPI, fond 4, opis' 3, del' 68, 29, 29 ob, 30.

10 Pipes, *Russian Revolution,* 5-10.

11 Fuller, *Civil-Military Conflict in Imperial Russia 1881-1914*, 88-91.

12 H. Shukman, "The Relations Between the Jewish Bund and the RSDRP, 1897-1903," unpublished D. Phil Thesis, Oxford University, 37. 成員人數比較請見 Figes, *People's Tragedy,* 141n.

13 Shukman, *op cit*, 237.

14 F. Roger Devlin, "Solzhenitsyn on the Jews and Tsarist Russia," in *Occidental Quarterly*, v. 8, no. 3 (Fall 2008): 75-76.

15 轉引自 Fuller, *Civil-Military Conflict,* 79.

16 Fuller, *Strategy and Power,* 373.

17 關於聖斯特凡諾：Dilek Kaya Mutlu, "The Russian Monument at *Ayastefanos* (San Stefano): Between Defeat and Revenge, Remembering and Forgetting," in *Middle Eastern Studies,* v. 43, no. 1 (Jan 2007): 75-86; and "Ghost Buildings of Istanbul," online at: http://www.hayal-et.org/i.php/site/building/ayastefanos_ant

18 David R. Stone, *Russian Army*, 35-36.

19 Ibid.

20 Tolstoy, *The Cossacks* (1863).

21 Stone, *Russian Army,* 36-37.

22 Norman Stone, *Eastern Front*, 20-22.

第 2 章　1905 年：岌岌可危的政權

1 對於這起事件比較正面的描述，請見 Massie, *Nicholas and Alexandra*, 49-56.

2 See McMeekin, *Ottoman Endgame*, chapters 1-2.

3 轉引自 MacDonald, *United Government*, 13.

注釋

引言　俄國革命百年後

1 Sheila Fitzpatrick, *The Russian Revolution*, 51. 想知道非馬克思主義歷史學家如何鑽研馬克思主義對革命的論證，可參考諾曼．史東（Norman Stone）1975 年出版的《*The Eastern Front 1914-1917*》著名的最後一章。

2 Pipes, *The Russian Revolution* (1990), xxiv and passim. 我沒有貶低 Leonard Shapiro 的出色作品 *Russian Revolutions of 1917*（1986）的意思，但他那本書比較是分析研究，不能真的算是歷史學術著作。

3 Timothy Shenk, “Thomas Piketty and Millenial Marxists on the Scourge of Inequality,” *Nation*, April 14, 2014.

4 例如數百名學者參與完成的跨領域叢書《俄國大戰與革命 1914-1922》，其概要可參考 http://russiasgreatwar.org/index.php。

序曲　聖僧之血

1 引自 Pipes, *Russian Revolution,*255.

2 引自 Radzinsky, *Rasputin File*, 434.

3 羅江科起初並未聽信尤蘇波夫親王的可笑讒言，但親王最後還是如願了。革命後，羅江科選擇從眾，寫了一本回憶錄《拉斯普丁聽政：帝國的瓦解》（*The Reign of Rasputin: An Empire'sCollapse*）為自己辯護。關於散播拉斯普丁身旁有「黑暗勢力」的齊奈達郡主的影響力，可參考 George Katkov, *Russia 1917*, 196-201。尤蘇波夫家族比羅曼諾夫家族富有，請見 N. V. Kukuruzova, *Wealthier Than the Romanovs?* (2006)。

4 轉引自 Fuhrmann, *Rasputin. The Untold Story*, 174. Edvard Radzinsky 在 2001 年出版的《拉普斯丁檔案》（*The Rasputin File*）裡大力主張開槍者是狄米特里．巴甫洛維奇大公。

5 轉引自 Cook, *To Kill Rasputin,* 252.

6 Ibid., 158.

7 這個說法來自西方研究拉斯普丁的頂尖學者約瑟夫．弗爾曼（Joseph Fuhrmann）。*The Untold Story*, 147.

8 轉引自 Pipes, *Russian Revolution,* 262.「除掉拉斯普丁」一語轉引自 Cook《殺害拉斯普丁》（*To Kill Rasputin*）一書。雷納參與謀殺一說近來掀起一波根據英國檔案探討拉斯普丁遇刺的新研究。Cook 在《殺》書中更宣稱開出致命一槍的人是雷納，成為英俄關係的一樁小醜聞（該書出版當年，前蘇聯情報官 Alexander Litvinenko 於倫敦攝入鈽 -2010 遭到毒殺，成為雷納 1916 年謀害拉斯普丁的奇異翻版）。

9 Cook, *To Kill Rasputin,* 173–175. Fuhrmann 在 *Rasputin. The Untold Story (205),* 書中主張原計畫希望利用強大的潮汐將拉斯普丁屍體流往芬蘭灣，毀屍滅跡。但這又和買鐵鍊讓屍體下沉的想法不一致。

10 Cook, *To Kill Rasputin,* 149-50 and *passim.*

11 Ibid.,197

12 Fuhrmann, *Rasputin. The Untold Story*, 207-13.

13 轉引自 Pipes, *Russian Revolution*, 267.

RGAE Rossiiskii Gosudarstvennyi Arkhiv Ekonomiki
俄國政府經濟檔案館，俄國莫斯科

RGASPI Rossiiskii Gosudarstvennyi Arkhiv Sotsial-Politicheskii Arkhiv.
俄國政府社會政治檔案館，俄國莫斯科

RGAVMF Rossiiskii Gosudarstvennyi Arkhiv Voenno-Morskogo Flota
俄國政府帝俄海軍檔案館，俄國聖彼得堡

RGIA Rossiiskii Gosudarstvennyi Istoricheskii Arkhiv
俄國政府歷史檔案館，俄國勝彼得堡

RGVIA Rossiskii Gosudarstevennyi Voenno-Istoricheskii Arkhiv
俄國政府軍史館，俄國莫斯科

RSU Riksarkivet Stockholm Utrikesdepartement
斯德哥爾摩國家檔案館外交部檔案，瑞典斯德哥爾摩

TRMV Tsarskaia Rossiia v mirovoi voine
第一次世界大戰的俄羅斯帝國

TsGIASPb Tsentral'nyi Gosudarstvennyi Istoricheskii Arkhiv Sankt-Peterburga
聖彼得堡中央政府歷史檔案館，俄國聖彼得堡

VSHD Vincennes. Service Historique de la Défense
文森法國國防部歷史文獻處，法國巴黎文森

縮寫一覽表

AAB Arbetarrölsens Arkiv och Bibliotek.
工人歷史檔案庫與圖書館，瑞典斯德哥爾摩

AN Archives Nationales.
國家檔案館，法國巴黎

AVPRI Arkhiv vneshnei politiki Rossiiskoi Imperii
俄羅斯帝國外交政策檔案館，俄國莫斯科

BA/MA Bundesarchiv Militärabteilung
德國軍事檔案館，德國弗萊堡

BB Bundesarchiv Bern
伯恩邦檔案館，瑞士伯恩

DBB Deutsches Bundesarchiv Berlin
德國聯邦檔案館柏林分館，德國柏林市里希特菲爾德區

GARF Gosudarstvenny Arkhiv Rossiiskoi Federatsii
俄羅斯聯邦政府檔案館，俄國莫斯科

HS "Hoover Stavka." Collection "Russia Shtab Verkhovnogo Glavno Komanduiushchego"
胡佛研究中心檔案館「俄羅斯最高指揮部」特藏，美國加州史丹佛

KA Krasnyi Arkhiv
紅色檔案，帝俄檔案館機密檔案（尤其是帝俄外交部的作業「日誌」，卷一〇六）

NAA National Archives Annex. College Park
美國國家檔案館二館，美國馬里蘭州學院公園

PAAA Politisches Archiv des Auswärtigen Amtes
德意志帝國外交部政治檔案館，德國柏林

PBM Peter Bark Memoirs.
彼得．巴克回憶錄，哥倫比亞大學古籍善本圖書館，美國紐約

PRO National Archives of the United Kingdom*
英國國家檔案館，英國倫敦邱園 *
＊雖然英國公共檔案署改名為國家檔案館已經多年，但為了傳統及保留慣例，本書仍沿用公共檔案署稱之。

RAT Razdel Aziatskoi Turtsii. Po sekretnyim dokumentam b. Ministerstva inostrannyikh del
亞細亞土耳其之瓜分，俄國前外交部祕密文件

QO Archives of the Quai d'Orsay
奧塞堤岸檔案館

危機時代的政治領導：俄國革命的警示

The Russian Revolution：A New History

選書策劃	吳乃德
作者	西恩·麥克米金（SEAN McMEEKIN）
譯者	賴盈滿
編輯統籌	初安民
責任編輯	陳健瑜
美術編輯	陳淑美
校對	陳宣妙　孫家琦　陳健瑜

發行人	張書銘
合作出版	INK 印刻文學生活雜誌出版股份有限公司 新北市中和區建一路249號8樓 電話：02-22281626 傳真：02-22281598 e-mail:ink.book@msa.hinet.net
網址	舒讀網 http://www.inksudu.com.tw

發行人	吳怡慈
合作出版	人文社群出版有限公司
地址	116台北市內湖區堤頂大道二段285號10樓
電話	02-2931-8171
網址	http://hpress.tw
Email	editor@hpress.tw

總代理	成陽出版股份有限公司
電話	03-3589000（代表號）
傳真	03-3556521
印刷	海王印刷事業股份有限公司

港澳總經銷	泛華發行代理有限公司
地址	香港新界將軍澳工業邨駿昌街7號2樓
電話	852-2798-2220
傳真	852-2796-5471
網址	www.gccd.com.hk

初版	2022年12月
定價	550 元

國家圖書館出版品預行編目(CIP)資料

危機時代的政治領導：俄國革命的警示/西恩．麥克米金(Sean McMeekin)著. 賴盈滿 譯 --初版. --新北市：印刻文學出版、臺北市：人文社群出版，2022. 12
面；　公分. --（INK 人文社群；03）
譯自：The Russian Revolution：a new history
ISBN 978-986-387-619-9（平裝）

1.俄國史

748.281　　111017462

舒讀網

人文社群

INK